AF317435

CORRIGÉ

DES

EXERCICES ORTHOGRAPHIQUES

ET ANALYSES GRAMMATICALES

Par G. R. et F. L.-M. L.

Lyon,

IMPRIMERIE D'ANTOINE PERISSE,

GRANDE RUE MERCIÈRE, 33.

1847

Propriété.

CORRIGÉ DES EXERCICES

ORTHOGRAPHIQUES

SUR LA GRAMMAIRE FRANÇAISE.

PREMIÈRE PARTIE.

—

INTRODUCTION.

SYLLABES.—ACCENTS. (Grammaire. n°s 9-14.)

Les élèves ont dû copier les phrases suivantes, séparer les syllabes de chaque mot, et mettre les accents.

MODÈLE. La crain-te du Sei-gneur est le com-men-ce-ment de la sa-ges-se.

1er EXERCICE. Dieu est bon. La vertu est aimable. Le vice est odieux. La charité est la première des vertus. Il faut aimer son prochain comme soi-même. Celui qui craint Dieu honorera son père et sa mère. Nous devons prier avec piété, attention et dévotion. Les enfants laborieux et obéissants sont la joie de leurs maîtres et la consolation de leurs parents. Ne soyez pas amis des libertins, ne fréquentez pas les enfants désobéissants, de peur que vous ne deveniez semblables à eux. Ne vous réjouissez pas de la chute de votre ennemi, de peur que le Seigneur ne le voie, que cela ne lui déplaise, et qu'il ne retire sa colère de dessus lui pour la tourner contre vous.

2. La joie de la bonne conscience entretient la santé du corps ; la tristesse qui suit le péché, dessèche les os. La langue qui profère le mensonge déplaît aux yeux du Seigneur ; mais ceux qui agissent avec sincérité lui sont agréables. La parole douce apaise la colère, la parole dure excite la fureur. Les gens instruits disent beaucoup de choses en peu de mots ; les

ignorants parlent beaucoup et ne disent rien. Les hommes vains et orgueilleux sont semblables aux épis de blé ; ceux qui lèvent le plus la tête ne sont pas les plus chargés. L'oisiveté ressemble à la rouille ; elle use beaucoup plus que le travail. Il n'y a rien de plus précieux que le temps ; ceux qui le perdent sont les plus blâmables des prodigues.

Les élèves ont dû copier les phrases suivantes, mettre les accents et donner à chaque mot la dénomination qui lui convient, selon le nombre de ses syllabes.

MODÈLE. Mon (*monosy.*) ami (*dissy.*) conserve (*trissy.*) soigneusement (*polys.*) le (*m.*) souvenir (*tr.*) des (*m.*) bienfaits (*d.*) reçus (*d*).

3ᵉ EXERCICE. Il faut qu'un élève évite l'opiniâtreté, la désobéissance et la lâcheté. Ce malheureux enfant est tombé du troisième étage ; il s'est fendu la tête et s'est brisé une côte : on a presque désespéré de sa guérison. Frédéric a donné à un pauvre la moitié de son dîner. La fête de votre mère est passée, celle de la nôtre arrivera bientôt. Nous avons eu à déjeûner une tranche de pâté avec deux ou trois pêches. Jérôme a négligé d'étudier ses leçons : son maître lui a donné une pénitence ; mais il lui en a fait grâce ensuite, à cause de la légèreté de son âge et du repentir qu'il a témoigné. Annibal était borgne ; il se moqua du peintre qui le représenta avec les deux yeux, et il récompensa celui qui le peignit de profil. Pourquoi cela? C'est que nous ne voulons pas être loués trop fadement, et que nous sommes bien aises d'un autre côté qu'on dissimule nos défauts.

4. La sévérité doit toujours être tempérée par la douceur. Une réprimande même sévère vaut mieux qu'une louange feinte et mensongère. La simple honnêteté est la meilleure politesse, et la tempérance le meilleur médecin. Le vrai mérite consiste dans la vertu seule, pratiquée en la manière que Dieu le demande. Une rapidité que rien n'arrête entraîne tout dans les abîmes de l'éternité. Que votre piété soit sincère et solide, et qu'à tous vos discours la vérité préside. La bénédiction du père affermit la maison des enfants, et la malédiction de la mère la détruit jusqu'aux fondements. Ne détournez point vos yeux du pauvre, mais prêtez l'oreille à ses gémissements : l'aumône efface la multitude des péchés. Rien n'est préférable à un ami fidèle ; celui qui l'a trouvé, a trouvé un trésor. Ne parlez jamais inconsidérément, et que vos lèvres ne se hâtent point de proférer des paroles devant Dieu qui vous écoute. Détournez-vous du mal et faites le bien.

CHAPITRE PREMIER.

DU NOM OU SUBSTANTIF.

NOM EN GÉNÉRAL. (n° 19.)

Les élèves ont dû copier les phrases suivantes, souligner les noms et mettre les accents. (Les noms sont en italique.)

5ᵉ **EXERCICE.** Toutes les *créatures* publient, chacune à leur *manière* les *louanges* du *Seigneur*. Le *soleil* et la *lune*, les *étoiles* et tout le *firmament* nous racontent sa *gloire*. Les *vents* et les *tempêtes*, les *éclairs* et la *foudre* obéissent à sa *voix* et annoncent sa *puissance*. Les *fleurs* et les *fruits*, les *animaux* et les *plantes*, les *montagnes* avec leurs verdoyantes *forêts*, les *vallées* et leurs riantes *prairies*, les *plaines* et leurs riches *moissons*, l'*insecte* qui bourdonne sous l'*herbe* et le *lion* qui rugit au *désert*, l'*oiseau* qui chante dans les *airs* et le *poisson* qui nage au fond des *eaux*, les *froids* de l'*hiver*, les *chaleurs* de l'*été*, les *beautés* du *printemps*, les *richesses* de l'*automne*, tout dans la *nature* bénit le *nom* du *Seigneur* et fait éclater la *sagesse* de ses *œuvres*.

6. Une *chose* bien digne de toute notre *reconnaissance*, c'est que parmi l'innombrable *quantité* de *plantes* qui couvrent la *surface* de la *terre*, le *Créateur* a voulu que celles qui servent de *nourriture* ou de *remèdes* à l'*homme* et aux *animaux*, se multipliassent en plus grande *abondance* que celles qui sont d'une moindre *utilité*. Les *herbes* sont infiniment plus nombreuses que les *broussailles* et les *arbres*; il y a plus de *cerisiers* et de *pommiers* que d'*abricotiers*; plus de *ceps* de *vigne* que de *rosiers*. Il est évident que *Dieu*, par cet *arrangement* a voulu pourvoir au *bien* général. De plus il a donné aux *plantes* qui sont les plus utiles à l'*homme*, de croître presque dans tous les *climats*; et, afin qu'il n'y en eût aucune qui ne fût utile au *soutien* de sa *vie*, et que l'*éloignement* et l'*âpreté* du *sol* où elles croissent, ne fussent pas des *obstacles* pour en jouir, il a formé des *animaux* pour les aller chercher.

NOM COMMUN, NOM PROPRE.

Les élèves ont dû copier les phrases suivantes, et distinguer les noms communs des noms propres. (Les noms communs sont en italiques et les noms propres en petites capitales.)

MODÈLE. La *mort* (*n. c.*) de *Turenne* (*n. p.*) fut un *sujet* (*n.c.*) de *deuil* (*n. c.*) pour toute la FRANCE (*n. p.*)

7ᵉ EXERCICE. L'ASIE est proprement la *patrie* de la *vigne:* de là, sa *culture* s'est répandue en EUROPE. Les PHÉNICIENS, qui parcoururent de bonne *heure* les *côtes* de la MÉDITERRANÉE, la portèrent dans la plupart des *îles* et sur le *continent.* Elle réussit merveilleusement dans les *îles* de l'ARCHIPEL, et fut dans la *suite* portée en ITALIE. Les *vignes* prospérèrent sous cet heureux *climat*, et les GAULOIS, qui en avaient goûté la *liqueur*, passèrent les ALPES et allèrent conquérir les deux *rives* du Pô. Peu à peu les *vignes* furent cultivées dans toute la FRANCE, et enfin sur les *bords* du RHIN, de la MOSELLE, du NECKER, et dans les autres *provinces* de l'ALLEMAGNE.

8. La plus grande *partie* de nos *plantes* médicinales, plusieurs de nos *légumes* et les plus belles *fleurs* de nos *jardins* ont une *origine* étrangère. La *bourrache* vient de SYRIE, le *cresson* de CRÈTE, le *chou-fleur* de CHYPRE, et l'*asperge* d'ASIE. Nous devons le *cerfeuil* à l'ITALIE, le *fenouil* aux *îles* CANARIES, l'*anis* et le *persil* à l'EGYPTE. L'*ail* est une *production* de l'ORIENT; l'*échalote* vient de la PALESTINE, et le *raifort*, de la CHINE. Nous devons les *citrouilles* à ASTRACAN, les *pommes* de *terre* au BRÉSIL, le *tabac* à TABAGO, *province* de l'YUCATAN, en AMÉRIQUE, le *jasmin* aux INDES, la *tulipe* à la CAPPADOCE, le *narcisse* et l'*œillet* à l'ITALIE. Le *lis* vient de la SYRIE, la *tubéreuse* de JAVA et de CEYLAN, l'*aster* de la CHINE.

MAJUSCULES. (nᵒˢ 19-24.)

Les élèves ont dû copier les phrases suivantes, et mettre les majuscules et les accents.

9ᵉ EXERCICE. Pendant que Pierre établit son siége à Rome, Jean fonde les églises de l'Asie, Matthieu arrose de ses sueurs les sables brûlants de l'Ethiopie, Thomas et Barthelemi pénètrent jusqu'aux Indes, Philippe évangélise la Phrygie, et Jacques aborde en Espagne. Semblable à l'astre qui se lève pour tous, Paul éclaire la terre entière. La réforme des législateurs n'était que pour leur patrie. Minos ne sortit pas de Crète, Solon d'Athenes, ni Lycurgue de Sparte; Moïse même ne fut législateur que du peuple juif. Les apôtres, au contraire, d'un bout du monde à l'autre, poursuivent l'erreur et le vice. Le Grec civilisé, mais superstitieux ; le Scythe féroce, le Romain superbe, le Hun stupide, toutes les nations reçoivent la bonne nouvelle que le Sauveur est venu apporter à la terre.

10. L'abbé Maury présente ainsi le tableau des grands hommes qui ont illustré le règne de Louis XIV: Turenne, Condé, Luxembourg, Catinat, Créqui, Vendôme et Villars commandaient ses armées ; Duquesne, Tourville, Duguay-Trouin, Jean-Bart et Forbin conduisaient ses escadres ; Colbert, Louvois, Torcy, Molé, Lamoignon, d'Aguesseau formaient son conseil ; Bourdaloue, Massillon, Fléchier lui prêchaient ses devoirs ; Vauban fortifiait ses citadelles ; Riquet creusait ses canaux ; Perrault et Mansard construisaient ses palais ; le Poussin, Le Brun, Le Sueur les embellissaient ; Le Nôtre dessinait ses jardins ; Corneille, Molière, La Fontaine, La Bruyère amusaient ses loisirs ; Racine et Boileau écrivaient son histoire ; Bossuet, Fénélon et Fleury instruisaient ses enfants.

GENRE DES SUBSTANTIFS. (n⁰ˢ 25-29.)

Les élèves ont dû copier les noms suivants, en désigner le genre et continuer les exercices précédents. (Les noms féminins sont en italique).

MODÈLE. Jour (*n.c.m.*) Nuit (*n.c.f.*) Paul (*n.p.m.*) Marie (*n.p.f.*) La *bonté* (*n.c.f.*) de *Dieu* (*n.p.m.*)

11ᵉ EXERCICE. *Semaine.* Mois. *Année. Heure. Minute. Seconde.. Horloge.* Cadran. *Montre.* Cycle. Calendrier. Almanach. *Rosalie.* Dimanche. Lundi. Mardi. Mercredi. Jeudi. Vendredi. Samedi. Eté. Hiver. Printemps. *Saison. Chaleur.* Tonnerre. *Foudre.* Eclair. *Tempête.* Froid. *Neige. Pluie.* Vent. Henri. Orage. *Grêle. Gelée.* Frimas. Air. *Nue.* Brouillard. *Glace.* Nuage. *Semence.* Louis. *Vendange. Moisson.* Astre. *Etoile. Planète. Comète. Eclipse. Révolution. France.* Commencement. *Fin.* César. *Durée. Eternité. Judith.* Holopherne.

12. La *plume* de l'écolier. Les modèles d'*écriture.* Les bancs des *tables.* Des *règles* d'intérêt. Des *fautes* d'orthographe. L'*image* de *Marie.* L'*histoire* des Machabées. L'*entrée* des élèves. L'examen de *Pâques.* La *sortie* de *classe.* L'*application* à ses devoirs. Les *caisses* d'*épargne.* Les prix de concours. Les poissons de l'étang. Les affluents du Rhône. Les bords de la *Saône.* L'*encre* de *Chine.* Les cuirs de *Russie.* Les vins de *France.* Les *dentelles* d'*Angleterre.* Les exploits de David. Les *maximes* de Salomon. Les *compagnes* de *Judith.* La *mort*

d'Holopherne. Les *lamentations* de Jérémie. L'orgueil d'Aman. L'*humilité* d'*Esther*. Les conseils de Mardochée. Les *prophéties* de Daniel. Les malheurs de Jérusalem. La *persécution* de Néron. La *conversion* de Constantin. Les solitaires d'*Egypte*. Les martyrs du Japon. Les pages de la *reine*. Une *page* de cahier. Des *voiles* de vaisseau. Les voiles des *dames*.

NOMBRE DES NOMS. (n°s 30-32.)

Les élèves ont dû copier les noms suivants, en désigner le nombre et continuer les exercices précédents, selon le modèle donné. (Les noms féminins sont en italique.)

13e EXERCICE. Des chandeliers. Un calice. L'ostensoir. Des cantiques. Le chant. Un chœur. Des *statues*. L'*aube*. L'*étole*. Des *décorations*. Une *offrande*. Des *hosties*. L'évêque. Des prêtres. La *vertu*. L'*espérance*. La *grâce*. Les sacrements. L'*unité*. L'*hérésie*. Des schismes. L'encens. L'*odeur*. Les parfums. Les *récompenses*. L'ordre. L'*arithmétique*. L'arpentage. Des *complaisances*. Un héros. Des livres. Les *annales* du monde. Les poëmes d'Homère. Les *fables* d'Esope. Les *conquêtes* des Romains. La *ruine* de *Carthage*. Le démembrement de l'empire.

14. Les palais des rois. Les hôtels des ministres. Les *lois* de l'état. Les *sentences* des juges. L'*accusation* des témoins. La *fidélité* au serment. La *défense* des avocats. Les *plaintes* des *parties*. Les actes des notaires. L'*étendue* des *communes*. Les conseillers des princes. Les empereurs de Constantinople. La *cour* de *cassation*. Les maires et les adjoints de Paris. L'*épée* de Napoléon. L'*élection* des députés. Le royaume de Portugal. L'empire d'*Autriche*. Les cantons de la *Suisse*. L'*ancienneté* du monde. La *suite* des temps. Adam et *Eve* sont nos premiers parents. Les *richesses* des patriarches consistaient en troupeaux.

FORMATION DU PLURIEL DANS LES NOMS.

Règle générale. (n° 33.)

Les élèves ont dû copier les noms et les phrases qui suivent, et les mettre au pluriel, selon le modèle donné.

15. EXERCICE. Les portes. Des fenêtres. Les horloges. Des montres. Les aiguilles. Les canifs. Les salons. Les greniers. Les caves. Les granges. Les écuries. Des cours. Des blés. Des herbes. Des foins. Des bœufs. Des vaches. Les

chèvres. Les moutons. Des prés. Des fromages. Des œufs.
Des charrues. Les voitures. Des chars. Des vins. Des huiles.
Des vinaigres. Les sels. Les légumes. Des soupes. Des pains.
Des assiettes. Des plats. Des potages. Des aliments. Des
viandes. Des sucres. Les cuisines. Les cabinets. Les lits. Des
draps. Les habits. Des toiles. Des cotons. Des laines.

16. Les maisons des voisins. Les cris des chiens. Les enfants
des villages. Les maîtres des fermes. Les bontés des mères.
Les droits des pères. Les prospérités des familles. Les malheurs des impies. Les hontes des vices. Les beautés des vertus. Les rigueurs des hivers. Les afflictions des pauvres. Les
aumônes des riches. Les salaires des ouvriers. Les soutiens
des orphelins. Les consolations des affligés. Les souvenirs des
bienfaits. Les effets des prières. Les regrets des crimes. Les
ordonnances des médecins. Les amertumes des remèdes.

*Les élèves ont dû écrire au singulier les noms et les phrases qui
suivent, selon le modèle donné.*

17. **EXERCICE.** La fontaine. L'enfant. Le modèle. Le
verger. Un pommier. Un oranger. Le jardinier. Une salade.
L'arrosoir. Une bêche. La ratissoire. La haie. La houe. Une
fraise. Une rose. La tulipe. L'asperge. L'arbre du verger. La
ruche de l'abeille. L'avantage. L'œillet du jardin. La force de
l'armée. Le récit du voyageur. Le supplice du martyr. Le
châtiment du coupable. La cruauté du tyran. Le désir du
méchant. L'espérance du juste.

EXCEPTIONS A LA FORMATION DU PLURIEL DES NOMS.
(nos 34-42.)

*Les élèves ont dû copier les noms suivants et les mettre au pluriel,
selon le modèle donné.*

18. **EXERCICE.** Les voix. Les nez. Les croix. Les jeux. Des
noix. Les plumes. Des capitaux. Les berceaux. Les tombeaux.
Des lambeaux. Les tuyaux. Les héros. Des rivières. Des mon-
tagnes. Les Français. Les fils. Des chapeaux. Les gaz. Des
puits. Des flambeaux. Les genoux. Les lionceaux. Des clous.
Les vis. Les choix. Les glouglous. Les pouls. Des concours.
Des détroits. Des caps. Des roches. Les marées. Les matelas.
Des filous. Les aveux. Les bourreaux. Les régals. Les trous.

19. Les épouvantails. Des tenailles. Les attirails. Les tours.
Des pieux. Les oiseaux. Des signaux. Des fauteuils. Des baux.

Les coraux. Les canaux. Les travaux (*ouvrage*). Les travails (*machine*). Les yeux. Les cieux. Les aïeux. Des bouteilles. Les échalas. Les tribunaux. Des pals. Les désaveux. Des camails. Les ciels (*climat*). Les travails (*compte*). Les encens. Les fumées. Des treilles. Des joujoux. Des écrous. Des essieux. Des coins. Les cardinaux. Les émaux. Des amadous. Les mails. Des mailles. Les étaux. Des vantaux. Des aulx. Les marteaux. Les riz. Les omnibus. Les laquais. Les arsenaux. Les gouvernails. Les œils-de-bœuf. Les ciels de carrière.

20. Les cailloux des ruisseaux. Les bateaux des canaux. Les épouvantails des oiseaux. Les yeux des bœufs. Les cris des chacals. Les soupiraux des caveaux. Les folies des carnavals. Les gouvernails des vaisseaux. Les vantaux des portes. Les travaux des animaux. Les joujoux des enfants. Les choux des jardins. Les verrous des portails. Les cals des genoux. Les grimaces des fous. Les milieux des plaines. Les adieux des neveux. Les pays des riz. Les prix des bijoux. Les tuyaux des cheminées. Les bambous sont les roseaux des Indes. Les hiboux des châteaux.

RÉCAPITULATION.

Les élèves ont dû mettre les noms suivants au singulier , selon le modèle donné.

21e **EXERCICE.** Le licou du cheval. La vis de la machine. La couleur du métal. Le secret du confessionnal. Le cyprès du cimetière. Le mal de l'homme. La propriété du végétal. L'enclos du château. Le crin du matelas. Le discours du général. L'oasis du désert. Le remords du criminel. Le mensonge du marchand. Le frimas de l'hiver. La joie du ciel. La peau de l'animal. Le moyeu de la roue. L'aval du billet. Le droit de l'aïeul. Un blanc de chaux. L'atelier de l'arsenal. Le travail du maréchal. Le vœu du religieux.

Les élèves ont dû copier les noms suivants , mettre au pluriel ceux qui étaient au singulier, et au singulier ceux qui étaient au pluriel.

22. **EXERCICE.** L'abcès du malade. Les avis des aïeuls (*grand-père*). L'ordre du caporal. Le jus de la viande. L'écale de la noix. La cosse du pois. Le gluau et l'appeau du chasseur. Les couleurs des sandals. Les sénéchaux des palais. Le journal de la capitale. Les enjeux des parties. Les amiraux des flottes. Les détails des histoires. L'arceau de la voûte. Le riz du Chinois. Les allures des sapajous. Le devis du

charpentier. Un pou de corps. Les sous des pauvres. Les temps des travaux. Les attentions des neveux. Les échantillons des minéraux. Les chants des coucous. La coutume du pays.

Les élèves ont dû copier les phrases suivantes et mettre au nombre convenable les noms en italique.

23. **EXERCICE.** Les *cantals* sont de bons *fromages*. Mes *aïeuls* sont bien âgés. Les *maréchaux* se servent de *travails* pour contenir les *chevaux* vicieux. Les *travaux* pénibles et les longs *voyages* font venir aux *mains* et aux *pieds* des *durillons* qu'on appelle calus ou *cals*. Les *dieux* des *païens* sont aujourd'hui la risée des *savants*, du peuple et même des *enfants*. Les *mines* sont des *lieux* d'où l'on extrait des *métaux* et des *minéraux*. L'huile de lavande détruit les *poux*, les *vers*, les *mites* et autres *insectes*. Les *colibris* et les *oiseaux-mouches* sont les *bijoux* de la nature. Les *cailloux* du Rhin imitent les *diamants*. Il a deux *généraux* pour *aïeuls*. Les *œils*-de-chèvre sont des *plantes*. Les *hiboux* ont des *yeux* ronds. Contre les *filous* il n'y a jamais trop de *verrous*. Les *chapeaux* des *cardinaux* sont rouges. Les bons *fromages* de *Gruyère* ont beaucoup *d'yeux*. Les *gavials* sont de grands *crocodiles* qui se trouvent sur les *bords* du Gange. Les *hôpitaux* sont des *maisons* de charité établies pour les *malades* indigents. Une haie est une clôture faite *d'épines*, de *ronces*, de *houx*, etc., ou seulement de *branchages* entrelacés et soutenus par des *pieux*.

NOMS COLLECTIFS ET NOMS COMPOSÉS. (nos 43-46.)

Les élèves ont dû copier les phrases suivantes, distinguer les noms collectifs et les noms composés, selon le modèle donné, et corriger les mots en italique.

24. **EXERCICE.** Une *multitude* (n. col. p.) d'*oiseaux-mouches* (n. comp.) voltigent dans ces vastes *prairies*. L'*infinité* (n. col. g.) des *perfections* de Dieu m'étonne. La *multitude* (n. col. g.) des *étoiles* est innommbrable. Une *quantité* (n. col. p.) d'*eau-de-vie* (n. comp.) se consomme tous les jours. Dieu envoya une *nuée* (n. col. p.) de *sauterelles* sur l'Egypte. La *nation* (n. col. g.) des *abeilles* est très-industrieuse. Voila mon *porte-crayon* (n. comp.) Le *corps* (n. col. g.) des *notaires* est considérable. Une *réunion* (n. col. p.) de *savants* a eu lieu. Les *chats-huants* (n. comp.) sont des *oiseaux* nocturnes. Les *gardes-champétres* (n. comp.) font des *procès-verbaux* (n. comp.). La *société* (n. col. g.) des *élus* sera admirable. La *plupart* (n. col. p.) des écoliers ne sentent pas le prix de l'instruction. L'*armée* (n. col. g.)

espagnole a été défaite. La *chauve-souris* (*n. comp.*) ne commence à voler que le soir. On a donné un *contre-ordre* (*n. comp.*). Le *vol-au-vent* (*n. comp.*) est dans le *garde-manger* (*n. comp.*).

CHAPITRE II.

DE L'ARTICLE. (nᵒˢ 52-58).

Les élèves ont dû copier les phrases qui suivent et distinguer les noms et les articles, selon le modèle donné. (Les noms et les articles de la 1ᵉ phrase sont en italique.

25ᵉ **EXERCICE.** Près *du lieu* où se trouvait *l'*ancienne *Lucine* en *Egypte*, on voit, en *sculptures*, sur *les parois* d'une vaste *grotte*, *la description des usages* et *les procédés des arts* reçus parmi *les Egyptiens*. On y trouve tous les *détails* de la culture du grain, le labourage à bras d'hommes ou avec des *bœufs*, le passage du cylindre sur les sillons, les *semailles*, l'emploi de la herse, la moisson, le glanage, l'action d'égrener les *épis* sous les *pieds* des *bœufs*, l'usage du van, l'emmagasinage et l'enregistrement des récoltes, la pêche au filet et la salaison du poisson, la chasse aux *toiles* et la préparation du gibier, la vendange et le logement des *vins*, la rentrée des *troupeaux*, le chargement des *barques* et la navigation à la rame et à la voile, le pesage des *animaux* vivants à la vente, la préparation donnée aux viandes, l'embaumement et les funérailles des particuliers depuis leur mort jusqu'au moment de leur translation dans les puits ou les *caveaux* des momies : enfin, la danse, la musique, et, sur plusieurs *tableaux*, le costume des diverses classes de la société.

EMPLOI DE L'ARTICLE.

Les élèves ont dû placer les articles le, la, les, du, des, devant les noms suivants selon le genre, le nombre, les initiales et le sens.

26. **EXERCICE.** Parmi *les* sources de plaisirs innocents que *la* bienfaisance *du* Créateur nous a ouvertes, nous devons compter *la* lumière, *les* couleurs, *la* vue de presque tous *les* objets qui frappent nos regards, soit que nous les élevions vers *le* ciel, soit que nous les abaissions vers *la* terre : *la* saveur de tant *d'*aliments divers, *les* parfums *des* fleurs,

la fraîcheur de *l'*air, *le* souffle *du* zéphyr, *le* chant *des* oiseaux, *le* murmure *de l'*onde, *les* accents de *la* musique, *les* richesses de *l'*art, *le* commerce de nos *semblables*, *les* douceurs de *la* famille, *les* délices de *l'*amitié, *les* trésors de *la* mémoire, *la* recherche et *la* connaissance de *la* vérité, enfin, *les* mouvements de *l'*âme où *la* bienveillance domine, et tous ceux qu'enfante *l'*amour de *l'*ordre, *du* beau, *du* juste et de *l'*honnête.

27. Chaque animal a un caractère qui lui est propre. *Le* courage est l'apanage du lion. On connaît *la* voracité *du* loup, *la* noblesse *du* cheval, *la* gloutonnerie *du* porc, *la* bonhomie *de l'*âne, *la* docilité *du* chien, *les* malices *des* singes, *les* finesses *des* renards, *les* subtilités *du* chat, *la* douceur *de l'*agneau, *la* timidité *du* lièvre, *la* vivacité *de* l'écureuil, *la* légèreté *des* chèvres, *l'*innocence de *la* brebis, *la* pesanteur *du* bœuf, *le* courage, *l'*ardeur *du* taureau, *la* grossièreté *de* l'ours, *la* fierté de *la* panthère, *l'*agilité *des* cerfs.

Les élèves ont dû placer comme il convient, les articles le, la, les, du, des, au, aux, *etc.*

28. **EXERCICE.** Les Egyptiens rendaient *des* honneurs divins *au* bœuf, *au* chien, *au* chat et *aux* autres animaux. On aime dans *les* élèves, *l'*application *aux* devoirs, *l'*assiduité *à l'*école, *la* soumission *aux* maîtres, *la* piété *à l'*église, *l'*attention *au* catéchisme, *la* propreté dans *la* tenue, *la* complaisance envers *les* camarades, *la* sincérité dans *les* paroles, *la* fidélité *au* règlement. On déteste dans *les* enfants, *la* désobéissance *aux* parents, *la* résistance *aux* avertissements, *l'*habitude de *la* paresse, *du* mensonge et de *la* gourmandise, *la* dureté envers *les* pauvres, *l'*insensibilité *aux* maux *du* prochain, *l'*esprit querelleur, *l'*entêtement, *l'*inclination *au* vol, *à la* colère et *aux* autres vices.

29. Que de charmes dans *les* ouvrages *de la* nature! Quelle variété d'une contrée à *l'*autre! Ici, dans un terrain uni, s'offrent *des* plaines dont *l'*œil ne peut embrasser *les* limites; là, s'élèvent *des* montagnes *aux* forêts majestueuses; à leurs *pieds*, *des* vallons fertiles qu'arrosent des *ruisseaux* et *des* rivières; ici, *des* gouffres et *des* précipices; là, *des* lacs *aux* eaux immobiles; plus loin, *des* torrents impétueux; de tous *les* côtés, une variété qui récrée les *yeux*, et ouvre *le* cœur *aux* sentiments de *la* joie *la* plus vive et *la* plus douce. Nous admirons *la* chaleur *du* soleil, *l'*impétuosité *des* vents.

les mugissements *de la* mer, *les* éclats *de la* foudre, *la* lueur rapide *des* éclairs; mais c'est Dieu qui allume le feu *du* ciel, qui tonne dans *les* nues; qui se sert *des* vents comme de ses anges et *des* foudres comme de ses ministres, qui soulève et calme *les* flots de *la* mer.

RÉCAPITULATION.

30. ***EXERCICE.*** *La* vache pesante paît *au* fond *des* vallées; *la* chèvre grimpante broute *les* arbrisseaux attachés *aux* rochers; *le* porc armé d'un groin fouille *les* marais; *le* canard nageur mange *les* plantes fluviatiles; *la* poule à *l'*œil attentif ramasse *les* graines perdues dans *les* champs; *le* pigeon *aux* ailes rapides, celles *des* forêts *les* plus écartées, et *l'*abeille économe jusqu'à *la* poussière *des* fleurs. Tous reviennent le soir à *l'*habitation, avec *des* murmures, *des* bêlements et *des* cris de joie, en nous rapportant *les* doux tributs *des* plantes, changés, par une métamorphose inconcevable, en miel, en lait, en beurre, en œufs et en crême.

31. *La* grandeur de *la* taille, *l'*élégance *de la* forme, *la* force de corps, *la* liberté *des* mouvements, toutes *les* qualités extérieures ne sont pas ce qu'il y a de plus noble dans un être animé; et comme nous préférons dans *l'*homme *l'*esprit à *la* figure, *le* courage à *la* force, *les* sentiments à *la* beauté, nous jugeons aussi que *les* qualités intérieures sont ce qu'il y a de plus relevé dans *l'*animal; c'est par elles qu'il diffère de *l'*automate, qu'il s'élève au-dessus *du* végétal, et s'approche de nous; c'est *le* sentiment qui ennoblit son être, qui le régit, qui le vivifie, qui commande *aux* organes, rend *les* membres actifs, fait connaître *le* désir et donne à *la* matière *le* mouvement progressif, *la* volonté, *la* vie.

CHAPITRE III.

DE L'ADJECTIF.

—

I. CLASSIFICATION (N°s 59-62.)

Les élèves ont dû copier les phrases suivantes et distinguer les noms, les articles et les adjectifs qualificatifs selon le modèle donné.

32. Anacharsis fait ainsi le portrait du *grand* Alexandre : « Il a les traits *réguliers*, le teint *beau* et *vermeil*, le nez *aquilin*, les yeux *grands*, *pleins* de feu, les cheveux *blonds* et *bouclés*, la tête *haute*, mais un peu *penchée* vers l'épaule *gauche*, la taille *moyenne*, *fine* et *dégagée*, le corps bien *proportionné* et *fortifié* par un exercice *continuel*. On dit qu'il est très-*léger* à la course et très-*recherché* dans sa parure. »

II. FORMATION DU FÉMININ DANS LES ADJECTIFS. (n°s 64-77.)

Les élèves ont dû copier les noms et les adjectifs suivants selon le modèle donné.

33. EXERCICE. Le champ fécond, *la terre féconde.* — Un caractère élevé, *une montagne élevée.* — L'écrit mauvais, *la chose mauvaise.* — Un air malsain, *une habitation malsaine.* La liste civile, *un code civil.* — Une démarche prudente, *un magistrat prudent.* — Un chemin uni, *une glace unie.* — De la viande crue, *un fruit cru.* — Une personne distinguée, *un talent distingué.* — Le principe clair, *une réponse claire.* — Un homme savant et estimé, *une femme savante et estimée.* — Le sens obscur, *la raison obscure.* Un chemin sûr, direct, connu ; *une voie sûre, directe, connue.* — Un mets succulent, *une nourriture succulente.* — Un ciel pur, *une source pure.* — Une orange excellente, *un melon excellent.*

34. Une parole fière et moqueuse, *un ton fier et moqueur.* — Un âge caduc, *une santé caduque* — L'esprit malin, *une joie maligne.* — La phrase complète, *le recueil complet.*

2

— Le nouvel an, *la nouvelle année.* —Une flotte entreprise, *un bateau entrepris.* — Une belle église, *un bel autel.* —Un usage cruel, barbare, inhumain ; *une coutume cruelle, barbare, inhumaine.*— Le voyageur altéré, las et assis ; *une femme altérée, lasse et assise.*— Un religieux profès, *une religieuse professe.*— Un jeune élève boudeur, grognon, paresseux, méprisé ; *une jeune fille boudeuse, grognon, paresseuse, méprisée.* — Le courtisan adroit, insinuant, flatteur, ombrageux, admirateur, hypocrite ; *une personne adroite, insinuante, flatteuse, ombrageuse, admiratrice, hypocrite.*

35. Un principe général, *une règle générale.* —La noix verte, *l'arbre vert.* — Un bœuf gros et gras, *une vache grosse et grasse.*— L'ordre exprès, *la défense expresse.* —Un mal léger, accidentel, secret ; *une affliction légère, accidentelle, secrète.* —Un vieil homme, *une vielle femme.* —Un peuple ancien, illustre, courageux, puissant et bon ; *une nation ancienne, illustre, courageuse, puissante et bonne.* — Un ami chrétien, *une famille chrétienne.* — Un teint frais, vermeil, vif, beau, éclatant ; *une couleur fraîche, vermeille, vive, belle, éclatante.*—Une feuille quotidienne, *un journal quotidien.*—Un pantalon violet, vieux, usé ; *une redingote violette, vieille, usée.* — Un chemin sec et raboteux, une route sèche et raboteuse. — Le général inspecteur, *la dame inspectrice.*

36. Un ange consolateur, *une nouvelle consolatrice.* — Un auteur grec, *une grammaire grecque.* — Le devoir majeur, *l'obligation majeure.*— Un bâton noueux et long, *une canne noueuse et longue.*— Une toile rousse, *un drap roux.* — Un acte postérieur, équivoque, faux, menteur ; *une promesse postérieure, équivoque, fausse, menteuse.* —Une enfant gentille et bellotte. *Un garçon gentil et bellot.* — Un appartement secret, orné, tout prêt ; *une chambre secrète, ornée, toute prête.* — Mon vieil et bon ami, *ma vieille et bonne nourrice.* Il est mon débiteur, *elle est ma débitrice.* — C'est un grand débiteur de nouvelles, *c'est une grande débiteuse* de nouvelles. Un oiseau chanteur, *l'alouette chanteuse.* — Un chanteur unique, *une* cantatrice unique. — Un vent doux et frais, *une brise douce et fraîche.*

37. L'ouvrage favori, *l'étude favorite.* — Un guerrier à la fois soldat et général. *Jeanne d'Arc fut à la fois soldat et général.* — Delille, l'un des traducteurs de Virgile, est un écrivain estimé. *Madame Dacier, l'un des traducteurs d'Ho-*

mère, est un écrivain estimé.—La cocarde blanche, *le drapeau* blanc.— L'instruction publique, *le bien public.* — La gomme ammoniaque, *le sel ammoniac.* — Le ciel bénin, *l'influence bénigne.*—Un voile épais, *une étoffe épaisse.* — Un livre nouveau, sot, bouffon, *une brochure nouvelle, sotte, bouffonne.* —Un caractère doux, naïf, mou ; *une réponse douce, naïve, molle.*—Un habit neuf, gris, rouge, noir, bariolé ; *une robe neuve, grise, rouge, noire, bariolée.* — Il passe pour devin, *elle passe pour devineresse.* —Il se tient coi ; *elle se tient coite.*—Un extérieur dévot, *la vie dévote.* — C'est un grand devineur, *c'est une grande devineuse.*—Une parole brève, *un discours bref.* — Un corps oblong, *une forme oblongue.* — Un naturel franc et loyal, *une ame franche et loyale.* — Le pécheur absous, *la pécheresse absoute.*

38. L'homme indiscret est sujet à faillir, *la femme indiscrète est sujette* à faillir.— Le culte mahométan n'est pas très-ancien. *La religion mahométane n'est pas très-ancienne.* — Son bonheur est complet et son langage muet. *Sa joie est complète et sa bouche muette.*—L'idiome italien est harmonieux, *la langue italienne est harmonieuse.* —Il a un air vieillot et maigrelet.—*Elle a une figure vieillote et maigrelette.* — Mon frère est heureux, gai, habile ; *ma sœur est heureuse, gaie, habile.*— Le sentiment religieux est essentiel, *l'instruction religieuse est essentielle.* — Quel malin petit garçon ! *quelle maligne petite fille !* Il n'a qu'un revenu caduc et fort exigu, *il n'a qu'une rente exiguë et fort caduque.*—Le langage enchanteur est souvent trompeur, *la voix enchanteresse est souvent trompeuse.*—C'est un homme joueur et dissipateur, *c'est une femme joueuse et dissipatrice.*

FORMATION DU PLURIEL DANS LES ADJECTIFS. (n°ˢ 78-84.)

Les élèves ont dû mettre les noms suivants au pluriel et faire accorder les adjectifs selon le modèle donné.

39. **EXERCICE.**Les aulx amers. Les chapitaux corinthiens. Les régals complets. Les nez aquilins. Les voix sonores. La cause *capitale*, les causes capitales. Les livres nouveaux. Les habits gris. Les enfants joyeux et légers. La condition *heureuse*, les conditions heureuses. La ceinture *bleue*, les ceintures bleues. L'affaire *publique*, les affaires publiques. Une maladie *longue*, les maladies longues. Une boisson *douce* et *pectorale*, des boissons douces et pectorales. Des

attirails pompeux. Une personne *niaise* et *distraite*, des personnes niaises et distraites. La rose *épanouie*, les roses épanouies. Une femme *orgueilleuse*, *vindicative et maligne ;* des femmes orgueilleuses, vindicatives et malignes. Les émaux éclatants. Une étoffe *blanche* et *fraîche*, des étoffes blanches et fraîches. Les beaux oiseaux. Les cordons bleus. De vieux habits.

Les élèves ont dû corriger les mots en italique et remplacer le tiret par le dernier adjectif énoncé.

40. EXERCICE. De *nouveaux* attirails. De *mous* édredons. Des voix *aiguës* et *perçantes*. Voilà des *charretiers brutaux* et *violents*. De *beaux joujoux*. Les *vents glacials*. Des pronoms *conjonctifs*, des *propositions conjonctives*. Les usages *paysans*, des manières *paysannes*. Des raisins *muscats*, des noix *muscades*. Les leçons *grammaticales*, des principes *grammaticaux*. La communion *pascale*, des cierges *pascals*. Des expressions *triviales*, des détails *triviaux*. Une conduite morale, des principes *moraux*. Elle est *matinale*, ils sont *matinals*. La pièce *originale*, les textes *originaux*. La croix *pectorale*, les muscles *pectoraux*. Des *caporaux brutaux*. Une conduite *loyale*, des procédés *déloyaux*. Les opérations *commerciales*, des agents *commerciaux*. La vie *sociale*, les rapports *sociaux*. Une sentence *doctrinale*, des points *doctrinaux*. Une magistrature *biennale*, des emplois *biennaux*. Les lettres *numérales*, des vers *numéraux*. Les feuilles *radicales*, les pédoncules *radicaux*. Le pôle boréal, les régions *boréales*. Des formes *illégales*, des actes *illégaux*.

Les élèves ont dû corriger les mots en italique.

41. EXERCICE. Craignez les *fatals ciseaux* de la Parque. Ces dames sont *auteurs* de plusieurs *ouvrages*, et *professeurs* de langue *italienne*. Nos corps sont *mortels*, mais nos âmes sont *immortelles*. Les *chaleurs* de l'été ont été *excessives*. Les *proconsuls* et les *préteurs romains* faisaient porter six *faisceaux* devant eux. O cœurs *ingrats* et *cruels !* O âmes *ingrates* et *cruelles !* puisse la foudre *vengeresse* punir de *telles* impiétés ! Votre épée est trop *longue* et trop *aiguë*. Les *vœux* des *religieuses professes* sont *éternels* et *irrévocables*. Les *lames* de plomb sont *grises*, *molles* et *faciles* à couper. Des *manières fières* et *hautaines* sont *insupportables*. Les plus *secrètes* pensées de nos cœurs sont connues de Dieu. Le *bel* âge n'est qu'une fleur *passagère*.

DEGRÉS DE SIGNIFICATION DANS LES ADJECTIFS. (n⁰ˢ 85-91.)

On a dû copier les phrases suivantes en indiquant le degré de signification de chaque adjectif, selon le modèle donné.

42. EXERCICE. L'autruche est *le plus grand* (*s. r.*) de tous les oiseaux. *Montée* (*p.*) sur des jambes *fort élevées* (*s. a.*) et ayant un *très-long* (*s. a.*) cou, elle égale presque la hauteur d'un homme à cheval. Ses plumes sont *très-belles* (*s. a.*) et *fort recherchées* (*s. a.*). La vie est *courte* (*p.*). Le temps est *précieux* (*p.*). Le ciel est *très-beau* (*s. a.*). La crainte du Seigneur est *la plus salutaire* (*s. r.*) de toutes les craintes. *La moindre* (*s. r.*) négligence peut entraîner *les plus grands* (*s. r.*) maux. La franchise est *meilleure* (*c. de s.*) que la ruse. Il y a des remèdes *pires* (*c. de s.*) que le mal. Cette colonne est *moindre* (*c. d'inf.*) que l'autre. La sœur est *plus attentive* (*c. de s.*), *plus spirituelle* (*c. de s.*), que le frère. La confession est *le plus grand* (*s. r.*) frein de la malice humaine. La prospérité est *la plus forte* (*s. r.*) épreuve de la sagesse. La guerre *la plus heureuse* (*s. r.*) est *le plus grand* (*s. r.*) fléau des peuples, et une guerre *injuste* (*p.*) est *le plus grand* (*s. r.*) crime des rois. Le naufrage et la mort sont *moins funestes* (*c. d'inf.*) que les plaisirs qui attaquent la vertu. La France est *très-peuplée* (*s. a.*). Paris est une *fort belle* (*s. a.*) ville. Le Volga est un *des plus grands* (*s. r.*) fleuves du monde. La Suisse a des fabriques *très-estimées* (*s. a.*) d'horlogerie et de mousseline. Quelques parties de la Hollande sont *plus basses* (*c. de s.*) que la mer et ne sont *préservées* (*p.*) des inondations que par *d'immenses* (*p.*) digues élevées (*p.*) à grands (*p.*) frais.

43. Le style de Fénélon est *très-riche*, *fort coulant et infiniment doux*, mais il est quelquefois *prolixe;* celui de Bossuet est *extrêmement élevé*, mais il est quelquefois *rude et dur. Les plus habiles* gens font quelquefois les fautes *les plus grossières*. La prière est pour les hommes *malheureux la meilleure* des consolations. La lune n'est pas *aussi éloignée* (*comp. d'ég.*) de la terre que le soleil, lors même qu'elle en est *le plus éloignée* (*sup. abs.*). Les *grands* esprits sont *les plus susceptibles* de l'illusion des systèmes. L'astrologie *née* de l'astronomie est la fille *très-folle* d'une mère *très-sage*. Le remords n'est pas *le moindre* châtiment du crime. Quoique cette femme se montre *plus ferme* que les autres, elle n'est pas *la moins affligée* (*s. r.*).

ADJECTIFS PRIS COMME NOMS ET RÉCIPROQUEMENT. —ADJECTIFS COMPOSÉS. (n⁰ˢ 92-94.)

Les élèves ont dû copier les phrases suivantes en distinguant les adjectifs pris substantivement, les noms pris adjectivement, et les adjectifs composés selon le modèle donné.

44. EXERCICE. Les enfants *nouveau-nés* (*a. c.*) pleurent ordinairement. Il y a des oranges *aigres-douces* (*a. c.*). Les vilains! (*a.*

pris s.) ils ont été trouvés *ivres-morts* (*adj. c.*). Voilà des fleurs *fraîches cueillies* (*a. c.*) Le bonheur des *méchants* (*a. pris s.*) comme un torrent s'écoule. Les *savants* (*a. pris s.*) et les *ignorants* (*a. pris s.*), les *grands* (*a pris s.*) et les petits (*id.*), les riches (*id.*) et les pauvres (*id.*) sont *sujets* (*a. qual.*) à la mort. Ces blés sont *clair-semés* (*a. c.*). J'ai acheté du drap *bleu-foncé* (*id.*), une étoffe *rose-tendre* (*id.*) et du taffetas gros-vert (*id.*). Marie est *mère* (*n. pris adj.*) de Dieu, reine (*id.*) des anges et la *première* (*a. pris s.*) des *pures* (*a. qual.*) créatures. Allez dire à Jean que les *aveugles* (*adj. pris s.*) voient, que les *boiteux* (*id.*) marchent, que les *sourds* (*id.*) entendent, que les *lépreux* (*id.*) sont guéris, et que l'Évangile est annoncé aux *pauvres* (*id.*) Le *sage* (*id.*) est ménager du temps et des paroles Que vous êtes *enfant!* (*n. pris adj.*) Nous sommes *cousins* (*n. pris adj.*) Ils sont *frères* (*id.*). Sur la terre tout n'est que *vanité* (*n. pris adj.*), *mensonge* (*id.*), *fragilité* (*id.*), hors aimer Dieu et le servir.

DES ADJECTIFS DÉTERMINATIFS.

I. CLASSIFICATION (n°s 95-109).

Les élèves ont dû copier les phrases suivantes en distinguant les différentes espèces d'adjectifs déterminatifs qui s'y trouvent.

45. EXERCICE. L'homme s'assujettit non-seulement les plantes, mais encore les animaux, quoique *leur* (*adj. poss. f. s.*) petitesse, *leur* (*adj. poss. f. s.*) légèreté, *leurs* (*a. poss. f. pl.*) forces, *leurs* (*a. p. f. pl.*) ruses et les éléments eux-mêmes . . . . semblent les soustraire à *son* (*a. poss. m. s.*) empire. *Chaque* (*ad. ind. m. s.*) homme dans *ce* (*a. dém. m. s.*) monde a *sa* (*a. p. f. s.*) part des misères qui pèsent sur *notre* (*a. p. f. s.*) pauvre humanité. En *trois* (*adj. num. card. m. pl.*) quarts d'heure nous ferons *ce* (*a. dém. m. s.*) voyage. Ce n'est pas d'après *son* (*adj. pos. m. s.*) langage qu'il faut juger *un* (*adj. num. card. m. s.*) homme, c'est d'après *ses* (*adj. poss. m. pl.*) actes. *Une* (*adj. num. card. f. s.*) réprimande sert plus à *un* (*adj. num. card. m. s.*) homme sage que *cent* (*a. n. c. m. pl.*) coups à *un* (*a. n. c. m. s.*) insensé. Le paresseux cache *sa* (*a. poss. f. s.*) main sous *son* (*a. p. f. s.*) aisselle et il ne prend pas seulement la peine de la porter à *sa* (*a. p. f. s.*) bouche. *Un* (*a. n. c. m. s.*) homme indiscret est *une* (*a. n. c. f. s.*) lettre décachetée, *tout* (*a. ind. m. s.*) le monde peut la lire.

Aux petits des oiseaux Dieu donne *leur* (*a. p. f. s.*) pâture,
Et *sa* (*a. p. f. s.*) bonté s'étend sur *toute* (*a. ind. f. s.*) la nature.

EMPLOI DES ADJECTIFS POSSESSIFS. (n°s 97, 98.)

Les élèves ont dû copier les phrases suivantes et remplacer le tiret par un adjectif possessif convenable.

46. **EXEMPLE.** Cet enfant fait l'honneur de *ses* maîtres et les délices de *son* père et de *sa* mère. Il est le modèle de *ses* frères et de *ses* condisciples. Il a su, par *sa* douceur, *son* affabilité et *ses* prévenances, mériter *leur* estime et *leur* affection. On ne parle que de *sa* docilité, de *son* application à *ses* devoirs, de *son* assiduité à l'école, de *ses* progrès dans les sciences, de *sa* piété envers Dieu, de *son* amour pour *ses* parents, de *sa* complaisance envers *ses* camarades, et de *son* respect pour les vieillards. Je souhaite, *mon* ami, que tu formes *ta* conduite sur celle de *ton* camarade. Le Sauveur dit à *ses* disciples : Tenez-vous ici, pendant que j'irai là faire *ma* prière; puis il ajouta : *Mon* âme est triste jusqu'à la mort...; s'adressant à *son* Père, il le priait en disant : *Mon* Père, que *votre* volonté se fasse, et non pas la mienne. *Notre* conscience ne nous laisse point de repos, lorsque nous avons négligé *nos* devoirs. Vous êtes trop occupé de *votre* fortune, de *vos* intérêts temporels; vous ne l'êtes pas assez de *votre* salut, de *vos* intérêts éternels.

47. Etranger à *nos* habitudes, à *notre* industrie, à *nos* besoins, retiré dans *sa* hutte avec *ses* rennes qui le nourrissent de *leur* lait et de *leur* chair, qui l'habillent de *leur* peau et font toutes *ses* richesses, le Lapon passe tranquillement l'été dans de *viles* cabanes et l'hiver dans des antres *souterrains*. *Mes* orangers ont perdu *leurs* feuilles. *Vos* lettres et *vos* effets sont arrivés à *leur* destination. Faire *sa* fortune n'est pas le synonyme de faire *son* bonheur. La femme qui s'estime plus pour les qualités de *son* âme et de *son* esprit, que pour *sa* beauté et *ses* ajustements, est une femme supérieure à *son* sexe. *Ma* douleur, *mon* affliction et *mes* larmes ne pourront-elles apaiser *ta* haine et me rendre *ton* amitié ? Profite de *ton* enfance et de *ta* jeunesse pour former *ton* cœur et cultiver *ton* intelligence ; car, *mon* ami, c'est le temps le plus propre à l'étude.

ADJECTIFS DÉMONSTRATIFS. (n°s 99, 100.)

Placer ce, cet, cette, ces, selon le sens et les initiales.

48. **EXERCICE.** *Cet* exercice. *Cet* abus. *Ce* détour. *Cette* fois. *Cette* fenêtre. *Cet* hiatus. *Ces* sommes. *Ces* ac-

cents. *Ce* froment. *Cette* herse. *Ce* hareng. *Cet* hiver. *Cette* glace. *Cet* honneur; *Ce* hanneton. *Ce* délai. *Ces* forêts. *Cette* fonction. *Ce* violon. *Cette* guitare. *Ce* piano. *Cet* orgue. *Ces* notes. *Cette* flûte. *Cet* hommage. *Ce* haillon. *Cette* heure. *Cet* aliment. *Cette* odeur. *Ce* goût. *Ces* fleurs. *Cette* tasse. *Ce* verre. *Cette* assiette. *Ce* plat. *Ces* services. *Cette* nappe. *Cet* usage. *Ces* fruits. *Ce* héros. *Cette* écritoire. *Cette* encre. *Cette* plume. *Ce* haricot. *Ces* hiboux. *Ce* faubourg. *Ce* tabac. *Cet* almanach. *Cet* estomac. *Cette* histoire. *Ce* sable. *Ce* système. *Cette* allégresse. *Ce* hameau. *Ce* village. *Cet* espoir. *Cette* espérance. *Ce* belvéder. *Cette* cuiller. *Cet* accessit.

> 49. De *cette* nuit, Phénice, as-tu vu la splendeur ?
> Tes yeux ne sont-ils pas tout pleins de sa grandeur ?
> *Ces* flambeaux, *ces* bûchers, *cette* nuit enflammée,
> *Ces* aigles, *ces* faisceaux, *ce* peuple, *cette* armée,
> *Cette* foule de rois, *ces* consuls, *ce* sénat,
> Qui tous de *ce* héros empruntaient leur éclat ;
> *Cette* pourpre, *cet* or qui rehaussait sa gloire,
> Et *ces* lauriers encor témoins de sa victoire.

ADJECTIF NUMÉRAUX. (nᵒˢ 101-106.)

On a dû copier les phrases suivantes, et remplacer les chiffres par un adjectif numéral cardinal ou ordinal, selon le sens.

50. EXERCICE. *Cent* grammes font la *cinquième* partie de la livre et la *dixième* partie du kilogramme. Clovis *premier* monta sur le trône à l'âge de *quinze* ans, et fut le *cinquième* roi de France. Le billion, en termes de finances, s'appelle milliard. On dit très-souvent, onze *cents*, douze *cents*, et ainsi de suite jusqu'à dix-neuf *cents*, au lieu de *mille* cent, *mille* deux *cents*, etc. ; mais on ne dit point, dix *cents* pour *mille*, ni vingt *cents*, trente *cents* pour deux *mille*, trois *mille*. J'ai acheté un *cent* de fagots et *trois cents* de paille. On compte en France *trente-deux millions* d'habitants et plus de *quatre-vingts* grandes villes. *Quarante* louis doubles valent *seize cents* francs. On distingue *trois* règnes en histoire naturelle ; le premier traite des *animaux*, le *deuxième*, des *végétaux*, et le *troisième*, des *minéraux*. Alexandre commença à régner la *première* année de la *troisième* olympiade, *trois cent trente-sept* ans avant l'ère *chrétienne*. Les *premières* vêpres se disent la veille de la fête, et les *secondes*, le jour même. L'Amérique a été découverte en *mil quatre cent quatre-vingt-douze*. Mercier a fait un livre qui a pour titre l'an *deux mille quatre cent quarante*.

51. Il meurt dans l'espace de trente-trois ans mille *millions* d'hommes; dans une année, *trente millions*; chaque jour, quatre-vingt-deux mille; chaque heure, trois mille quatre cents; chaque minute, soixante; chaque seconde, *un* homme. Quel effrayant calcul! Il y a plus de joie dans le ciel pour la conversion d'*un* seul pécheur que pour quatre-vingt-dix-neuf justes qui n'ont pas besoin de pénitence. Monté sur le plus léger de ses *chameaux*, l'Arabe fait aisément *trois cents* lieues en *huit* jours. Entre la *première* et la *deuxième* guerre punique, il s'écoula un espace de *cinquante* ans. Marseille a été fondée par les Phocéens la *deuxième* année de la quarante-cinquième olympiade, six ans avant l'ère vulgaire.

ADJECTIFS INDÉFINIS ET RÉCAPITULATION. (n°ˢ 107-109.)

Les élèves ont dû copier les phrases suivantes, faire accorder les adjectifs et compléter

52. **EXERCICE.** Dieu étend *son* amour sur *tous* les êtres qui sont sortis de ses mains; *nulle* créature n'échappe à sa bonté. *Quels* devoirs avez-vous à faire? *quelles* leçons avez-vous à apprendre? Ne les avez-vous pas négligés *maintes* et *maintes* fois? *Certaines* personnes sont assez *sottes* pour croire aux *revenants. Mon* oncle m'a donné *ce* livre avec *cette* image, en récompense, m'a-t-il dit, de *mon* obéissance et de *mon* ardeur à l'étude. On prétend que les baleines vivent plusieurs *siècles*, et qu'on en a vu autrefois qui avaient *trois cents* mètres de long: aujourd'hui, les plus longues ne vont guère qu'à soixante-six mètres. *Nulle* paix pour l'impie. *Toute* la terre est au Seigneur. Dans *certains* cas, à *certaines* époques, c'est-à-dire, *tous* les cinquante ans, les créanciers, chez les *Juifs*, devaient remettre *leurs* dettes à *leurs* débiteurs.

53. Le bois est la matière la plus *précieuse* sur laquelle puisse s'exercer la main de l'homme. Voyez quel emploi nous en faisons dans la construction de *nos* édifices, de *nos* meubles, de *nos* machines, de *nos* outils, de *nos* instruments de *toute* espèce, depuis la simple brouette jusqu'au majestueux navire. Otez le bois à l'homme, vous lui ôtez *ses* vaisseaux, *ses* voitures, *son* lit, *sa* table, *son* siége; vous réduisez *son* ménage à *sa* plus simple expression. *Quelles* maximes que celles de l'Evangile! *quels* préceptes! *quelle* morale! Nulle production *humaine* n'approche de *ce* livre divin qui a fait l'admiration des impies *mêmes. Quelques* crimes toujours

précédent les *grands* crimes. *Cette* personne ne reçoit *au-cuns* gages. *Ces* oiseaux expriment *leur* joie par *leurs* chants. Pensez dans *toutes vos* actions à *votre dernière* fin, et vous éviterez *tous* les péchés.

VII. ACCORD DES ADJECTIFS ET RÉCAPITULATION GÉNÉRALE DES EXERCICES PRÉCÉDENTS, (n°° 467 et 468.)

Les élèves ont dû copier les phrases suivantes, corriger les mots en italique et remplacer le tiret par les mots convenables.

54. **EXERCICE.** Le poète *Sidoine Apollinaire*, qui vivait du temps de *Clovis*, nous trace ainsi le portrait des *Francs*, avant qu'ils se fussent mêlés avec les *Gaulois* et les *Romains*. « Ils ont, dit-il, la taille *haute*, la peau fort *blanche*, les yeux *bleus*. Ils laissent croître de *petites* moustaches à la lèvre *supérieure*, mais le reste du visage est entièrement rasé. *Leurs cheveux*, d'un blond admirable, sont coupés par derrière et *longs* par devant. Leur habit est court et serré ; ils portent une large ceinture à laquelle pend *une épée longue et tranchante*. C'est de *tous les peuples* connus, celui qui entend le mieux les *évolutions militaires*. Ils sont *d'une* adresse si *singulière*, qu'ils frappent toujours où ils visent ; *d'une* légèreté si *prodigieuse*, qu'ils tombent sur *leurs* ennemis aussi vite que les *traits* qu'ils ont lancés contre eux ; enfin, ils sont *d'une* bravoure si intrépide que rien ne les étonne : ils peuvent perdre la vie, jamais ils ne perdent le courage. »

55. Le cerf est un de ces *animaux innocents* et *tranquilles* qui ne semblent faits que pour animer la solitude des *forêts* et occuper loin de nous les *retraites paisibles* de ces *jardins écartés* de la nature. Sa forme *élégante* et *légère*, sa taille aussi svelte que bien *prise*, ses *membres flexibles* et *nerveux*, sa tête *parée* plutôt qu'*armée* d'un bois vivant et qui se renouvelle *tous* les *ans*, sa *grandeur*, sa légèreté extraordinaire, le distinguent des *autres habitants* des *forêts*. Le castor, quadrupède amphibie, a la tête presque *carrée*, les oreilles *rondes* et *courtes*, les *yeux petits*, la bouche *armée* de quatre *dents incisives*, *fortes* et *tranchantes*, la queue *longue* et *aplatie*, *toute couverte* d'écailles et *formée* de *muscles* vigoureux. Son corps est recouvert d'un duvet précieux très-recherché pour la chapellerie.

56. De *tous* côtés, nous remarquions des *villages* bien

lâtis, des villes *superbes, des troupeaux de bœufs mugissants* qui paissaient dans de gras *pâturages, de vastes campagnes couvertes* d'épis *dorés,* des montagnes *ornées* de *pampres verts* d'où pendaient des *grappes* d'un raisin déjà *coloré.* Les *méchants* sont *hardis, trompeurs, empressés* à s'insinuer, *adroits* à dissimuler, *prêts* à tout faire contre l'honneur et la conscience. La *vraie* politesse consiste non dans des cérémonies *affectées,* mais dans les manières *aisées, civiles et respectueuses.* De *quelle* foule de *fléaux* l'humanité n'est-elle pas opprimée? guerres *meurtrières,* combats *sanglants,* disettes *locales* ou *générales,* maladies *contagieuses, accidents* imprévus, orages *urieux,* tempêtes *violentes,* incendies *dévorants,* divisions *intestines,* pays *ravagés,* mortels *égarés, telle* est la faible image de nos *maux innombrables.*

ADJECTIFS EN RAPPORT AVEC DEUX NOMS.

57. EXERCICE. J'aime à voir le maître et l'élève *diligents,* la joie et la paix *maintenues,* une fontaine et un ruisseau *limpides,* une prairie et un côteau *variés,* une maison et un château agréablement *situés,* le maître et le fermier bien *unis,* le père et le fils *bons,* la mère et la fille *vertueuses,* le chef et le soldat *actifs,* la maison et la cour *propres et balayées,* la maîtresse et la servante *douces, patientes, bonnes et charitables,* la tante et la nièce *obligeantes,* le jeu et l'oisiveté *bannis,* l'Église et l'État *honorés, servis,* le vice et l'impiété *détestés,* la vertu et la religion *pratiquées.* Les peines et les soucis *cruels* qui environnent les rois, vous feront regretter sur le trône les plaisirs et les joies *purs* de la vie *pastorale.* De ces deux personnes l'une est triste, *lourde et idiote,* l'autre est *spirituelle, gaie, vive et enjouée.*

58. Le sommeil et la mort sont *semblables.* Ma sœur et ma cousine, soyez *pieuses, actives, franches* et *honnêtes.* La chaleur et le froid *excessifs* sont *nuisibles* aux *plantes.* Les fruits des *contrées septentrionales* sont moins *suaves,* moins *succulents,* moins *parfumés* que ceux des pays *méridionaux.* Les aurores *boréales* sont *fréquentes* dans les pays *septentrionaux.* Le *Gange,* le plus grand fleuve de l'*Inde,* se jette dans la mer, après avoir parcouru *un* espace de plus de *quinze cents milles.* La lumière et les ténèbres sont *opposées.* La haine est un sentiment atroce qu'*une* âme *basse* peut *seule* éprouver. Jeanne d'Arc, la libératrice de la France, fut *brûlée* à *Rouen* par les *Anglais.*

59. Nul mortel ne sera parfaitément heureux sur la terre; *nulle* chose ne peut nous rendre *tels*. L'élégance *grecque* orna l'architecture *égyptienne*. Quel fléau pour les *grands* que *ces* hommes *nés* pour être de *vils* et *indignes flatteurs!* Les *meilleures lois* sont celles qui sont les mieux observées. Une vérité *franche* déplaît moins qu'*une fausse modestie*. Les Russes sont de taille *moyenne, forts, robustes, bons soldats*, mais paresseux et d'*une* humeur servile. L'amitié *conjugale* fortifie les liens *conjugaux*. Il a fait *ces* jours *derniers* des *froids glacials*, une bise *glaciale*. La nation *italienne* est *spirituelle*, propre *aux* arts et *aux* sciences, *hospitalière, civile*, de mœurs *douces*, mais *dissimulée* et *vindicative*. Mon frère et mon cousin, soyez *attentifs* et *discrets*. La demande et la réponse ont été aussi *promptes*, aussi *brèves* l'*une* que l'autre. Madame de Sévigné est *auteur* d'une foule de *lettres admirables*. La douleur *muette* est plus *attendrissante* que la douleur *plaintive*.

60. La panthère que nous avons vue, a l'air féroce, l'œil inquiet, le regard cruel, les mouvements brusques et le cri semblable à celui d'un dogue en colère; elle a même la voix plus *forte* et plus rauque que le chien irrité; elle a la langue rude et très-rouge, les dents *fortes* et *pointues*, les ongles *aigus* et *durs*, la peau *belle*, d'un fauve plus ou moins foncé, *semée* de taches *arrondies* en *anneaux*, ou *réunies* en forme de *roses*, la queue *marquée* de *grandes taches noires* au-dessus, et d'*anneaux noirs* et *blancs* vers l'extrémité. La panthère est de la taille et de la tournure d'un dogue de *forte* race, mais moins *haute* de jambes.

61. Ce globe immense nous offre à *la* surface *des* fleuves, *des* cavernes, *des* gouffres, *des* volcans; et à *la première* inspection, nous ne découvrons en tout cela *aucune* régularité, aucun ordre. Si nous pénétrons dans l'intérieur, nous y trouvons des *métaux*, des *minéraux*, *des* pierres, *des* bitumes, *des* sables, des *terres*, des *eaux* et des *matières* de *toute* espèce, *placées* comme au hasard et sans *aucune règle apparente*; en examinant avec plus d'attention, nous voyons des *montagnes affaissées*, des *rochers fendus* et *brisés*, des *contrées englouties*, des *îles nouvelles*, des *terrains submergés*, *des* cavernes *comblées*; nous trouvons des *matières pesantes* souvent *posées* sur des *matières légères*, des corps *durs environnés* de *substances molles*, *sèches*, *humides*, *chaudes*, *froides*, *solides*, *friables*, *toutes mêlées*, et dans *une espèce* de confusion qui ne présente d'autre image que celle d'un amas de débris et d'un monde en ruine.

CHAPITRE IV.

DU PRONOM.

—

PRONOMS PERSONNELS. (n°ˢ 110-118.)

Les élèves ont dû désigner dans les phrases suivantes les pronoms personnels et en dire le genre, le nombre et la personne, selon le modèle donné.

62. **EXERCICE.** *Tu* (*p. p.*, 2ᵐᵉ *p. du s. des 2 g.*) arrives. *Je* (*p. p.*, 1ʳᵉ *p. du s. des 2 g.*) pars. *Nous* (*p. p.*, 1ʳᵉ *p. du pl. des 2 g.*) sortons. *Ils* (*p. p.*, 3ᵐᵉ *p. du pl. masc.*) entrent. *Elle* (*p. p.*, 3ᵐᵉ *p. du f. s.*) pleure. *Il* écrit. *Elles* brodent. *Il* étudie. *Je me* trompe. *Vous vous* abusez. *Je* réponds. *Je* m'étais flatté que *tu* viendrais *me* voir et que *nous* passerions la journée ensemble; mais *tu* n'as pas répondu à mon attente; c'est sans doute que des affaires imprévues *t'*en ont empêché. *Nous les* connaissons. *Tu les* vois. *Je le* sais. Ne penser qu'à *soi*, c'est être égoïste. *Se* louer est une sottise. *Nous leur* pardonnons.

Les élèves ont dû remplacer par un pronom personnel convenable les noms en italique et le tiret selon le modèle donné.

63. **EXERCICE.** *Il* est content. *Elle* est arrivée. *Ils* s'amusent. *Elles* passent. *Il* est beau. *Elle* est riche. *Ils* chantent. *Elles* s'épanouissent. *Elle* coule. *Elle* est fraîche. *Elle* est agréable. *Il* se lève. *Elles* disparaissent. *Elle* pâlit. *Il* arrive. *Il* s'approche. *Elles* blanchissent. Mes amis, *vous* avez raison. Messieurs, *vous* avez tort. Je *te* rends ton livre. Je *vous* rends votre livre. Je *lui* rends son livre. Je *leur* rends leur livre. Nous *nous* repentons. Vous *vous* repentez. Tu *te* repens. Ils *se* repentent. Je *me* repens. Partez si *vous* voulez, pour *moi* je reste. Il fera comme *il* voudra, pour *vous*, faites comme je *vous* commande. Aimons Dieu, car *il* est bon. Charles est parti, mais *il* reviendra. Qu'ils fassent leurs devoirs ce matin, et *ils* iront *se* promener ce soir. Mes sœurs sont sorties, mais *elles* vont rentrer. Ces draps sont

beaux, mais *ils* sont trop chers. Pratiquons la vertu, car *elle* mène au ciel ; évitons le péché, car il conduit à la mort.

Les élèves ont dû distinguer le, **la**, **les**, *articles, et* leur, *adjectif possessif, de* le, la, les, leur, *pronoms personnels.* (nos 117-118.)

64. **EXERCICE.** Pour aimer *les* préceptes évangéliques, il suffit de LES connaître et de LES pratiquer. *Le* pardon des ennemis ne consiste pas seulement à ne LEUR nuire ni dans *leur* réputation ni dans *leurs biens* ; il faut encore LES aimer véritablement, et LEUR faire plaisir, si *l'*occasion s'en présente. Je LES ai vus, eux, *leurs* femmes et *leurs* enfants, je LEUR ai parlé, et je LES ai invités à nous venir voir *les* premiers jours du mois prochain. C'est créer *les* talens que de LES mettre en place. Je ne puis qu'admirer *leur* bravoure et gémir sur *leur* destinée. Mon fils, si vous désirez *la* sagesse, observez *les* commandements de Dieu, et il vous LA donnera. *Le* feu, *l'*eau L'éteint ; *les* péchés, *l'*aumône LES expie. *Le* vice empoisonne *les* plaisirs, *la* passion LES frelate, *la* modération LES aiguise, *l'*innocence LES épure, *la* bienfaisance LES multiplie, *l'*amitié LES perpétue. Si *la* vanité ne renverse pas entièrement *les* vertus, du moins elle LES ébranle toutes. Peu de gens sont assez sages pour préférer *le* blâme qui LEUR est utile, à *la* louange qui LES trahit en LEUR cachant *leurs* défauts. *Les* yeux du Seigneur sont sur ceux qui LE craignent, et il LES délivrera au jour mauvais. *Les* présents aveuglent *les* yeux des juges ; ils sont dans *leur* bouche comme un mors qui LES rend muets et LES empêche de se déclarer contre *l'*injustice. *Les* succès couvrent *les* fautes, *les* revers LES rappellent.

II. DES PRONOMS POSSESSIFS. (nos 119-121.)

On a dû distinguer les pronoms possessifs des adjectifs possessifs.

65. **EXERCICE.** VOTRE père et *le mien* étaient amis. VOTRE mère et *la mienne* étaient inséparables. Je soumets MON opinion à *la vôtre*. En voyant vos peines, j'oublie *les miennes*. Le Rhône a SON embouchure dans la Méditerranée ; la Loire a *la sienne* dans l'océan Atlantique. Le Rhin prend SA source au mont Saint-Gothard en Suisse ; et le Danube prend *la sienne* dans la Forêt-Noire, dans le grand-duché de Bade. VOTRE pays a *ses* agréments, *le mien* a également *les siens*. Ces langues ont LEURS beautés, celles-ci ont aussi *les leurs.*

Soyez le seul témoin de SES pleurs et *des miens* :
Portez-lui MES adieux et recevez *les siens.*
Si nous ne voulons pas céder au goût des autres ,
Qui voudra, MES enfants , jamais céder *aux nôtres,*
Nous devons nous prêter aux faiblesses des autres,
Leur passer LEURS défauts comme ils passent *les nôtres.*

Remplacer le tiret par un adjectif possessif ou par un pronom possessif, selon le sens.

66. **EXERCICE.** Le roi sur SON trône a SES peines, comme le paysan dans SA cabane a *les siennes.* MA page est finie, *la tienne* est-elle commencée? VOTRE jardin est plus grand que *le nôtre.* Ce ne sont pas NOS affaires, ce sont *les vôtres.* Je trouve MA maison plus commode que *la vôtre.* Vos contrées sont plus fertiles que *les nôtres.* Ils n'ont pas reçu NOS lettres ; nous avons reçu *les leurs.* C'est VOTRE intérêt et *le leur.* En plaignant les autres, nous nous consolons nous-mêmes ; en partageant LEURS malheurs, nous sentons moins *les nôtres.* En parlant des proches, on dit : moi et *les miens*, toi et *les tiens*, lui et *les siens*, nous et *les nôtres*, vous et *les vôtres*, eux et *les leurs*, voilà un *des tiens.* En tâchant d'usurper SES avantages, elles abandonnent *les leurs.* Parce qu'un fort grand bien est venu se joindre *au vôtre*, à peine à NOS discours répondez-vous un mot. *Le tien et le mien* ne s'accordent guère. Les élèves de VOTRE pension sont plus nombreux que ceux de *la nôtre.* Je crois vos raisons aussi fortes que *les leurs.* J'espère que VOTRE demande sera accueillie comme *la leur.* C'est VOTRE tour aujourd'hui, ce sera *le nôtre* demain. Je trouve SON opinion meilleure que *la nôtre*, et vos idées plus justes que *les nôtres.*

DES PRONOMS DÉMONSTRATIFS.

On a dû désigner dans les phrases suivantes les pronoms démonstratifs et; dire le genre et le nombre. (n°s 122-123.)

67. **EXERCICE.** CELUI que vous voyez, c'est le fils de vos rois, c'est le mien, c'est le seul qui reste à ma douleur. Vous et CELUI qui vous mène, vous périrez. C'est un méchant métier que CELUI de médire. CE n'est pas de CELA qu'il s'agit. CELUI qui rend un service doit l'oublier, CELUI qui le reçoit, s'en souvenir. C'est un poids bien pesant que CELUI d'un grand nom. La vertu et le vice ont deux fins bien différentes ; CELUI-CI conduit à la mort, CELLE-LA, à la vie. Je n'aime

pas CECI, donnez-moi CELA. La différence qu'il y a entre la beauté et les talents, c'est que CEUX-CI plaisent toujours, et que CELLE-LA ne plaît qu'un temps. L'influence du luxe se répand sur toutes les classes, même sur CELLE du laboureur.

Les élèves ont dû remplacer par un pronom démonstratif convenable les mots en italique et le tiret. (Voir le numéro 561).

68. EXERCICE. Dieu a créé le soleil et la lune, CELLE-CI pour présider à la nuit, CELUI-LA pour présider au jour. CE qui plaît dans ce jeune homme, c'est cette modestie, cette retenue qui éclate dans toutes ses actions. Démocrite et Héraclite étaient bien *différents*; CELUI-CI pleurait sans cesse, CELUI-LA riait toujours. Les qualités du cœur ne sont pas moins *précieuses* que CELLES de l'esprit. Les Macédoniens devaient triompher des Perses; CEUX-CI étaient livrés au luxe et à la mollesse; CEUX-LA étaient endurcis à toutes les fatigues de la guerre. Ces livres sont CEUX de mon ami. Ces hardes sont CELLES de son camarade. Les qualités d'Alexandre étaient CELLES d'un grand homme, et ses défauts, CEUX d'un soldat. Nous devons préférer la vertu au plaisir; CELUI-CI passe en un moment, CELLE-LA procure des jouissances *éternelles*. Les *meilleures* leçons sont CELLES de l'expérience. Cette maison est CELLE de mon oncle. Ces prairies sont CELLES du voisin. Ces champs sont CEUX qu'on veut vendre. Ce bois est CELUI qu'on a vendu. CEUX qui sont mous et lâches dans CE qu'ils font, ne sont guère *différents* de CEUX qui dissipent CE qu'ils ont. Les grandes *richesses* et l'extrême pauvreté sont également à craindre; CELLE-CI abat le courage, CELLES-LA enflent le cœur et le corrompent.

Les élèves ont dû remplacer le tiret par ce, c'; se, s'; ces, ses, *selon le sens.*

69. EXERCICE. Que restera-t-il au riche avare de tous *ces* biens qu'il a amassés avec tant de peines, *de ces* trésors qu'il a entassés dans *ses* coffres-forts avec tant de soins, en un mot de tout *ce* qui a été l'objet de *ses* affections, de *ses* pensées et de *ses* désirs? *Ses* héritiers *s'*en empareront, et *se* hâteront peut-être de les prodiguer, pour *se* dédommager de la gêne qu'ils *s'*étaient imposée, pour *se* prêter aux caprices de *ce* malheureux. On ne doit *s'*appliquer qu'à *ce* qui peut être utile. *Ce* qu'il craint, *c'*est de *s'*égarer. Craignez un Dieu vengeur et tout *ce* qui le blesse, *c'*est là le premier pas qui mène à la sagesse. *Ce* qui fait le bonheur des familles, c'est la paix, la concorde : voyez *ces* pères et *ces* mères saintement unis, *ces* enfants obéissants, *ces* serviteurs dévoués; c'est la religion qui répand sur eux *ses* bienfaits; c'est la charité qui les captive sous l'empire de *ses* charmes divins. Quel spectacle! si tous les hommes *s'*aimaient ainsi, *s'*ils *s'*aidaient, *se* consolaient et *se* supportaient mutuellement! L'homme de bien *se* fait remarquer par la sagesse de *ses* discours, la noblesse de *ses* sentiments et la droiture de *ses* actes; c'est *ce* qui fait qu'on *se* plaît à l'entendre, et qu'on *s'*étudie à lui ressembler.

DES PRONOMS CONJONCTIFS ET DES PRONOMS INDÉFINIS.

Les élèves ont dû désigner dans les phrases suivantes les pronoms conjonctifs et les pronoms indéfinis et en dire le genre et le nombre (n°ᵒˢ 124-128).

70. EXERCICE. *Chacun* trouve a redire en *autrui* ce QU'*on* trouve à redire en lui. Ces deux auteurs ont, *chacun*, leur mérite; on les lit *l'un et l'autre* avec plaisir. Celui QUI fait *tout* vivre, *tout* mouvoir, aurait-il pu recevoir l'être, lorsqu'il le donne à *tout*? A part le péché, il n'y a *rien* DONT Dieu ne soit l'auteur. *Quiconque* est riche est *tout*. Les hommes à la faveur DESQUELS *on* aspire, ne sont souvent que des appuis fragiles QUI échappent au moment même qu'on en aurait le plus besoin. Je sais que l'opinion contre LAQUELLE je me déclare est soutenue par *plusieurs*; mais je ne puis me résoudre à l'embrasser. *Chacun* a son défaut ou toujours il revient. C'est un malheureux QUE les remontrances les plus *affectueuses* n'ont point touché, QUI a résisté à toutes les exhortations et QUE *personne* ne ramènera jamais à son devoir.

On a dû remplacer le tiret par un pronom conjonctif.

71. EXERCICE. A *qui* appartient le fauteuil sur *lequel* vous êtes assis? Malheur à ceux *qui* ont quitté les voies *droites* et *qui* se sont détournés dans des routes égarées. Combien de personnes ne jugent des autres que par la vogue *qu'*ils ont, par la fortune *qu'*ils ont faite! La calomnie est comme la guêpe, *qui* importune sans cesse, et contre *laquelle* il ne faut faire aucun mouvement, à moins qu'on ne soit sûr de la tuer, sans *quoi* elle revient toujours à la charge. La vie est un journal sur *lequel* il ne faut inscrire que de *bonnes* actions. Les choses *dont* la jouissance nous est interdite, sont souvent celles *que* nous désirons avec le plus d'ardeur. *Qui*

pourrait dire les embarras dans *lesquels* il est engagé, les épreuves *auxquelles* il est soumis, les obstacles *dont* il a à triompher et la vie dure à *laquelle* il est condamné? La ville *où* nous allons, est à dix lieues d'ici. L'homme à la probité *duquel* je me fie, est estimé. Les personnes sur la protection *desquelles* tu comptes, sont *puissantes* et *loyales*. La science à *laquelle* il donne la préférence, est la géométrie. Les études *auxquelles* il s'applique, sont frivoles. Nous n'admirons pas les choses *auxquelles* nous sommes habitués. Les arbres *auxquels* il donne ses soins, prospèrent à merveille. Dieu, *dont* la bonté est infinie, ne laissera pas sans récompense le verre d'eau froide *que* nous aurons donné à un pauvre en son nom.

RÉCAPITULATION SUR TOUS LES PRONOMS.

Les élèves ont dû désigner la nature des pronoms renfermés dans les phrases ci-dessous.

72. **EXERGICE.** Celui (*p. d.*) qui (*p. c.*) craint le Seigneur, se (*p. p.*) trouvera heureux à la fin de sa vie, et il (*p. p.*) sera béni au jour de sa mort. Les grandes prospérités nous (*p. p.*) aveuglent, nous (*p. p.*) transportent, nous (*p. p.*) égarent. Si tu (*p. p.*) achètes ce (*p. d.*) qui (*p. c.*) est superflu pour toi (*p. p.*), tu (*p. p.*) ne tarderas pas à vendre ce (*p. d.*) qui (*p. c.*) t' (*p. p.*) est nécessaire. Si j'avais été découvert, *il lui en* aurait coûté la vie, et à *moi* aussi. Son impatience de *nous* voir partir était extrême, mais les vents contraires *nous* retenaient à Tyr. *Celui qui se* fie dans ses richesses tombera. L'opulence et le repos sont à une si grande distance *l'un de l'autre* que plus *on* s'approche de *celle-là*, plus *on* s'éloigne de *celui-ci*.

73. Les sociétés dans *lesquelles nous nous* trouvons ordinairement, ne contribuent pas peu à *nous* rendre justes ou injustes, honnêtes ou dépravés; *il* est donc de l'intérêt d'un jeune homme, *qui* veut *se* former l'esprit et le cœur, de ne fréquenter que des gens vertueux et instruits. Un fils *qui* a fait verser des larmes à sa mère peut seul *les* essuyer. *On* gagne toujours à taire *ce qu'on* n'est pas obligé de dire. *Ceux qui* disent *ce qu'il* faut taire, taisent ordinairement *ce qu'il* faut dire. Si *tu* veux corriger les *autres*, corrige-*toi* d'abord. *Tout* passe. *Nul* n'échappe à la mort. *Plusieurs* ne réfléchissent pas. *Quelques-uns se* trompent. *Celui qui* aura persévéré jusqu'à la fin sera couronné.

CHAPITRE V.

DU VERBE.

—

Les élèves ont dû copier les phrases suivantes et souligner les verbes. (nᵒˢ 129-130.)

74. **EXERCICE.** Aussi intrépide que son maître, le cheval *voit* le péril et l'*affronte*, il se *fait* au bruit des armes, il l'*aime*, il le *cherche*, et s'*anime* de la même ardeur : il *partage* aussi ses plaisirs à la chasse, aux tournois, à la course, il *brille*, il *étincelle*; mais il ne se *laisse* point *emporter* à son feu; il *sait réprimer* ses mouvements : non-seulement il *fléchit* sous la main de celui qui le *guide*, mais il *semble consulter* ses désirs; et, *obéissant* toujours aux impressions qu'il en *reçoit*, il se *précipite*, se *modère* ou s'*arrête*, et n'*agit* que pour y *satisfaire*. C'est une créature qui *renonce* à son être pour n'*exister* que par la volonté d'un autre; qui, se *livrant* sans réserve, ne se *refuse* à rien, *sert* de toutes ses forces, s'*excède*, et même *meurt* pour mieux *obéir*.

DU SUJET. (nᵒ 131.)

Les élèves ont dû marquer le verbe et le sujet par un même chiffre.

1 1   2   2
75. **EXERCICE.** J'aime l'étude. Tu apprends ta leçon.
3   3   4 4   5 5   6 6
Il écrit une lettre. Tu es heureux. Je suis content. Ils sont
        7   7. 8 8   9   9   10   10   11
joyeux. Tu parles. J'écoute. Nous marchons. Ils arrivent. Il
11   12   12   13   13
est malade. Le médecin vient. Les remèdes sont amers. La
    14 14   15 15   16   16   17
santé est précieuse. Le soleil luit. La pluie tombe. Le vent
    17   18   18   19   19
souffle. Le tonnerre gronde. La récompense encourage. Le
    20   20   21 21   22   22
jour du combat approche. Il est laborieux. Tu seras obéissant.
    23⁻ 23   24   24   25
Le maître est généreux. L'étude rend savant et la réflexion

25   26   26   27   27

rend sage. La misère suit la paresse. Nous comprenons ces maximes.

76. *L'industrie est* un trésor, et le *travail* en *est* la clef. Les *années* une fois écoulées ne *reviennent* plus. Les *écoliers* studieux *avancent*, les *paresseux reculent*. Les *biens* de ce monde *sont* caducs, la *peine* les *précède*, l'inquiétude les *accompagne*, le *chagrin* les *suit*. Les *sciences ont* des racines amères, mais les *fruits* en *sont* doux. Le *sot* se *reconnaît* à six attributs : *il* se *fâche* sans motif, *il parle* sans utilité, *il* se *fie* sans connaître, *il change* sans raison, *il interroge* sur ce *qui* ne le *regarde* pas, enfin *il* ne *sait* pas distinguer son ami de son ennemi. Le *Rhin sépare* la France de l'Allemagne. *Rome est* la capitale du monde chrétien. *Paris compte* près d'un million d'habitants. Les vrais *amis*, dans la prospérité, *attendent* qu'on les *appelle*; dans le malheur, *ils* se *présentent* d'eux-mêmes.

DU COMPLÉMENT.

Les élèves ont dû marquer le verbe et son complément par le même chiffre et souligner le sujet. (n⁰ˢ 132-138.)

              1   1   2

77. **EXERCICE.** *Je* loue sa conduite. *Nous* lisons un
  2   3   3   4   4
livre. *Vous* écoutez une histoire. *Ils* racontent leurs aventu-
        5   5   6   6   7   7
res. *Jules* fait sa page. *Je* sais ma leçon. *Il* obtiendra un prix.
        8   8   9   9   10
Le *maître* taille ma plume. *J'ai* perdu mon canif. *Nous* mépri-
          10   11   11
sons les orgueilleux. *Nous* estimons les personnes modestes.
      12   12   13   13   14   14
Ils servent Dieu. *Nous* respectons les lois. *Il* aime les enfants
          15   15   16   16
sages. *J'ai* acheté une maison. *Tu* cultives ton jardin. *Nous*
      17   17   18   18   19
verrons le roi. *Ils* gardèrent le silence. Respecte tes supé-
      19   20   20   21   21   22
rieurs. Evite le péché, pratique la vertu, *tu* trouveras le
      22   23   23
bonheur. Les *pauvres* demandent du pain. Les *affligés* dési-
  24   24   25   25
rent la consolation. Les *malades* souhaitent la guérison.

78. L'espérance *soutient* le *juste*. Les remords *déchirent* les *méchants*. Le ciel *nous éprouve*. *Craignez* les *amorces* des vices. Tu *te flattes*. Je *me trompe*. Il *se loue*. Nous *nous promenons*. Vous *vous exposez*. Ils *se récréent*. Le soir, on *paie* les *folies* du matin. Un sot ne *s'admire* jamais autant que lorsqu'il *a fait* une *sottise*. La vertu seule *éclaire* l'*homme*. L'instruction est si précieuse, pourquoi *la négliger ?* Je *reçois* vos *conseils* et je *les suis*. Ils *ont* des *torts*, mais vous *les exagérez*. *Reconnaissez* votre *erreur*. Je viens *te chercher*. Il *me conduit* à la ville. Je *désapprouve* la *conduite que* tu *tiens*. Les gens sensés *fuient* les *hommes* vains et superbes. Tous les siècles *admireront* le *dévouement* de Léonidas. J'*étudie* la *leçon* QUE je *dois* RÉCITER ce soir. Les moyens *qu'il a pris* ne réussiront pas.

Les élèves ont dû désigner les complément directs et les compléments indirects.

79. EXERCICE. Je lui (*c. ind.*) écris une lettre (*c. d.*). Il me (*c. ind.*) raconte une histoire (*c. d.*). Nous nous (*c. d.*) rendons à Paris (*c. ind.*). Je porte une lettre (*c. d.*) à la poste (*c. ind.*). Nous devons obéissance (*c. d.*) à l'Eglise (*c. ind.*). Je donne mon cœur (*c. d.*) à Dieu (*c. ind.*). Je mets ces livres (*c. d.*) à leur place (*c. ind.*) Je m' (*c. d.*) applique à faire (*c. ind.*) mon devoir (*c. d.*). Auguste fit grâce (*c. d.*) à Cinna (*c. ind.*) qui avait conspiré contre lui (*c. ind.*). Les Français vainquirent les Espagnols (*c d.*) à Villaviciosa (*c. ind.*). L'ennemi s' (*c. d*) empara des hauteurs (*c. ind.*). Les barbares faisaient de fréquentes irruptions (*c. d.*) sur les terres (*c. ind.*) des Romains (*c. ind.*). Il m' (*c. ind.*) a donné votre adresse (*c. d.*). Je lui (*c. ind.*) ai donné ma réponse (*c. d.*). On nous (*c. ind.*) a promis un congé (*c. d.*). Vous nous (*c. d.*) mènerez en promenade (*c. ind.*). Je vous (*c. ind.*) rendrai ce service (*c. d.*). Il nous (*c. ind.*) a parlé de vous (*c. ind.*). Je vous (*c. d.*) félicite de votre adresse (*c. ind.*). On se (*c. d.*) plaint de votre dissimulation (*c. ind.*).

DES MODIFICATIONS DU VERBE.

Les élèves ont dû indiquer le nombre et la personne des verbes suivants (n°s 140-144)

80. EXERCICE. Nous *dictons* (*v. à la 1re p. du pl.*). Vous *écrivez* (*v. à la 2e p du pl.*). Tu *copies* (*v. à la 2e p. du s.*) Il *étudie* (*v à la 3e p. du s.*). Je *récite* (*v. à la 1re p.*

du s.). Vous *calculez* (*v. à la* 2e *p. du pl.*). Ils *profiteront* (*v. à la* 3e *p. du pl.*). Vous vous *récréerez* (*v. à la* 2e *p. du pl.*). Tu *achetas.* Ils *lurent.* Je *peins.* Tu *dessines.* Il *arpente.* Nous *mesurons.* Vous *toisez.* Ils *évaluent.* J'ai *nivelé* (*v. à la* 1re *p. du s.*). *Venez. Partons.* Tu *viendras. Arrivez. Sortons. Entrez. Viens. Allons. Va. Allez.* Les hommes *mourront.* Les morts *ressusciteront.* Le monde *finira.* Le jugement *approche.* La mort *est* incertaine. Les justes *triompheront.* Les méchants *seront* punis.

81. La religion *élève* l'âme. Nous *admirons* les beautés de la campagne. Vous *aimerez* le Seigneur de tout votre cœur, et vous ne *servirez* que lui seul. *Honore* ton père et ta mère; *assiste*-les dans leurs besoins et ne les *contriste* pas. Ne *faites* rien dans le moment de la colère. Le crime *est* le bourreau de l'âme. Le temps *moissonne* et nous *glanons, employons* chaque jour de notre vie comme s'il *devait* être le dernier. Je *présumais* que tu me *parlerais* plus franchement. La crainte et l'espérance *partagent* notre vie. Le travail et la douleur *accablent* beaucoup de personnes. Le maître et l'élève *arrivent.* Le Rhône *prend* sa source en Suisse. Le ciel et la terre *sont* au Seigneur. Nous *devons* combattre les passions qui *agitent* nos cœurs. *Pardonnez* et l'on vous *pardonnera. Remettez* et l'on vous *remettra.* Ne *faites* pas aux autres ce que vous ne *voudriez* pas qu'on vous *fît.*

Les élèves ont dû continuer l'exercice précédent, et indiquer de plus les modes et les temps. (n°s 145-151.)

82. EXERCICE. Je *lirais* (*v. au cond. p.,* 1re *p. du s.*) si tu le désirais (*v. à l'imp. de l'ind.,* 2e *p. du s.*). *Faites* (*v. à l'impér.,* 2e *p. du pl.*) vos devoirs. *Secourez-* (*idem*) moi. Je *crains* (*v. au prés. de l'ind.,* 1re *p. du s.*) qu'il ne périsse (*v. au prés. du subj.,* 3e *p. du s.*). Il faut (*v. au prés. de l'ind.,* 3e *p. du s.*) partir (*v. au prés. de l'inf. mode impers.*). Je ne *crois* pas qu'il *réussisse.* Je *voudrais*, mes amis, que vous *fussiez* plus attentifs. Si votre ennemi *a* faim, *donnez*-lui à *manger*; s'il *a* soif, *donnez*-lui à *boire*; et le Seigneur vous le *rendra.* Nous *partîmes* avant même qu'on *soupçonnât* notre départ. Ils *arrivèrent* plus tôt que je n'avais pensé. *Aimez* le doux plaisir de *faire* des heureux. *Consultez* volontiers, *évitez* les procès; où la discorde *règne, apportez*-y la paix. Je m'*étais figuré* qu'il *irait* vous *visiter,* je *vois* que je me *suis trompé. Laisser* le crime impuni, c'est s'en *rendre* complice. *Servir* Dieu, c'est *régner.*

Les élèves ont dû continuer les deux exercices précédents, distinguer les temps simples des temps composés et indiquer la conjugaison. (n°s 152-169.)

83. **EXERCICE.** Je *lis* (v. au p. de l'ind., temps simple, 1re p. du s., 4 c.). *J'ai aperçu* (v. au p. ind., t. c. de l'ind. 1re p. du s., 3 c.). Il *prendra.* Nous *écrivons.* Vous *avez écouté. Chérissez* (v. à l'imp., t. s, 2e p. du pl., 2 c.) vos parents. *Plaignons*-nous. *J'ai* faim. Je *doute* qu'il *soit* reçu. Je *crains* qu'il ne *mente.* Je *voulais* que vous *arrivassiez.* Je *desirerais* que vous lui *fissiez* réponse. *J'aurais vu* (v. au cond. pas., t. c., 1re p. du s. 3 c.) avec plaisir que vous *fussiez venu* (v. au plus-que-p. du subj., 2. c., 2e p. du pl. 2 c.) hier. *Aimer* (v. au p. de l'inf., t. s., mode impers. 1 c.) Dieu et le *servir, c'est* là tout l'homme. Il *faut éviter* le mal et *faire* le bien. *Rendez* l'honneur à qui vous *devez* l'honneur.

DU RADICAL ET DE LA TERMINAISON. (n°s 182-185.)

Les élèves ont dû distinguer le radical de la terminaison dans les verbes suivants.

84. **EXERCICE.** On conc evra. Tu affaibl issais. Qu'il command e. Je v ois. Il interromp t. Tu achev as. Il triomph era. Nous jou erons. Vous écri rez. Nous reven ons. Tu perç ois. Ils ont réuss i. Ils avaient aperç u. Il eut chér i. J'ai compt é. Ils calcul èrent. Je pay ais. Tu protég es. Je vend s. Il romp t. Vous permett ez. Sort ons, Rentr ez. Li sez. Etudi ez. Fond re. Je moud s. Ils confond ront. Tu mêl es. Il éclair ait. Tu t'es tromp é. Nous prodigu âmes. Vous embell îtes. Il aim ait que nous chant assions.

Exercices sur les conjugaisons et sur l'accord du verbe avec son sujet.

1° VERBES AUXILIAIRES.—Verbe *avoir,*

Faire conjuguer le verbe avoir *avec un nom; et, dans l'exercice oral, exiger que toutes les liaisons soient bien faites.*

85. Avoir égard. Avoir autorité. Avoir envie. Avoir horreur. Avoir intérêt. Avoir assurance. Avoir espérance. Avoir obligation. Avoir avantage. Avoir aversion. Avoir faim. Avoir soif, etc.

Les élèves ont dû copier les phrases suivantes, et mettre le verbe avoir au temps, au nombre et à la personne indiqués par les chiffres et par le sujet. (nos 579-582.)

86. **EXERCICE.** Nous *avons* votre promesse. Vous *avez* ma réponse. Ils *ont* des besoins. J'*ai* parlé. Tu *as* répondu. Il *a* écouté. Nous *avons* voyagé. Vous *avez* marché. Ils *ont* couru. Tu *auras* des embarras. Vous *auriez* réussi, si vous *aviez* suivi mes conseils. Nous *eûmes* frayeur. Ils *eurent* peur. Vous *eûtes* raison. Tu *auras eu* honte. J'*aurai eu* audience. Tu *as eu* pitié de ce malheureux, tu *auras* une récompense. Si j'*avais eu* fini plus tôt, je vous *aurais* rendu visite. Si tu n'*as* pas accès auprès de lui, *aie* recours à ses amis. Elles nous *auraient* secourus, si elles l'*avaient* pu. La paresse n'*a* pas un avocat, quoiqu'elle *ait* beaucoup d'amis. Si tu n'*as* pas la fortune en partage, *aie* l'amour du travail, et tu *auras* un trésor non moins précieux. Il faut que tu *aies* fini avant que j'*aie* commencé. Il est nécessaire qu'il *ait* terminé, avant qu'ils nous *aient* atteints. Il *avait* soin de faire chercher partout les hommes qui *avaient* quelque talent ou une vertu particulière.

VERBE *être.*

Faire conjuguer le verbe être avec un adjectif ou avec un nom ; et, dans l'exercice oral, exiger que toutes les liaisons soient bien faites.

87. Etre habile. Etre heureux. Etre instruit. Etre attentive. Etre égal. Etre innocent. Etre actif. Etre orgueilleuse. Etre adroit. Etre avare. Etre humble. Etre arbitre. Etre roi. Etre industrieuse. Etre impartial. Etre nouvelle. Etre beau. Etre inconsolable, etc.

Les élèves ont dû copier les phrases suivantes, et mettre le verbe être au temps, au nombre et à la personne indiqués par les chiffres et par le sujet. (nos 579-582.)

88. **EXERCICE.** Je *suis* content. Tu *es* heureux. Elle *est* obéissante. Vous *serez* récompensé. Tu *seras* puni. Ils *ont été* congédiés. Les Romains *étaient* courageux. Les Troyens *furent* malheureux. Le déluge *a été* universel. ; huit personnes seulement *furent* sauvées de ses eaux. Vous *auriez été* mieux reçus, si vous *aviez été* moins hardis. Nous *sommes* arrivés. Vous *êtes* approuvés. Elles *ont été* blâmées. Il faut que tu *sois* juste. Il *serait* à désirer que je *fusse*, que

tu *fusses*, qu'il *fût*, que vous *fussiez*, qu'ils *fussent*, que nous *fussions* tous fidèles à nos devoirs et appliqués à l'étude. Je doute qu'ils *aient été* bien accueillis. Je voudrais qu'ils *eussent été* plus circonspects. Ils devraient *être* moins téméraires. Ils *sont* trop présomptueux. Tu *auras été* averti, et tu te *seras* corrigé. Les hommes *seraient* heureux, s'ils *étaient* vertueux. Ils se *seraient* rendus, s'ils *avaient été* prévenus à temps. *Sois* compatissant envers les pauvres, et tu *seras* béni de Dieu. Je désirerais qu'ils *fussent* ici. Plus un lieu *est* élevé, plus il *est* exposé aux tempêtes; les cours, en général, quelles qu'elles *soient*, en *sont* une preuve. Deux choses *sont* bien mauvaises, quand la meilleure des deux *est* le mensonge. Si tes pensées ne *sont* pas mauvaises, tes actions ne le *seront* pas non plus.

RÉCAPITULATION.

Les élèves ont dû copier les phrases suivantes, et remplacer les chiffres arabes par les temps convenables du verbe être *et les chiffres romains par ceux du verbe* avoir.

89. **EXERCICE.** Les Maures, au *douzième* siècle, *avaient* une université célèbre à Cordoue. Le Zuyderzée, qui n'*était* autrefois qu'un lac, *a été* réuni à la mer par une inondation. Les nègres *ont* les cheveux laineux, les lèvres épaisses et le front convexe. Le Mexique *a* un grand nombre d'oiseaux curieux; les reptiles y *ont* des dimensions prodigieuses. Une partie seulement de la Notasie *avait été* imparfaitement explorée par les Arabes du moyen âge; toutes les autres parties de ce monde maritime *ont été* successivement découvertes dans les trois derniers siècles. Nous *avons eu* bien froid dans ce voyage. Tu *auras* beaucoup d'embarras. *Ayez* grand soin de fuir la paresse; car elle *est* la mère de l'ignorance. N'*ayez* point de fierté, ne vous louez jamais; mais *soyez* humble et modeste. Nous *sommes* les enfants de Dieu. Il faudrait que tu *fusses* plus laborieux. Les soldats de la garde impériale *eurent* le courage de mourir à leur poste. Tu *as* reçu un bienfait, sois-en reconnaissant. On vous *a* offensé, *soyez* indulgent. Tu *as* des talents, *aie* grand soin d'*être* modeste. *Soyez* obéissant, *ayez* horreur du vice. Les chevaux persans *sont* les plus beaux de l'Orient. La Suisse, qui, autrefois, *était* appelée Helvétie, *a été* soumise aux Romains par Jules César.

90 Les paysans de la Hongrie *sont* exempts de toute contri-

bution; mais ils *sont* obligés de prendre les armes au premier ordre du gouvernement. L'Écosse *est* un pays de montagnes; l'Irlande *est* un pays de plaines; toutes deux *sont* couvertes de fleuves et de lacs. Tu *aurais* plus d'économie dans tes affaires, si tu *avais eu* la peine de faire ta fortune; mais tu l'*as* reçue de tes ancêtres, sans qu'elle t'*ait* rien coûté, et tu *es* prodigue. Il faut que vous *ayez* soin de vos parents et que vous *soyez* respectueux à leur égard. La mine d'étain de Vaulry *est* la première qui *ait été* exploitée en France. Les voyages autour du monde qui *ont* fait faire le plus de progrès à la géographie, *sont* ceux des trois derniers siècles. *Être* vaut mieux qu'*avoir été*. *Avoir eu* n'*est* pas *avoir*. *Soyons* bons et honnêtes envers les autres, ils le *seront* envers nous; *ayons* de la complaisance pour nos semblables, ils en *auront* pour nous. Le cuivre *a* beau *être* doré, il n'*est* que du cuivre : ainsi en *est*-il d'un fat; *fût*-il le maître du conseil, il n'*est* qu'un fat. Nous n'*avons* pas le courage de dire, en général, que nous n'*avons* pas de défauts et que nos ennemis n'*ont* aucune bonne qualité; mais, en détail, nous ne *sommes* pas trop éloignés de le croire. Les sciences *ont* des racines amères, mais les fruits en *sont* doux.

2° VERBES RÉGULIERS.

PREMIÈRE CONJUGAISON. — Verbe *aimer*.

Liste de verbes que l'on pourra faire conjuguer en faisant faire les exercices sur le sujet. (n°s 182-185.)

91. Abandonner, abaisser, abhorrer, abreuver, accabler, accepter, accompagner, acquitter, additionner, admirer, administrer, affirmer, affronter, ajouter, allumer, analyser, appliquer, approcher, approuver, arborer, arpenter, arroser, assembler, attacher, augmenter, autoriser, avaler.—Ballotter, baptiser, barrer, border, boucher, braver.—Caractériser, chanter, cimenter, contracter.—Déchiffrer, délaisser, dépeupler, détailler.—Éclairer, encenser, enchaîner, enterrer, entraîner, escalader.—Favoriser, fermenter, flatter.—Graver, griffonner.—Habituer, habiller.—Indemniser, imiter.—Joncher, jaser.—Laisser, lapider.—Marchander, moissonner.—Narrer, nommer.—Ôter, offenser.—Plaider, porter.—Quereller, questionner.—Raccommoder, récompenser.—Soigner, sourciller.—Tourmenter, traîner.—User, utiliser.—Vanter, veiller, etc.

*Les élèves ont dû reconnaître les temps suivants à la terminaison,
les classer dans l'ordre ordinaire et les compléter de manière
à former toute une conjugaison avec dix-neuf verbes différents.*

Nous ne donnons, dans l'ordre ordinaire, que la 1re pers. de chaque temps.

92. EXERCICE. Je parle. — Je consolais. — J'attaquai.
— J'ai indiqué. — J'eus risqué. — J'avais charmé. — J'éga-
lerai. — J'aurai hasardé. — Je décomposerais. — J'aurais conjugué. — Complimente. — Que j'accable. — Que je redou-
lasse. — Que j'aie enseigné. — Que j'eusse témoigné. —
Balbutier. — Avoir rampé. — Vantant. — Pardonné.

*Les élèves ont dû conjuguer les verbes suivants à la personne
indiquée et au temps de l'infinitif.*

93. EXERCICE. J'abaisse, tu abhorres, il accompagne
nous acquittons, vous additionnez, ils analysent.
J'abaissais, tu abhorrais, il accompagnait, nous acquittions,
vous additionniez, ils analysaient.
J'abaissai, etc.

94. J'étudie ma leçon et je la récite. Tu étudies ta leçon
et tu la récites. Il étudie sa leçon et il la récite. — Nous étudions notre leçon et nous la récitons, etc.
J'ai étudié ma leçon et je l'ai récitée, etc.
Etudie ta leçon et récite-la, etc.

*Les élèves ont dû copier les phrases suivantes, et mettre les verbes
au temps, au nombre et à la personne indiqués par les chiffres
et par le sujet.*

95. EXERCICE. En ce moment je *remarquai* que toute
la montagne *tremblait*; les chênes et les pins *semblaient*
descendre du sommet de la montagne. Hélas ! à quoi les rois
sont-ils *exposés*? Les plus sages même *sont* souvent surpris.
Des hommes artificieux et *intéressés* les *environnent*. Les
bons se *retirent*, parce qu'ils *ne sont* ni *empressés* ni *flatteurs*;
ils attendent qu'on les *cherche* : au contraire, les méchants
sont hardis, *trompeurs*, *empressés* à s'insinuer, *adroits* à
dissimuler, *prêts* à tout faire contre l'honneur et la conscience, pour contenter les passions de celui qui *règne*. Oh !
qu'un roi *est* malheureux d'être *exposé* aux artifices des
méchants! Tous les bergers *oubliant* leurs embarras et leurs
troupeaux, *étaient suspendus* et *immobiles* autour de moi,
pendant que je leur *donnais* des leçons; il *semblait* que ces

déserts n'*eussent* plus rien de sauvage, tout y *était* devenu doux et riant. Les Egyptiens qui *avaient appelé* à leur secours les étrangers, après *avoir favorisé* leur descente, *attaquèrent* les autres Egyptiens qui *avaient* le roi à leur tête. Les amis de mon père *eurent* soin de m'exercer de bonne heure au secret. *J'étais* encore dans la plus tendre enfance; et ils me *confiaient* déjà toutes les peines qu'ils *éprouvaient*. *Aimez* à vous venger par beaucoup de bienfaits; *parlez* peu, *pensez* bien et *gardez* vos secrets.

IIe CONJUGAISON. — Verbe *finir*

Liste de verbes à conjuguer. (n°s 182-185.)

96. Amoindrir, abolir, accomplir, adoucir, agrandir, aigrir, amortir, aplanir, appauvrir, appesantir, approfondir, assainir, assortir, assourdir, assouvir, assujettir.—Bannir, bâtir.—Chérir, choisir.—Définir, dégarnir, démolir.—Eblouir, éclaircir, embellir, engloutir, enhardir, enlaidir, envahir.—Fléchir, fournir.—Gravir, guérir.—Honnir.—Investir. — Jaunir.—Lotir.—Maigrir.—Noircir, nourrir.—Obscurcir, ourdir.—Pâtir, pétrir.—Rafraîchir, ralentir, répartir (*distribuer*), ressortir (*dépendre*).—Salir, subir.—Ternir, trahir.—Unir.—Venir, vieillir.

Les élèves ont dû reconnaître les temps suivants à la terminaison, les classer dans l'ordre ordinaire et les compléter.(Voir le n° 92.)

97. **EXERCICE.** Je fournis.—J'investissais.— J'embellis. — J'ai rempli. —J'eus désuni. — J'avais muni.— Je ralentirai. — J'aurai rétréci. — Je démolirais. — J'aurais pétri. — Flétris. — Que je divertisse. — Que je rafraîchisse. — Que j'aie grossi. — Que j'eusse banni.— Enrichir.—Avoir grandi. Abolissant. — Blanchi.

Conjuguer les verbes suivants à la personne indiquée et aux temps de l'infinitif.

98. **EXERCICE.** J'adoucis, tu aigris, il noircit, nous enhardissons. Vous épaississez, ils obscurcissent, etc.

99. J'établis ma demeure et je l'embellis. Tu établis ta demeure et tu l'embellis, etc.
J'ai établi ma demeure et je l'ai embellie, etc.
Etablis ta demeure et embellis-la, etc.

Les élèves ont dû copier les phrases suivantes et mettre les verbes au temps, au nombre et à la personne indiqués par les chiffres et par le sujet.

100. EXERCICE. L'echristianisme *a aboli* l'esclavage partout où il s'est *établi.* C'est le roi qui *anoblit*; mais ce sont les vertus qui *ennoblissent.* Les fruits de *leurs* arbres et le lait de leurs troupeaux *fournissaient* à tous *leurs* besoins. Les traits *obscurcissaient* l'air. Les chevaux *hennissent.* Les bœufs *mugissent.* Fuyez les libertins, les fats et les pédants, *choisissez* vos amis, voyez d'honnêtes gens. Il faut que tu *enrichisses* ta mémoire des beaux traits que te *fournit* l'histoire de la nation. Il faut que vous *chérissiez* vos parents et que vous les *nourrissiez.* Le récit de mes maux vous *attendrira* le cœur et *adoucira* ma douleur. Nous *accomplimes* nos promesses, vous *trahîtes* les vôtres. Alexandre dit un jour à Diogène : « Je vois que tu *manques* de beaucoup de choses ; je *serais* bien aise de te secourir ; *demande*-moi ce que tu voudras. » *Retirez*-vous un peu, *répondit* le philosophe, vous *empêchez* que je ne *jouisse* du soleil.

IIIᵉ CONJUGAISON.—Verbe *recevoir.*

Verbes à conjuguer. (nᵒˢ 180 et 182-185.)

101. Apercevoir, concevoir, devoir, décevoir, percevoir, redevoir.

Les élèves ont dû reconnaître les temps suivants à la terminaison, les classer dans l'ordre ordinaire et les compléter.

102. EXERCICE. Je conçois.—Je concevais.—Je dus.— J'ai dû.— J'eus reçu. —J'avais aperçu.— Je percevrai.— J'aurai perçu. — Je recevrais. — J'aurais déçu. — Redois. Que je perçoive. — Que j'aperçusse. — Que j'aie conçu. — Que j'eusse reçu. — Apercevoir. — Avoir aperçu. — Concevant. — Conçu.

Les élèves ont dû conjuguer les verbes suivants à la personne indiquée et aux temps de l'infinitif.

103. EXERCICE. J'aperçois mon erreur et je la conçois, etc.

J'ai aperçu mon erreur et je l'ai conçue, etc.

104. Je perçois mes revenus et je les dois. Tu perçois tes revenus et tu les dois, etc.

J'ai perçu mes revenus et je les ai dus, tu as perçu tes revenus et tu les as dus, etc.

Les élèves ont dû copier les phrases suivantes, et mettre les verbes au temps, au nombre et à la personne indiqués par les chiffres et par le sujet.

105. **EXERCICE.** Pendant que ces pensées *roulaient* dans mon esprit, je m'enfonçai dans une sombre forêt, où j'*aperçus* tout à coup un vieillard vénérable. Nous ne pouvions jeter les yeux sur les deux rivages, sans que nous *aperçussions* des villes *opulentes* et des maisons de campagne agréablement *situées*. Ces peuples nous *reçurent* comme des amis et nous *traitèrent* avec générosité. Ses belles paroles *décevaient* tout le monde. *Concevez-vous* un pareil procédé ? —Je n'y *conçois* rien, je n'y *concevrai* jamais rien. Que d'espérances *déçues !* Ceux qui *ont conçu* ce projet, n'en *apercevaient* pas les conséquences. Pendant qu'Hazaël et Mentor *parlaient*, nous *aperçûmes* des dauphins couverts d'une écaille qui paraissait d'or et d'azur. Souvent de belles apparences *déçoivent*. Nous *recevons* de quoi payer ce que nous *devons*. Ils *doivent* partir demain. Il suffirait que tu *perçusses* ses revenus d'un mois, pour faire ta fortune. Nous craignons qu'on n'*aperçoive* nos défauts. Nous *devons* à Galilée le télescope, avec lequel nous *apercevons* un grand nombre d'étoiles que nous n'*apercevrions* pas, que nous n'*aurions* jamais *aperçues* sans *cette précieuse* découverte.

IVᵉ CONJUGAISON.—Verbe *rendre.*

Verbes à conjuguer. (nᵒˢ 182-185).

106. Apprendre, attendre.—Comprendre, confondre, correspondre.—Défendre, descendre, détendre.—Entendre, épandre, étendre.—Fendre, fondre.—Interrompre.—Mordre.—Pendre, perdre, pourfendre.—Répandre, répondre, rompre.—Suspendre.—Tendre, tondre, tordre.—Vendre, revendre, etc.

Les élèves ont dû reconnaître les temps suivants à la terminaison, les classer dans l'ordre ordinaire et les compléter. (Voir le nᵒ 92.)

107. Je perds.— Je mordais.— Je vendis. — J'ai rendu.— J'eus interrompu.—J'avais confondu. — Je tordrai. — J'aurai étendu. — Je prétendrais. —J'aurais fondu. — Attends.— Que je rompe.— Que je répondisse.— Que j'aie entendu. — Que j'eusse défendu. — Reprendre. — Avoir fendu. — Tendant. — Corrompu.

Les élèves ont dû conjuguer les verbes suivants à la personne indiquée et aux temps de l'infinitif.

108. **EXERCICE.** Je perds, tu confonds, il mord, nous répondons, vous attendez, ils vendent, etc.

109. J'entends mes intérêts et je les défends, tu entends tes intérêts et tu les défends, etc.

J'ai entendu mes intérêts et je les ai défendus, etc.

Les élèves ont dû copier les phrases suivantes, et mettre les verbes au temps, au nombre et à la personne indiqués par les chiffres et par le sujet.

110. Reprenez sans aigreur, *louez* sans flatterie; ne *méprisez* personne, *entendez* raillerie. Détestez et l'impie et ses dogmes trompeurs; ils séduisent l'esprit et *corrompent* les mœurs. Tu *prendrais* plus de soin de ton salut, si tu *entendais* mieux les vérités de la foi. Je *reçus* ta lettre *hier*, et j'y *réponds* aujourd'hui. Je ne *m'attendais* pas que les choses *dussent* tourner si mal. *Attendez-vous-y.* Je ne sais plus où j'en *suis*, toutes mes idées se *confondent*. Nous *confondîmes* nos regrets et nos pleurs. La mort *égale* et *confond* tous les rangs. Ils *défendirent* ce passage à eux deux contre une vingtaine d'assaillants. Je ne *signai* qu'à mon corps *défendant*. Que *prétendez-vous* à cela? je n'y *prétends* rien. Ils *ont allégué* un *prétendu* droit. L'eau forte *mord* sur les *métaux*. J'ai *eu* trop de confiance en lui, je m'en *mordrai* les doigts. Ces fleurs *répandaient* une odeur agréable qui *parfumait* l'air. Les discours qu'il vous a tenus *étaient* offensants; mais il n'y *entendait* pas malice. Tous les maux *fondront* un jour sur les méchants. Ces deux teintes se *fondent* bien ensemble. Les poules *chantent* après *avoir pondu* leur œuf. Votre témoignage *confondra* certainement mes calomniateurs.

RÉCAPITULATION.

Les élèves ont dû reconnaître les temps suivants à la terminaison, les classer dans l'ordre ordinaire et les compléter en indiquant la conjugaison.

111. **EXERCICE.** Je perds (4. c.). J'engourdissais (2. o.). Je naviguai (1. c.). J'ai perçu (3. c.). J'eus établi (2. c.). J'avais surnommé (1. c.). Je détendrai (4. c.). J'aurai sali (2. c.). J'obéirais (2. c.). J'aurais constitué (1. c.). Romps (4 c.). Que j'aperçoive (3. c.). Que je naviguasse (1. c.). Que j'aie correspondu (4. c.). Que j'eusse diverti (2. c.). Épaissir (2. c.). Avoir commandé (1. c.). Prétendant (4. c.). Fourni (2. c.).

Conjuguer les verbes suivants.

112. EXERCICE. Je perds, tu obscurcis, il emprisonne, nous mordons, vous redoutez, ils déçoivent.

Je perdais, tu obscurcissais, etc.

113. Je chéris ma mère et je le dois; je l'écoute et je la rends heureuse. Tu chéris ta mère et tu le dois; tu l'écoutes et tu la rends heureuse, etc.

J'ai chéri ma mère et je l'ai dû, je l'ai écoutée et je l'ai rendue heureuse. Tu as chéri ta mère et tu l'as dû; tu l'as écoutée et tu l'as rendue heureuse. Il a chéri sa mère et il l'a dû; il l'a écoutée et il l'a rendue heureuse. Nous avons chéri notre mère et nous l'avons dû; nous l'avons écoutée et nous l'avons rendue heureuse, etc.

114. Je conçois mes obligations et je les respecte; j'entends mes devoirs et je les remplis. Tu conçois tes obligations et tu les respectes, tu entends tes devoirs et tu les remplis, etc.

J'ai conçu mes obligations et je les ai respectées; j'ai entendu mes devoirs et je les ai remplis, etc.

Les élèves ont dû copier les phrases suivantes, mettre au pluriel les verbes qui étaient au singulier, et au singulier ceux qui étaient au pluriel, et observer les accords.

115. EXERCICE. Nous bâtissons notre maison. Tu as sali ton livre. Bénis le Seigneur, loue sa majesté, rends à sa bonté mille et mille louanges. Je perds le temps. Tu remplis tes devoirs. Il conçoit sa position. Le berger tond ses moutons. N'interromps pas ton maître. Vous répandiez des larmes. Nous concevons de nouvelles idées. Si maintenant nous dessinons, nous calculons, nous réunissons quelques connaissances, nous le devons à votre bonté, nous en sommes redevables aux leçons que vous nous avez données et que vous nous donnez encore. Pense que tu dépends de Dieu en tout, que son œil ne te perd jamais de vue, qu'il aperçoit toutes tes démarches, et saisit jusqu'à tes moindres pensées, que son oreille entend toutes tes paroles et que son ange enregistre, chaque jour, toutes tes actions.

116. Sois homme d'honneur et ne trompe personne; quand tu as donné ta parole, ne la trahis pas. Aidez les pauvres dans leurs besoins et nourrissez-les dans leur détresse. Tu respecteras ton père et ta mère, et tu les chériras tous les jours de ta vie. Si vous rencontrez votre ennemi, ne détournez point votre visage, mais ayez soin de le saluer ; peut-être le gagnerez-vous par ces procédés honnêtes, au moins vous aurez rempli votre devoir et vous mériterez qu'il vous estime. Les hommes esclaves de leurs passions sont infiniment plus à plaindre que ceux qui gémissent sous la plus dure servitude ; ceux-ci n'ont pour l'ordinaire qu'un seul maître à contenter, ceux-là ont autant de tyrans qu'ils ont de désirs. N'aime point le sommeil, de peur que tu ne tombes dans l'indigence. Sois laborieux et vigilant, et tu seras dans l'abondance. Tu ne dois pas dire : « Je rendrai le mal pour le mal ; » bannis cette pensée de ton esprit, attends le Seigneur, et sa main te délivrera. Ceux qui cherchent les festins seront dans la misère ; ceux qui aiment le vin et la bonne chère ne s'enrichissent point.

3° REMARQUES SUR LES QUATRE CONJUGAISONS.

1. Verbes en *cer* et en *ger*. (nᵒˢ 170-171.)

Liste de verbes à conjuguer.

117. Agencer, agacer, amorcer, annoncer, avancer.—Balancer.—Dénoncer, devancer.—Ecorcer, effacer, s'efforcer, épicer, espacer.—Forcer, froncer.—Glacer, grimacer.—Lacer, lancer.—Nuancer.—Pincer, placer, policer, prononcer. — Renoncer.—Saucer.—Tancer, tracer, etc.

Affliger, allonger, arranger, avantager. — Bouger. — Changer, corriger.—Décourager, dédommager.—Egorger, égruger, ériger.—Fustiger.—Héberger.—Infliger, interroger.—Louanger.—Mélanger, mitiger.—Négliger.—Ombrager, outrager.— Partager, propager.—Ravager, ranger.—Sacager, submerger.—Vendanger, etc.

Les èves ont dû conjuguer les verbes suivants.

118. **EXERCICE.** Je menace, tu arranges, il déplace. Nous menaçons, vous arrangez, ils déplacent, etc.

Les élèves ont dû copier les phrases suivantes, et mettre les verbes au temps, au nombre et à la personne indiqués par les chiffres et par le sujet.

119. **EXERCICE.** Nous *soulageons* notre cœur en le *corrigeant* de ses défauts. Nous nous *plaçâmes* les derniers, afin qu'on ne nous *déplaçât* plus. *Changeons* de plan, car celui que nous nous *efforçons* de prendre est *décourageant.*

Ne *jugeons* pas, et nous ne serons pas *jugés*. Les troupes *ennemies* se *dirigeaient* sur nos plus *belles* provinces; elles *ravageaient* tous les pays par où on les *forçaient* d'avancer; elles *plaçaient* leur camp au milieu des plus riches campagnes, et *affligeaient* les peuples par l'excès de *leurs* brigandages. Les arbres *bourgeonnent* au printemps. Ne *menaçons* pas sans raison, n'*outrageons* jamais personne, n'*avançons* pas des propositions *téméraires*. Nous *lançâmes* un lièvre dans la forêt; il s'*élança* à travers les taillis avec une rapidité *étonnante*. Nous le *relançâmes*, et nos chiens s'*efforçaient* de l'atteindre; mais il s'*enfonça* plus avant et nous *força* de le laisser en repos. Charlemagne, après *avoir reçu* la couronne *impériale*, *commença* par conquérir la Bohême, qu'*occupaient* les Esclavons, *dirigea* ses troupes contre les Grecs jaloux de sa puissance en Italie, les dompta; et, *forçant* tout jusqu'à la mer Baltique, il *obligea* les Danois à se renfermer dans leur presqu'île.

II. VERBES EN *eler*, *eter*. (n° 172.)

Verbes à conjuguer. (nᵒˢ 172 et 182-185.)

120. Amonceler, appeler, atteler. Chanceler. Dételer Ensorceler, étinceler. Ficeler. Grommeler. Javeler. Niveler. Renouveler, ruisseler. — Agneler. Bosseler, botteler. Canneler, carreler, cordeler, créneler. Epeler. Morceler. Ressemeler. Tonneler. —

L'Académie ne dit rien sur le redoublement de la consonne dans les verbes compris entre les deux tirets.

Cacheter. Décacheter. Jeter. Rejeter. Projeter. Souffleter. — Briqueter. Caqueter, clocheter. Déchiqueter, dépaqueter. Empaqueter. Feuilleter, fureter. Moucheter. Pocheter. Rapiéceter. Tacheter. Vergeter. —

L'Académie ne dit rien sur le redoublement de la consonne dans les verbes compris entre les deux tirets. Quelques auteurs les conjuguent comme le verbe épousseter ci-après.

Verbes dans lesquels l'Académie ne double pas la consonne.

Bourreler. Céler. Déceler, démanteler. Ecarteler. Geler. Harceler. Marteler, modeler. Peler. Acheter. Becqueter. Epousseter (*). Racheter.

Les élèves ont dû conjuguer les verbes suivants:

121. **EXERCICE.** Je décachette, tu renouvelles, il achète, nous plaçons, vous corrigez, ils démantèlent. Nous décachetons, vous renouvelez, etc.

(*) Futur : J'épousseterai. — Conditionnel : J'épousseterais. (ACAD.)

Les élèves ont dû copier les phrases suivantes, et mettre les verbes au temps, au nombre et à la personne indiqués par les chiffres et par le sujet.

122. EXERCICE. La foudre *étincelle.* Il vous *ensorcellera.* Les arpenteurs *nivellent.* Les nuages s'*amoncellent.* Les marchandises s'*empaquètent.* Il faut que tu *rejettes* de telles offres; pour nous, nous les *rejetons* sans balancer. Il faudrait que tu *étiquetasses* tous ces flacons. Je les *étiquèterai.* Maintenant je *ficelle,* tu *ficelles,* il *ficelle,* nous *ficelons,* vous *ficelez,* ils *ficellent.* Il faut que je *ficelle,* que tu *ficelles,* qu'il *ficelle,* que nous *ficelions,* que vous *ficeliez,* qu'ils *ficellent.* Maintenant je *projette,* tu *projettes,* il *projette,* nous *projetons,* vous *projetez,* ils *projettent.* Demain je *projetterai,* tu *projetteras,* il *projettera,* nous *projetterons,* vous *projetterez,* ils *projetteront.* Il faut que je *projette,* que tu *projettes,* qu'il *projette,* que nous *projetions,* que vous *projetiez,* qu'ils *projettent.* Tu *cachettes* mal tes lettres, il faut que je les *recachette,* que nous les *recachetions* toujours. Voyez comme la sueur *ruisselle* sur sa figure. Les oiseaux *becquètent.* Les remords le *bourrèlent.* Le froid *gèlera* nos fleurs. Voyez comme ces arbres *pèlent.* Les ennemis nous *harcèlent.* Voilà mes effets *empaquetés;* je ne sais quand je les *dépaquèterai.* Il faut que tu me *ressemèles* mes souliers pour ce soir. Je vous les *ressemèlerais* tout de suite; mais on m'*appelle* pour la soirée, je vous les *ressemèlerai* demain. Je vous *décèlerais.* J'*achèterai.* Tu *étiquèteras.* Il *empaquètera.* *Epoussète* tes meubles, si tu veux que je les *achète.*

III. VERBES EN *eser, ener, ever; éler, éter; éger, éer,* etc.
(n°ˢ 173, 174.)

Verbes à conjuguer. (n°ˢ 173, 174 et 182-185.)

123. Amener, achever, assener. Crever. Egrener. Grever. Lever. Mener. Peser. Semer. Accélérer, adhérer, aérer, aliéner, allécher, alléguer, arriérer. Blasphémer. Céder, célébrer, considérer. Décréter, déférer, différer. Ecrémer, empiéter, énumérer, exécrer. Fréter. Hébéter. Impétrer, imprégner, inquiéter. Lécher. Macérer. Posséder, préférer. Régénérer, réintégrer, répéter, révéler, révérer. Sécher, suggérer. Tempérer. Ulcérer. Végéter, etc.

Abréger, agréger, alléger, assiéger. Protéger. Siéger. Agréer. Créer. Dégréer. Gréer, guéer. Récréer. Suppléer, etc.

Les élèves ont dû conjuguer les verbes suivants.

124. EXERCICE. J'achève, tu abréges, il répète, **nous morcelons, vous souffletez, ils suppléent.**

J'achevais, tu abrégeais, il répétait, nous morcelions, vous souffletiez, ils suppléaient, etc.

Les élèves ont dû copier les phrases suivantes, et mettre les verbes au temps, au nombre et à la personne indiqués par les chiffres et par le sujet.

125. EXERCICE. Je *pèse* toutes les marchandises que j'*achète.* Le roi *règne* avec sagesse. Je ne souffrirai pas que tu *empiètes* sur notre terrain. Qui n'*espèrerait* en Dieu, lorsque les preuves les plus frappantes de sa miséricorde se *renouvellent* à chaque instant? Si tu *achèves* ton devoir ce matin, je te *mènerai* en promenade ce soir, et je te *ramènerai* dans ma voiture. C'est dans le malheur que la véritable amitié se *révèle.* Nous *espèrerions* vainement en la bonté divine, si nous ne *réglions* nos mœurs. Dieu dans nos déserts *a semé* la lumière, ainsi que dans nos champs il *sème* la poussière. La valeur *supplée* au nombre. S'il vous manque cent francs, je les *suppléerai.* Il faut que vous *suppléiez* à mon défaut. Les nobles Polonais se *confédérèrent.* Quelles que *soient* les raisons que tu *allègues*, je doute qu'on les *agrée.* Déjà les eaux débordées *assiégent* notre dernier refuge. On eût dit que l'avenir se *révélait* à ses yeux. Ces mémoires nous *révèleront* les *principales* causes de cet événement. Les plantes *végètent.* Sans lui tu *végéterais* encore dans ton village. La trop grande rudesse *hébète* les enfants. Quand on *diffère* trop la vendange, le raisin s'*égrène.* Si tu l'*inquiètes* trop, il t'*assènera* quelque coup. Ces arbres nous *protégent* de leur ombre. Il faut que tu *guées* plus souvent ton cheval. Si le secret te *pèse*, tu *révèleras* bientôt ce qu'on t'a confié.

VERBES EN ier, yer. (n°s 175-176.)

Verbes à conjuguer. (n°s 175-176 et 182-185.)

126. Amodier, allier, amplifier, associer. Balbutier. Calomnier, congédier, crucifier. Défier, disgracier. Envier, estropier. Falsifier, fortifier. Glorifier, gratifier. Humilier. Initier, injurier. Justifier. Licencier. Modifier, multiplier. Négocier, nier. Orthographier, oublier. Pallier, parier, planchéier, privilégier. Qualifier. Raréfier, résilier. Sacrifier, scier, spécifier, spolier. Trier. Varier, vicier.—Rire. Sourire, etc. (*Ces derniers sont irréguliers*).

Appuyer. Désennuyer. Ennuyer, essuyer.—Aboyer, apitoyer, atermoyer. Broyer. Charroyer, choyer, côtoyer. Employer. Foudroyer. Nettoyer, noyer. Octroyer. Ployer. Rudoyer. Soudoyer. Tutoyer.—Aiguayer. Balayer, bégayer. Déblayer, délayer. Effrayer, égayer, essayer, étayer. Monnayer. Relayer, remblayer.—Bayer. Défrayer. Enrayer. Frayer. Layer. Rayer. Grasseyer.—Croire. Voir. Pourvoir. Traire, etc.—(*Ces derniers sont irréguliers*).

Les élèves ont dû conjuguer les verbes suivants.

127. EXERCICE. Je déploie, tu morcelles, il essuie, nous balayons, vous pliez, ils grasseyent, etc.

128. J'époussète mon habit et je le nettoie, tu époussètes ton habit et tu le nettoies, etc. J'ai épousseté mon habit et je l'ai nettoyé, etc. Nous avons épousseté nos habits et nous les avons nettoyés, etc. J'époussèterai mon habit et je le nettoièrai, etc.

Les élèves ont dû copier les phrases suivantes, et mettre les verbes au temps, au nombre et à la personne indiqués par les chiffres et par le sujet.

129. EXERCICE. *Tutoyer,* je *tutoie,* tu *tutoies,* il *tutoie,* nous *tutoyons,* vous *tutoyez,* ils *tutoient.* Ces enfants *bégaient,* nous *bégayons,* vous *bégayez,* ils *bégaient.* Nous *côtoyâmes* la rive, vous la *côtoierez,* ils la *côtoieront.* Il faut que je *nettoie* mes habits, que tu *balaies* la maison, que vous *pliiez* le linge, qu'il *essuie* la table, que vous *déblayiez* ce passage et que nous *employions* tous nos moments. Si nous ne *travaillions* pas, si nous n'*étudiions* pas avec ardeur, nous nous *ennuierions* beaucoup. Qui *paye ses* dettes s'enrichit. Les *genoux ploient* sous de lourds *fardeaux.* Je crains que tu ne *rayes* cette vaisselle en la *nettoyant.* Les mouches se *noient* dans le lait. Il se *noierait* dans un crachat. Le grasseyement déplaît surtout dans ceux qui *grasseyent* par affectation. Voilà deux hommes qui ne *frayent* pas ensemble. Nous nous *frayâmes* un passage à travers les *bataillons ennemis.* Dieu veut que nous nous *confiions* en sa bonté et que nous nous *humiliions* sous sa main puissante. Pourquoi *criiez*-vous si fort, il n'y a qu'un instant? Si nous *priions* Dieu avec ferveur, il ne *déploierait* pas son bras vengeur sur nos têtes. Il faut toujours que nous *alliions* la douceur à la sévérité. Tu *sanctifieras* le jour du Seigneur et tu le *glorifieras* de tout ton cœur. Tu ne t'*ennuierais* pas tant, si tu *employais* mieux ton temps. Je l'*emploierai* mieux à l'avenir.

VERBES *haïr*, *fleurir* et *bénir*. (nᵒˢ 177-179.)

Les élèves ont dû conjuguer les verbes suivants.

130. EXERCICE. Je hais, tu fleuris, il bénit, nous haïssons, etc.

Les élèves ont dû copier les phrases suivantes, et mettre les verbes au temps, au nombre et à la personne indiqués par les chiffres et par le sujet.

131. EXERCICE. Je souhaiterais dans ma juste colère que chacun le *haït*, comme le *haït* son père. Je *hais* tous ces romans dont la lecture aride *dessèche* mon esprit et laisse mon cœur vide. La religion *seule* peut rendre un état heureux et *florissant*. Il faut que nous nous *fortifiions* dans l'amour de la vertu en *haïssant* le vice. La veille de la bataille de Vouillé, les drapeaux de Clovis furent *bénits* par saint Remi, archevêque de Reims. *Bénis* soient les rois qui sont les pères de leurs peuples. Toujours on *a haï* l'injustice dans les chefs; on ne *hait* pas moins l'arrogance dans les subalternes. La piété et la justice *florissaient* sous saint Louis, comme elles *avaient fleuri* sous Charlemagne. Le roi qui le *hait*, veut que je le *haïsse*. Quand il *hait* une fois, il veut toujours *haïr*. Ces deux époux ont *béni* le ciel de ce que leur union a été *bénite* par un saint pontife. Le prêtre a *béni* l'assistance. C'est de l'eau *bénite* de cour. Les armes *bénites* par l'Eglise ne sont pas toujours *bénies* sur le champ de bataille. Athènes *florissait* sous Périclès. Les peintres et les poètes *fleurirent* à cette époque. Les plantes *fleurissaient*. Voyez ces prés *fleurissants*. L'ange dit à Marie : Vous êtes *bénie* entre toutes les femmes, et Jésus, le fruit de vos entrailles, est *béni*.

[NOTA. Pour les verbes en *indre* et en *soudre*, voyez aux verbes irréguliers.]

RÉCAPITULATION.

132. EXERCICE. Nous *achèterons*, vous *pèserez*, ils *paieront*. Nous *balançâmes* longtemps; mais enfin nous *partageâmes* de bonne grâce, de peur qu'il ne nous y *forçât* et ne nous *enlevât* tout. Les anciens *ordonnaient* qu'on cousît les parricides dans un sac, et qu'on les *plongeât* dans la mer. *Employez* chaque jour de votre vie comme s'il *devait* être le dernier.—Croyez-vous qu'il *persévère* dans l'entreprise qu'il *projette?* Je ne crois pas qu'il en *pèse* assez les difficultés ni qu'il la *mène* à bonne fin. Que les hommes se *considèrent* eux-mêmes, qu'ils se *rappellent* leur néant, et ils *avoueront* qu'il existe un Être supérieur de qui ils tiennent tout ce qu'ils *possèdent.* Il faut sans doute que nous nous *confions* à la Providence ; mais, pour qu'elle nous *octroie* nos demandes, elle veut que nous *employions* tous les moyens qui sont en notre pouvoir pour seconder ses desseins. La France qui *florissait* sous Charlemagne, *changea* bientôt de face sous ses faibles successeurs. Ces deux peuples se *haïssent* depuis longtemps. Les remords *bourrèlent* le méchant, il se *hait* lui-même. Les arbres *fleurissant* plus tôt qu'à l'ordinaire, on craint la gelée. Les sciences protégées par ce prince *florissaient* de toutes parts. Tu *rappelleras* ton camarade, et tu te *récréeras* avec lui. *Hais* le vice, chéris la vertu, et tu *seras* heureux.

DES DIFFÉRENTES ESPÈCES DE VERBES. (nos 186-209.)

Les élèves ont dû distinguer les différentes espèces de verbes contenus dans l'exercice suivant.

133. **EXERCICE.** Je *vends* (*v. a.*) du drap. Je *sors* (*v. n.*) de la maison. Se *résoudre* (*v. pron.*) à partir (*v. n.*). Il *pleut* (*v. imp.*). *Plaire* (*v. n.*) à ses parents. Je *prétends* (*v. n.*) au ciel. Ils *ont vécu* (*v. n.*). *Mourir* (*v. n.*) en *combattant* (*v. a.*) les ennemis de la patrie. *Acheter* (*v. a.*) une montre. *Louer* (*v. a.*) Dieu. Le Messie *est venu* (*v. n.*). Il *est né* (*v. n.*) de la vierge Marie. Il *a souffert* (*v. a. pris neutr.*) sous Ponce Pilate. Il *a été crucifié* (*v. pas.*). Il *est mort* (*v. n.*). Il *a été enseveli* (*v. pas.*). Il *est descendu* (*v. n.*) aux enfers. Il *est ressuscité* (*v. n.*) le troisième jour. Il *est monté* (*v. n.*) au ciel, il *reviendra* (*v. n.*) à la fin des temps *juger* (*v. a.*) les vivants et les morts. Il *donnera* (*v. a.*) son paradis aux bons et *condamnera* (*v. a.*) les méchants à l'enfer. Je *veux* (*v. a.*) *faire* (*v. a.*) le bien. J'ai *résolu* (*v. a.*) d'*éviter* (*v. a.*) le mal. Je me *suis égaré* (*v. pron.*), tu t'*es promené* (*v. pron.*). Ils se *sont emparés* (*v. pron.*). Le soleil *luit* (*v. n.*). Il *tonne* (*v. imp.*). Le vent *souffle* (*v. n.*). Il se *trompe* (*v. pron.*). Les étoiles *brilleront* (*v. n.*).

134. Je le *veux* (*v. a.*) bien, mais je ne le *peux* (*v. a.*) pas. Tu *ris* (*v. n.*) et tu *pleures* (*v. n.*) à tout moment. Si je

vous *dis* (*v. a.*) la vérité, pourquoi ne me *croyez-* (*v. a.*) vous pas? et si vous me *croyez* (*v. a.*), pourquoi n'*agissez-* (*v. n.*) vous pas selon les conseils que je vous *donne* (*v. a.*)? *Aimez* (*v. a.*) à vous *venger* (*v. a.*) par beaucoup de bienfaits; *parlez* (*v. n.*) peu et *gardez* (*v. a.*) vos secrets. *Surmontez* (*v. a.*) les chagrins où l'esprit s'*abandonne* (*v. pron.*), ne *faites* (*v. a.*) *rejaillir* (*v. n.*) vos peines sur personne. Les vœux que la crainte *arrache* (*v. a.*) à l'homme, s'*évanouissent* (*v. pron.*) avec le danger qui les *a fait* (*v. a.*) *naître* (*v. n.*). Les bons chrétiens ne *meurent* (*v. n.*) pas, ils ne *font* (*v. a.*) que *passer* (*v. n.*) à une meilleure vie. *Allons* (*v. n.*) *visiter* (*v. a.*) notre ami et *tâchons* (*v. n.*) de le *consoler* (*v. a.*) de la perte qui lui *est arrivée* (*v. n.*). Henri IV *a été tué* (*v. pas.*) par Ravaillac. L'histoire *est remplie* (*v. pas.*) de récits de morts sanglantes. Pour *assouvir* (*v. a.*) leur haine ou *satisfaire* (*v. a.*) leur ambition, les hommes *ont commis* (*v. a.*) toutes sortes de cruautés et se *sont laissés* (*v. pron.*) aller (*v. n.*) aux plus grands excès.

VERBES NEUTRES.

Les élèves ont dû désigner dans les phrases suivantes les verbes actifs pris neutralement et les verbes neutres pris activement. (n° 199).

135. EXERCICE. Les voyageurs *habitent* (*v. a. pris n.*) partout et ne *résident* (*v. n.*) nulle part. Les maux de cette vie *finiront* (*v. a pris n.*). Nous *descendons* (*v. n.*) tous les jours vers la mort. *Descendez* (*v. n. pris a.*) ma montre. Il *veut* (*v. a.*) *monter* (*v. n.*) sur le Parnasse. *Montez* (*v. n. pris a.*) les degrés. On *a voté* (*v. n. pris a.*) des remercîments au général. Je *voterai* (*v. n.*) pour vous. Je ne *puis* (*v. a.*) ni *approuver* (*v. a.*) votre conduite ni la *désapprouver* (*v. a.*). Ils n'*approuvent* (*v. a. pris n.*) et ne *désapprouvent* (*v. a. pris n.*), qu'après *avoir consulté* (*v. a.*) les yeux de ceux dont ils *dépendent* (*v. n.*). J'ai besoin de *consulter* (*v. a. pris n.*) sur cette affaire. Vous *avez voulu* (*v. a.*) *parler* (*v. n.*) sur cette question, mais vous n'*avez fait* (*v. a.*) que *balbutier* (*v. n.*). On lui *a balbutié* (*v. n. pris a.*) un misérable discours. Qui *casse* (*v. a.*) les verres les *paye* (*v. a.*). Quand on *doit* (*v. a. pris n.*) il est juste de *payer* (*v. a. pris n.*). Il me *doit* (*v. a.*) mille écus. Les requins *dévorent* (*v. a.*) les autres poissons. Cet homme ne *mange* (*v. a. pris n.*) pas, il *dévore* (*v. a. pris n.*). Les chenilles *mangent* (*v. a.*) les fruits. La lumière *pénètre* (*v. a.*) tous les corps diaphanes. Le boulet *a pénétré* (*v. a. pris n.*) dans le corps du vaisseau. Après nous *être arrêtés* (*v. pron.*) un moment, nous *poursuivîmes* (*v. a.*) notre chemin. Pardon, si *j'ai interrompu* (*v. a.*) votre discours, *poursuivez* (*v. a. pris n.*).

VERBES PRONOMINAUX. (nos 201-206.)

Les élèves ont dû distinguer dans l'exercice suivant, les verbes essentiellement pronominaux des verbes accidentellement pronominaux.

136. *S'apitoyer*, se *flatter*, S'ABSENTER, S'ACCOUDER, S'ACCROUPIR, S'EMPARER, S'ABSTENIR, s'*étonner*, s'*acheminer*, S'ADONNER, S'AGENOUILLER, s'*excuser*, se *cacher*, s'*instruire*, S'AGRIFFER, S'AHEURTER, S'ARROGER, s'*attrouper*, s'*élever*. se *louer*, se *radoucir*, se cabrer, se *comporter*, se *dédire*, se *défier*, se DÉMENER, S'ÉBATTRE, S'ÉCROULER, S'EFFORCER, S'EMPRESSER, S'ENFUIR, S'ENGOUFFRER, S'ENQUÉRIR, s'*escrimer*, S'ESTOMAQUER, se retirer , S'ÉVADER, S'ÉVANOUIR, S'ÉVERTUER, S'EXTASIER, se FORMALISER, S'INGÉNIER, S'INGÉRER, se *méler*, se MÉCOMPTER, se MÉFIER, se MÉPRENDRE, se PARJURER, se PROSTERNER, s'*abaisser*, se RATATINER, se RAVISER, se REBELLER, se *vanter*, se REBÉQUER, se RÉDIMER, se REFROGNER ou se RENFROGNER, se RÉFUGIER, s'*offrir*, se REMPARER, se RENGORGER, se REPENTIR, se *libérer*, se SOUVENIR, S'EN ALLER, S'EN RETOURNER, S'ENTR'AIDER, S'ENTRE-QUERELLER, S'ENTREMETTRE, etc.

NOTA. Ici on pourra faire conjuguer des verbes, soit interrogativement comme au n° 210 de la Grammaire, soit négativement comme, *je ne demande pas*, *je n'ai pas demandé*, etc.; *ne me contrains-je pas? ne me suis-je pas contraint?* etc. *Ne m'astreins-je pas? ne me suis-je pas astreinte?* etc. Les numéros précédents fourniront assez de verbes à faire conjuguer de cette manière. On peut supposer un sujet féminin.

VERBES IRRÉGULIERS. (216-229.)

Verbes à conjuguer.

137. Renvoyer, reconquérir, parcourir , concourir, souffrir, couvrir, entr'ouvrir, appartenir, s'entretenir, contrevenir, disconvenir, dévêtir, revêtir, s'endormir, démentir, ressentir, desservir, astreindre, atteindre , ceindre, enfreindre, feindre, peindre, restreindre, adjoindre, déjoindre, enjoindre, oindre, plaindre, contraindre, absoudre, dissoudre, résoudre, abattre, se débattre, apparaître, comparaître, découdre, recroître, circonscrire, prescrire, souscrire, transcrire, contrefaire, satisfaire, surfaire, élire, admettre, s'entremettre, émoudre, complaire, déplaire, construire, instruire, s'introduire, se produire, apprendre, entreprendre, se méprendre, sourire, poursuivre, convaincre, se distraire, soustraire, etc.(*Voir* les nos 227 et 228 de la Grammaire).

Les élèves ont dû conjuguer les verbes et les phrases qui suivent :

138. Je cueille, tu meurs, il fleurit (*prospère*), nous vêtons, vous offrez, ils tiennent, etc.

139. Je sais, tu peux, il prévaut, nous prévoyons, vous accroissez, ils se pourvoient, etc.

140. J'atteins, tu absous, il boit, nous croyons, vous riez, ils concluent, etc.

141. J'envoie ma malle et je m'en vais. — Je sors malade et je reviens guéri. — Je vois des fleurs et je les veux. — Je refais ma dictée et je la récris, etc.

Les élèves ont dû copier les phrases suivantes, et mettre les verbes au temps, au nombre et à la personne indiqués par les chiffres et par le sujet.

142. EXERCICE. Le sel se *dissout* dans l'eau. L'eau se *résout* en vapeur, et les vapeurs condensées dans l'atmosphère se *résolvent* en pluie. *Résous*-toi à ces sacrifices, de peur qu'on ne te *contraigne* à en faire de plus grands. Une pécheresse *oignit* les pieds du Sauveur. Les évêques, dans la confirmation, *oignent*, avec du saint chrême, le front de ceux à qui ils *confèrent* ce sacrement. L'eau régale *dissout* l'or. Après la mort d'Alexandre, son empire fut *dissous*. La chambre élective vient d'être *dissoute*. Ces acides *dissolvent* les *métaux*. La sécheresse a *disjoint* les jantes de cette roue. Nous *partîmes* en même temps, mais j'*atteignis* le but avant lui. Il faudrait que nous *atteignissions* ce village avant la nuit. Elle a été *absoute* malgré le crédit de ses accusateurs. Je l'*absous* en faveur de ton repentir. Il y a des sauvages qui se *peignent* le visage de plusieurs couleurs. On nous le *peignit* des plus *noires* couleurs. Je vous les *peins* comme on me les a *peints*. Nous avons *résolu* vingt fois ce problème. A quoi vous *résolvez*-vous? Je *balançai* longtemps; mais à la fin je me *résolus*. Le brouillard s'est *résous* en pluie. Je vous *plains* de la perte que vous avez faite.

143. *Sache* dompter tes passions, et tu *acquerras* une gloire *immortelle*. Tu *courras* en vain, si tu ne *pars* à temps. Vous *acquerrez* inutilement la science, si vous n'*acquérez* en même temps la vertu. Si tu *sèmes* dans la paresse, tu ne *recueilleras* que l'indigence. Le ciel est un royaume qui ne s'*acquiert* que par la violence qu'on se *fait* à soi-même. Si tu *es* sage, tu ne *feras* à autrui que ce que tu *voudrais* qu'on te *fît* à toi-même. Si nous nous *plaignons* si fort des autres, c'est qu'ils nous *offusquent* et *blessent* notre orgueil. Qui s'*endort* dans le sein d'un père, ne s'*inquiète* pas du réveil. *Nulle* partie de plaisir ne *laisse* aucun souvenir qui *vaille* celui d'une bonne action. Si tu *veux* devenir riche, ne t'*enquiers* pas seulement comment on *acquiert*; *sache* aussi comment on *ménage*.

144. Quand on *court* après l'esprit, on en *vient* presque toujours à la sottise. A-t-on jamais *cueilli*, *cueillera*-t-on jamais le fruit du bonheur sur l'arbre de l'injustice? *Faites* du bien quand vous *pourrez*, *dites*-en de tout le monde, et vous *acquerrez* des droits à l'estime *publique*. Les biens de ce monde ne nous *appartiennent* qu'en usufruit. Qui *veut* plaire se *résout* à des sacrifices. On me dit que le prince arrive: je *tressaille*, je *cours* à sa rencontre, je le vois enfin. Cette corniche *saillera* trop. Tout l'honneur *échut* à l'hôte des terriers. Le premier paiement *échoit* après-demain. Penses-tu que je *meure* de cette maladie? Je ne *crois* pas que tu en *meures*. Hélas! si tu en *mourais*, ne mourrais-je pas de regret? Il faut que j'*aille*, que tu *ailles*, qu'il *aille*, que vous *alliez*, qu'ils *aillent*, que nous *allions* tous, croissant en sagesse et en vertu. Où *vas*-tu? où *cours*-tu si précipitamment? T'aurait-on envoyé quelques mauvaises nouvelles?

145. Je m'en *serais allé* aujourd'hui, si le temps avait été beau; mais je m'en *irai* demain, quelque temps qu'il *fasse*: il est nécessaire que je m'en *aille*, autrement mes affaires iraient bien mal. Chacun *recueille* ce qu'il *sème*, *a dit* un philosophe chinois; si tu *sèmes* du millet, tu *recueilleras* du millet; si tu *sèmes* du riz, tu *recueilleras* du riz. Nous *pardonnons* aux personnes qui nous *ennuient*, mais nous ne pouvons pas pardonner à celles que nous *ennuyons*. Penses-tu qu'il *agrée* mes propositions? Que je *voudrais* qu'il les *agréât!* Je doute que tu *voies* clair dans cette affaire; et je *crains* bien que, si tu l'*entreprends*, tu ne l'*essaies* sans fruit. Mes billets sont *échus* d'hier ou bien ils *échoient* ou *échéent* aujourd'hui, les vôtres *écherront*-ils bientôt? Ces discours vous *siéent* mal. Les couleurs voyantes ne vous *siéent* pas et ne vous *siéront* jamais. Les corniches *corinthiennes saillent* plus que *celles* des autres ordres.

146. Le feu qui semble *éteint*, *dort* souvent sous la cendre. Guillot *dormait* profondément, son chien *dormait* aussi. Je me *résous* à tout ce qu'il en *aviendra*. Il *pleuvra* ce soir.

Faudr a-t-il que la coutume *prévale* sur la raison? Ses pleurs et ses cris *sauront* vous émouvoir. *Veuillez* être discret, et n'allez pas de grâce éventer mon secret. Dans des coupes d'or vous *buvez* le trépas. Les flots *bruyaient* horriblement. Les athlètes s'*oignaient* pour la lutte. Cet argument ne *conclut* rien. La vertu *reluit* dans l'adversité. Le monde *meurt* sans cesse, et sans cesse *renaît* de ses cendres. Le daim sur les rochers *paît* en *bondissant*. Il y a des espèces d'*oiseaux* qui *paissent*. Il se *repaît* et se *repaîtra* longtemps de ces *vaines* chimères. Je *partirai* dès que le jour *poindra*. Il *résolut* de changer de conduite, et il en *changea* en effet. Des vices aisément on ne *vainc* pas les charmes. Il lui *survécut* de deux jours. *Voulez*-vous qu'on *dise* du bien de vous, n'en *dites* pas vous-même.

147. L'hypocrisie est un masque dont se *revêt* le méchant. Nous *défaillîmes* en route. Vous *courûtes* tant hier, comment *courriez*-vous aujourd'hui? Le sang lui *bout* dans les veines. *Acquiers* la science pendant que tu *es* jeune, puisqu'il *faut* que tu l'*acquières*; difficilement tu l'*acquerrais* plus tard. Si vous lui annoncez ce triste événement, ne *mourra*-t-il pas de douleur? Que *vouliez*-vous qu'il *fît* contre trois? Qu'il *mourût*. Ne te *prévaux* pas de tes connaissances. *Fuis* les mauvaises lectures, quelque *attrayantes* qu'elles te *paraissent*. *Courrais*-tu les risques d'avaler une liqueur *empoisonnée*, parce qu'elle te serait *offerte* dans une coupe d'or? L'envie *assaille* et *assaillira* toujours les talents. Mon ami, *assieds*-toi, je *sors* un instant; mais je *reviendrai* bientôt, et je m'*assiérai* avec toi. Il faut que nous *sachions* nous plier aux circonstances.

148. On dit qu'il *prévoit* tout : je *verrai* s'il *prévoira* ton arrivée. *Sachant* qu'il *doit* arriver demain, je *pourvois* à ce qu'on le *reçoive* comme il *convient*. Les *beaux* discours *émeuvent*, les bons exemples *entraînent*. Je *voudrais* que tu *visses*, et que tous les hommes *vissent* aussi les choses, pendant la vie, comme on les *voit* à la mort. On a *absous* le coupable; mais en l'*absolvant*, on n'a pas *fait* justice. Le vin *acquiert* de la force en *vieillissant*. Tous les malheurs l'*assaillent* à la fois. La balle l'*atteignit* au front. *Combats* tes penchants, et tu en *deviendras* maître. Qui a *bu* *boira*. Qui bon l'*achète* bon le *boit*. Je ne le *connais* ni d'Adam ni d'Eve. La fureur le transporte, il ne se *connaît* plus. J'en crois à peine mes yeux, tant tu *crois* rapidement.

149. Qui eût dit qu'il *changeât* si vite? Que *ferez*-vous de cet homme-là? Il *croyait* que les abus *croissaient* de toutes

parts. Qu'il *fasse* chaud ou qu'il *fasse* froid, qu'il *pleuve* ou qu'il *neige*, qu'on en *rie* ou qu'on en *pleure*, qu'on se *taise* ou qu'on s'en *émeuve*, il agit toujours de même; il *vit* comme il a toujours *vécu*. Ce fait *établi*, j'en *conclus* qu'il *prévaudra*. Les inventions utiles sont *nées* du besoin. De l'ambition *naquirent* les querelles *particulières* et les guerres *générales*. Il ne *parquète* pas sa chambre, il la *planchéie*. Si cette raison ne te *convainc* pas, je *désespère* de te guérir de ton erreur. Cette étoffe *vaudrait* vingt francs le mètre, tu ne la *payes* pas ce qu'elle *vaut*. Il n'a jamais *fait* rien qui *vaille*. Ces messieurs *relèvent* de maladie; les ragoûts, les salades ne leur *valent* rien. Je le *veux*, mais le *puis*-je? *Puissé*-je te revoir dans peu de jours! Si vous *médisez* en secret, vous *calomnierez* bientôt en public.

150. Le buis *bénit* se *distribue* le dimanche des Rameaux. On les *hait* autant qu'on les *craint*. Je les *renverrai* s'ils se *conduisent* mal. *Renvoie*-les quand il te *plaira*. Si nous nous *asseyions*, nous nous *fatiguerions* moins. Il faudrait que tu t'*assisses*.—*Assieds*-toi, et je m'*assiérai* aussi. Pourquoi vous *dédisez*-vous? Pourquoi ne *redites*-vous pas aujourd'hui ce que vous *dîtes* hier? Ne vous *contredisez* pas une seconde fois, à moins que vous ne *vouliez* perdre pour jamais notre confiance. *Dites* toujours la vérité; car je serais désolé que vous ne la *dissiez* pas. Alexandre *vainquit* les Perses. Je *craignais* qu'il ne me *nuisît*. Il faut que vous vous *taisiez*, que vous ne *riiez* plus si facilement. Le blé se *moud*. Tu *couds* à merveille; je ne *savais* pas que tu *cousisses* si bien. Mes forces *défaillent* chaque jour. Les premiers hommes se *vêtirent* de peaux de bêtes. Les honnêtes gens *tiennent* ce qu'ils *promettent*. Il faut que tu *fuies* les flatteurs. Il était nécessaire que tu *vinsses* et qu'il *vînt* avec toi.

ACCORD DU VERBE AVEC DEUX SUJETS. (nᵒˢ 580-582.)

151. **EXERCICE.** Le naufrage et la mort *sont* moins *funestes* que les plaisirs qui *attaquent* la vertu. La douceur et la vertu *peintes* sur son visage ne *permettaient* pas de se défier de lui. Le visage et la voix d'Acante *demeurèrent* *tranquilles*. Quand l'orgueil chemine devant, honte et dommage *suivent* de près. Si la bonne foi et la justice *étaient bannies* du reste de la terre, *elles devraient*, disait un roi de France, se trouver dans le cœur et dans la bouche des rois. Les cabanes des bergers *attiraient* en foule les plaisirs *purs* qui *fuient* les palais dorés. Mille fleurs *naissantes émaillaient* les tapis *verts* dont la grotte était *environnée*. Le fer

et l'airain n'étant plus *polis* par les Cyclopes, *commençaient* à se rouiller. Les peines et les soucis *cruels* qui *environnent* les rois, vous *feront* regretter sur le trône la vie *pastorale*. Que sont devenus ces toits de chaume qu'*habitaient* jadis la modération et la vertu? Le précepte et l'exemple *sont réunis* dans le Nouveau Testament. A l'approche de la nuit, l'ombre et le jour *luttent* dans les champs *azurés*. Si quelqu'un te taxe de faiblesse, parce que tu ne *t'obstines* point comme lui dans le désordre, *réponds*-lui que la force que tu ambitionnes, est précisément celle de mépriser les railleries, quand tu *abandonnes* le sentier du vice pour celui de la vertu.

152. Pour opérer le salut public, il faut que la sagesse et la puissance se *trouvent réunies*. *Vivent la* Champagne et la Bourgogne pour les bons vins! Tu te *trompes*, Philémon, si avec ce carrosse brillant, ce grand nombre de coquins qui te *suivent* et ces six bêtes qui te *traînent*, tu *penses* que l'on t'en *estime* davantage. On écarte tout cet attirail qui *t'est* étranger, pour pénétrer jusqu'à toi qui n'es qu'un fat. Les rues *larges* et bien *alignées* de Christiania se *coupent* presque *toutes* à angles *droits*. Une pâleur *mortelle* couvrit son visage, je vis qu'il se trouvait mal, nous lui *prodiguâmes* de *prompts* secours, et le *conduisîmes* à sa chambre où je *restai* seul près de lui. La mort et la vie *sont* au pouvoir de la langue. L'or et l'argent ne *méritent* pas d'être mis en balance avec la fidélité d'un ami véritable. Mon frère et moi, *nous irons* nous promener. Toi et ton camarade, *vous serez interrogés*. Votre père et moi, *nous avons été* longtemps ennemis l'un de l'autre. Toi et lui, *vous avez tort*. Eux et nous *avons été blâmés*. Moi et mon domestique, *nous avons été arrêtés*.

CHAPITRE VI.

DU PARTICIPE. (n°s 244-247.)

Les élèves ont dû souligner les participes présents par un seul trait, et les participes passés par deux traits.

153. **EXERCICE.** Lorsqu'avec le temps l'espèce humaine s'est ÉTENDUE, MULTIPLIÉE, RÉPANDUE, et, qu'à la faveur

des arts et de la société, l'homme a PU marcher en force pour conquérir l'univers, il a FAIT reculer peu à peu les bêtes féroces, il a PURGÉ la terre de ces animaux gigantesques dont nous retrouvons encore les ossements énormes, il a DÉTRUIT ou RÉDUIT à un petit nombre d'individus les espèces voraces ou nuisibles, il a OPPOSÉ les animaux aux animaux ; et , *subjuguant* les uns par adresse , *domptant* les autres par la force, ou les *écartant* par le nombre , et les *attaquant* tous par des moyens RAISONNÉS, il est PARVENU à se mettre en sûreté, et à établir un empire qui n'est BORNÉ que par les lieux inaccessibles, les solitudes RECULÉES, les sables brûlants , les montagnes GLACÉES, les cavernes obscures, qui servent de retraite au petit nombre d'espèces d'animaux indomptables.

ACCORD DU PARTICIPE PASSÉ , 1re et 2me règle. (nos 686-687

Les élèves ont dû copier les phrases suivantes et faire accorder les participes.

154. **EXERCICE.** Les propos *hasardés*. L'affaire *terminée*. L'année *passée*. L'an *passé*. L'âge *avancé*. L'histoire *détaillée*. Les couteaux *aiguisés*. La croix *arborée*. Les vis *rouillées*. L'alcôve *enfoncée*. Les ormeaux *coupés*. Les *incendies éteints*. Le corps et l'âme *unis*. L'histoire et la géographie *étudiées*. Les alvéoles *construits*. L'horloge et la montre *achetées*. Le père et la mère *craints* et *respectés*. Les *éloges outrés*. Les *travaux* sont *commencés*. Ma tâche est *terminée*. Ces *hôpitaux* ont été *fondés* par saint Louis. Mon écritoire est *remplie*. Voilà ma dictée *transcrite*. Le vice et la vertu sont *opposés*. De l'huile et de l'eau *bénites*. Ses *baux* sont *conclus*. Son offre a été *acceptée*. Les *journaux* sont *arrivés*. La fête et les *régals* sont *préparés*. La porte et la fenêtre *avaient été ouvertes*. L'ivoire poli. Les idoles *renversées*. Votre question a été *résolue*. L'épiderme seul a été *déchiré*. Cette violente douleur a été *soufferte* avec courage. Le frère et la sœur *sont morts*. Les *ongles rongés*. La maison et le château agréablement *placés*. Une insulte *reçue*. Votre faute a été *oubliée*.

155. Cette supposition ne peut pas être *admise*. Ces *champs* auraient besoin d'être *cultivés*. Cette personne ne se souvient pas d'avoir été *contredite*. Votre propriété est sur le point d'être *aliénée*. Cette société vient d'être *dissoute*. L'équivoque est rarement *permise*. Les moulins à vent ont été *inventés* en Orient. Les pommes de terre furent *importées*

de l'Amérique. *Nés* pour vivre de rapine, le vautour et l'aigle *sont pourvus* de *grandes* ailes, de *fortes* serres et de becs *tranchants*. Des *anneaux* de fer *destinés* à amarrer les *vaissaux*, et des débris de navires *trouvés* à de *grandes* distances de la mer, *prouvent* que ces *lieux* furent anciennement *couverts* de ses eaux. Lorsque l'âme est *agitée*, la face humaine devient comme un tableau vivant où les passions sont *rendues* avec autant de délicatesse que d'énergie. Les hommes passent comme les fleurs, qui, *épanouies* le matin, le soir sont *flétries* et *foulées* aux pieds. Qui peut, sans se sentir doucement *ému*, voir une rose *entr'ouverte* aux rayons *dorés* du soleil levant, *toute brillante* des gouttes de rosée dont elle est *chargée*, et mollement *agitée* sur sa tige *légère* par le vent frais du matin ?

156. Que *seraient devenus* mon frère et ma sœur s'*ils* n'*avaient* été *protégés* et *défendus* par vous ? Que sont *venus* faire ici ces deux étrangers qui étaient si peu *attendus* ? De grandes fortunes ont été *acquises* et *renversées* en peu de temps. Dès qu'une nation cesse d'être bien *gouvernée*, sa gloire est bientôt *éclipsée*, sa prospérité *anéantie*, et son influence *détruite*. Ma tante et ma cousine *seraient parties* ce matin, si elles n'en *avaient* été *empêchées* par les pluies qui sont *tombées*. *Nées* dans l'orgueil, *entretenues* par l'amour-propre, *appuyées* sur les circonstances, *formées* par les regards *publics*, les vertus *humaines* se *démentent* presque toujours à la première épreuve. *Quels* avantages, *quelle* satisfaction ne vous *seraient* pas *revenus* de ces jours *passés* dans des amusements *frivoles*, s'ils *avaient* été *employés* par vous à acquérir la science et la vertu ! La tourbe est un combustible spongieux, léger et noirâtre, *formé* de végétaux *entrelacés*, en partie *décomposés*, souvent *reconnaissables* et toujours *mêlés* de terre. Cette matière limoneuse est *découpée* en mottes et *séchée* à l'air.

157. Qui n'admirerait la structure des nids des oiseaux, de ces petits édifices si réguliers, *composés* de tant de matériaux si *différents*, *rassemblés* et *arrangés* avec tant de choix et tant de peines, *construits* avec tant d'élégance et de propreté, sans *autres* outils qu'un bec et deux pieds ? Que de *grands* et *beaux* édifices *soient élevés* par la main des hommes, je n'en suis point étonné : les artistes sont *doués* de raison ; mille instruments divers sont *mis* à leur disposition et les matériaux leur sont *offerts* en abondance. Mais que de *petits oiseaux*, qui sont *privés* de presque tout ce qui serait nécessaire, montrent néanmoins tant d'adresse ; que la régularité

et la solidité se *trouvent réunies* dans leur architecture ; c'est
ce qui ne peut être assez admiré. Voyez le nid du chardonneret
ou celui du pinson. Rien de plus merveilleux. Le dedans est
tapissé de coton, de bourre, de fils *déliés* et soyeux ; les
dehors sont *tissus* d'une mousse *épaisse* ; et, afin que ces
petites demeures soient moins *remarquées* et moins *exposées*
aux regards, la mousse dont elles sont *formées*, a été *choisie*
de la couleur de l'arbre sur lequel elles sont *posées*. Il y a des
nids dont les poils, les crins et les joncs sont adroitement
croisés et *entrelacés* ; il en est dont toutes les pièces sont
proprement *attachées* et *liées* par des fils que l'oiseau s'est
faits avec de la bourre ou des toiles d'araignée ; d'autres sont
enduits par dedans d'une légère couche de mortier, *recou-*
verte de bourre et de mousse, qui en maintient toutes les
parties. Ainsi,

> Aux petits des oiseaux Dieu donne leur pâture,
> Et sa bonté s'étend sur toute la nature.

PARTICIPE PASSÉ CONJUGUÉ AVEC *avoir* OU AVEC *être*
MIS POUR *avoir*. (n° 688-694.)

158. EXERCICE. Les livres que nous avons *lus*. Les pro-
menades que nous avons *faites*. Quelles peines j'ai *éprou-*
vées ! Que de pays il a *parcourus !* Combien de villes tu as
visitées. Mes parents, les avez-vous *rencontrés ?* Quels af-
fronts il a *essuyés !* Nous avons *lu* des livres. Ils ont *fait* une
promenade. Nous avons *éprouvé* bien des embarras. Vous
avez *instruit* nos enfants. Ils ont *reçu* vos leçons. Nous avons
visité des villes, *parcouru* beaucoup de pays. Messieurs,
vous avez *acheté* des laines magnifiques ; tout le monde les
a *admirées*. Mes amis, vous devez être bien *fatigués*, car
vous avez *couru* longtemps. Madame a *reçu*, ce matin, une
lettre qui l'a *jetée* dans la désolation : on lui a *annoncé* que
sa fille avait *succombé* aux douleurs d'une maladie *aiguë*, et
qu'elle était *enterrée* depuis deux jours. Les plantes que tu
as *soignées*, ont *poussé* rapidement. Les pauvres qu'ils ont
soulagés, les ont *bénis*. Plus nous avons *rencontré* de difficultés, plus nous avons *montré* de courage.

159. Dieu nous a *placés* à une distance convenable de sa
majesté, assez près pour l'entrevoir, assez loin pour n'en
être pas *anéantis*. Beaucoup de héros ont *subjugué* des provinces, mais peu ont *réprimé* leurs passions et se sont
vaincus eux-mêmes. Superbes montagnes, qui vous a *établies*

sur vos fondements? qui a *élevé* vos têtes jusqu'au-dessus des nues? qui vous a *ornées* de forêts *verdoyantes*, de ces plantes si utiles et si *variées*? qui a *couvert* vos cimes *sourcilleuses* de neige et de glace? Les productions que la nature a *refusées* à certains pays, parce qu'elles y seraient ou *brûlées* par les ardeurs du soleil ou *gelées* par la rigueur du froid,

elle les a *remplacées* par d'autres qu'elle a *rendues* plus *analogues* au climat, et dont l'homme et les animaux peuvent se nourrir. Les hommes qui ont le plus *vécu* ne sont pas ceux qui ont *compté* le plus d'années, mais ceux qui ont le mieux *usé* de celles que le ciel leur a *départies*. C'est à l'ombre de la paix que les arts sont *nés*, ont *prospéré* et se sont *perfectionnés*.

160. Les Romains s'étaient *proposé* la conquête du monde ; et, pendant plusieurs siècles, ils se sont *efforcés* de réaliser ce projet ambitieux. Ces hommes se sont *fâchés*. Ces dames se seraient *ennuyées*. Ils se sont mutuellement *flattés*. Elles s'étaient *abstenues*. Mes amis se sont *obstinés* à partir ; mais ils se sont bien *repentis* de s'être *écartés* de mes avis. Les généraux s'étaient *écrit*. Mes sœurs se sont *parlé*. La reine s'est *enfuie*. Que de rois se sont *succédé*. Ma tante se serait-elle *aperçue* de son erreur? On a *séparé* ces deux élèves, parce qu'ils se *seraient nui* l'un à l'autre. Les trois fils de Saturne se sont *partagé* le domaine de l'univers. Ma patrie et ma famille s'étant *présentées* à mon esprit, toute ma tendresse et toute ma sensibilité se *sont réveillées*. Quelques auteurs modernes se sont *imaginé* qu'ils surpassaient les anciens. Madame, vous vous étiez *figuré* qu'il avait raison, vous êtes-vous enfin *désabusée*? Votre mère s'est vivement *plainte* de la manière dont vos compagnes se *sont comportées* à son égard. Ces deux hommes se sont *dit* mille injures ; mais à la fin ils se sont sincèrement *réconciliés*.

161. Pendant notre voyage en Suisse, mille variétés se sont *offertes* à nos regards ; les surprises se sont *succédé* à chaque pas. Tous les soins que j'aurais *pu* attendre d'une mère, ma tante s'est *empressée* de me les prodiguer. Nous nous sommes *vu* de nombreux adversaires. Messieurs, vous vous seriez *épargné* bien des peines, si vous vous étiez *rendus* à mes représentations. Les Romains s'étaient *faits* à la discipline. C'est ordinairement la peine que s'est *donnée* un auteur en écrivant, qui fait qu'on n'a point de peine en le lisant. Les Phéniciens *s'étaient rendus maîtres* du commerce de toutes les nations. Il est *mort* d'une blessure qu'il s'est *faite* lui-même dans un accès de délire. Cette femme, par ses

hauteurs, s'est *fait* des *ennemies* de toutes les dames du voisinage.

162. Toute chair n'est que de l'herbe, dit Isaïe, et toute sa gloire est comme la fleur des champs : l'herbe s'est *séchée* et la fleur est *tombée*; parce que le Seigneur l'a *frappée* de son souffle. Les lis et les roses d'un beau visage se sont bientôt *flétris;* le bonheur et la gloire de la plus belle carrière se sont rapidement *évanouis;* la source de la félicité ne s'est jamais *rencontrée* que dans la pratique de la vertu. La réputation de Racine s'est *accrue* de jour en jour. L'un et l'autre avant lui s'étaient *plaints* de la rime. Ces héros se sont *élevé* par leurs exploits un monument impérissable ; c'est par leurs talents qu'ils se sont *élévés* à ce haut degré de gloire. Les Français *s'étaient ouvert* une retraite glorieuse par la bataille de Fornoue. Ils se sont *ouverts* de leur dessein à leurs ennemis les plus dangereux. Après s'être *érigés* en héros, ils se sont eux-mêmes *érigé* des statues. Les Russes et les Suédois se sont *disputé* la possession de la Finlande. Ils se sont longtemps et vivement *disputés*. Didon, pour échapper à la haine de Pygmalion, s'est *sauvée* de Tyr avec plusieurs vaisseaux. Les héritiers se sont *divisé* son domaine. Est-il un seul point de la philosophie sur lequel les hommes ne se soient pas *divisés?*

163. Malheureuse Calypso, tu t'es *trahie* toi-même par ton serment. Te voilà *engagée;* et les ondes du Styx par *lesquelles* tu as *juré*, ne te *permettent* plus aucune espérance. Les Français *s'étaient emparés* de l'Espagne, de la Suisse et de l'Italie; ils *s'étaient proposé* de conquérir l'Europe *entière*. La paix entre la France et les *alliés* s'est *faite* en 1814. Les sages de tout temps se sont *servis* des *fous*. Athènes, qui, dit-on, s'était *défendue* contre Alaric, ne résista point à Mahomet. Rome s'était *agrandie*, parce qu'elle n'avait *eu* que des guerres *successives*; chaque nation, par un bonheur inconcevable, ne l'attaquant que quand l'autre avait été *ruinée*. Lokman disait, en parlant de la sagesse, qu'il l'avait *apprise* des aveugles, qui ne *posent* jamais le pied sans s'être *assurés* de la solidité du terrain. Sparte, toi qui jadis t'es *vue* si *puissante*, qu'es-tu *devenue?* Tandis que les autres législateurs se sont *bornés* à empêcher le mal, Lycurgue nous a *contraints* d'opérer le bien et d'être vertueux.

RÉCAPITULATION DES RÈGLES PRÉCÉDENTES

164. **EXERCICE.** Les justes, au dernier jour, brilleront de tout leur éclat. Leurs mérites seront *appréciés*, on saura

toutes les bonnes œuvres qu'ils auront *faites*, toutes *celles* qu'ils auront *voulu* faire. Ils seront *vengés* des dénominations ridicules qu'on a *données* à leur piété, des *malignes* imputations qu'on s'est *permises* sur leur compte, et des calomnies *odieuses* dont on les a *noircis*. Ils se verront *honorés* des anges, *bénis* de Dieu et *assurés* d'une félicité infinie. Comme ils seront bien *dédommagés* de toutes les peines qu'ils se seront *données*, de *tous* les sacrifices qu'ils auront *faits!* Comme ils s'applaudiront de s'être *surmontés* eux-mêmes, d'avoir *renoncé* aux biens du temps, pour mériter ceux de l'éternité, et de s'être *privés* de quelques jouissances *trompeuses* et *passagères* pour s'en assurer de *réelles* et d'*éternelles!* Heureux ceux qui, *parvenus* au terme de la vie, ont *compris* cette vérité, l'ont souvent *méditée* et ont *agi* en conséquence!

165. A mesure que nos connaissances dans le champ des sciences et des arts se sont *agrandies*, de plus larges espaces se sont *ouverts* devant nous dans le ciel, et des richesses *nouvelles* ont été *étalées* à nos yeux. Les anciens qui avaient *essayé* de compter les étoiles, n'en avaient d'abord *trouvé* que *mille vingt-deux* et, plus tard, *deux mille*; mais, depuis que les astronomes se sont *servis* des instruments d'optique qui leur ont *révélé* tant de choses, ils se sont *convaincus* qu'il ne faut plus compter les étoiles que par millions, ou plutôt ils se sont *vus contraints* de renoncer à en connaître même approximativement le nombre. Les étoiles sont autant de *soleils* qui font jaillir jusqu'à nous non une lumière *empruntée*, mais celle qui leur est propre; soleils que le Créateur a *semés* par *millions* dans l'espace, et dont chacun pourrait être *accompagné* de plusieurs globes qu'il serait *destiné* à éclairer.

166. Les mouches que j'avais *observées* sur mon fraisier étaient *toutes distinguées* les *unes* des autres par *leurs* couleurs, *leurs formes* et *leurs* allures. Il y en avait de *dorées*, d'*argentées*, de *bronzées*, de *tigrées*, de *rayées*, de *bleues*, de *vertes*, de *rembrunies*, de *chatoyantes*. Les unes avaient la tête *arrondie* comme un turban, d'autres *allongée* en pointe de clou. La sagesse divine qui s'est *jouée* dans la distribution des couleurs dont les fleurs sont *parées*, a *mis* de *nouveaux* agréments dans l'air et dans la figure qu'elle a *donnés* à chacune d'elles. Qu'elle est belle la reine des fleurs, lorsque, sortant des fentes d'un rocher humide, elle brille sur sa propre verdure, que le zéphir la balance sur sa tige *hérissée* d'*épines*, que l'aurore l'a *couverte* de pleurs, et

que, par son éclat et ses parfums, elle invite à la cueillir !
Souvent une cantharide, *nichée* dans sa corolle, en relève le
carmin par son vert d'émeraude.

167. Ce qui reste de ces monuments suffit pour faire connaître l'étendue et la forme *primitives* qu'ils ont *eues*. Toutes
les parties *subsistantes* sont *couvertes* de *sculptures*, mais
fort *endommagées ;* et l'on n'a pu en recueillir d'assez bien
conservées pour faire juger *quels* en *étaient* les sujets. On
a *remarqué* que les auteurs épiques ont presque tous *erré indigents, proscrits* et *méconnus :* Homère, Dante, le Camoëns,
le Tasse, Milton. Mille Kiosques *rangés* à la suite les *uns* des
autres et *peints* de *diverses* couleurs, présentaient un coup
d'œil qui nous a *ravis*. Le palais est *orné* de très-*beaux* jardins, où l'on trouve un grand nombre de fontaines richement
décorées et une superbe forêt d'*orangers*. La grande cour,
plantée d'*orangers* et de *citronniers*, est *pavée* en marbre.
Les plantes restent *fixées* au sol où se sont *cramponnées
leurs racines*. Nous ne sommes jamais mieux *flattés*, mieux
obéis, plus *suivis*, plus *entourés*, plus *cultivés*, plus *ménagés*, plus *caressés*, que de celui qui *croit* gagner à notre
mort et la désire.

168. Si l'on vous disait que tous les chats d'un grand pays
se sont *assemblés* par *milliers* dans une plaine ; et, qu'après
avoir *miaulé* tout leur saoul, ils se sont *jetés* avec fureur les
uns sur les autres, et ont *joué* ensemble de la griffe et de la
dent ; que de cette mêlée il est *demeuré* neuf à dix mille chats
sur la place, qui ont *infecté* l'air à dix lieues de là par leur
puanteur, ne diriez-vous pas : Voilà le plus abominable sabbat
dont on ait jamais *ouï* parler ? Et si les loups en *avaient fait*
de même, *quels hurlements ! quelle* boucherie ! Et si les uns
et les autres vous *disaient* qu'en tout cela *ils* ont *agi* par l'a-
mour de la gloire, qu'ils se sont *détruits* et *anéanti* les uns
les autres pour s'illustrer, ne ririez-vous pas de l'ingénuité de
ces pauvres bêtes ? Mais vous, ô hommes ! êtes-vous mieux
avisés, ou plutôt n'avez-vous pas *enchéri* sur ces folies san-
guinaires ?

169. Il y a des gens qui sont mal *logés*, mal *couchés*, mal
habillés, plus mal *nourris*, qui essuient les rigueurs des
saisons, qui se sont *privés* eux-mêmes de la société des
hommes, et *passent* leurs jours dans la solitude, qui se sont
condamnés à souffrir du passé, du présent et de l'avenir,
dont la vie est *devenue* comme une pénitence *continuelle*, et
qui ont ainsi *trouvé* le moyen d'aller à leur perte par le
chemin le plus court : ce sont les avares. Le souvenir de la

jeunesse est tendre dans les vieillards. Ils aiment les *lieux* où ils l'ont *passée;* les personnes qu'ils ont *connues* à cet âge', leur sont *chères;* ils tiennent pour l'ancienne manière de chanter; ils vantent les modes qu'ils ont *suivies* alors. Les usages *nouveaux* leur sont à charge; ils se sont *établis* sans eux. Les modes *récentes* leur déplaisent; ils n'y ont *nulle* part, ils n'en espèrent rien, et ce sont les jeunes gens qui les ont *faites.*

170. Les nations se sont *assemblées,* les rois de la terre se sont *élevés* et les princes ont *conspiré* contre le Seigneur et contre son Christ; mais celui qui. est *assis* dans les cieux les a tous *confondus.* Le Seigneur, dit Moïse après le passage de la mer Rouge, a *paru* comme un guerrier, son nom est le Tout-Puissant. Il a *renversé* dans la mer les chariots de l'armée de Pharaon; les plus *distingués* d'entre ses officiers ont été *submergés;* ils ont été *ensevelis* dans les abîmes et sont *descendus* au fond des eaux. Votre puissance, Seigneur, a *terrassé* ceux qui s'étaient *élevés* contre vous; vous avez *envoyé* votre colère qui les a *consumés* comme une paille. Au souffle de votre fureur, les eaux se sont *rassemblées,* les ondes sont *demeurées suspendues* et ont *formé* deux montagnes au milieu de la mer. L'ennemi disait : Je les poursuivrai, je les atteindrai, je partagerai leurs dépouilles. Votre vent a *soufflé,* et la mer les a *engloutis;* ils sont *tombés* dans l'abîme comme une masse de plomb; vous avez *étendu* votre main, et la terre les a *dévorés.* Pharaon est *entré* dans la mer avec ses chariots et sa cavalerie, et le Seigneur a *fait* retourner sur eux les eaux de la mer; mais les enfants d'Israël l'ont *traversée* à pied sec.

171. On sait des gens qui avaient *coulé* leurs jours dans une étroite union. Leurs biens *étaient possédés* en commun. *Ils n'avaient* qu'une même demeure, *ils ne s'étaient* jamais *perdus* de vue. Malheureusement ils se sont *aperçus* à plus de *quatre-vingts* ans qu'*ils devaient* se quitter et finir leur société; *ils n'avaient* plus qu'un jour à vivre, et ils n'ont *osé* entreprendre de le passer ensemble; *ils* se sont *dépêchés* de rompre avant que la mort les eût *séparés; ils n'avaient* de fonds pour la complaisance que jusque-là. *Ils* ont trop *vécu* pour le bon exemple; un moment plus tôt *ils seraient morts amis* et *sociables,* et *auraient laissé* après eux un rare modèle de la persévérance dans l'amitié.—Crésus est *porté* au cimetière; de toutes ses immenses richesses que le vol et la concussion lui *avaient acquises* et qu'il a *épuisées* par le luxe et la bonne chère, il ne lui est pas *demeuré* de quoi se faire enterrer : il est *mort* insolvable.

172. Que de siècles ont *passé* depuis que ces grands événements se sont *accomplis!* et, malgré les révolutions qui ont *eu* lieu, on retrouve encore les Thessaliens *tels* que les anciens les ont *peints.* Les reflets *colorés* que vous avez admirés dans l'opale, sont *produits* par le brisement des rayons de lumière mille fois réfléchis, *rompus* et *renvoyés* de tous les petits plans de lames dont cette pierre est *composée.* Que de choses depuis Varron, que Varron a *ignorées!* Me voici, Seigneur, moi et l'enfant que tu m'as *donné.* L'amour de la religion ne peut que s'accroître par le souvenir des maux que nous ont *faits* tous ceux qui s'en sont *déclarés* les *ennemis.* Celui, dit le Sauveur, qui écoute mes paroles et les met en pratique, est semblable à un homme sage, qui a *bâti* sa maison sur le roc. La pluie est *tombée*, les fleuves se sont *débordés*, les vents ont *soufflé* et sont *venus* fondre sur cette maison; mais elle n'a point été *renversée*, parce qu'elle avait été *fondée* sur le roc.

173. Dieu ne nous a *commandé* la soumission aux vérités *révélées*, qu'après l'avoir *rendue* facile par l'éclat des preuves dont il les a *environnées.* Pour reconnaître la vérité des miracles *rapportés* dans l'Evangile, il n'y a qu'à considérer mûrement toutes les circonstances dont ces faits sont *revêtus*, leur variété, leur éclat, le temps, les occasions, les *lieux* où ils se sont *passés*, la multitude de gens qui en ont été les spectateurs, ou qui, sur les récits qu'ils en avaient *entendus* comme de miracles *avérés* et *récents*, ont *embrassé* la foi; les qualités irréprochables des témoins qui les ont *vus*, qui les ont *rapportés*, qui les ont *publiés* jusqu'aux extrémités de la terre, qui les ont *transmis* à la postérité dans leurs écrits, qui les ont *soutenus* sans s'être jamais *démentis*, et en ont *défendu* la vérité aux dépens de leur fortune, de leur repos, de leur vie; il n'y a, dis-je, qu'à faire une discussion exacte de chacun de ces points, et l'on *avouera* que, de tous les faits historiques, il n'en est pas qui soient plus solidement *appuyés* ni plus à couvert de la censure.

CHAPITRE VII.

DE L'ADVERBE.

Les élèves ont dû distinguer les adverbes. (n°s 248-255.)

174. EXERCICE. On doit *toujours* (adv. m. doit) agir prudemment (adv. m. agir). Je voudrais *toujours* (adv.

m. rester) rester *ici* (*adv. m.* rester). Le chameau est *plus* (*adv. m.* anciennement) *anciennement* (*adv. m.* est escla-ve), *plus complètement* (*idem.*) et *plus laborieusement* (*idem*) esclave qu'aucun des autres animaux domestiques. Un jugement *trop* (*adv. m.* prompt) prompt est *souvent* (*adv. m.* est) sans justice. Mon père arrivera *aujourd'hui* (*adv. m.* arrivera), et nous partirons *demain* (*adv. m.* par-tirons). Maison de paille où l'on rit vaut *mieux* (*adv. m.* vaut) que palais doré où l'on pleure. Cet enfant syllabe *à peine* (*loc. adv. m.* syllabe), je doute qu'il parvienne *jamais* (*adv. m.* parvienne) à lire *couramment* (*adv. m.* lire). Je le croyais *encore* (*adv. m.* habitant *sous-entendu*) *ici* (*adv. m.* habitant), mais il est parti *hier* (*adv. m.* est parti), et il est *déjà* (*adv. m.* loin) bien (*adv. m.* loin) loin (*adv. m.* est). Marius fut sept fois consul, ce qui *n'était jamais* (*loc. adv. m.* était arrivé) arrivé *auparavant* (*adv. m.* était arrivé). Cette personne s'irrite *très* (*adv. m.* facilement) *facilement* (*adv. m.* s'irrite), mais elle revient *bien* (*adv. m.* vite) *vite* (*adv. m.* revient).

CHAPITRE VIII.

DE LA PRÉPOSITION. (nos 256-262.)

Les élèves ont dû souligner les prépositions par un trait et les adverbes par deux traits. (nos 248-262.)

175. EXERCICE. Écrivez les injures *sur* le sable, et les bienfaits *sur* le marbre. L'indulgence *pour* le vice est une conspiration *contre* la vertu. Il vaut MIEUX s'endormir *sans* souper que *de* se réveiller *avec* des dettes. Soyez réglé *dans* votre intérieur, réservé *chez* les autres, respectueux *envers* vos supérieurs, bon *à* l'égard *de* vos inférieurs, facile *avec* vos égaux et charitable *pour* tout le monde. François Ier *avant de* se rendre prisonnier *devant* Pavie, avait vu tomber *autour de* lui les plus braves *de* son armée. L'ennui est entré *dans* le monde *par* la paresse. On n'entendait que le bruit *d'*un ruisseau tombant *à* gros bouillons pleins *d'*écume et s'enfuyant *au travers de* la prairie, ou celui des fontaines, qui, coulant *avec* un doux murmure *sur* des prés semés *d'*amaranthes et *de* violettes, formaient *en* divers lieux des bains AUSSI purs et AUSSI clairs que le cristal.

CHAPITRE IX.

DE LA CONJONCTION. (n°s 263-266.)

Les élèves ont dû reconnaître les conjonctions, les adverbes et les prépositions. (n°s 248-266.)

176. EXERCICE. *Plus* (*ad. m.* y a) il y a *d'* (*prép.*) hommes *dans* (*prép.*) un pays, *pourvu qu'* (*loc. conj*) ils soient vertueux, plus (*adv. m.* jouissent) ils jouissent *de* (*prép.*) l'abondance. La mort *ne* (*adv. m.* distingue) distingue *ni* (*conj.*) les âges *ni* (*conj.*) les rangs. On aime *à* (*prép.*) deviner les autres, *mais* (*conj.*) on n'aime pas (*loc. adv. m.* aime) *à* (*prép.*) être deviné. *Quoiqu'* (*conj.*) il soit pauvre, il est *fort* (*adv. m.* honnête) honnête. Nous NE devons PAS rougir *d'*avouer QUE nous avons eu tort, PUISQUE c'est dire *en d'*autres termes, QUE nous sommes PLUS sages AUJOURD'HUI QUE nous NE l'étions HIER. AINSI QUE les plumes du geai, le masque *de* la vertu tombe BIENTÔT. *Pour* arriver au ciel où nous aspirons, il faut OU une innocence TOUJOURS conservée OU une pénitence sincère. La prospérité, DE MÊME QUE l'infortune, éprouve la vertu. Un véritable ami est COMME un autre soi-même. Venez SI vous voulez. Partez VITE, CAR vous êtes VIVEMENT attendu.

CHAPITRE X.

DE L'INTERJECTION.

Les élèves ont dû distinguer les interjections. (n°s 267-268.)

177. EXERCICE. *Pouah!* quelle infection! — *Eh quoi!* vous n'êtes pas encore parti! — *Quoi!* vous avez fait cette imprudence! — *Quoi donc!* vous m'osez braver en face! — *Peste!* qu'il fait froid! — *Quais!* cet homme-là fait bien le fier. — *Eh! paix donc!* messieurs. — *Hé bien!* partons-nous? — *Ciel!* qu'allons-nous devenir? — *Allons!* que rien ne vous décourage. — *Hélas!* que je suis malheureux! — *Ah!* que les charmes de la vertu sont puissants! — Voulez-vous, *hein?* — *Hein,* que dites-vous donc là? — *Hem, hem,* venez ici. — *Ah! fi!* que cela est mal! — *Chut, paix!* le voilà qui

arrive. — *Comment!* c'est un homme qui fait des miracles!
— *Hola!* Lucas, n'as-tu point vu ici notre médecin? — *Çà,*
essayons un peu pour nous accoutumer.

CHAPITRE XI.

DE L'ORTHOGRAPHE.

—

MAJUSCULES (n°° 319-323.)

*Les élèves ont dû copier les phrases suivantes, mettre les majus-
cules et corriger les mots mal écrits.*

178. **EXERCICE.** Pendant que je *méditais* sur les ruines de
Palmyre, l'histoire des temps *passés* se retraçait vivement à ma
pensée, je me *rappelais* ces siècles *anciens* où vingt peuples fameux *existaient* en ces *contrées*; je me *peignis* l'Assyrien sur les
rives du Tygre, le Chaldéen sur *celles* de l'Euphrate, le Perse régnant de l'Indus à la Méditerranée. Je *dénombrais* les royaumes
de Damas et de l'Idumée, de Jérusalem et de Samarie, et les états
belliqueux des Philistins, et les républiques *commerçantes* de
Phénicie. Cette Syrie, me *disais*-je, aujourd'hui presque *dépeuplée*
comptait alors *cent villes puissantes.* Où sont-*ils* ces remparts de
Ninive, ces murs de Babylone, ces palais de Persépolis, ces temples de Balbeck et de Jérusalem? Où sont ces flottes de Tyr, ces
chantiers d'Arad, ces ateliers de Sidon, et cette multitude de *matelots*, de *pilotes*, de *marchands*, de *soldats*, et ces laboureurs, et
ces moissons, et ces troupeaux, et *toute* cette création d'êtres
vivants dont *s'enorgueillissait* la face de la terre?

179. Vertu, Talent et Réputation
    Allaient faire ensemble un voyage;
    Ils *étaient bons amis*, et l'étroit parentage
    N'altérait point leur union.

Le jour vengeur approche, le Temps arrive menant la Vieillesse par la main. La justice et l'humanité nous *égalent* aux *dieux.*
Saint Ambroise est le Fénélon des Pères de l'Eglise, et Tertullien
en est le Bossuet. Un intendant écrivit au bas d'un placet une
ordonnance au crayon. On en appela au conseil. Monsieur d'Aguesseau prenant la parole dit : « C'est une affaire à terminer
avec de la mie de pain. » Politique comme Thucydide, moral
comme Xénophon, éloquent comme Tite-Live, aussi profond que
Tacite, l'évêque de Meaux a de plus une parole grave et un tour
sublime, dont on ne voit d'exemple que dans le début du livre
des Machabées. Celui qui a dit au néant : « Obéis à ma voix, »
est aussi le seul qui puisse dire au temps : « Exécute mes lois. »

180. Avant qu'un tel dessein m'entre dans la *pensée*,
On pourra voir la Seine à la Saint-Jean glacée,
Arnauld à Charenton devenir huguenot,
Saint-Sorlin janséniste, et Saint-Pavin bigot.
Toujours sur sa toilette est la Sainte-Ecriture,
Et le Petit-Carême est surtout sa lecture.

C'est sur la Belle-Poule qu'ont été *rapportées* de l'île Sainte-Hélène, en France, les cendres de l'empereur Napoléon. Le Formidable a mis à la voile. Les rois sont ordinairement *appelés* les *dieux* de la terre. L'Allégresse habite un palais diaphane. Sur les ailes du Temps la Tristesse s'envole. Le Chêne et le Roseau *est* une des plus belles fables de La Fontaine. Que n'en a-t-il pas coûté aux aventuriers américains pour passer de la mer Atlantique à la mer du Sud, à travers l'isthme de Panama! On dirait que la barbarie s'est *retirée* de l'Occident pour se réfugier en Orient. Charles-le-Téméraire, duc de Bourgogne, fit enfermer Louis-Onze dans le château de Péronne, non loin de la tour où Charles-le-Simple avait autrefois fini ses jours.

181. Les sept merveilles du monde sont, les murailles et les jardins de Babylone, ouvrage de Sémiramis; les pyramides d'Egypte; le phare d'Alexandrie; le tombeau qu'Artémise fit élever pour Mausole, son mari; le temple de Diane à Ephèse; celui de Jupiter Olympien, à Pise, en Elide; et le colosse de Rhodes. On a dit de Le Brun qu'il avait autant d'invention que Raphaël, et plus de vivacité que le Poussin. Un schisme a séparé l'Eglise d'Orient de l'Eglise d'Occident. Le portail de cette église est tourné à l'orient. *Quelle* profondeur de vues dans Richelieu! quelle énergie dans l'exécution! *quelle* persévérance dans les entreprises! quel homme! quel politique! Quel plus beau livre, après l'Evangile, que l'Imitation de Jésus-Christ! Que voulez-vous? un crayon? une plume? de l'encre? L'Anglais invente, le Français perfectionne. La voix du Tout-Puissant s'est fait entendre; le Roi des rois, le Seigneur des seigneurs a parlé. Que dites-vous? que voulez-vous? Voulez-vous vous perdre? Hélas! vous le ferez certainement. Ah! que je vous plains! La confédération germanique est formée de plusieurs petits états unis dans le but de se soutenir les uns les autres. Les Anglais ont été contraints de reconnaître l'indépendance des Etats-Unis d'Amérique.

SIGNES ORTHOGRAPHIQUES. — Accents. (nᵒˢ 324-329.)

Les élèves ont dû copier les phrases suivantes, mettre les signes orthographiques, et corriger les mots mal écrits.

182. EXERCICE. Où finit la vertu, là commence le vice. Où allez-vous? A Paris ou à Lyon. Après un mûr examen, il a embrassé mon système. Il me faut sur l'heure des renseignements bien *sûrs.* Ce que vous dites là mérite réflexion. Voilà le piége où l'a entraîné sa légèreté. Cet érysipèle a crû et croît encore à vue d'œil. L'oseille est très-*sure.* Une somme m'est due. Un billet vous est dû. C'est là que nous vîmes l'impératrice, c'est là que nous la saluâmes. Puissé-je faire prévaloir votre cause, même au détriment de la nôtre ! Son thème est fini. Mon problème est résolu. *Quelle* nouvelle terre paraît à nos yeux ! L'homme dès sa naissance a le sentiment du plaisir et de la douleur. Des talents précoces *mûrissent* rarement. Il n'y a pas de mérite à savoir l'orthographe, mais il y a beaucoup de honte à l'ignorer.

ACCENTS. — APOSTROPHE. (n°s 324-334.)

183. **EXERCICE.** Quoique étranger, on vint me chercher pour me faire roi. *Quoi qu'il* en soit, puisqu'un ami vous en prie, faites-le. J'aimerais mieux, a dit quelqu'un, m'aller cacher dans quelque île déserte que de gouverner une république. Il hérite de sa grand'mère et de sa grand'tante. Il me l'a cédé, quoiqu'à (*) grand'peine. Puisqu'ainsi est, je pars quoiqu'à regret. Point de cérémonies entre amis. Cette voûte commence à s'entr'ouvrir. Tâche d'avoir quelqu'autre qui t'appuie. Voilà une fort grande chambre. Il est dans la grand'chambre. Ce n'est pas grand'chose. Ma plus grande peine est de vous voir trahis. La pauvre femme eut si grand'peur, qu'elle faillit s'évanouir. De onze qu'ils étaient, il n'en est resté que huit. A-t-il réussi ? Je crois que oui, c'est d'ailleurs la onzième fois qu'il se présente. Votre sœur est arrivée, menez-la avec vous. Croyez-vous que Agamemnon n'est pas plus doux que Clodwich ? Il faut distinguer *il est* de *il ait, on a* de *on n'a.* On peut regarder le climat de cette presqu'île comme la cause première et presque unique de la couleur de ses habitants. Quoique *invisibles*, il est toujours deux *témoins* qui nous *regardent* : Dieu et la conscience.

CÉDILLE, TRÉMA, TRAIT D'UNION, etc. (n°s 324-340.)

184. Moïse reçut les dix *commandements* sur la montagne de Sinaï, et les traça sur des tables de pierre. L'auteur de ce poème n'a perçu qu'une somme bien *exiguë* pour le prix de son travail. Le contre-amiral est au-dessous du vice-amiral. Le bien-faire vaut mieux que le bien-dire, c'est-à-dire, des *bonnes* actions valent mieux que les *beaux* discours. Vos effets sont arrivés, envoyez les chercher. J'ai besoin de ma domestique, faites-la appeler, et renvoyez-la chercher du café. Ces enfants m'*ennuient*, faites-les sortir. Vous avez là un très-beau livre, prêtez-le-moi ou faites le lire. Cet enfant lit avec facilité, faites-le lire. Allez-vous-en et allez vous récréer. La mort n'a-t-elle pas surpris et ne surprendra-t-elle pas toujours les hommes ? M'entend-on ? M'écoute-t-on. Louis XIV est mort à l'âge de soixante-dix-sept ans, après un règne de soixante-douze ans, en mil sept cent quinze. Louis XV est mort en dix-sept cent soixante-quatorze, âgé de soixante-quatre ans, après un règne de cinquante-neuf ans. Que veut cet

---

(*) L'*e* de *puisque* et de *quoique* s'élide encore, quand ces conjonctions sont suivies d'un mot avec lequel elles sont immédiatement liées. (G. D.)

homme-là ? Quel discours est-ce-là ? *Quelles* gens sont-ce là ? Voilà un devoir difficile, occupe-t'en sérieusement.

185. Faites le bien et évitez le mal. Faites-le, mais faites-le bien. A-t-on cueilli, *cueille-t-on, cueillera-t-on* jamais des figues sur des ronces ? Es-tu là, restes-y. Va-t'en en classe, et mènes-y ton frère. Ce tribunal t'a-t-il condamné, appelles-en à un autre. Souffre en patience les caprices de cet homme-là. Par qui t'a-t-elle été *donnée* cette belle propriété ? cèdes-en une partie, et accepte en échange mon superbe verger. Donne-lui-en. Envoies en demander. Vas-y mettre ordre. Faites-les sortir. Faites les appeler, nous les attendons. Portes-y du secours. Donnes-y tes soins. Va où tu *voudras*. Voyage en Allemagne. Offres-en à ton ami. Prie en tout temps. Vas-y voir. Sache y pourvoir. Dieu t'envoie cette maladie pour te sanctifier, sache en profiter. Va à la campagne, et dînes-y.

186. La maison est prête, ouvres-en les portes. La révolution française a commencé en mil sept cent quatre-vingt-neuf, rappelles-en l'histoire. Voulez-vous lui nuire ? Laissez-le écrire. Envoyez-le vous-même. Laissez-nous peindre, afin que nous *achevions* nos tableaux. Laissez vous peindre, puisqu'on vous en prie. Savez-vous de ses nouvelles, donnez-nous-en sur-le-champ. Laissez-moi le récompenser. Laissez-le nous parler. Cette salle d'ombre est *publique*, promènes-y-toi. Les *journaux* sont *arrivés*, faites les lire. Les écoliers sont *rentrés*, faites-les lire et écrire. Est-ce vrai, sont-ce là vos occupations ? Il étudie beaucoup : aussi parle-t-il très-savamment. La science est utile, adonnes-y-toi constamment. La vertu est plus belle, plus utile encore, étudies-en les secrets, et pratique-la fidèlement.

DES HOMONYMES. (n° 342.)

Les élèves ont dû copier les phrases suivantes, et remplacer chaque tiret par un mot qui, étant l'homonyme d'un mot précédent, soit en rapport avec le sens de la phrase.

187. EXERCICE. On nomme AVENT les quatre *semaines avant* Noël. A ANVERS on est fort honnête *envers* les étrangers. IL est arrivé *hier* des *îles* d'Hyères. Les CHAMPS *résonnent* du *chant* des *oiseaux*. Quoique JEUNE encore, il se livre déjà à la pratique du *jeûne*. Quel ANTRE horrible qu'une maison de jeu ! malheur à qui y *entre* seulement une FOIS. La bonne *foi* en est bannie. J'ai eu à *Foix* une maladie de *foie* très-dangereuse. Il a payé une *forte* AMENDE pour les *amandes* qu'il a *prises*. Un religieux SAIN de corps et *ceint* d'une corde, après avoir mis son *scing* à une lettre, partit avec *cinq* compagnons, la croix sur le *sein*, pour aller prêcher le *saint* Evangile. Il FAUT que la *faux* du temps moissonne tôt ou tard tous ces hommes *faux* qui s'*enrichissent* en trompant *leurs* semblables. On n'a servi AU déjeûner que des mets *aux* *aulx*. O mes enfants, disait une carpe de la Seine à ses petits carpillons, tenez le *haut* de l'eau, prenez garde à vos *os*

7

188. Ces messieurs ne FONT pas *fond* sur toutes ces promesses; et, au *fond*, je crois qu'ils ont raison. Voilà des velours à *fond* d'or pour les *fonts baptismaux*. C'est un FAIT qu'il a succombé sous le *faix*. J'AI pris un *geai* près de mon *jet* d'eau; mais j'ai perdu mon collier de *jais*. C'est dans une île de la SEINE qu'est bâtie Notre-Dame de Paris; c'est là que j'ai vu représenter, pour la première fois, cette *cène touchante* qui précéda la *scène* si terrible du Calvaire. Voilà une nourriture bien *saine*. On a établi un CAMP de manœuvre à *Caen*. Quand croyez-vous que viendra le grand *Kan*? Qu'en a-t-on dit? *Quant* à moi, je n'en sais rien. On n'écrit pas SEL, assaisonnement, comme la *selle* d'un cheval, ni comme *celle*, pronom. Nous avons passé la PLEINE journée à la *plaine*. Une foule de petits CANOTS flottent sur ces *canaux*. Voilà de l'ÉTAIM à filer et de l'*étain* à fondre; mais le feu est *éteint*.

189. J'ai DESSEIN de faire un cours de *dessin* linéaire. On CONTE que monsieur le *comte* a acheté, pour son *compte*, au COMPTANT, une vaste propriété; on ajoute qu'il paraissait tout *content* en *comptant* ses écus au vendeur et en *contant* son histoire à ses amis. Enfin on EXAUCE ma demande, on *exhausse* la maison d'école. Voyez comme il est devenu ÉTIQUE sur les *éthiques* d'Aristote. D'où viens-tu? Je viens du département du *Doubs* par un temps fort *doux*. Que de PEINE j'ai eue à dégager le *pêne* de cette serrure! Les faucons perdent leurs *pennes* chaque année. Les RAIS de cette ROUE sont *roux*. On a tendu des *rets* dans les *raies* de ce champ. En attendant votre RÉPONSE, nous avons mangé une salade de *raiponces*. On a conduit deux RENNES à *Rennes*; puis on les a envoyés à la *reine* qui tient les *rênes* de l'état. Le PRÉSIDENT de la cour *présidant* notre assemblée, tout s'y passa convenablement.

190. Le MAITRE de pension a fait *mettre* un *mètre* dans chaque classe. Des religieux de SAINT-MAUR sont *allés* évangéliser les *Maures*, et sont *morts victimes* de leur zèle. Les chevaux ont pris le *mors* aux DENTS; et, à l'instant, au *dam* de tout le monde, la voiture a été renversée et brisée. Je me *mords* les DOIGTS de l'avoir prise; mais je ne *dois* en accuser que MOI, CAR, un *mois* plus tôt, le même accident était arrivé et le *quart* des voyageurs avait également péri. On a retiré du Pô, en Italie, un jeune homme de *Pau*, qui s'était laissé tomber dans le fleuve en puisant de l'eau avec un *pot*; on l'a enveloppé aussitôt dans une *peau* de mouton, et il est revenu à la vie. Je PENSE qu'il *panse* sa plaie. J'ai fait à PARIS un *pari* fort hasardeux. ROCH a bâti sa maison sur le *roc*. Je ne VOIS aucun rapport entre une *voix rauque* et une *voie* large. Une personne trop GRASSE manque de *grâce* dans ses mouvements. J'ai cueilli, près du MUR, des *mûres* et des abricots *mûrs*. L'oseille est SURE. Ils se sont décidés à partir SUR des avis *sûrs*. POUAH! que cette *poix* sent mauvais! J'ai acheté, au *poids*, un sac de *pois* verts. Le voilà au FAÎTE des honneurs: aussi, voyez quelle *fête* on lui a *faite*.

191. Ces enfants ont *envie* de réussir, ils travaillent à l'*envi* les uns des autres. Il *feint* d'avoir *faim*, pour que la *fin* du travail arrive plus tôt. Il est toujours au *coin* du feu jaune comme un *coing*.

Ainsi *donc*, vous avez reçu le *don dont* vous m'avez parlé. Les employés *leur promettent leurs* services, mais c'est un *leurre*. Les *martyrs* du *Christ* ont souffert le *martyre* sans jeter les hauts *cris*. Le *cric* sert à lever les fardeaux. Voilà une *paire* de gants pour monsieur votre *père*, qui vient d'être nommé *pair* de France. Hier j'ai entendu la *messe* à *Metz*. On dit *desceller* des gonds et *desseller* un cheval; jouer du *luth*, mettre du *lut* à un vase, et s'exercer à la *lutte*; *laid* comme chenille, les clers et les *lais*, un *lé* de percale, les *taies* d'un taillis, recevoir un *legs*, et la *laie* donne du *lait* à ses petits marcassins. *Si* vous me laissez à *six* mille francs votre *scie* à eau et le pré *ci*-joint, je vous les paie comptant, ou je vous cède mon verger *sis* tout près du vôtre.

MOYENS MÉCANIQUES POUR DISTINGUER QUELQUES HOMONYMES. (nᵒˢ 343-349.)

192. EXERCICE. Si *l'on n'eût* mis des gardes autour du tombeau de Jésus-Christ, *on eût* eu une preuve de moins de la vérité de sa résurrection. Il *exigea* qu'on le *payât* d'avance, quoiqu'on lui *assurât* qu'il n'avait rien à craindre; et, bien qu'il l'*exigeât* sans accorder de remise, on le *paya* sur-le-champ, car il *assura* qu'il ne céderait pas autrement. *Chanté-je* aujourd'hui comme hier? *Chantai-je* hier comme aujourd'hui? Comme on *appréhenda* qu'il ne *trouvât* cela mauvais, *on n'en parla* pas même; *on aima* mieux attendre qu'il se *présentât* une circonstance plus favorable, ou que lui-même en *parlât* le premier. Si son père *fût* arrivé à temps, il l'*eût* sans doute empêché de partir. *On eut* toutes les peines du monde à le retenir une heure environ; on *fut* même étonné qu'*on y eût* réussi; mais *on eut* vainement cherché à le retenir davantage, *on n'eût* rien gagné sur ce caractère indocile. *On n'est* heureux que lorsqu'*on a* vécu selon la foi et la raison.

193. Songe-t-*on à rire*, quand *on n'attend* que le coup de la mort? *On n'a* rien voulu y changer, *on y verra* une peinture fidèle des Trappistes. Ne *visitai-je* pas la *grande ville* de Paris l'année dernière? n'*admirai-je* pas la beauté de ses monuments? Que ne la *visité-je* encore cette année! que n'en *contemplé-je* encore les superbes palais! que n'en *rapporté-je* une plus ample connaissance! *On a* plusieurs espèces d'animaux auxquels *on a* appris à prononcer des mots; mais jamais *on n'est* parvenu à leur en faire connaître le sens. *On a* remarqué que les *moineaux* ne se *plaisent* pas dans les bois, que même il y en a plus dans les *villes* que dans les villages, et *qu'on n'en* voit guère dans les fermes qui sont au milieu des forêts. Combien *on a* plus de facilité aujourd'hui pour les voyages *qu'on n'en* avait autrefois: aussi, *on en* entreprend beaucoup plus, et *on n'en a* nulle appréhension. Il nous *annonça* son départ avant qu'on lui *annonçât* notre arrivée. Voilà ce que m'*écrivit* hier mon ami, ne se doutant nullement qu'on lui *écrivît* sitôt mon malheur. Il *craignit* qu'on ne lui *fournît* pas une voiture, et qu'on ne *craignît* qu'il ne la *prêtât* à d'autres; mais on la lui *prêta* volontiers, et on lui *fournit* même les harnais et les chevaux *nécessaires*.

194. Bien que *j'aie* commencé le dernier, *j'ai* fini le premier. Quoique tu *aies* étudié longtemps, tu n'*es* pas assez instruit. Tu *es* assuré qu'il s'*est* rendu à cette fête, bien qu'il n'y *ait* pas été invité, et que ses amis mêmes *aient* essayé de l'en détourner. *J'ai* su que tu *es* allé en voyage et que Jules *est* allé avec toi; je *l'ai* su sans que tu me *l'aies* dit, ni que je *l'aie* demandé, sans qu'on me *l'ait* écrit, ni que tes camarades m'en *aient* parlé. Pourvu qu'il *ait* le simple nécessaire, l'homme de bien *est* toujours content. J'ai été jeune et je suis devenu vieux ; je *n'ai* pas vu que le juste *ait* manqué de pain ni que les méchants *aient* été véritablement heureux. Ta mère s'*est* imaginé que tu *es* malade, et son inquiétude *est* telle, que je ne crois pas qu'elle *ait* fermé l'œil depuis quatre jours, bien que je *l'aie rassurée* autant que j'ai pu. Que je désire que tu *aies* de *bonnes* nouvelles à lui donner ! mais, quelles qu'elles soient, il faut que tu *aies* la complaisance de nous écrire tout de suite, ou que tes maîtres *aient* la bonté de le faire pour toi ; car il ne nous *est* plus possible de rester dans de si *mortelles inquiétudes*.

195. Ce n'est pas assez de savoir *ses* leçons par cœur, il faut s'appliquer à les comprendre. C'est *ce* que ne font pas *ces* écoliers *insouciants*, qui *se* refusent au travail et s'abandonnent à de frivoles amusements. Malgré mille obstacles, la religion chrétienne s'est *répandue* dans tout l'univers; elle s'est *maintenue* et s'est même *affermie* par tous les orages qui *se* sont *élevés* contre elle. N'est-ce pas une preuve *évidente* de la divinité de *son* auteur, de la vérité de *ses* dogmes et de la sainteté de *ses* préceptes? *Ce* qui tourmentera le faux pénitent à *ses* derniers moments, et *ce* qui excitera *ses* remords, *ce* sont *ces* fautes *secrètes* qu'il aura *dissimulées*, *ces* habitudes *mauvaises* qu'il aura *entretenues* et *cachées*, *ces* plaisirs *criminels* qu'il aura *aimés* et dont il ne *se* sera jamais repenti. C'est moi, c'est toi, c'est lui, c'est nous, c'est vous, *ce* sont *eux*, *ce* sont *ces* grands du monde avec *leurs* honneurs, c'est *ce* riche avec tous *ses* trésors, c'est *ce* savant avec toutes *ses* lumières, c'est l'univers entier qui doit s'ensevelir, *se* perdre dans la nuit du tombeau.

196. Pour qui sont *ces* serpents qui *sifflent* sur vos têtes? *Ce* n'est pas celui qui *se* distingue le plus par *ses* richesses et *ses* qualités *extérieures*, qui s'attire le plus l'estime de *ses* compatriotes ; c'est celui qui s'adonne à la vertu, combat *ses* penchants, aime *ses* semblables, et s'étudie à acquérir *ces* vrais biens de l'âme dont le sage s'efforce d'orner *ses* jours. Ces enfants ne *se mettent* à l'étude, qu'après s'être *acquittés* envers Dieu de *ces* devoirs *journaliers* dont les *bons chrétiens* ne *se dispensent* jamais : c'est par là que *ces* pieux écoliers s'attirent *ces* bénédictions *particulières* que le Seigneur *se* plaît à répandre sur *ses* zélés serviteurs. Ce savant *se* croit plus heureux avec *ses* livres que *ce* riche avec *ses* trésors. On fuit *ces* hommes qui *se vantent* à tous propos, et l'on aime celui qui ne *se* prévaut pas de *ses* talents, et *se* cache sous le voile d'une modestie non *affectée*. C'étaient moins *ses* propres exploits, que ceux de *ses* soldats et de *ses* officiers que *ce* général *se* plaisait à rappeler. C'est à eux qu'il *se* disait redevable de *ses*

victoires, et qu'il attribuait toutes *ces glorieuses* conquêtes, *toutes ces belles* campagnes, dont la France *s*'honore, et qu'elle *s*'accorde à attribuer avant tout à *sa* bravoure et à *son* génie.

Les élèves ont dû souligner le que *conjonctif par un trait et la conjonction* que *par deux traits.*

197. Les lieux *où* nous rassemblons *ou* distribuons des grains, sont ceux *où* accourent les moineaux *ou* d'autres oiseaux. La conduite QU'*ont* tenue ces personnes est indigne. Les reproches QU'*on* leur a *faits* sont plus *graves qu'on* ne pense. *On* dit *qu*'elles *ont* trahi les secrets *qu*'*on* leur avait *confiés* ; et, en effet, il *est* reconnu *qu*'elles les *ont* livrés à qui a voulu les entendre. Voyez *où* la peur *ou* la misère les a *conduites.* Dites-moi *où* il est, je veux aller le voir aujourd'hui *ou* demain. Souviens-toi *que* tu as un Dieu à *glorifier*, les saints à *honorer*, le péché à *éviter*, les vertus à *pratiquer*, l'éternité à *méditer*, l'enfer à *éviter*, le paradis à *gagner*, ton âme à *sauver.* Voilà le devoir *qu*'on m'a donné à *copier.* Puisque tu as *commencé*, c'est une nécessité pour toi de *continuer.* Pourquoi *laisses*-tu *échapper* un temps si précieux? as-tu *oublié que* le jour passé ne revient plus, *que* l'heure *écoulée* ne te sera plus *rendue?* *Où* es-tu *allé* hier? Tu devais *visiter* tes parents *ou* tes amis, les as-tu *visités*, comme tu me l'avais *annoncé* et m'avais *chargé* de le leur *annoncer ?*

RÉCAPITULATION GÉNÉRALE.

Les élèves ont dû copier les phrases suivantes et les corriger.

198. **EXERCICE.** Dans ces *exercices* de récapitulation, l'attention des *élèves* est d'abord *rappelée*, d'une manière *particulière*, sur les *règles relatives au* nom, à *l*'article, et à *l*'adjectif. Nous *passons* ensuite à *celles* qui *concernent* le verbe, le participe et les autres *parties* du discours; mais nous ne nous *astreignons* plus à suivre les *difficultés* une à une. La connaissance *générale* que les élèves ont *acquise* des règles *contenues* dans la *première* partie de la grammaire, et l'application qu'ils en ont faite dans les exercices *précédents*, ont *dû* les mettre à même d'embrasser à la fois les cas les plus *faciles* de l'accord de l'adjectif avec le nom, du verbe avec *son* sujet, et du participe avec le mot *auquel* il se rapporte. Ainsi, bien que le but principal des *premiers exercices* de récapitulation soit de faire appliquer de nouveau les *règles* de la formation du pluriel et du féminin, *celles* de l'accord de l'article, de l'adjectif et du pronom, *on n'a* pas laissé d'y faire entrer des verbes et d'*autres* mots, qui devront être *orthographiés* d'après les principes *connus.*

NOM, ARTICLE, ADJECTIF ET PRONOM.

Les élèves ont dû copier les phrases suivantes et les corriger.

199. **EXERCICE.** Les *rideaux* sont des *morceaux* de soie ou d'étoffe, *auxquels* sont *attachés* des *anneaux* qui *coulent* sur une tringle. Les *ministres* ont des *travails* avec le roi ; et les commis ont des *travails* avec les *ministres*. Voilà l'histoire des douze *travaux* d'Hercule. Les *premiers hommes* vivaient avec *leurs aïeuls*, *leurs bisaïeuls* et même *leurs trisaïeuls*. Avez-vous vos *aïeuls paternels*? Je possède encore mes *aïeuls maternels*. Que de *beaux* exemples nous ont *laissés* nos *aïeux*! Que de *détails triviaux* j'ai *trouvés* dans *cette* histoire ! On lui a fait une défense *expresse* d'aborder ces *points capitaux*. A de *longs intervalles*, on entendait les *cris* de quelques *chacals*. L'Egypte vénérait les *chats*, Athènes les *hiboux*. C'est sur le canal de Briare, entrepris par Sully, qu'on a modelé les autres *canaux* qu'on a *établis* depuis. L'Italie est sous un des plus beaux *ciels* de l'Europe. N'a-t-on pas crevé les *yeux* à celui qui avait fait *la* magnifique horloge de Strasbourg ?

Les élèves ont dû copier les phrases suivantes, les corriger et les
compléter.

200. Le peuple grec s'est soustrait au despotisme turc. La *nation grecque* s'est *soustraite* à la *domination turque*. Ce sont des hommes *adroits*, *ingénieux*, *savants*, *honnêtes*. C'est une *femme adroite*, *ingénieuse*, *savante*, *honnête*. Les éloges que vous m'avez *faits* de *cette* personne, m'ont paru *déplacés*, *exessifs*, et, par cela même, *ambigus* et douteux. Les *louanges* que vous avez *données* à cette personne, m'ont paru *déplacées*, *excessives*, et, par cela même, *ambiguës* et *douteuses*. Il a obtenu un emploi honorable, aisé et fort lucratif. Vous possédez une *charge honorable*, *aisée* et fort *lucrative*. Des chagrins *secrets* et *cuisants* le consument. Une *affliction secrète* et *cuisante* le consume. On lui a assigné des revenus bien *exigus*. Voilà une *rente* bien *exiguë*. Les mois *passés* ont été *chauds* et *secs*, et celui-ci est frais et brumeux. Les *semaines passées* ont été *chaudes* et *sèches*, et celle-ci est *fraîche* et *brumeuse*. Le défendeur et le demandeur se sont *expliqués* l'un et l'autre avec des talents *supérieurs*. *La défenderesse* et *la demanderesse* se sont *expliquées* l'une et l'autre avec une *adresse supérieure*. Les Tyriens sont indus-

trieux, *patients*, laborieux, *propres*, *sobres* et *ménagers*. La *nation tyrienne* est *industrieuse*, *patiente*, *propre*, *sobre* et *ménagère*.

201. C'était une nation bien *destructrice* que *celle* des Goths. La nature est l'*inventrice* et la *législatrice* de *tous* les *arts*. Rome, *cette nouvelle* Babylone, *imitatrice* de l'*ancienne*, comme elle *enflée* de *ses* victoires, *triomphante* de *ses* richesses, de *son* idolâtrie, et *persécutrice* du peuple de Dieu, tombe aussi comme elle d'une *grande chute*. Des *travaux longs, continuels* et *pénibles rebutent*. Une *occupation longue*, *continuelle* et *pénible rebute*. Il a montré des *sentiments* aussi généreux que *constants*. Vous avez fait preuve d'une intrépidité aussi *généreuse* que *constante*. Le hasard est aveugle. Ils *se* hâtent lentement. Le hérisson a *la* peau *toute couverte* de *piquants*. Sa harangue a paru *fastidieuse* à tout le monde. *Ces* bateaux sont *chargés de* houille. Il endure les *rigueurs* de l'hiver. *Sa* haine s'est-elle *satisfaite? Ce* harnais sert pour deux *chevaux*. C'est surtout sur les *vaisseaux* qu'on se sert de *hamacs*. La *houle* était encore fort *grosse*. *Ces* vignes ont été *labourées* à *la* houe. Il est descendu à *cette* hôtellerie. Nous avons mangé *du* houblon en salade. On a fait la revue de *son* havre-sac. Les eaux *atteignaient* déjà *la* hauteur du premier étage.

202. La tête du cheval doit être *sèche* et *menue*, sans être trop *longue*, les oreilles peu *distantes, petites, droites, immobiles, déliées* et *étroites*, bien *plantées* sur *le* haut de la tête; le front étroit et un peu convexe, les salières *remplies*, les *paupières noires*, les *yeux clairs*, *vifs*, *pleins* de feu, assez gros et *avancés* à fleur de tête; la prunelle *grande*, la ganache *décharnée* et peu *épaisse*, le nez un peu arqué, les *naseaux* bien *ouverts* et bien *fendus*, la cloison du nez mince, les *lèvres déliées*, la bouche médiocrement *fendue*, le garrot élevé et tranchant, les *épaules sèches*, *plates* et peu serrées, le dos égal, uni, insensiblement arqué sur la longueur et relevé des deux *côtés* de l'épine qui doit paraître *enfoncée*; les *flancs pleins* et *courts*, la croupe *ronde* et bien *fournie*, *la* hanche bien *garnie*, le tronçon de la queue épais et ferme, les bras et les cuisses gros et *charnus*, les *genoux ronds* en devant, le jarret ample et évidé, les *canons minces* sur le devant et *larges* sur les *côtés*, le nerf bien détaché, le boulet menu, le fanon peu garni, le paturon gros et d'une médiocre longueur, la couronne peu *élevée*, la corne *noire*, *unie* et *luisante*, le sabot haut, les quartiers *ronds*, les talons

*l*arges et légèrement *élevés*, la fourchette *menue* et maigre, et *la* sole *épaisse* et concave.

203. *Toute* chose a *son* origine et *son* but *providentiels.* Heureux *ceux* qui sont *pacifiques*, parce qu'*ils* seront *appelés enfants* de Dieu. Les *vagues soulevées forment* en ce lieu des *tournoiements* d'une profondeur et d'une étendue *énormes.* Voilà un arbre d'une hauteur et d'une grosseur *extraordinaires.* Dans *telle* localité le villageois est doux et insinuant ; le bourgeois, au contraire, et le magistrat, *grossiers.* Talent, goût, esprit, bon sens, *choses différentes*, non *incompatibles. Quelle* taille *et quelle* démarche *majestueuses !* La lumière et la parole *créées* sont, l'*une* par *ses* sept *couleurs principales*, l'autre par *ses* sept *principaux sons*, *une* image et comme un écho de la lumière et de la parole *incréées.* Le riche et l'indigent, *sujets* à même loi, *subissent* même sort. La clémence et la majesté *peintes* sur le front de *cet* auguste enfant *annoncent* la félicité des *peuples.* Tout le monde croyait sa vie et son bonheur *attachés* au succès de *cette* affaire. Partout dans l'univers est empreint le cachet d'une intelligence et d'une puissance *infinies.*

Son, sa, ses; ce, c'; se, s'; celui-ci, celui-là, etc.

204. Lorsque le rossignol, *ce* coryphée du printemps, *se* prépare à chanter l'hymne de la nature, *ses* tons sont d'abord *faibles* ; on dirait qu'il *essaie son* instrument; mais prenant l'essor, il s'anime par *degrés*, il s'échauffe et *déploie* bientôt *toutes* les ressources de *son* incomparable organe. *Ces* maîtres *se* sont proposé de corriger de *ses* défauts *ce* jeune homme qui s'engage à faire tous ses efforts pour seconder *leurs bonnes* dispositions. Comme je ne reçois rien de toi, je présume que ma lettre s'est *égarée*, ou que *la tienne* ne m'a pas été *remise. Votre* maison et *la mienne*, *votre* propriété et *la nôtre* sont *contiguës* et *semblables.* Sont-ce là *ces monceaux* de blé que *ces* malheureux *s'efforcent* de ramasser dans *leurs* greniers, pendant qu'une foule de pauvres *s'en* sont *vus* et *s'en* voient encore *dépourvus?* Que *ces* hommes sont impitoyables, que *leurs sentiments* sont *différents des nôtres !* *Ce* qui me plaît dans *ce* jeune enfant, *c'est sa* compassion pour les pauvres, *son* désir de les soulager, *ses* sollicitations en leur faveur, et *toutes ces petites* privations qu'il *s'*impose pour *se* mettre en état de *leur* faire l'aumône.

205. La géographie et la chronologie sont les deux *yeux* de l'histoire : pour bien étudier *celle-ci*, il faut être guidé par

celles-là Corneille nous assujettit à *ses idées* et à *ses* caractères; Racine se conforme *aux nôtres* : *celui-là* peint les *hommes* comme *ils devraient* être, *celui-ci* les peint *tels* qu'ils sont. Tout le monde *se* plaint de *sa* mémoire, et personne, de *son* jugement. Un magistrat intègre et *un* brave officier sont également *estimables; celui-là* fait la guerre *aux* ennemis *domestiques, celui-ci* nous protége contre les *ennemis extérieurs.* Chacun des trois *pédants* s'obstine en *son* avis. La plupart de *ceux* qui *se* disent malheureux, sont des hommes *passionnés*, c'est-à-dire, des fous, *auxquels* il reste *quelques* intervalles de raison, pendant *lesquels*, ils connaissent leur folie et *sentent* par conséquent leur malheur. *Ce* malheureux père a vu partir, *ce* soir ou *ces* jours *passés*, pour ne plus les revoir, *ses* deux fils avec *son* neveu; *c*'est *ce* qui est la cause de *ce* chagrin dans *lequel* vous l'avez vu; *c*'est la source de *ces* larmes *continuelles* dont *se* couvre *son* visage; *c*'est *ce* qui rend *ses derniers* jours si *pénibles* et si *longs*, qu'il ne *se* console plus que dans l'attente de *sa* fin *prochaine.*

VERBE.

Verbes à conjuguer en observant de faire accorder les participes, s'il y a lieu.

206. Haïr le vice et le fuir. — J'avoue ma faute et je m'en repens. — J'écris ma lettre et je l'envoie. — Je me déplais ici et je m'en vais. — Je connais ma promesse et je la tiens. — Acheter une terre et la clore. — Découdre ses habits et les refaire.

Les élèves ont dû copier les phrases suivantes et les compléter.

207. Quelquefois les *eaux souterraines* s'*imprègnent* de la substance des couches qu'elles *traversent* et *acquièrent* ainsi des qualités *particulières*, c'est ce qu'on *appelle* eaux *minérales*. Les âges se *renouvellent*, les morts et les *vivants* se *remplacent* et se *succèdent* continuellement; tout s'use, tout s'*éteint;* Dieu seul demeure toujours le même. Quand vous me *haïriez*, je ne m'en *plaindrais* pas. Il croit être un grand seigneur, mais ses gens le *croient* encore plus que lui. Les tigres *déchirent* leur proie et *dorment;* les hommes *deviennent homicides* et *veillent;* la solitude les *effraie;* ils *voient* au milieu de la nuit des *lueurs menaçantes.* Un avorton de mouche en *cent lieux* le *harcèle.* Et plus bas, dans un creux,

logeait une hirondelle. Un rat, rat savant qui *mangeait* des thèmes dans *sa* hutte, leur *cria* : Je vois bien d'où *viennent* vos débats. Tu te *joues* des remontrances que tu t'entends faire, tu ne t'en *joueras* pas toujours. Nous nous *jouions* naguère à l'ombre de ces *ormeaux*, mais nous ne nous y *jouerons* plus. Dans le danger, *j'appellerai* Dieu à mon secours, je *renouvellerai* mes *instances*, et il *jettera* sur moi des regards de compassion.

208. Si vous *étudiiez* avec ardeur, vous *acquerriez* bientô[t] les connaissances qu'on vous a *demandées*. Nous *côtoyions* les rivages de la fertile Egypte, lorsqu'un vaisseau phénicien nous fit *prisonniers*. Jamais la routine ne *suppléera* au bon sens. C'est dans les ouvrages de Racine que la poésie *déploie toutes* ses richesses. Quand nous *nageons* dans l'abondance, rarement nous *songeons aux* misères des autres. Nous *croyions* mener les choses, mais c'étaient elles qui nous *menaient*. Pourquoi *fuyiez*-vous si vite ce matin ? D'où vient que vous vous *tutoyiez* hier, et que vous ne vous *tutoyez* plus aujourd'hui. Il ne vous *paiera* pas que vous ne l'*effrayiez* un peu, que vous ne l'y *contraigniez* même. On *balaie*, on *nettoie*, on *époussète*, on *essuie* de tous côtés; il faut que tu te *nettoies* toi-même, et que nous nous *nettoyions* tous. Nous *voyions* que vous vous *ennuyiez*, mais nous *craignions* de vous le demander. *Pèse* toujours bien ce que tu *projettes*, et *rappelle*-toi qu'on *achète* toujours trop cher un repentir. Te *rappelles*-tu comment nous *rédigeâmes* nos *conventions*? Je désire que tu m'en *envoies* une copie.

209. Nous vous *envoyions* une lettre, lorsqu'on nous a dit que vous *payiez* votre voiture pour venir nous voir, et que vous vous *mettiez* en chemin. Un enfant ne doit jamais *trouver* du plaisir à *chanter* des *chansons profanes*, non plus qu'à les entendre *chanter*. Pour se *sauver*, il faut *éviter* le mal et *pratiquer* le bien ; et si on a *péché*, il faut s'*humilier*, *demander* pardon à Dieu et s'*amender*. Les armes *bénites* par l'Eglise ne sont pas toujours *bénies* sur le champ de bataille. La lecture *polit* l'esprit; les *bonnes conversations polissent* les mœurs. Votre père et moi, nous *partirons* ce soir. Vous et votre ami, *vous avez écrit* correctement. Sully et Colbert *ont* bien *servi* la patrie. Vous et votre père, *vous vous ressemblez* comme deux *gouttes* d'eau. Toi, ton frère et moi, *nous sommes invités*. Romulus et Rémus *furent* les *fondateurs* de Rome. Mon fils, vous et moi *ne serons* jamais *contents* ni heureux, si vous *êtes* l'ennemi de votre frère.

L'or et le fer *sont* plus *durs* que les *autres métaux*. Si on a l'esprit trop vaste, *on* extravague; et si on l'a trop étroit, *on n'invente* rien. Fuyez les mauvaises *compagnies*, et *suivez celles* qui sont *bonnes*.

210. Tu *tressaillais* de joie, lorsque tu dépliais ton paquet; d'où *vient* que je te *vois* maintenant si triste? Peut-être qu'un pâtre grossier *s'assied* maintenant où *s'asseyaient* jadis de *puissants monarques*. *Assieds*-toi, ma sœur, pour que nous *voyions* ensemble s'il est utile que nous *allions* sur les *lieux* ou que tu y *ailles toute seule*. *Convaincs*-toi bien qu'*il faut* que tu *vainques* tes passions, si tu ne *veux* pas qu'elles te *vainquent elles-mêmes*; mais *sache* bien qu'on ne les *vainc* que par des efforts *constants* et généreux. *Dis* ton avis, si l'on veut que tu le *dises*; mais ne *médis* de personne : partout on *hait* et on a toujours *haï* ceux qui *médisent*. Ce sac enfariné ne me dit rien qui *vaille*. *On dit* que le vin que nous *boirons cette* année, ne vaudra pas celui que nous *bûmes* l'an passé. Ne t'*inquiète* de rien, tu *verras* que je *pourvoirai* a tout et que tout *ira* à souhait. *Acquiers une bonne* renommée, et tu feras mieux que si tu *acquérais* une grande fortune Il faut que tu *acquières*, qu'il *acquière*, que j'*acquière*, moi-même, plus de vertu que de science. La misère *fond* sur le paresseux et l'*étreint* de ses bras hideux.

211. La nature a voulu que l'homme *mangeât* pour vivre, et non pas qu'il *vécût* pour manger. Celui qui *enfreint cet* ordre, se *résout* à une foule de maladies, qui n'*atteignent* pas les gens *sobres*. Il ne faut pas que tu te *prévales* de ton mérite; *souviens*-toi qu'il n'est rien qui *vaille* une vertu modeste, que rien ne *sied* mieux à un jeune homme, et que si tu *suis cette* maxime, tu en *recueilleras* des fruits précieux. Mon ami, tant que je te *verrai* si peu soigneux, tant que le désir de réussir, qui en *émeut* tant d'autres, t'*émouvra* si peu, que tu *cours* as de jeu en jeu, que tu ne *prévoiras* pas ton avenir, et qu'enfin tu n'en *viendras* pas à suivre mon conseil, je ne *crois* pas que tu *fasses* aucun progrès, que tu *saches* jamais rien, ni que tu *obtiennes* la place qui t'est destinée. Ah! *plaise* à Dieu que tu *voies* enfin où te *mène* cette négligence, que tu *veuilles* te corriger, et que tu en *prennes* les moyens! Si tu *négliges* ceux que t'offre encore la circonstance, tu *sauras* un jour le tort que tu te *fais*, tu *acquerras* de l'expérience a tes dépens; mais alors tu *voudras* en vain revenir sur le passé, tu *reconnaîtras* qu'il n'en sera plus temps.

212. *Pars* à l'instant, *cours*, vole et ne *reviens* pas qu'il

ne *t'ait remis* sa réponse à ma lettre. Il *m'avait dit* qu'il me *l'enverrait* hier, pour que je lui *renvoyasse* aujourd'hui mon dernier *mot*, et la journée se passe sans qu'il me *l'envoie*, sans que je *sache* à quoi m'en tenir, sans que je *puisse* prendre un parti. *Considère* le corbeau : il ne *sème* ni ne *file*; cependant, je te le dis, le roi même n'est pas si bien vêtu. Si donc le ciel vêt ainsi une herbe des *champs* qui est aujourd'hui, et qui, demain, sera *jetée* dans le four, combien aura-t-il plus de soin de toi, ô homme de peu de foi! *Fais* ce que tu *peux*, et ne *t'inquiète* pas, comme le païen, de quoi tu te *vêtiras* ni de quoi tu te *nourriras*; mais *confie*-toi en la bonté de ton père céleste. Moi qui ne suis qu'un officier subalterne, je *dis* à un soldat : *Va*, et il *va;* et à un autre : *Viens*, et il *vient;* et à mon serviteur : *Fais* cela, et il le *fait*. Je *sais* que tu *médis* de moi l'an passé.

213. Mettez un frein à votre langue, et vous *mettrez* une barrière à bien des défauts. Pourquoi *battez*-vous ces *animaux* si cruellement? Nous ne *croyions* pas que vous *pussiez* vous porter à de *tels* excès. Ces jardiniers *croient* que ces *légumes croissent* encore, mais nous *croyons*, nous, qu'ils sont *parvenus* à une *pleine* maturité, et que, non-seulement ils ne *croissent* plus, mais que bientôt ils *décroîtront* et *périront*. Pensez-vous qu'ils *veuillent* que les *juges sursoient* l'exécution de ces arrêts? Nous *savons* qu'ils la *surseoiront*, si les *parties* adverses l'*agréent*. Voyez si ces *marchandises valent* le prix que nous les *payons;* pour nous, elles nous *conviennent* assez; mais nous *craignons* qu'elles ne *déchoient*. Nous *croyions* que les bons *lots* nous *écherraient* et que nous *ferions* un gain considérable, mais ils ne nous *échoient* pas; il faut que nous nous *résolvions* à perdre même nos mises. Nous nous y *résolvons;* mais nous n'y *reviendrons* pas. *Asseyez*-vous, si vous *voulez* que ces messieurs s'*asseyent* et que nous nous *asseyions* avec eux. Que *concluez*-vous des propositions que nous vous *faisons?* Que *dites* vous des projets que nous vous *soumettons?* Vous *paraissent*-ils bien conçus? Pensez-vous que nous *puissions* réussir, que nous *atteignions* le but auquel nous visons? Nous n'en *viendrons* à l'exécution qu'autant que vous le *voudrez*, que vous nous le *conseillerez*.

214. Si les hommes ne *mettent* pas *leurs* passions à la chaîne, *ils courent* risque d'en devenir *eux-mêmes les esclaves*. Faut-il donc que nous *buvions* des *tisanes* si *amères?* Ne *pourrions*-nous pas guérir sans que nous nous *contraignissions* à avaler des *remèdes* qui nous *répugnent* si fort?

Résolvez-vous, mes amis, et *suivez* courageusement les *ordonnances* du médecin, toutes *pénibles* qu'elles vous *paraissent*. Si vous ne vous *astreigniez* pas à ce régime, vous *courriez* les plus graves dangers. Ces habits ne vous *siéent* pas, comme *ils* vous *seyaient* autrefois. D'où vient que vous nous *dédisez* à tout propos, que vous nous *contredisez* sans cesse, et que vous *dites* et *redites* mille choses calomnieuses contre nous, qui ne vous avons fait et qui ne vous *voulons* que du bien? Nous ne *naissons* que pour mourir, et nous ne *savons* pas quand *viendront* nos *derniers* moments. Ah! quand *renaîtrons*-nous à cette seconde vie dont le bonheur et la durée *doivent* être *infinis*? Vous *riiez* comme des *fous* tout à l'heure, vous *criiez* à tue-tête, vous vous *égayiez* sans ménagement : eh bien! il faut maintenant que vous *alliez* en classe avec le même courage que vous avez mis à vous récréer, que vous *étudiiez* de tout votre cœur et que vous *employiez* tous vos moments.

215. Au printemps les arbres se *revêtent* de *feuilles* et de *fleurs*. Ces enfants *croissent* à vue d'œil. Nous vous *absolvons*, *disent* les prêtres aux pénitents, *allez* et ne *péchez* plus. Vous *dites* qu'ils *mentent* et que nous *mentons* avec eux; vous en avez menti vous-même : nous *mourrions* plutôt que de souffrir que des mensonges *vinssent* souiller nos lèvres. Où sont les hommes qui ne *sachent* pas qu'ils *doivent* mourir un jour? néanmoins, qui sont ceux qui *croient* la mort si proche? Tous *vivent* comme s'ils *étaient* sûrs qu'ils ne *mourront* jamais. *Joignez* la modestie au mérite, et vous vous *acquerrez* l'estime *générale*. Plus vous amenderez vos terrains, plus ils *acquerront* de valeur; au contraire, plus vous les *négligerez*, plus ils *décherront* de leur bonté *naturelle*. *Croissez* en sagesse en même temps que vous *croissez* en âge. Ces acides *dissolvent* les *métaux*. Les chambres *législatives* *viennent* d'être *dissoutes*. Pourquoi *requérez*-vous que nous l'*excluions* de nos assemblées, puisque les lois ne l'en *excluent* pas? Ne vous endormez pas sur ces *affaires*; nous *les* croyons très-*sérieuses*. Abstenez-vous du mal et *faites* le bien. Faites-le partir au plus tôt.

SUJET, etc.

216. *Quelle* révolution s'est *opérée* dans toutes les parties de la nature! Il y a peu de temps tout n'était qu'un désert stérile : les vallons, dont l'aspect réjouit notre âme, *étaient* *ensevelis* sous une neige *épaisse*; les *montagnes*, dont on voit

les *cimes grisâtres* s'élever dans les *nues*, *étaient couvertes* de *glaçons* et *disparaissaient* dans l'épaisseur des *brouillards*; ces *allées verdoyantes*, qu'habite maintenant l'aimable rossignol, n'*offraient* à l'œil que des *rameaux* secs et *dépourvus* de feuilles; les *ruisseaux*, qui *coulent* avec un doux murmure, *étaient arrêtés* dans leur course par les glaces qui les *rendaient* comme *immobiles*; les *oiseaux*, qui *remplissent* l'air de leurs chants, *étaient engourdis* sous les broussailles ou *s'étaient enfuis* de nos *tristes* demeures; partout régnait un morne silence; et, aussi loin que notre vue pouvait s'étendre, nous ne *découvrions* qu'une désolante solitude. Mais le souffle du Tout-Puissant s'est fait sentir : tout a changé de face. Les *pâturages* sont *arrosés*; les *côteaux* se *parent* d'une *riante* verdure; les campagnes *retentissent* de cris de joie et de *chants* d'allégresse. Les *oiseaux* nous *réjouissent* de *leurs* concerts harmonieux : tout est en action et semble revenir à la vie.

217. Je me *souviens* que quand j'*arrivai* en France sur un vaisseau qui venait des Indes, dès que les matelots *eurent distingué* parfaitement la terre de la patrie, ils *devinrent* pour la plupart *incapables* d'*aucune* manœuvre. Les uns la *regardaient* sans en pouvoir détourner les yeux; d'autres *mettaient* leurs *beaux* habits, comme s'ils *avaient été* au moment d'y descendre : il y en avait qui *parlaient* tout *seuls*, et d'autres qui *pleuraient*. A mesure que nous *approchions*, le trouble de leur tête *augmentait*. Comme ils en *étaient absents* depuis plusieurs *années*, ils ne *pouvaient* se lasser d'admirer la verdure des *collines*, les *feuillages* des arbres, et jusqu'aux rochers du rivage *couverts* d'algues et de mousses, comme si *tous* ces objets *eussent été nouveaux* pour eux. Les clochers des villages *où* ils *étaient nés*, qu'*ils reconnaissent* au loin dans les campagnes et qu'*ils nommaient* les uns après les autres, les *remplissaient* d'allégresse; mais quand le vaisseau entra dans le port, et qu'ils *virent* sur les *quais*, *leurs amis*, *leurs pères*, *leurs mères*, *leurs femmes* et *leurs enfants* qui leur *tendaient* les bras en pleurant, il fut impossible d'en retenir un seul à bord; tous *sautèrent* à terre, et il fallut, suivant l'usage de ce port, suppléer aux besoins du vaisseau par un autre équipage.

218. Aimable et brillante jeunesse, *considère* dans les *fleurs* l'image du destin qui t'*est* réservé. Tu leur *ressembles* par la beauté, tu leur *ressembleras* aussi par *ta courte* durée. Tu *es placée* dans un sol fertile, et tu *possèdes* mille *attraits* *enchanteurs*; mais combien se *fanent* promptement la violette

et la jacinthe, lorsque le cruel aquilon vient à souffler sur *elles* ! Jeune homme, pense au sort dont tu *es* menacé, ne te glorifie point de ta figure; ne te livre point indiscrètement à de *folles joies*, et à des plaisirs *bruyants* et dangereux. Les *jeux* et les ris *t'environnent*, ton aimable présence *embellit* le plus triste séjour; mais ne *t'enorgueillis* point de ta jeunesse. Songe à ce que *vivent* les roses; *vois* comme se dissipe en un moment le doux parfum qu'*elles répandent*. Beauté humaine, *apprends* des fleurs à ne pas te confier dans tes charmes. Tu *t'épanouis* comme la fleur des champs; le vent souffle et elle disparaît, tu *disparaîtras* comme elle, et à peine se *souviendra-t-on* du lieu où tu *t'es montrée*. Il n'est de biens solides et constants que la sagesse et la vertu.

219. L'excès et le défaut, quand *ils sont extrêmes*, *ont* des analogies qui *étonnent* La modestie et le respect *sont* comme les pleurs des enfants; leur faiblesse et leur impuissance *font* leur force. Où l'intérêt commande, la gloire et l'amour du bien public ne *campent* jamais. La peine d'acquérir, le soin de conserver *ôtent* le prix à l'or. Le linot, le serin, de la fauvette *amis*, ne *voulaient* point donner de prix. En même temps l'homme et le cheval, au lieu de s'amuser à être *roués* et *estropiés*, se *relèvent* miraculeusement, *remontent* l'un sur l'autre, *s'enfuient* et *courent* encore. Un chien que l'on frappe, un agneau que l'on égorge, nous *font* quelque pitié; un arbre que l'on coupe, une huître que l'on *mord*, ne nous en *font* aucune. *Unis* dès leurs jeunes ans d'une amitié *fraternelle*, un lapin, une sarcelle *vivaient heureux* et *contents*. Dans tous les *lieux* où l'homme ne commande pas, le lion, le tigre, le loup, *règnent* par la force et la cruauté. Jamais le chien et le loup ne se *rencontrent*, sans qu'*ils* se *fuient* ou qu'*ils* *combattent* et *combattent* à outrance, jusqu'à ce que la mort suive. La fortune qu'*ils* ont *acquise* par le commerce, et la force de leur ville *située* dans la mer, *avaient* enflé le cœur des Tyriens. Le port et la terre *semblaient* fuir derrière nous.

220. Le sénat, Rome et vous, *partisans* des triumvirs, vous *immoliez* la liberté aux champs de Philippe. Pénélope sa femme, et moi qui *suis* son fils, *nous avons perdu* l'espérance de le revoir. Vous et celui qui vous *mène, vous périrez*. Un ruisseau de larmes coulait le long de ses *joues*, et ma sœur et moi n'en *répandions* pas moins. Narbal et moi, *nous admirâmes* la bonté des dieux qui *récompensaient* notre sin-

cérité. Ni votre frère ni moi n'*avons promis* d'y aller. Toi, ta sœur et ton frère, *vous êtes appelés* auprès de votre mère. Vous et moi, *nous sommes contents* de notre sort. Vous et lui, *vous savez* la chose. Le Rhône et la Loire *sont les fleuves les* plus remarquables de la France. *Nous achèverons* sa tâche, mon ami et moi. *Vous serez récompensés*, toi, ton frère et ton camarade. *Nous avons été blâmés*, mon compagnon et moi. La terreur et la consternation *étaient peintes* sur tous les visages. La violence de l'incendie éloignait ceux que leur courage et leur dévouement *excitaient* à tout braver pour sauver les *malheureuses* victimes.

PARTICIPE.

221. Qu'elle est *belle* cette nature *cultivée!* Que par les soins de l'homme elle est *brillante* et pompeusement *parée!* Il met au jour par son art tout ce qu'elle recélait dans son sein. Que de trésors *ignorés!* Que de richesses *nouvelles!* les fleurs, les fruits, les grains *perfectionnés*, *multipliés* à l'infini; les espèces utiles d'animaux *transportées*, *multipliées*, *augmentées* sans nombre; les espèces nuisibles *réduites*, *confinées*, *reléguées;* l'or, et le fer plus nécessaire que l'or, *tirés* des entrailles de la terre; les torrents *contenus*, les fleuves *dirigés*, *resserrés*, la mer même *soumise*, *reconnue*, *traversée* d'un hémisphère à l'autre; la terre accessible partout, partout *rendue* aussi *vivante* que *féconde*; dans les *vallées*, de *riantes* prairies; dans les plaines, de riches pâturages ou des moissons plus riches encore; les collines *chargées* de vignes et de fruits, leurs sommets *couronnés* d'arbres utiles et de jeunes forêts : les déserts *devenus* des cités *habitées* par un peuple immense, qui, circulant sans cesse, se répand du centre jusqu'aux extrémités; des routes *ouvertes* et *fréquentées*, des communications *établies* partout, comme autant de *témoins* de la force et de l'union *combinées* de la société.

222. La taille du lion n'est point *excessive* comme celle de l'éléphant et du rhinocéros; elle n'est ni trop *ramassée* comme celle de l'hyène ou de l'ours, ni trop *allongée*, ni *déformée* par des *inégalités* comme celle du chameau; mais elle est, au contraire, si bien *prise* et si bien *proportionnée* que le corps du lion paraît être le modèle de la force *jointe* à l'égalité. *Malades*, il n'y a pas de bien que nous ne soyons *disposés* à faire; *rendus* à la santé, nous voilà *revenus* à nos *faiblesses*, à nos *égarements*. Les pyramides, dit Bossuet,

étaient des tombeaux; encore les rois qui les ont *bâties*, n'ont-ils pas *eu* le pouvoir d'y être *inhumés*, et ils n'ont *pu* jouir de leur sépulcre. Des mains *levées* vers le ciel enfoncent plus de bataillons que des mains *armées* de *javelots*. Dans les animaux *domestiques* nous ne voyons la nature que *contrainte*, rarement *perfectionnée*, souvent *altérée* et *contrefaite*, et toujours *environnée* d'*entraves* ou *chargée* d'*ornements étrangers*. *Irrités* par les maux qu'ils *avaient soufferts*, et par la résistance qu'ils *avaient trouvée* jusque dans la ville, les croisés, en *mil quatre-vingt-dix-neuf*, remplirent de sang et de deuil Jérusalem qu'ils *étaient venus* délivrer. A la voix de Dieu la nature s'est *parée* d'un manteau de verdure *parsemé* de *fleurs*.

223. Plus nous étudions le Christianisme, plus nous sommes *forcés* de rendre justice à la sagesse des institutions qu'il nous a *léguées*. Le code des lois *païennes* renferme une foule de maximes *cruelles* que l'Evangile a *réformées* et *auxquelles* il a substitué des *principes* plus doux et plus *humains*. Tous les hommes ont *eu* l'idée et le sentiment d'une cause première; mais tant qu'ils n'ont pas été *éclairés* par la révélation, où l'ont-ils *placée*? quelles notions s'en sont-ils *formées*? quel culte, *quels* hommages lui ont-ils *rendus*? Sur tous *ces* points que de *fausses* idées ils se sont *faites!* quel amas de *superstitions!* Parmi les philosophes eux-mêmes, *quels* bizarres systèmes se sont *formés*, *pires* même, pour la plupart, que les croyances et les traditions que les peuples avaient *adoptées!* Sur l'homme, sur son origine, sur son état actuel, sur ses *destinées futures*, combien d'incertitudes, d'erreurs et de fictions se sont *succédé* les unes aux autres! Il est vrai qu'une foule de *vérités étaient* comme *cachées* sous cette enveloppe *grossière*; mais *elles* ne se sont *montrées* dans toute leur suite et dans toute leur pureté qu'à l'aide de nos livres *saints*. La religion *révélée* a *pu seule* dissiper les ténèbres *épaisses* qui s'étaient *amoncelées* sur l'humanité; elle nous a *donné* de Dieu, de son unité, de ses attributs, la connaissance la plus *distincte*; elle nous a *instruits* sur l'homme et sur sa véritable fin, en sorte que nous ne sommes plus pour nous-mêmes une énigme.

224. Au concours brillant qui se pressait sous ces portiques, a *succédé* une solitude de mort. La paix des *tombeaux* s'est *substituée* au murmure des places *publiques*. L'opulence d'une cité de commerce s'est *changée* en une pauvreté hideuse. Les palais des rois sont *devenus* les repaires des bêtes fauves, les *troupeaux parquent* au seuil des temples,

et les reptiles immondes *habitent* les sanctuaires des dieux !.. Ah ! comment s'est *éclipsée* tant de gloire !.. comment se sont *anéantis* tant de *travaux* !.. Ainsi donc *périssent* les ouvrages des hommes ! Ainsi *s'évanouissent* les empires et les nations ! Hélas ! je l'ai *parcourue*, cette terre *ravagée*; j'ai *visité* les lieux qui furent le théâtre de tant de splendeurs, et je n'ai *vu* qu'abandon et que solitude... J'ai *cherché* les anciens peuples et *leurs ouvrages*, et je n'en ai *vu* que la trace, semblable à celle que le pied du passant a *laissée* sur la poussière. Les temples se sont *écroulés*, les palais sont *renversés*, les ports sont *comblés*, les villes sont *détruites*, et la terre, *nue d'habitants*, n'est plus qu'un lieu *désolé* de sépulcres... Grand Dieu ! comment se sont *accomplies* de si funestes révolutions ! Par *quels* motifs la fortune de ces *contrées* a-t-elle si fort *changé*? Pourquoi tant de villes se sont-elles *détruites*? pourquoi cette ancienne population ne s'est-elle pas *reproduite* et *perpétuée*?

225. Pompéia a *passé* vingt siècles dans les entrailles de la terre, les nations ont *passé* sur son sol; et ses monuments sont *restés* debout, et tous ses ornements *intacts*. Le volcan qui a *couvert* cette ville de cendres, l'a *préservée* des outrages du temps. Jamais des édifices *exposés* à l'air ne se seraient ainsi *maintenus*, et ces souvenirs *enfouis* se sont *retrouvés* tout *entiers*. Les *peintures*, les *bronzes* sont encore dans leur première beauté, et toutes les choses qui peuvent servir aux usages domestiques, ont été *conservées* d'une manière *surprenante* Les amphores sont encore *préparées* pour les festins des jours suivants, la farine qui allait être *pétrie*, est encore là; les *restes* d'une femme sont *ornés* des parures dont elle s'était *chargée* pour la fête que le volcan a *troublée*, et ses bras *desséchés* ne *remplissent* plus le bracelet de pierreries dont elle les avait *entourés*. *Nulle* part on ne peut voir une image aussi *frappante* de l'interruption *subite* de la vie. Les sillons des *roues* sont visiblement *marqués* sur le pavé des *rues*, et les pierres dont les puits sont *bordés*, *portent* la trace des cordes qui les ont *creusées* peu à peu. On voit encore sur les murs d'un corps-de-garde les caractères mal *formés*, les figures grossièrement *esquissées* que les soldats s'étaient *amusés* à tracer pour passer le temps. C'est avec des *morceaux* de lave *pétrifiée* que sont *bâties* la plupart de ces maisons qu'ont *ensevelies* d'autres laves. Ainsi, ruines sur ruines et tombeaux sur tombeaux, Cette histoire du monde, où les époques sont *marquées* de débris en débris; cette vie humaine, dont la trace se suit à la lueur des volcans qui

l'ont *consumée*, *remplissent* le cœur d'une profonde mélancolie.

226. Si le clergé a *défriché* l'Europe sauvage, il a aussi *multiplié* nos hameaux, *accru* et *embelli* nos villes. Divers quartiers de Paris, *tels* que *ceux* de Sainte-Geneviève et de Saint-Germain-l'Auxerrois, se sont *élevés* en partie aux frais des abbayes du même nom. En général, partout *où* se sont *trouvés* des monastères, *là* se *sont formés* des villages; la Chaise-Dieu, Abbeville et plusieurs autres *lieux portent* encore dans leurs noms la marque de leur origine. C'est un pape, Grégoire XIII, qui a *rendu* à tous les peuples l'éminent service de corriger les erreurs, les incertitudes qui s'*étaient glissées* dans leur calendrier. A cette heure s'est *accomplie* la ruine d'une ville, l'anéantissement d'une population. Jupin les renvoya, s'étant *censurés* tous, du reste co *tents* d'eux-mêmes. Qu'est-il *arrivé* aux spoliateurs des *tombeaux*? qu'ils sont *tombés* dans les gouffres qu'ils *avaient ouverts*, et que leurs cadavres sont *restés* comme un gage à la mort pour ceux qu'*ils* lui *avaient dérobés*. O Télémaque, craignez de tomber entre les mains de Pygmalion, notre roi; il les a *trempées*, ses mains *cruelles*, dans le sang de Sichée mari de Didon, sa sœur. Didon, *pleine* du désir de la vengeance, s'est *sauvée* de Tyr avec plusieurs vaisseaux. La plupart de ceux qui *aiment* la liberté et la vertu l'ont *suivie*. Elle a *fondé* sur la côte d'Afrique une superbe ville qu'elle a *nommée* Carthage. Toutes les *dignités* que tu *m'as demandées*, je te les *ai* sur l'heure et sans peine *accordées*.

227. La nature s'est *montrée* une mère bienfaisante, elle a *prodigué* à ses enfants des biens précieux, dont ils ont *abusé*. Tout à coup les chevaux qui nous *conduisaient*, *effarouchés* par un objet *imprévu* qui les a *frappés*, ont pris le mors aux *dents* et se sont *emportés* sans que le cocher ait *pu* les retenir. Nous nous sommes *joints* à lui pour tenir les rênes. Les rênes se sont *brisées* dans nos mains, et rien n'a *pu* arrêter le mouvement violent qui nous entraînait dans un précipice de *deux* ou *trois cents* pieds de profondeur. Je considère qu'elle a *racheté* ses péchés par les aumônes qu'elle a *répandues* secrètement dans le sein des pauvres, et qu'elle les a *expiés* par une longue pénitence qu'elle a *soutenue* avec beaucoup de force. La peur du ridicule a *produit* chez nous plusieurs effets *salutaires* : elle a *poli* nos mœurs et notre langue; elle a *donné* de l'élégance à nos manières et à nos parures; elle nous a *rendus* moins *grossiers* dans nos passions, moins *emportés* dans la dispute; elle a *voilé* les vices

qu'elle n'a pas *détruits* · nous lui devons la réputation d'être le peuple le plus sociable.—Les recherches les plus *exactes* que l'on a *faites* sur l'origine de la peinture, n'ont *produit* que des incertitudes. On ne sait ni les lieux *où* elle a *pris* naissance, ni les noms de ceux qui l'ont *inventée.* Les uns disent qu'elle a *commencé* à Sicyone et d'autres à Corinthe. Les Egyptiens s'en sont *dits les inventeurs*, longtemps avant que les Grecs s'en *fussent occupés.*

228. Au bas de la montagne que j'habite, est une espèce de village qui dépend du château. J'y suis *descendue* pour la première fois, et j'ai été *effrayée* de l'horrible misère que j'y ai *trouvée.* Représentez-vous des femmes, des enfants presque *nus*, et *couverts* de *lambeaux* si *dégoûtants*, que je ne pouvais m'empêcher d'en détourner les yeux. J'ai *donné* le peu que j'avais sur moi; et ces bonnes gens m'ont *entourée*, m'ont *bénie*, comme si j'avais *effacé* tous *leurs* maux, ou que je leur *eusse fait* de *grands sacrifices.* Autrefois leur reconnaissance m'aurait *causé* une joie *vive*; aujourd'hui elle m'a *attristée.* Ah! me suis-je *écriée*, combien vous *devez* être à plaindre, puisqu'un si léger secours vous a tellement *satisfaits!* Le curé est *venu* au-devant de moi; son grand âge, ses *cheveux blancs*, sa bonté qui est *peinte* sur son visage, m'ont *pénétrée* pour lui de vénération; mais combien j'ai été *étonnée*, lorsque je l'ai *entendu* s'exprimer dans les *meilleurs* termes! Toutes ses paroles *étaient empreintes* d'une onction angélique; il ne se servait jamais que des mots les plus simples, et je trouvais que le goût le plus parfait ne les aurait pas mieux *choisis.* Je n'ai *pu* m'empêcher de paraître *surprise* qu'on l'*eût relégué* dans une contrée *perdue* comme celle *où* il se trouvait.— «Madame, dans ma jeunesse, j'ai *pensé* comme vous, m'a-t-il *répondu* en souriant, et alors mon âme était toujours *agitée;* un reste d'amour-propre m'abusait. Mais depuis longtemps mon insuffisance m'est *connue*, et je me suis *convaincu* que, particulièrement dans ce hameau, il est des devoirs qui *surpassent* beaucoup mes *faibles moyens.* »

229. *Réjouis*-toi, ô mon âme! de ton immortalité. Dès ici-bas, quelque *éloignée* que tu en *sois* encore, tu peux te livrer tout *entière* à la joie qu'elle doit t'inspirer. C'est de Dieu lui-même que tu *as reçu* le sentiment de l'éternité, ne l'arrête point aux choses visibles. Au milieu des plaisirs dont tu *jouis* en ce monde, des espérances qui te *flattent*, de tous les biens qui te sont *échus* en partage, aspire après ces biens ineffables qui sont *réservés* au monde à venir. *Emploie* les

nobles facultés que le ciel t'a *départies* à t'élever vers lui, vers cette belle demeure, pour *laquelle* proprement elles t'*ont été données*. *Créée* pour une existence *immortelle*, préserve-toi de la séduction des sens. Si dès à présent nous goûtons tant de *douceurs* dans l'attente *seule* des biens que Dieu nous *a destinés*, que sera-ce, quand, *unis* à ce bien infini, nous jouirons dans son sein de l'*éternelle* félicité? Si tu *es* si magnifique, ô Dieu, dans les dons que tu nous *as faits* et que tu nous *fais* encore tous les jours sur la terre, que ne *feras*-tu pas, quand tu nous *auras tous réunis* auprès de toi dans le séjour du bonheur?—Là règnent les bons rois qu'ont *produits* tous les âges.—La plupart des législateurs se sont *amusés* à faire des institutions *puériles*, avec *lesquelles* ils se sont, à la vérité, *conformés* aux petits esprits, mais *décrédités* auprès des gens de bon sens. Ils se sont *jetés* dans des *détails* inutiles; ils ont *donné* dans les cas particuliers, ce qui marque un génie étroit, qui ne voit les choses que par parties et n'embrasse rien d'une vue *générale*. Quelques-uns ont *affecté* de se servir d'une autre langue que le vulgaire, chose absurde pour un faiseur de *lois*. Ils ont souvent *aboli* sans nécessité celles qu'ils ont *trouvées établies*; c'est-à-dire qu'ils ont *jeté* les peuples dans les désordres inséparables des changements.

230. Je vous ai *envoyé* la grammaire et la géographie que vous m'avez *demandées*. On m'a *remis* la lettre et le paquet que vous m'avez *adressés*. Avez-vous *fait* le voyage et la promenade que je vous avais *proposés*? *Les* as-tu *conservées* avec soin, la montre et la cassette que je t'avais *confiées*? Je crains bien que tu ne *les aies gâtées* et *détériorées*. Voici, *tels* que je *les* ai *reçus*, le livre et l'atlas que vous m'avez *prêtés*. Les précautions que j'ai *prises* en m'en servant, *ont fait* que je ne *les* ai nullement *endommagés*. *Quelle* longue analyse et *quelle* grande dictée le maître nous a *données* aujourd'hui! Je ne sais si je *les* aurai *faites* quand l'heure de la classe sera *venue*. Le vent et la pluie que nous avons *eus* presque tout le temps de notre voyage, nous *ont* bien *fatigués* et *retardés*; si nous nous étions *doutés* d'un si mauvais temps, nous n'aurions pas *essayé* de nous mettre en route, nous aurions *renvoyé* ce voyage à une autre époque. La moisson et la vendange se *sont faites* cette année avec beaucoup de peine. Qui pourrait dire tous les chagrins qu'a *essuyés* cette pauvre mère, toutes les contradictions qu'elle a *éprouvées*, l'ennui et la tristesse qu'elle a *eus*, les maux de tous genres dont elle s'est *vue accablée!* Sa famille même et le seul enfant que le ciel lui a *donné*, se *sont soulevés*

contre elle et l'*ont abandonnée, quelques* supplications qu'elle leur ait *adressées*, bien qu'elle les ait *appelés* cent fois à son secours. C'est des étrangers, que la grandeur et la longueur de ses afflictions *ont touchés*, c'est d'eux qu'elle a *reçu* le *secours* et la consolation qu'elle avait *sollicités*, et qui l'*ont ramenée* à la vie. Quelle horreur et quelle indignation n'a pas *excitées* partout la conduite barbare qu'ont *tenue* envers elle ses parents et surtout son fils !

MOTS INVARIABLES ET ORTHOGRAPHE.

Les élèves ont dû donner les adverbes formés des adjectifs suivants, et compléter les mots marqués d'un astérisque. (n°s 278-318.)

231. Savant, *savamment*. Excellent, *excellemment*. Diligent, *diligemment*. Obligeant, *obligeamment*. Diffus, *diffusément*. Différent, *différemment*. Vif, *vivement*. Sensé, *sensément*. Elégant, *élégamment*. Continu, *continûment*. Commode, *commodément*. Parfait, *parfaitement*. Bon, *bonnement*. Fervent, *fervemment*. Abondant, *abondamment*. Indépendant, *indépendamment*. Conséquent, *conséquemment*. Conforme, *conformément*. Certain, *certainement*. Familier, *familièrement*. Précieux, *précieusement*. Nouveau, *nouvellement*. Relatif, *relativement*. Présent, *présentement* Eloquent, *éloquemment*. Lent, *lentement*. Immense, *immensément* Incessant, *incessamment*. Insolent, *insolemment*. Méchant, *méchamment*. Invention, rédaction, réception, transfiguration, réplétion, imposition, réversion, émotion, réquisition, vacation. Aspersoir, réquisitoire, couloir, gloire, entreprendre, prédire, intervenir, amortir, cuire, éconduire. Les denrées, une pesée ; une charretée, l'aménité. La craie. L'issue. La courroie. L'orthodoxie. Une hottée. Le troupeau. Le tuyau du fourneau. Le purgatoire. L'abreuvoir. Un mémoire. L'écumoire. Un plioir. Le secours. Le roulis. Le taillis. Le mercure. Le cumul. Le monticule. Licencier. Négociable. Apprécier. Bagage Refuge. Champignon. Désunion. Esquisser. Polisser. Différentiel. Licencieux. Providentiel. Révérencieux. La profession de la foi. Contraindre ses penchants. Un oiseau dressé au leurre.

Les élèves ont dû copier les phrases suivantes, les corriger et les compléter.

232. Pascal et Bossuet, Molière et La Fontaine sont quatre *hommes* tout-à-fait *incomparables*. Les Latins disent le Philosophe, pour Aristote ; l'Orateur, pour Cicéron ; le Poète, pour Virgile ; le Carthaginois, pour Annibal ; et nous, nous disons le Cygne de Cambray, pour Fénelon ; l'Aigle de Meaux, pour Bossuet. On dit d'un prince cruel, c'est un Néron ; d'un homme sage, c'est un Caton ; d'un critique judicieux, c'est un Aristarque. Je vous enverrai *des* plumes, *dès* que j'en aurai reçu. Il *a à* rapporter sa

leçon de ce matin. Si vous me dites *où* vous allez, nous vous accompagnerons moi *ou* mon frère. C'est *là* que *la* paix s'est *faite* entre nous deux. Est-ce *là la* maison que tu te *proposes* d'acheter? *Où* en *es*-tu de ce marché, *ou* plutôt y *penses*-tu sérieusement? *On n'a* obtenu que la moindre partie de ce qu'*on a* demandé. Il *n'est* pas croyable qu'il *ait* si mal répondu. Je doute que j'*aie* fini ce soir; il m'*est* survenu des affaires que j'*ai* dû traiter sur-le-champ, *et* qui m'*ont* beaucoup retardé. Tu *es* dans l'appréhension, tu crains qu'ils n'*aient* trahi ton secret, que tu n'*aies* fait une imprudence en le leur confiant; mais tranquillise-toi. J'*ai* su qu'il n'en *est* rien, *et* que la fidélité qui t'a été *promise est* parfaitement *gardée*. Qu'il serait à désirer qu'il *fût* revenu plus tôt! Il *fut* convenu, après qu'on *eut* conclu le marché, qu'on en dresserait l'acte par écrit; mais je n'*eus* pas le temps de le faire; dès qu'on *eut* terminé, je *fus* obligé de partir, quelque peine qu'on en *eût*.

233. Si tu *vas* en voyage, *donnes*-en connaissance à tes parents. avis *qu'on* te donne est important, *prêtes*-y attention. *Cette* affaire est *délicate*, *parles-en* avec précaution et seulement par forme de digression. Une dispute s'est *engagée* parmi eux, *vas-y* mettre ordre. *Va* en retraite, quitte le monde et *oublies-en* les faux charmes. *Ses* biens ne sont que vanité, *ses* promesses, que mensonge, *ses* joies, que séduction. *Où* sont tous *ces* heureux du siècle, qui *suivaient* naguère toutes *ses* fêtes, qui *se* livraient à tous *ses* plaisirs, qui *se* pliaient à toutes *ses* exigences? Ils *se* sont *vus* arrêtés, au milieu de leur course; *ces prétendues* délices dont ils *s'enivraient*, ont *passé; cette* fortune à laquelle ils *s'étaient* si fortement *attachés*, leur a été *enlevée; ces* amis sur *lesquels* ils *s'appuyaient*, leur ont *manqué*. Les voilà *descendus* dans la nuit du tombeau. Déjà on les a *oubliés; déjà* on ne *se* souvient plus de ce qu'ils ont été, de ce qu'ils ont fait, des peines qu'ils *se* sont *données* pour plaire au monde. C'en est fait d'eux dans le temps, mais qu'en est-il dans l'éternité? *On est* convaincu de l'erreur qu'*on n'est* encore qu'à moitié gagné à la vérité. Il *eût* mieux valu pour lui qu'il *eût* échoué dans son entreprise. Il en *eût* eu quelque honte, mais au moins il *eût* appris à être plus prudent à l'avenir. Il n'*eut* pas plutôt lâché le mot qu'il en *eut* du regret. On *eût désiré* qu'il *montrât* plus de modestie dans sa *tenue*. Voilà les mêmes marchandises qu'il nous *montra* hier et que j'*achetai* au comptant. Ne les *payai*-je pas trop cher? Ne me *flatté*-je pas sans fondement d'avoir fait un bon marché? *Puis*-je *espérer* d'en *retirer* ce qu'elles m'*ont coûté?*

CORRIGE DES EXERCICES

ORTHOGRAPHIQUES

SUR LA GRAMMAIRE FRANÇAISE.

DEUXIEME PARTIE.

CHAPITRE PREMIER.

DU NOM.

NOMS DES DEUX GENRES. (n°ˢ 409-426.)

234. Dieu dans la personne d'Eve donna *une* aide à Adam. Vous êtes *toute* mon aide et tout mon secours. L'amour du jeu réunit *tous* les autres *amours*. Les *amours* de Pénélope et d'Ulysse sont *pures* et *sévères*. Les solides vertus furent ses *seuls* amours. Les *amours insensées* de la jeunesse ne *sauraient* procurer que de *fausses* délices. Le passé n'a point vu d'*éternelles* amours. *Quel* délice de boire frais en été! Ce chirurgien a avec lui *un* aide très-*adroit*. L'aide *assurée* d'un ami est un trésor. *Cet* aide-de-camp a été d'*une puissante* aide pour le gain de la bataille. *Le grand* aigle, qu'on appelle aussi aigle *royal*, ou aigle *doré*, est *le* plus *grand* de *tous* les aigles. Avons-nous combattu sous les aigles *romaines*? Muses, soyez toujours mes plus *chères* délices. L'aigle devient *furieuse*, quand on lui ravit ses petits. Le nom seul de Louis rendit la victoiré aux aigles *fugitives*. C'est *un* aigle dont je ne dois pas suivre le vol. Les armes de l'empire français étaient *un* aigle tenant *un* foudre dans ses serres. Plusieurs aigles furent *prises* par les Germains, après la défaite de Varus. Ce n'est pas *un* aigle qui a fait l'aigle de cette église, car *il* est bien mal *travaillé*. Les aigles se tiennent assez *éloignés* les *uns* des autres, pour que l'espace qu'*ils* se sont *départi*, leur fournisse *une* ample ubsistance.

235. *Le* couleur d'eau, de chair, de citron, sont mes couleurs *favorites*. *Cette* étoffe est d'*un* couleur de rose *charmant*. *Quel* couple que Philémon et Baucis ! Nous avons déjeûné avec *une* couple de *pigeons*. Puis cet homme et son fils le *portent* comme un lustre, pauvres gens! idiots, couple *ignorant* et *rustre*. Il a avalé *une* couple d'œufs. Il faut à peu près dix kilogrammes de blé par an pour *une* couple de moineaux. *Certain* couple d'*amis* en un bourg *établi* possédait quelque bien. *Quel* délice de faire du bien! Les orgues sont très-*anciennes*. *Le premier* qui parut en France, est *celui* que Pepin-le-Bref reçut de l'empereur Constantin-Copronyme. *Cet* orgue est *un* des plus *beaux* qu'on puisse voir; c'est le *meilleur* des orgues que j'aie en*tendus*. Un de mes plus *grands* délices était de laisser mes livres en caisse et de n'avoir point d'écritoire. Les délices du cœur sont plus *touchantes* que *celles* de l'esprit. L'orgue *complet* est *composé* de plus de *vingt mille* tuyaux. Julie est *une* enfant qui fait les délices de sa famille; mais son frère est *un* enfant *étourdi* et *léger*. Adolphe est *un joli* enfant. L'enfant ne voit la vie qui se présente *à lui* que comme une route semée de fleurs; *il* ne connaît aucun des dangers et des malheurs qui *l'attendent*. *Quels foudres* de guerre que Turenne et Condé! *La* foudre est *tombée*. Jupiter ne nous menace plus de *son* foudre ridicule. Les prières *ferventes* apaisent Dieu, et lui *font* tomber *la* foudre des mains.

236. *Certaines* gens faisant les *empressés* s'introduisent dans les affaires. Presque *tous* ces gens nouvellement *enrichis* sont sottement *orgueilleux*; on dirait qu'*ils* se *croient* d'une nature supérieure. *Telles* gens, *tels* patrons. Ces *petites* gens-là sont *tous* insupportables. *Il* s'arrête chez les *premières bonnes* gens qu'il rencontre. On aime les *bonnes* et *vieilles* gens, les *bons* et *honnêtes* gens. *Formés* par l'expérience, les *vieilles* gens sont *soupçonneux*. *Quels étaient* ces *bonnes* gens? *Quels braves* gens nous avons *rencontrés*? *Tous* les *honnêtes* gens, *toutes* les *meilleures* gens redoutent *certains* gens d'affaires. La vie de Turenne est *un* hymne à la louange de l'humanité. Aux hymnes *nationaux* qui *avaient* accueilli nos guerriers victorieux à l'*entrée* de la ville, succédèrent les hymnes *sacrées* dans le temple. Les *belles* hymnes du bréviaire de Paris sont *dues* à Santeuil et à Coffin. Les manœuvres sont-*ils revenus* du travail ? La flotte fit *une* manœuvre des plus *hardies* pour gagner le vent sur l'ennemi.

237. Ce tableau ne m'a coûté qu'*un grand* merci. Ce

berger a laissé son troupeau à *la* merci des loups. L'ordre de *la* Merci a rendu de grands services à l'humanité. Puisque vous avez *la mémoire* si *sûre*, aidez-moi à dresser *mon mémoire*. Le chemin des bons préceptes est plus long que celui des *bons* exemples. Mon maître à écrire me donne tous les jours de *nouveaux* exemples. *Quelle* remise voulez-vous me faire sur le prix de *cet élégant* remise ? Qui pense encore à travailler *au grand* œuvre ? *Le second* œuvre de ce musicien est bien *supérieur au premier.* Ils ont acheté *tout* l'œuvre de Callot. *Toutes* les œuvres de Dieu sont l'équité et la justice même. L'orge *réduite* en petits grains dépouillés de leur son est *appelée* orge perlé ; et l'orge bien *nettoyée* et bien *préparée* est *appelée* orge mondé. Avez-vous *lu le beau* parallèle d'Alexandre et de César ? Sur *quel* parallèle se trouve cette ville ? Pensez-vous que *cette* parallèle soit bien *menée*? Bossuet, qui a porté l'éloquence à *son* plus *haut* période, touchait à *son dernier* période, lorsqu'il prononça l'oraison funèbre du grand Condé. *La* période lunaire s'achève en *un* plus *court* période que *la* période solaire. *Le* pendule, par ses oscillations, sert à régler le mouvement de la pendule. Il y a quelque chose dans ce livre qui mérite d'être *lu.* Quelque chose est *promis*, autre chose est *accordé.* Je vous assure de votre grâce, quelque chose que vous *ayez commise* contre moi.

NOMBRE DE QUELQUES NOMS.

NOMS PROPRES. (n°ˢ 427-429).

238. Donnez-moi des *Davids* et des *Pharaons*, *amis* du peuple de Dieu, et *ils pourront* avoir des *Nathans* et des *Josephs* pour ministres. Louis fit des *Boileaux*; Auguste, des *Virgiles.* Ceux qui ont écrit l'histoire en France et en Espagne n'*étaient* pas des *Tacites.* Aux siècles des Midas, on ne voit point d'*Orphées.* Les *Corneilles* et les *Racines* sont rares. Les deux *Cicéron* ne se sont pas également *illustrés.* L'Espagne s'honore d'avoir vu naître les deux *Sénèque.* Les plus savants des hommes, les *Socrate*, les *Platon*, les *Newton*, etc., ont été aussi les plus religieux. Là brillent d'un éclat immortel les vertus politiques, morales et chrétiennes des *Le Tellier*, des *Lamoignon* et des *Montausier.* Combien d'hommes *seraient devenus* des *Alexandres*, si la fortune les avait *favorisés* ! Un *Auguste* aisément peut faire des *Virgiles.* Les *Stuarts* ont régné en Angleterre. Les

Corneille et les *Racine* ont illustré la scène française. Les *Boileau* et les *Gilbert* furent les *Juvénals* de leurs siècles. J'ai étudié les deux *Romes*, l'ancienne et la moderne. Je publie une histoire dont les *Capets* occupent huit siècles. Les premiers *Plines* que possède la bibliothèque du roi, sont d'une conservation parfaite. Les *Elzévirs* sont toujours très-recherchés. Catherine de Médicis nourrit la haine des *Condés* contre les *Guises*. Il est peu de Zopyres qui se *mutilent* pour soumettre des *Babylones* à leurs rois.

MOTS INVARIABLES PRIS COMME NOMS.

MOTS EMPRUNTÉS AUX LANGUES ÉTRANGÈRES.
(n°ˢ 430-434).

239. Trois *un* de suite *font* cent onze. On n'écouta ni les *si* ni les *mais*, sur l'étiquette on me fit mon procès. Les *si* et les *pourquoi sont* bien vigoureux; on pourra y joindre les *que*, les *qui*, les *oui*, les *non*, parce qu'*ils sont plaisants*. Deux *mi bémols* ne *valent* qu'un mi ordinaire. Deux *sept suivis* de quatre *zéros font* sept cent soixante - dix mille. Envoyez-moi deux *Télémaque* et trois *Mémorial poétique*. Ce libraire m'a envoyé deux *Boileau* pour deux *Racine*. Il faut se garder d'enseigner aux enfants ces phrases d'une politesse *affectée*, comme *je vous en prie*, les *petite maman, en grâce*. Les *te-Deum* des rois sont les *de-profundis* des peuples. Souvent un petit volume vaut plus que de gros *in-folio*. Il y a dans ces *opéras* des *duos* très-estimés. Il a mis des *post-scriptum* dans toutes les lettres qu'il m'a *envoyées*. Il met tous les matins six *impromptus* au net. Nous avons réglé nos comptes, et les *débets* ou *reliquats* sont en ma faveur. Les *agendas* sont fort commodes. Les *albums* de ces voyageurs sont *remplis*. Les *dioramas* sont des espèces de *panoramas éclairés* par une lumière mobile. Voilà des *pianos* bien *organisés*.

240. Le rosaire se compose d'un *credo*, de seize *gloria*, d'autant de *pater* et de cent cinquante trois *ave*. Nos *dahlias* ont bien réussi. Les *erratas défigurent* les ouvrages. Mon frère a remporté six *accessits* et quatre prix. Des *bravos* se sont fait entendre de tous côtés. Quand pourrons-nous entendre les éternels *alleluia* des cieux? Les *tilburys* sont des cabriolets découverts et fort légers. On nous a envoyé les *spécimens* de ces deux ouvrages. Tous les *alinéas* doivent commencer par une majuscule. Ce chemin fait bien

des *zigzags*. Ces *ecce-homo* sont bien *faits*. Les *quintetti* sont des morceaux de musique à cinq parties. Les mauvais écoliers sont *accablés* de *pensums* et *privés* d'*exeats*; les bons obtiennent des *satisfecits*, des prix et des *accessits*. Fuyez des *concetti* l'inutile fracas. Nous devons à la lithographie de beaux *fac-simile*. Le philosophisme moderne a aussi ses *auto-da-fé*. Les *lazzaroni* forment une grande partie de la population de Naples. Les princes ont été *accueillis* par des *vivat répétés*. J'ai dans ma bibliothèque des *in-folio*, des *in-quarto*, des *in-octavo*, et beaucoup d'*in-douze*. Il y a toujours des *déficits* dans vos comptes. Plusieurs *il* mal *construits rendent* une phrase louche.

NOMS COMPOSÉS. (nᵒˢ 435-442.)

241. Ne confondez pas les *vers-coquins* avec les *vers-à-soie*, des *vice-légats* avec des *vice-amiraux*. Les *petits-maîtres craignent* beaucoup les *qu'en-dira-t-on*. Près des *garde-manger*, il y a ordinairement des *essuie-mains*. Ce sont de vraies *pies-grièches* que ces femmes, tant elles sont criardes et querelleuses. Les villes où résident les *préfets* s'appellent *chefs-lieux* de départements; et *celles* où résident les *sous-préfets*, *chefs-lieux* d'arrondissements. Les gros vins d'Orléans sont des *casse-tête*. On écrit des *barbes-de-chèvre* comme des *pieds de biche;* mais on n'écrit pas des *becs d'âne* comme des *becfigues* ou des *portefeuilles*. Je préfère les *mouille-bouche* que j'ai *cueillies*, aux *vol-au-vent* qu'on t'a *donnés*. En traversant ces *hautes-futaies*, j'ai perdu mes *passe-ports*, deux *passe-partout* et mes *portecrayons*. Les divers *pots-de-vin* ou *pourboires* que m'ont demandés les conducteurs, ont fort enchéri le prix de ma voiture. Les deux *dames-jeannes* qu'on m'a *envoyées*, *étaient pleines* des meilleures *eaux-de-vie* que j'aie jamais *goûtées*. Les *perce-neige* et les *primevères* sont des plantes fort printanières.

142. Parmi les *Hôtels-Dieu* celui de Lyon est un des plus beaux et des mieux tenus. On a appelé les mauvais *loups*, *loups-garous*, c'est-à-dire, *loups* dont il faut se garer. Les *mortes-saisons* ruinent les pauvres ouvriers. Les *boute-feu* sont plus à craindre que les *boute-en-train*. Ces escaliers n'ayant point de *garde-fous*, sont de vrais *casse-cou*. Les huîtres que les *chasse-marée* apportent, sont *toutes fraîches*. J'ai rencontré dans un *vide-bouteilles*, près de l'hôpital des *quinze-vingts*, deux *cent-suisses* qui *avaient* été l'un et l'autre *gardes-champêtres*. On nous a servi des *choux-*

fleurs à l'huile que nous avons *trouvés* excellents. Les deux *après-dînées* que j'ai *passées* avec vous, m'ont fait oublier tous les *contre-temps* que j'avais *essuyés*. Les *passe-poils* *servent* à distinguer les différents corps de troupes. Dans les actes publics, on comprenait autrefois, sous le nom de *gagne-denier*, les *porte-faix*, les *porteurs d'eau*, etc. Les *pince-maille* sont de deux ou trois degrés plus *ladres*, plus *avides* que les *grippe-sou*. Les *bas-reliefs* du Louvre sont admirés de tout le monde. Ces forêts sont remplies de *chats-huants*, de *coupe-gorge* et de *coupe-jarrets*.

243. Les *courtes-pointes* que vous avez *reçues* de Reims sont d'une laine très-fine. Voici les *procès-verbaux* que vos *gardes-forestiers* ont *dressés*. Que signifient ces ordres et ces *contre-ordres?* Le *porte-montres* de cet horloger est bien garni. On a attaché deux *porte-montre* à la cheminée. Cette édition est ornée de *vignettes*, fleurons et *culs-de-lampe*. Les *culs-de-jatte* sont souvent des *meurt-de-faim*. *Quels pleure-misère* que ces avares qui se *plaignent* toujours ! Veux-tu que je te lise les *bouts-rimés* qu'il a *composés?* On a mis des *contrevents* à toutes les fenêtres. Ces *étoffes* sont des *garde-boutique*. Ces *gardes-malades* sont très-entendues. Voilà des *gardes-côtes* qui *étaient* autrefois des *gagne-petit*. Les peintres se servent d'*appui-main*. Des signes *effrayants* doivent être les *avant-coureurs* du jugement dernier. Les *abat-vent* des clochers servent à rabattre le son des cloches. Les *chauves-souris* ne commencent à voler que le soir. Les *écoute-s'il-pleut* sont des *moulins* qui ne vont que par écluses. L'académie écrit : Une terrine d'excellents *bouts-d'ailes*, et un paquet de *bouts-d'aile*.

244. Il faut se servir avec précaution des *cerfs-volant* électriques. Il lui a donné le *croc-en-jambes*. Vous avez là un joli *serre-papiers*. Il a soin de prendre pour lui tous les *sot-l'y-laisse*. Ce *va-nu-pieds* n'a t-il pas osé vous insulter ! Les *revenants-bons* de cette affaire sont considérables. Nous avons trouvé excellents les *rouges-gorges* qu'on nous a *servis*. Qui ne tremblerait devant des *porte respect* comme vous ? Les cathédrales ont presque toutes des *arcs-boutants*. Les *sous-amendements* ont été rejetés. Mes *sous-baux* sont arrêtés. Nous avons eu plusieurs *pique-niques* le mois dernier. Les *arcs-doubleaux* des voûtes gothiques se nomment *nervures*.

Les élèves ont dû placer un ou une devant les noms suivants et les mettre ensuite au pluriel.

245. *Une* aigue-marine, des *aigues-marines. Un* appui-main, des *appui-main. Une* arrière-boutique, des *arrière-boutiques. Un* arrière-neveu, des *arrière-neveux. Un* ayant-cause, des *ayant-cause. Un* bain-marie, des *bains-marie. Une* barbe-de-Jupiter, des *barbes-de-Jupiter. Un* bas-fond, des *bas-fonds. Un* bel-esprit, des *beaux-esprits. Une* belle-de-jour, des *belles-de-jour. Un* blanc-bec, des *blancs-becs. Un* blanc-manger, des *blanc-manger. Un* blanc-manteau, des *blancs-manteaux. Un* bon-chrétien, des *bons-chrétiens. Un* boute-tout-cuire, des *boute-tout-cuire. Un* brèche-dents, des *brèche-dents. Un* haut-fourneau, des *hauts-fourneaux. Une* gomme-gutte, des *gommes-guttes. Un* gâte-métier, des *gâte-métier. Un* garde-vue, des *garde-vue. Un* char-à-bancs, des *chars-à-bancs. Un* chef-d'œuvre, des *chefs-d'œuvre. Un* chou-rave, des *choux-raves. Un* claque-oreilles, des *claque-oreilles. Un* clin-d'œil, des *clins-d'œil. Un* clou-de-girofle, des *clous-de-girofle. Un* coffre-fort, des *coffres-forts. Un* compte-courant, des *comptes-courants. Un* crève-cœur, des *crève-cœur. Un* licencié-ès-lettres, des *licenciés-ès-lettres. Un* faux-fuyant, des *faux-fuyants. Une* Fête-Dieu, des *Fêtes-Dieu. Une* folle-enchère, des *folles-enchères. Un* franc-maçon, des *francs-maçons. Un* garde-des-sceaux, des *gardes-des-sceaux. Un* guet-apens, des *guets-apens. Un* laisser-aller, des *laisser-aller. Un* lieutenant-général, des *lieutenants-généraux. Un* maréchal-de-camp, des *maréchaux-de-camp. Un* papier-monnaie, des *papiers-monnaies. Un* passe-droit, des *passe-droit. Un* pied-à-terre, des *pied-à-terre. Un* porte-voix, des *porte-voix. Un* va-et-vient, des *va-et-vient. Un* vive-la-joie, des *vive-la-joie.*

NOMS COMPLÉMENTS D'UNE PRÉPOSITION. (nos 443-445)

246. Une réunion de *femmes.* Des caprices de *femme.* Des touffes d'*herbe.* Un tas d'*herbes médicinales.* Des coups de *pied,* de *poing,* d'*ongles.* Un marchand de *vin,* de *poisson,* de *morue,* de *fleur d'oranger.* Un marchand de *vins fins,* de *harengs,* de *carpes,* d'*anguilles,* de *fleurs.* Du jus de *citron.* Du jus d'*herbes.* Des feuilles d'*oranger.* Une allée d'*orangers.* De l'huile d'*olive.* Une *assiettée* d'*olives.* Un bouquet de *roses.* Une odeur de *rose.* Du sirop de

groseille, des confitures de *groseilles* de Bar. De la compote de *pommes*, du suc de *pomme*. Des queues de *cheval*. Une troupe de *chevaux*. Un troupeau de *moutons*. Des gigots de *mouton*. De la fécule de *pomme* de terre. Un ragoût de *pommes* de terre. Des morceaux de *brique*. Une muraille de *briques*. Trois quarts de *jour*. Une semaine d'*années*. Une étable à *bœufs*. Des côtelettes de *veau*.

247. Des peaux d'*agneau*. Des œufs de *poule*. Un blanc d'*œuf*. Des blancs d'*œufs*. Des contes de *vieille*. Un lit de *plume*. Des troncs d'*arbre*. Une cage à *poulets*. Un marchand de *drap*. Des contes de *fées*. Un paquet de *plumes*. Des troncs d'*arbres abattus* par le vent. Un baril d'*olives*. Une hache sans *manche*. Un habit sans *manches*. Un fruit à *noyau*. Elles sont coiffées en *bonnet*. Un fruit à *pepins*. Elles sont coiffées en *cheveux*. Il passe de *chambre* en *chambre*. Il vole de *plaisirs* en *plaisirs*. C'est un homme sans *tête*. Des enfants sans *talents*. Des œufs d'*oiseaux*. Un bouillon de *poulet*. Un blanc de *lait*. Un blanc de *perles*. Un recueil de *musique*. Un recueil d'*estampes*. Une *liasse* de *papiers*. Une main de *papier*. Un marchand de *draps* de Sédan, de Louviers. Une bourse à *secret*. Une bourse à *glands*. Des usages de *marchand*. Une société de *marchands*.

248. Vous avez beaucoup de *torts* envers lui. La perte d'un outil fait beaucoup de *tort* à un ouvrier. Cet homme se dit plein de *défauts*. Voici un enfant rempli de *talents*. On y voit des îles *bordées* de *tilleuls fleuris* et de *hauts peupliers*, une voûte pleine de *rocailles* et de *coquilles*. Il nous a fallu sauter le ruisseau à *pieds joints*. Le voilà sur *pied*, voyageant à *pied*. De *voleur* à *voleur* on parle probité. De *larrons* à *larrons* il est bien des degrés. Règne ; de *crime* en *crime* enfin te voilà roi. Quittez-moi la règle et le pinceau ; prenez un fiacre et courez de *porte* en *porte*; c'est ainsi qu'on acquiert de la célébrité. Je sens en moi deux sortes d'*homme*. Il y a plusieurs espèces de *maladies*. J'ai eu affaire à deux sortes de *personnes*. Cette espèce d'*hommes* n'est pas faite pour porter des chaînes. Il y a cinq principaux genres d'*écriture :* la gothique, la ronde, la coulée, la bâtarde, l'anglaise ou la cursive. Sans *ami*, peut-on avoir quelque bonheur ? Sans *amis*, peut-on jouir de sa fortune ?

249. La plupart des auteurs sont *avides* de *gloire*. Ces Messieurs sont *insatiables* de *louanges*. Je ne puis donc te

parler sans *témoins?* Je veux te parler sans *témoin.* Soyez pleins d'*attention* et de *respect* dans vos prières. Soyez pleins d'*attentions* et de *prévenances* dans la société. Mes amis sont *arrivés* excédés de *fatigue.* Les Saints, dans le ciel, sont inondés de *plaisirs.* Le Sélinus abonde en *poissons.* Les sauvages vivent par *troupes.* Chaque chose a deux faces; il n'est point de *lumières* sans *ombre,* d'*avantages* sans *inconvénients,* de *qualités* sans *défauts,* d'*hommes* sans *erreurs* et sans *faiblesses.* Ils m'ont fait *difficultés* sur *difficultés. Formeras*-tu donc toujours *projet* sur *projet?* J'ai eu beaucoup de *peine* à te voir partir. Cet homme a eu beaucoup de *peines* pendant sa vie. Ces enfants se sont *enfuis* sans *souliers* et sans *chapeau.* La Champagne est riche en *vin.* Ils sont riches en *promesses.*

250. Voyez ces *prés semés* d'*amaranthes* et de *violettes.* Les montagnes *voisines étaient couvertes* de *pampres verts* qui *pendaient* en *festons.* Je ne connais point d'*homme* plus respectable à tous *égards* que ce bon gentilhomme. Ils sont *jugés* ici tous ces *juges* sans *foi* qui *mettent* la justice à d'infâmes *enchères.* Le zèbre a sa robe *rayée* de *rubans noirs* et *blancs.* Sans *argent,* sans *troupes,* sans *crédit,* Philippe croyait son *diadème* perdu. *Quelle* bizarrerie de chercher son bonheur dans l'opinion d'*hommes* que nous connaissons *flatteurs,* peu *sincères,* sans *équité,* pleins d'*envie,* de *caprices* et de *préventions!* Cet homme s'accable de *superfluités* que l'habitude enfin lui rend *nécessaires.* La *vraie* politesse est *franche,* sans *apprêts,* sans *étude,* sans *morgue.* La course du lion se fait par *sauts* et par *bonds;* et ses mouvements sont si *brusques* qu'il ne peut s'arrêter à l'instant. Les loutres de mer vivent de *crabes* et de *poissons.* Je suis circonvenu d'*affaires,* d'*ouvriers,* d'*embarras* et de *maladies.*

> Sais-tu dans *quels périls* avec moi tu t'*engages?*
> Cette mer où tu cours est célèbre en *naufrages.*

CHAPITRE II.

DE L'ARTICLE.

—

ACCORD DE L'ARTICLE. (n°° 446-449.)

Le tiret a été remplacé par l'article simple ou par l'article contracté.

251. Les grands esprits sont *les* plus susceptibles de l'illusion *des* systèmes. C'est sur *le* dos que *le* sanglier a *la* peau *le* plus *dure*. Le sanglier est un *des* animaux qui ont *la* peau *la* plus *dure*. Il y aura un prix pour *les* leçons *les* mieux *apprises* dans l'année. C'est aujourd'hui que nos leçons ont été *le mieux apprises*. Héli ne put condamner ses enfants, qui *étaient les* plus *coupables des* Hébreux. Héli ne put reprendre ses enfants, lors même qu'ils *étaient le* plus *coupables*. Les mœurs sont aussi une *des* parties *les* plus importantes de *l'*épopée, et ce n'est pas celle sur laquelle les critiques aient été *le* moins *injustes* envers Homère. L'homme est *le* même dans tous *les* états : si cela est, *les* états *les* plus nombreux méritent *le* plus de respect. Le vent a déraciné *les* arbres *le* plus profondément *enracinés*. Je ne vois dans toute *la* conduite de Rosalie que de ces inégalités *auxquelles les* femmes *les* mieux *nées* sont *le* plus *sujettes*. Elle lui rendait *des* services dans *le* temps même qu'elle en était *le* plus cruellement *persécutée*. On ne savait pas à quoi elle était *le* plus propre, ou à commander ou à obéir. Il n'est guère possible de rendre un vers par un vers, lorsque cette précision est *le* plus nécessaire, comme dans une inscription. Je n'en indiquerai que deux, parce que ce sont ceux dont *la* vérité est *le* plus frappante. J'admirais *les* coups de *la* fortune, qui relèvent tout à coup ceux qu'elle a *le* plus *abaissés*. Les arts du premier besoin ne sont pas *les* plus *considérés*. C'est elle qui travaille *le* plus, *le* mieux, *le* moins. La pièce qui est *le* plus *applaudie*, n'est pas toujours *la* meilleure. C'est envers *les* pauvres honteux qu'elle se montre *le* plus *libérale*. Les grâces *les* plus séduisantes sont *celles de la* beauté; *les* plus piquantes, *celles* de l'esprit ; *les* plus touchantes, *celles* du cœur. Ce sont souvent *les* gens qui ont *le* plus besoin d'indulgence, qui en ont *le* moins pour les autres.

CHAPITRE III.

DE L'ADJECTIF.

—

ACCORD DE L'ADJECTIF QUALIFICATIF. (n°° 467-469.)

252. Tout notre mal vient de ne pouvoir être *seuls*. Elle est de mes serments *seule* dépositaire. Selon que notre idée est plus ou moins *obscure*, l'expression la suit ou moins *nette* ou plus *pure*. Marie brille sur son trône comme une rose *mystérieuse*, ou comme l'étoile du matin *précurseur* du soleil de la grâce. La rime est *une esclave* et ne doit qu'obéir. Il y a des hommes qu'il ne faut jamais voir *petits*. Métellus était d'une vertu et d'une probité *reconnues*. Philippe montra une prudence et un courage *supérieurs* à son âge. L'orgueil aveugle se suppose un mérite et une grandeur *démesurés*. A la faveur du tumulte et du désordre *causés* par l'incendie, on doit assassiner le consul. Nous devons éviter les mots et les actions *défendus*. J'y trouvai mon père et ma mère *morts*. Mademoiselle de Schurman, *née* à Cologne, en *mil six cent six*, était *peintre, musicienne, graveur, sculpteur, philosophe, géomètre, théologienne* même; elle avait aussi le mérite de parler neuf langues *différentes*. Madame d'Anjou, femme *de* Henri IV, roi d'Angleterre, fut *active* et *intrépide, général* et *soldat*.

EXCEPTIONS A L'ACCORD DE L'ADJECTIF. (n°° 470-482.)

253. Louis XIV honora les lettres de cet attachement, de cette protection *capable* de les faire fleurir. Auguste gouverna Rome avec un tempérament, une douceur *soutenue*, à *laquelle* il dut le pardon de ses *anciennes* cruautés. La vanité, la présomption *est naturelle* au sot. César avait un courage, une intrépidité *étonnante*. Aristide a fait preuve d'une modestie, d'une grandeur d'âme peu *commune*. *Quelle n'a pas été* la bonté, la douceur de Henri IV! Voilà un terme ou expression *nouvelle*. La perception ou l'impression *occasionnée* dans l'âme par l'action des sens est la première opération de l'entendement. Aura-t-il la sagesse, la prudence

nécessaire pour conduire une entreprise, une affaire si *délicate*? Il ne faut souvent qu'un acte, qu'une parole *insignifiante* par *elle*-même, pour occasionner une dispute, une querelle *sanglante*. Le goût du jeu ne captive qu'un cœur ou qu'un esprit *vide*. Il y a dans cet ouvrage un art, une adresse *admirable*. Je veux un domestique, ou une servante *forte* et *robuste*. Quelqu'un est tombé dans la rivière et y a péri; c'est nécessairement un homme ou une femme *noyée*. Le pronom *on* peut être suivi d'un substantif ou d'un adjectif *pluriels*. Voilà une allégation d'une légèreté ou d'une fausseté *manifeste*. On a appelé le frère ou la sœur *aînés*.

254. Un bonheur ou un malheur *éternel* nous *attend* après la mort. Cette conduite ne peut être que le résultat d'une ignorance ou d'une mauvaise foi bien *criminelle*. Ce n'est point par force ou par nécessité *physique* que les castors bâtissent; c'est par choix qu'ils se *réunissent*. On trouve dans l'Evangile une naïveté, une simplicité *ravissante*. Ces élèves ont fait preuve d'une sagacité, d'une pénétration bien *rare* à leur âge. Malgré la dissolution et le dérèglement *général* des mœurs, il y a encore bien des personnes solidement *vertueuses*. *Quels étaient* en secret ma honte et mes chagrins! On ne parlait que de l'esprit et des grâces *françaises*. C'est comme une espèce d'enthousiasme qui lui donne un feu et une vigueur *toute divine*. Je parle avec plaisir d'une mort *préparée* par le retranchement des plaisirs et des consolations *mondaines*. Le bon goût des Egyptiens leur fit aimer la solidité et la régularité *toute nue*. Il a la vue et l'ouïe très-*fines*. Armez-vous d'un courage et d'une foi *nouvelle*. Ces princes ont tous gouverné avec succès et avec gloire, mais avec des principes, des moyens et une politique *différente*.

255. L'autruche a la tête, de même que le cou, *garnie* de duvet. Non-seulement son âme, mais encore son corps en est tout *accablé*. Ni le pouvoir ni l'amour *paternels* ne *peuvent* faire obéir cet enfant. Le calme, ainsi que la noblesse de Socrate, à ses derniers instants, *a été surprenant*. Vous avez le bras ou la jambe trop *courte*. Il exige de nous une servitude et une dépendance *tyranniques*. Les personnes *soupçonneuses* et crédules *admettent* légèrement ce qu'on leur dit de ceux qui sont d'une opinion ou d'une secte *différente* de *la* leur. Cette eau n'a ni odeur ni saveur *désagréables*. Si haut que l'on remonte dans l'histoire profane, on voit l'astronomie ou la connaissance des astres *dégénérée* en *une vaine* superstition. J'ai commandé une paire de

souliers de veau *ciré*. Le décrotteur rapporte vos souliers de veau *cirés*. Il est mort dans des sentiments de piété *admirables*. Il vous rapporte votre tabatière d'argent *pur prisée*. Donnez-moi des bas de coton *écru*, ou des bas de coton *bleus*. On a trouvé une partie du pain *destiné* aux pauvres *mangée*. Elle porte un chapeau de paille *garni*. Voilà une méthode d'enseignement *mutuel aisée*. Cet habit me coûte *cent* francs, non compris deux mètres de toile *blanche* *donnés* en échange. Une jeunesse *éternelle*, une félicité sans fin, une gloire *toute divine* est *peinte* sur leur visage.

256. Recevez ce sac de toile *bleue rempli* d'espèces. Nous fûmes accueillis avec des *acclamations* et des *transports* de joie *extraordinaires*. Nous avons eu à déjeûner une épaule de veau *rôtie*. Une heure de temps *employée* à l'étude vaut plus que dix années de vie *passées* dans les plaisirs. Marius lui donna un corps de troupes *aguerries*. Nous ne trouvâmes que *quelques grignons* de pain d'orge *fort durs*. Voilà une troupe de singes *vêtus* à l'espagnole. Le pain des Lapons n'est que de la farine d'os de *poissons broyée* et *mêlée* avec de l'écorce tendre de pin et de bouleau. Voilà des bas de laine *tricotés* et des bas de laine *anglaise*. Je vous remets cet écheveau de soie *noire mêlé*. Pour prendre les renards, on leur tend des piéges où l'on met de la chair pour appât, un pigeon, une volaille *vivante*. La voix de l'ours est un grondement, un gros murmure, souvent *mêlé* d'un frémissement de *dents*. C'est un maître d'écriture *anglaise estimé*. Après trois mois de l'année *passés* en de *continuelles* alarmes, on fut un peu consolé en voyant les mères des enfants *sauvées*.

257. Une corbeille de *fleurs artificielles*, *placée* sur ma cheminée, m'a *été enlevée* ce matin. J'ai reçu deux paquets de rubans, l'un de soie *bleue roulé*, et l'autre de laine *brochée*. La couleur des bas de laine *noire* est l'ouvrage de la nature, et celle des bas de laine *noirs* est le produit de l'art. Saint-Louis porta la couronne d'épines *nu-pieds*, *nu*-tête, depuis le bois de Vincennes jusqu'à Notre-Dame. Je n'aime ni les *demi-vengeances* ni les *demi-fripons*. J'ai ouï dire à *feu* ma sœur que sa fille et moi *naquîmes* la même année. Si nul d'eux n'avait su marcher *nu-pieds*, qui sait si Genève n'eût pas été *prise*? *Cette* horloge sonne les *heures*, les *quarts* et les *demies*. Ces dames sont *assises* trop *bas*, apportez-leur des chaises moins *basses*. Les personnages *haut placés* ont souvent des airs *hauts* et *tranchants*. Vous arrivez *juste* à temps pour m'aider à prendre de *justes*

mesures. Vos habits *étaient* trop *longs*, mais maintenant on les a *coupés* trop *court.* Ne restez pas *pieds nus* sur le carreau, ni tête *nue* au serein, vous vous enrhumeriez. Ma *feue* mère voyait chaque jour *feu* votre sœur. La *feue* reine a fait plusieurs fondations *charitables.* Les païens *avaient* leurs *dieux* et *leurs demi-dieux, leurs déesses* et leurs *demi-*déesses. Les malheureux forçats que j'ai *vus* passer, *étaient nu-pieds* et tête *nue. Nue* et *transie,* la vérité errait sur la terre. Ces dames se sont *présentées* avec des souliers *ponceau,* des ceintures *orange,* des voiles *vert-foncé,* et des rubans *rose-tendre* à *leurs chapeaux.*

258. On écrira des étoffes *bleues claires,* s'il s'agit de la couleur et du tissu, et des étoffes *bleu clair,* s'il ne s'agit que de la couleur. Ces blouses *vert-pomme* leur *siéent* très-bien. Il avait un chapeau relevé d'un bouquet de *plumes feuille-morte.* Des *figuiers* sauvages *clair-semés étalaient* au vent du midi *leurs feuilles noircies.* Un volcan est un canon d'un volume immense, et dont l'ouverture a souvent plus d'une *demi-lieue.* On a servi aux *nouveaux-venus* des vins *nouveau-percés.* Autrefois les archevêques de Reims *étaient légats-nés* du Saint-Siége, et ceux de Narbonne, *présidents-nés* des états de Languedoc. Sous la loi de Moïse, on offrait à Dieu les enfants *premiers-nés.* Nous avons eu pour eux tous les égards *possibles,* nous leur avons fait le plus d'honnêtetés *possible.* De toutes les calamités *possibles,* la plus insoutenable est le malheur d'être méprisé. Ils ne songent qu'à payer le moins d'*impôts possible.* Les plus belles récompenses *possible* sont *promises* à la vertu. Toutes les jouissances *possibles* sont ici *réunies.* Voilà un beau nœud de rubans *roses.* Les *papiers vélin* coûtent *cher.* Le froid m'a rendu les mains *toutes violettes.* Les plus beaux velours *cramoisis* se fabriquent à Lyon. Les rênes de l'empire ne flottent plus *incertaines.* Voilà de la viande *hachée menue.* Ces fleurs *fraîches-cueillies* sentent fort *bon. Quelle* foule de *sentiments aimables répandue* dans ces écrits. Nos jours s'écoulent *longs* et *tristes.*

259. Le mérite de ces ouvrages est d'être le plus *clairs possible.* Il n'a reçu aucun de ses tableaux *encadré.* Quatre *demis* valent deux unités. Deux heures et *demie* valent cinq *demi-heures* ou cinq *demies.* Ces *garnitures aurore* sont fort *élégantes.* Il a les yeux *jaune pâle. Un demi* est une moitié d'unité. *Demie* s'emploie pour *demi-*heure. *Cette* pendule ne sonne pas les *demies.* Les satyres, selon la fable, étaient des *demi-dieux chèvre-pieds.* Louis XIV supprima

toutes les chambres *mi-parties*. Ces dames ont des robes *mi-parties blanches* et *noires*. C'est à monsieur l'abbé de l'Epée qu'est *due* la belle institution des *sourds-muets*. *Quelle* douleur pour une mère d'avoir des enfants *mort-nés* (*)! Quoi de plus dégoûtant que de voir des hommes *ivres-morts* et surtout des femmes *ivres-mortes !* Il faut ménager les *nouveaux-convertis*. Les *nouveaux-débarqués* ont souvent l'air timide et embarrassé. Voilà des enfants *nouveau-nés*, une fille *nouveau-née*. Il doit à la bienveillance dont l'honorait la *feue* reine les bonnes *grâces* de l'empereur. Une morale *nue* cause de l'ennui. Pendant la nuit, j'ai entendu sonner deux ou trois *heures* et autant de *demies*. Ces couleurs *rouge-brun* ne lui *conviennent* pas. Vous m'avez vendu *cher* vos secours *inhumains*. D'un regard étonné j'ai vu sur les remparts ces géants *court-vêtus*, automates de Mars. La rivière coule *lente* et *limpide*. Ces ouvrages s'annoncent *éclatants* de beautés. Vous recevrez *franc-de-port* l'atlas et la géographie que je vous ai *envoyés*. Mes dernières lettres vous sont-elles *parvenues franches de port*?

260. On voit dans l'île de Java des sources *minérales* dont les eaux sont d'une teinte *blanc-sale. Navigateurs-nés*, les *oiseaux aquatiques* ont un corps et des membres merveilleusement *appropriés* à l'élément qu'*ils doivent* habiter. Les effets les plus *admirables* de la lumière et des ténèbres sont *produits*, lorsqu'elles viennent à se confondre et à former ce que les peintres *appellent* des *clairs-obscurs* et des *demi-jours. Destructeurs nés* des êtres qui nous sont *subordonnés*, nous épuiserions la nature si elle n'était inépuisable. Le christianisme n'a jamais eu de ces *demi-*conceptions si *fréquentes* dans les *autres cultes*. Et moi, pour trancher *court* toute cette dispute...—On peut prendre à *témoin* les grands, les princes, les rois, Dieu même; mais on ne les prend pas pour *témoins*. Messieurs, parlez *bas*. Je vous prends tous à *témoin*. Ces dames se font *fort* de faire signer *leurs maris*. Il a pris ses mesures si *juste* qu'il a réussi. Les balles pleuvaient *dru* et *menu*. La récompense du juste se prépare *abondante* et *éternelle*. Ces *torrents* se précipitent *bruyants* et *impétueux*. Les étoiles nous apparaissent *nombreuses* et *éclatantes*. Il a vendu *cher* sa vie. Théodose voulait que ses enfants restassent *droits* et *découverts* devant leur maître. On lui remet chaque semaine la quantité de pain *suffisante*

(*) L'Acad. écrit : *mort-né, mort-nés; mort-née, mort-nées.*

pour sa nourriture. Le bonheur pour l'homme, c'est l'exclusion de tous les maux, *produite* par la jouissance de tous les biens *assortis* à sa nature.

ACCORD DES ADJECTIFS DÉTERMINATIFS.
(n°s 493-518.)

1° ADJECTIFS NUMÉRAUX. (n°s 494-497.)

Les élèves ont dû copier les phrases suivantes et écrire les nombres en toutes lettres.

261. Réduite en vapeur à *cent* degrés, l'eau occupe un espace *dix-sept cents* fois plus grand qu'à l'état liquide. Si elle agit sur un piston d'*un* mètre carré, elle fait équilibre à un poids de *dix mille cinq cents* kilogrammes. Les quadrupèdes sont moins nombreux en *espèces* que les oiseaux. *On n'en* connait guère plus de *deux cents*, dont plus du tiers *appartiennent* à nos contrées ; tandis qu'il existe *douze* ou *quinze cents* espèces d'*oiseaux*. La flotte *commandée* par Ximénès était forte de *dix* galères, de *quatre-vingts* gros navires et de quantité de *barques* et de *chaloupes*. Elle portait *dix mille* fantassins, *quatre mille* chevaux, *huit cents* volontaires, et, outre les officiers, plusieurs grands seigneurs qui *faisaient* la campagne comme *amis* du cardinal. Les *milles* de Suède sont les plus *longs*. Tarquin l'Ancien porta le nombre des sénateurs jusqu'à *trois cents*. Combien y a-t-il là de *cents* de *fagots*. Il y en a des *mille* et des *cents*. C'est vers l'an *mille* que Robert-le-Pieux a régné en France. C'est en *mil sept cent vingt* que la peste commença ses ravages à Marseille. La majorité est fixée à *vingt et un* ans. Il y a *sept* mois de *trente et un* jours. L'air pèse *huit cents* fois moins que l'eau, parce qu'il est *huit cents* fois moins compacte. Il y a eu en France *soixante et onze* rois de *trois* races différentes. La Nouvelle-Hollande a en largeur *deux mille quatre milles*, et en longueur *deux mille cinq cent soixante-dix-sept milles*. Voyez page *six cent* de ce volume ou page *quatre-vingt*, vous y trouverez ce que vous demandez. La valeur de *deux cent quatre vingts* louis est de *cinq mille six cents* francs. Sous Charles V, il n'y avait à la bibliothèque royale que *neuf cents* volumes ; présentement, elle en possède plus de *sept cent mille*, sans compter plus de *soixante-dix mille* manuscrits. Cet homme a ramassé une fortune de *cinq millions deux mille huit cents* francs. En *mil six cent*, on ne reçut pas moins de *quatre*

cent quarante-quatre mille cinq cents pélerins à l'hôpital de Saint-Philippe-de-Néry à Rome ; chacun d'eux *fut* nourri, logé et défrayé entièrement pendant *trois* jours.

2° NOTRE, VOTRE, LEUR. (n°s 498-501.

262. La fonte des neiges a fait sortir les rivières de *leurs lits.* Je vous ai dit un mot sur Aristide et sur Epaminondas, mais je vous ferai connaître *leurs vies.* Je ne puis qu'admirer *leur* bravoure et gémir sur *leur* destinée. La Fontaine et Delille *faisaient* aimer à la fois *leurs personnes* et *leur* gloire. Gustave représenta aux habitants de Mora qu'ils *verraient,* au premier jour, *leurs* ennemis, maîtres de *leurs* villages, disposer insolemment de *leurs* vies et de *leur* liberté. Les langues ont, chacune, *leurs* bizarreries. Ces dames avaient des fleurs à *leurs* chapeaux. Mon ami, votre modestie et votre piété *font* souhaiter à toutes les mères de vous donner pour compagnon à *leurs* fils. Les abeilles bâtissent, chacune, *leur* cellule. Ils ont donné, chacun, *leur* avis, selon *leurs* diverses vues. Ces messieurs ont, chacun, *leur* mérite et *leurs* partisans. Les hommes sensés préfèrent *leur* devoir à *leurs* plaisirs. Tous les soldats de cette compagnie sont dévoués à *leurs* officiers, mais surtout à *leur* capitaine. Mes lettres sont arrivées à *leur* destination.

> Lorsque tous les Persans d'un saint respect *touchés,*
> N'osent lever *leurs* fronts à la terre *attachés.*

263. Mesdames, vous avez oublié *vos* éventails. Messieurs, *vos* manteaux *sont* ici. Mon ami, quittez *vos* pantoufles, *votre* robe de chambre, prenez *vos* souliers et *votre* habit. La ville est partagée en diverses sociétés qui *sont* comme autant de petites républiques, ayant *leurs* lois, *leurs* usages, *leur* jargon, et *leurs* mots pour rire. Pour toutes *leurs* constructions, les castors n'ont d'autre hache que *leurs* dents, d'autre pioche que *leurs* pieds de devant, d'autre rame que *leur* pied de derrière, d'autre truelle ni d'autre marteau que *leur* queue. Les dons sont dans *leurs* mains, sur *leurs* fronts l'allégresse. Quelques matelots fumaient *leurs* pipes en silence. Les époux s'interrompaient entre eux, pour se parler de *leurs* épouses. Ils sont embarrassés pour répondre aux objections de *leur* propre cœur. Ils cherchent une mort plus puissante que celle qui les a *séparés* de *leurs* corps. Romulus et Rémus n'ont pas connu *leur* père. L'état vient au secours des orphelins qui ont perdu *leurs* pères au champ de l'honneur. Les serpents dardent *leur* langue. Ce sont des gens qui ne *sauraient* retenir *leur* langue.

3° AUCUN, NUL, MÊME, etc. (n°ˢ 502-506.)

264. *Nulles* gens ne *sont* aussi officieux. Il n'a supporté *aucuns* frais, il ne m'a rendu *aucuns* soins. *Nuls* préparatifs n'*annoncent* encore la fête. On ne garda plus alors *aucunes* mesures. *Nuls* devoirs ne lui *ont été rendus*. La structure des membres des abeilles, les soins qu'elles ont de *leurs* petits, l'art de *leurs* constructions, *leur* activité *leur* industrie, tout en *elles* charme et intéresse. Je n'ai reçu *aucune* visite aujourd'hui. *Nul* homme ne *m'a parlé*. Vos droits et les miens sont *les mêmes*. Ceux qui se *plaignent* de la fortune, n'ont souvent qu'à se plaindre d'*eux - mêmes*. Les meilleurs princes *mêmes* ont à se servir des méchants. On est obligé de contraindre l'enfant; il est triste, mais nécessaire de le rendre malheureux par *instants*, puisque ces instants *mêmes* sont les germes de son bonheur. Les plus farouches animaux, les rochers *même* sont *sensibles* à de *touchants accords*. Nous ne devons pas fréquenter les impies, nous devons *même* les éviter. J'ai tout à craindre de *leurs* larmes, de *leurs* soupirs *même*. L'air, la mer, les forêts, les vallons, les rochers *même* ont *leurs habitants*. Les animaux, les plantes *même* étaient au nombre des divinités *égyptiennes*. On se glorifie souvent des actions *même* les moins honorables. Les dieux *mêmes* devinrent jaloux des bergers. Les amis *mêmes* de Pygmalion n'osent l'aborder, de peur qu'ils ne lui *deviennent suspects*. Les vices des grands se fortifient par l'adulation, *leurs vertus mêmes* se corrompent; les flatteurs en leur prêtant les qualités aimables qu'ils n'ont pas, leur font perdre celles *mêmes* que la nature leur avait *données*. Il est toujours beau d'avoir pitié des malheureux, *même* des coupables.

265. On entend quelquefois des hommes, *même* d'une condition *élevée*, faire des plaisanteries grossières, ne les imite pas. Le temps qui consume tout, détruit les erreurs *mêmes*. Bientôt toute végétation cessa, les mousses *mêmes disparurent*. Sans le bœuf, la terre demeurerait inculte, les champs et *même* les jardins seraient *secs* et *stériles*. Chez les animaux, les différences *mêmes* des espèces semblent dépendre des différents climats. Lorsque le besoin est extrême, les loups s'exposent à tout, *attaquent* les femmes, les enfants *eux-mêmes*, se *jettent même* quelquefois sur les hommes, *deviennent* furieux par ces excès *mêmes*, et *finissent* ordinairement par la rage et la mort. Les chiens, *même* les plus grossiers, cherchent la compagnie des autres animaux ; les loups, au contraire, sont ennemis de toute société ; ils ne font pas *même* compagnie à ceux de *leur* espèce. Nous devons aimer notre prochain comme *nous-mêmes*, *même* nos plus grands ennemis. Les cantiques gaulois, les *noëls même* de nos *aïeux* avaient *leur* mérite. Pour se faire une idée de l'immensité des bienfaits de la religion, il faut voir deux *cents millions* d'hommes au moins chez qui se pratiquent les *mêmes* vertus et se font les *mêmes* sacrifices ; il faut se ressouvenir qu'il y a *dix-huit cents* ans que ces vertus *existent*, et que ces *mêmes* actes de charité se *répètent*. Les persécutions *mêmes* sont *propres* à affermir la foi des vrais fidèles, puisqu'elles ont été *prédites* par le Sauveur.

4° QUELQUE, QUEL QUE, etc. (n°° 507-512.)

266. *Une telle* conduite vous fait honneur. Il y a dans *cette* chambre des meubles *tels quels*. *Tels* nous aurons vécu, *tels* nous mourrons : car ce proverbe est très-vrai, *telle* vie, *telle* mort. *Quels* hommes j'ai *vus !* *quelles* femmes j'ai *rencontrées !* Combien en est-il qui *craignent* de se voir *tels* qu'*ils sont*, parce qu'*ils* ne *sont* pas *tels* qu'*ils devraient* être ? Je n'en excepte personne, *quel qu*'il soit, *quel qu*'il puisse être. Il y a *quelque* cinquante ans que Flavio Gioja, napolitain, a fait la découverte de la boussole. *Quelle que* soit votre intention, *quels que* puissent être vos desseins, *quelles que* paraissent être vos vues, vous ne serez pas approuvés. *Quels que* soient les humains, il faut-vivre avec eux. *Quelque* bien *écrits* que *soient* ces ouvrages, ils ont peu de succès. *Quelques* erreurs que suive le monde, on s'y laisse surprendre. *Quelques* crimes toujours précèdent les grands crimes. Il a *quelques* vrais amis. *Quels que soient* ton culte et ta patrie, respecte ceux avec qui tu vis. La valeur, *quels que soient* ses droits et ses maximes, fait plus *d'usurpateurs* que de *rois légitimes.*

267. *Quelles que* soient vos peines, *quelque* grandes qu'elles vous paraissent, à *quelques* extrémités qu'elles vous réduisent, vous trouverez dans les enseignements de la foi et dans les espérances de la religion de quoi les adoucir. Un roi, *quelles que soient* ses vertus, *quelques* lumières qu'il *ait acquises*, n'est fort des bras et de la volonté de la nation qu'il gouverne, qu'autant que ses ministres ont *toutes* les qualités *essentielles* de *leur* état. *Quels que* soient *leurs* vices ou *leurs* vertus, ils souffrent ; cela doit suffire pour que nous cherchions à les soulager. *Quelques* charmes

qu'*aient* les fleurs *cultivées* dans nos jardins, *celles* des champs me *paraissent* plus *agréables*. Les maîtres durs et méprisants sont *tous* détestés, *quel que* soit le salaire qu'ils payent. Abstraction faite de la résistance de l'air, *tous* les corps, *quels que soient* leur volume et leur densité, tombent également vite. Lorsqu'il défit Porus, Alexandre perdit *quelque trois cents* hommes.

Justes, ne craignons pas le vain pouvoir des hommes,
Quelque *élevés qu'ils soient*, ils sont ce que nous sommes.
La loi dans tout état doit être universelle.
Les mortels, *quels qu'ils* soient, sont égaux devant elle.

268. Madame est morte à *quelque* soixante ans. *Quelles que soient* votre fortune et votre position, soyez modeste. Nous avons *quelques* fins politiques, *quelques* bons traducteurs. *Quelque fins politiques* que fussent Burrhus et Sénèque, ils ne purent découvrir le fond du cœur de Néron. *Quelque* bons traducteurs qu'ils soient, ils ne comprendront pas ce passage. *Quelques* bons amis que nous ayons, ne soyons ni *indiscrets* ni présomptueux. Les choses qui font plaisir à croire, seront toujours *crues*, *quelque vaines* et *quelque déraisonnables* qu'elles puissent être. *Quelle* proportion y a-t-il entre la félicité *future* et les peines de cette vie, *quelles qu'elles* soient? *Quelque* corrompues que soient nos mœurs, le vice n'a pas encore perdu parmi nous *toute* sa honte. *Quels que* soient vos richesses et votre crédit, *quelques* grands talents que vous possédiez, de *quelques* belles qualités que vous soyez *enrichis*, gardez-vous, mes amis, de rebuter vos semblables, fussent-ils *même pauvres et ignorants*. *Quelle que* fût la corruption de Rome, tous les vices ne s'y étaient pas *introduits*. Nous avons tiré *quelque* cinq ou six *cents coups* de canon. *Tel* tu *es*, mon ami, *tels* tu *penses* que sont les autres. L'homme peut en tout temps, et *quelle que* soit son éducation ou sa fortune, s'ennoblir par les plus hautes vertus.

5° TOUT, etc. (n°ˢ 513-518.)

269. *Toute* nouveauté en matière de religion est *dangereuse*. *Tout* tombe, *tout* périt, *tout* se confond autour de nous. Employer *tout* son pouvoir, *toute* son industrie, *tous* ses talents, *toute* sa capacité pour son ami, c'est remplir un devoir. Ce sont des enfants *tout pleins* d'esprit. Ces vins-là veulent être *bus tout purs*. Les chevaux qui ont le poil roux, sont ou *tout bons* ou *tout* mauvais. Nos vaisseaux sont *tout*

prêts et le vent nous appelle. C'est là ce qui fait peur aux esprits de ce temps, qui, *tout blancs* au-dehors, sont *tout noirs* au-dedans. Rougissant et baissant les yeux, elle demeurait derrière *tout* interdite. C'est une femme *toute pleine* d'esprit. Elle est *toute* honteuse de s'être *exprimée* comme elle l'a fait. Baléazar a commencé son règne par une conduite *tout opposée* à celle de Pygmalion. *Tout éclairée* qu'elle était, elle n'a point présumé de ses connaissances. Mon ame à la cour s'attacha *tout* entière. La valeur, *tout* héroïque qu'elle est, ne suffit pas pour faire des héros.

270. La joie de faire du bien est *tout* autrement douce que celle de le recevoir. Voilà la paix dont j'ai joui, *toute* autre me paraît une fable. Cette liberté a des bornes comme *toute* autre espèce de liberté. La rivière coule *tout* doucement. Ces fleurs sont *tout* aussi *fraîches* qu'hier. Dieu veut le salut de *tous*. Son âme est *tout* en feu. Thèbes, qui croît vous perdre, est déjà *tout* en larmes. Cette femme est *tout* yeux, *tout* oreille. La liberté de l'Inde est *toute* entre ses mains. *Tous* ces enfants, *tout* enfants qu'ils sont, sont *tout* pleins de bon sens. *Tout* Vienne le sait. *Tout* Rome en parle. Je l'ai trouvée *tout* étonnée, *toute stupéfaite*, *tout* humiliée, *toute* honteuse. *Toute* âme sensible doit en être émue. Vous entrerez, quand ils seront *tous* arrivés. Nous étions *tous* bien fatigués. Sa face de pleurs était *toute baignée*. Elle se retira *tout* hésitante, *toute* déconcertée, *tout* abattue. Donnez-moi une *tout* autre occupation ; pour vous, vous méritez *tout* une autre fortune. A la mort, *tout* l'homme ne meurt pas. Voilà des mérinos *tout* laine. Ces monuments devraient avoir plus de durée, *tout* matière qu'ils sont. Cette infortunée va donc *toute* en vie descendre dans la tombe ! *Toute* autre fonction me conviendrait mieux. C'était *tout* autre chose que ce que vous m'aviez dit.

271. *Tout* au monde est mêlé d'amertume et de charmes. Nous avons *tout* à craindre des persécutions, des caresses *même* des méchants. L'eau est plus dense à quatre degrés au-dessus de zéro qu'à *toute* autre température. Les maisons de ce hameau, excepté la nôtre, sont *toutes anciennes*, mais *tout* anciennes qu'elles sont, elles ne laissent pas d'être *toutes* aussi élégantes et aussi *commodes* que *possible*. *Tout* affermis que vous êtes *tous* dans les bons principes, évitez le commerce des méchants, si vous ne voulez être bientôt *tout* aussi pervers qu'eux. Les écrits, *tout seuls*, doivent parler pour lui, mieux que *tous* les défenseurs. Cette parole, *toute* seule, le justifierait. *Tout* élèves que sont ces messieurs,

ils se sont *tous montrés bons* et *honnêtes* envers nous. Vous excepté, nous sommes *tous prêts* à partir. *Leurs chapeaux* pris, et *leurs bottes cirées*, les voilà *tout prêts* à partir. Donnez-vous *tout* entiers à vos devoirs, si vous voulez réussir.

272. Une seule carpe échappée au filet des pêcheurs suffit pour repeupler *toute* une rivière, avec ses *trois cents milliers* d'*œufs*. Antioche conserve presque *tout* entière l'enceinte de ses anciennes murailles; mais *elles* ne *renferment* que des décombres et des ruines. L'enfant qui naît a besoin de secours de *toute* espèce. Sans avoir, comme l'homme, la lumière de la pensée, le chien a *toute* la chaleur du sentiment; il a de plus que lui la fidélité, la constance dans les affections; *nulle* ambition, *nul* intérêt, *nul* désir de vengeance, *nulle* crainte que celle de déplaire; il est *tout* zèle, *tout* ardeur, *tout* obéissance. L'aigle a les yeux *étincelants* comme ceux du lion; les ongles de la *même* forme, l'haleine *tout* aussi *forte*, le cri également effrayant. *Nés tous* deux pour le combat et la proie, ils sont également *ennemis* de la société, également *fiers* et *difficiles* à réduire; on ne peut les apprivoiser qu'en les prenant *tout petits*. Comme les *moineaux* sont paresseux et *gourmands*, c'est sur des provisions *toutes faites* qu'ils prennent *leur* subsistance. *Toute* huître qu'elle était, elle avait bien raison. Soit amour pour Colas, soit *toute* autre raison. La bonté de la Providence se montre *toute* entière dans le berceau de l'homme. Nous regrettons de ne pouvoir citer *toute* (CHAT.) entière l'épître de Tertullien aux martyrs. Les sept couleurs *toutes réunies* forment le blanc; *toutes* absorbées, c'est le noir, qui n'est autre chose que l'absence de *toute* couleur. Marie ignore les saintes *colères* du Seigneur; elle est *toute* bonté, *toute* compassion, *toute* (CHAT.) indulgence.

CHAPITRE IV.

DU PRONOM.

ACCORD DU PRONOM. (n°ˢ 525-533.)

273. L'homme *auquel* j'écris. La femme à *laquelle* j'écris. La mère et la fille *auxquelles* il écrit. Le frère et la sœur *auxquels* nous écrivons. Le dessin et la musique sont les deux arts *auxquels* je consacre mes loisirs. L'histoire et la

géographie sont les deux sciences *auxquelles* il consacre *les siens*. Voici une maxime, une sentence *à laquelle* est attaché un grand sens. C'est la peinture ou la sculpture dans *laquelle* il excelle. Les plaies du corps se *ferment*; *celles* de l'âme restent toujours. Vos mères arrivent; *la mienne part*. Mon ami, vous *serez récompensé*, si *vous êtes obéissant*. Vous parlez de gens désintéressés, *ceux-là* sont *rares*. Ce sont les actions de l'âme qui déterminent *celles* du corps; et d'après *celles-ci* qu'on voit, on juge de *celles-là* qu'on ne voit pas. Etes-vous la sœur de mon ami? Je *la* suis. Etes-vous religieuse professe? Oui, je *le* suis. Quand on s'aime tendrement et qu'on est *séparés*, on n'est pas heureux. On s'est *parlé*. On s'est *écrit*. On s'est *questionné*. Personne n'est *venu*. *Quelle* personne avez vous *rencontrée*? Le ciel et la terre sont au Seigneur; *celui-là* est son trône, *celle-ci* est l'escabeau de ses pieds. Il a montré un orgueil, un entêtement *auquel* nous ne nous étions pas *attendus*.

274. *Nulle* paix pour l'impie : *il la* cherche; *elle le* fuit. Les fruits et les fleurs, *auxquels* il donnait ses soins ont été *détruits*. *Quels* sont *ceux* de ces *bonnes* gens qu'on doit nous envoyer? On répétait avec admiration le nom des Solon et des Lycurgue avec *ceux* des Miltiade et des Léonidas. La constitution de Rome et *celle* d'Athènes *étaient* très-*sages*; *elles étaient l'une et l'autre* en parfaite harmonie avec l'esprit, les mœurs et les besoins de la nation. Mes amis, vous avez encore vos mères, et moi, hélas! j'ai perdu *la mienne*. Quand on est *riches* et *vertueuses* comme vous, mesdames, *on n'en* est point *réduites* à l'artifice. Pour instruire des enfants, il faut cette patience, cette persévérance, cette douceur sans *laquelle* il n'est point de véritable succès. Il a fait paraître un courage ou une prudence *à laquelle* tout le monde applaudit. Les biens sont *relatifs*, les maux *le* sont aussi. Etes-vous les trois Romains qu'on a *choisis* pour le combat? Nous *les* sommes. J'ai fait *quelques* ingrats et ne l'ai point été. Je ne suis contente de personne. Je ne *le* suis pas de moi-même. Ne me *trompé-je* point en vous croyant ma nièce? Oui, monsieur, je *la* suis. Ils se disent envoyés du prince et *ils le* sont en effet. Ces personnes ne sont pas *telles* que vous *les* avez *annoncées*. Si vous êtes mortels, ils *le* sont comme vous. Les objets de nos vœux *le* sont de nos plaisirs. Je plains les malheureux depuis que je *le* suis. Miracle! criait-on : venez voir dans les nues la reine des tortues. La reine! vraiment oui; je *la* suis en effet. Etes-vous accusée? Je *le* suis. Etes-vous l'accusée? Je *la* suis.

275. Soyons *discret*, se disait notre homme, et n'allons pas nous-*même* nous rendre *suspect*. Pour éviter les répétitions, dit un auteur, nous sommes *forcé* de nous arrêter ici. Soyons *digne* de notre naissance, se disait une dame; soyons *attentive* à nos devoirs et *réservée* dans toute notre conduite. Bien *éloigné* de nous croire *égal* en mérite aux écrivains qui nous ont *précédé*, nous reconnaissons nous-*même* notre faiblesse et leur supériorité. Le cygne est l'emblème de la grâce, premier trait qui nous frappe, même avant *ceux* de la beauté. Vous êtes *un sol* en trois lettres; c'est moi, qui vous le dis, qui *suis* votre grand'mère. Nous, *soussigné*, Maire de Lyon, certifions. Nous, par la grâce de Dieu, *roi* de France et de Navarre, à nos *amés* et *féaux* conseillers, salut. Quiconque prend un mari, doit s'attendre à lui être *soumise*. Quiconque de vous, mesdemoiselles, manquera au silence, sera *punie*. Qu'on est *heureuse*, quand on est mère d'enfants vertueux et obéissants! Il en a été de notre querelle sur le Parnasse, comme de ces duels d'autrefois que la prudence du roi a si sagement *réprimés*, où après s'être *battus* à outrance, et s'être quelquefois cruellement *blessés* l'un l'autre, on s'embrassait et on redevenait sincèrement *amis*. Quand, le soir, les travaux sont *finis*, autour de la table on est *tous réunis*. Est-il personne aussi *heureux* que vous? Personne n'est plus *favorisé* de la fortune. Je ne connais personne d'aussi bien *partagé*. *Tous* trois me sont encore des personnes bien *chères*. Je ne connais pas de personne plus *généreuse*, plus *bienfaisante*. A votre âge, ma fille, on est bien *curieuse*. On est *égaux* quand on s'aime. Aujourd'hui on est *amis*, et demain *rivaux*.

> Vous êtes *dépensière*, et cet état me blesse
> Que vous *alliez vêtue* ainsi qu'une princesse.

CHAPITRE V.

DU VERBE.

ACCORD DU VERBE AVEC SON SUJET. (n°s 579-615.)

276. L'or et l'argent *s'épuisent*; mais la vertu, la constance, la force et la pauvreté ne *s'épuisent* jamais. La ville, puis la citadelle se *rendirent* après quelque résistance. L'aimable, le merveilleux, l'héroïque *ont été employés* à son éloge. Ce demi-jour, cette lumière incertaine, *mêlés* au loin à l'ombre des côteaux, *inspiraient* une douce mélancolie. Le suisse, le valet de chambre, l'homme de livrée, s'*ils n'ont* plus d'esprit que ne porte *leur* condition, ne *jugent* plus d'*eux-mêmes* par *leur* première bassesse, mais par la fortune des gens *qu'ils servent.* L'air de Socrate, son geste, son visage, n'*étaient* point d'un accusé. Buffon a dit de l'homme : « Son port majestueux, sa démarche ferme et *hardie, annoncent* sa noblesse et son rang. » La présence du prince et encore plus son exemple *animaient* les troupes. Souffrir et patienter *sont* souvent *les seules ressources du* héron. Chaque état et chaque âge *ont leurs devoirs.* Soyez moins épineux dans la conversation; c'est la douceur des mœurs, c'est l'affabilité qui en *fait* le charme. Il a reçu les *derniers* sacrements avec une piété, une résignation qui *faisait* sangloter tout le monde. L'homme de bien, le juste *est* le miracle de la grâce, le chef-d'œuvre de la main toute-puissante du Créateur.

277. La mort nous est aussi *naturelle* que la vie : l'*une* et l'autre nous *arrivent* sans que nous le sentions, sans que nous puissions nous en apercevoir. Le tigre est peut-être le seul de *tous* les animaux dont on ne puisse fléchir le naturel : ni la force, ni la contrainte, ni la violence ne *peuvent* le dompter. La fortune des riches, la gloire des héros, la majesté des rois, *tout finit* par ci-gît. Aucun signe de joie, aucune apparence de bonheur ne se *montre* à nos yeux. Les mers, les orages, les glaces du pôle, les *feux* du tropique, *rien* n'*arrête* le zèle du missionnaire. Les siècles, les générations, les empires, *tout va* se perdre dans le gouffre de l'éternité, *tout* y *entre* et *rien* n'en *sort.* Que chacun de tes frères, que chacune de tes sœurs *reconnaisse* que ses intérêts te sont aussi *chers* que les tiens. Qu'aucun de ceux dont les actes ou les conseils nous ont prêté un généreux appui, n'*ait* à se plaindre de notre peu de gratitude. La religion et la philosophie *demandent* l'une et l'autre une énergique volonté et un jugement libre. En quelque endroit des terres *connues* que la tempête ou la colère de quelque divinité l'*ait jeté*, je *saurai* bien l'en tirer. Le milan, qui s'élève à plus de *quatre mille* mètres, découvre *du* haut des airs le lézard ou le mulot qui *rampent* sur la terre, et dont il ne dédaigne pas de faire sa pâture.

278. Des songes effrayants ou l'insomnie *vient* troubler le repos de l'homme animal, qui passe du jeu à la table et de la table au jeu. Chaque oiseau a des moyens de subsistance

que l'étendue ou le défaut de ses facultés *multiplie* ou *restreint*. Une caverne antique dans des rochers inaccessibles ou une grotte *formée* par la nature dans le tronc d'un vieux arbre, au milieu d'une épaisse forêt, *servent* à l'ours de domicile. Le renard, une fois qu'il a pénétré dans la basse-cour, y exerce ses ravages et ses rapines, jusqu'à ce que le jour ou le mouvement dans la maison l'*avertisse* qu'il faut se retirer et ne plus revenir. On ne doit pas s'asseoir à table que le maître ou la maîtresse de la maison ne *soient* assis ou n'*aient invité* à s'asseoir. Il en est sans doute dont l'habitude ou le temps *ont émoussé* la sensibilité. L'homme de bien est trop confiant, sa candeur, son innocence le *rend* dupe des méchants, parce qu'il croit que tous les hommes lui *ressemblent*.

Ni l'aveugle hasard, ni l'aveugle matière,
N'ont pu créer mon âme, essence de lumière.

279. La longue obscurité des nuits ou la continuité des tourmentes *sont les seules contrariétés* qu'*éprouvent* les oiseaux aquatiques, et qui les obligent à quitter la mer par *intervalles*. On sait que quand le dièze ou le bémol *sont placés* après la clef, au commencement d'une pièce de musique, *ils doivent* être *continués* jusqu'à la fin du chant, à moins qu'il n'y soit dérogé par le bécarre. De la bonne ou de la mauvaise préparation *dépend* le bon ou le mauvais succès de l'oraison. À votre perte ou à votre salut *est attachée* la perte ou le salut de tous ceux qui vous *environnent*. *Toutes brillantes* que *sont* l'anémone ou la rose, s'il n'y avait partout que des anémones ou des roses, on en serait bientôt dégoûté. *Quelle* étrange disproportion le plus ou le moins de *pièces* de monnaie *met* entre les hommes! Une froideur ou une incivilité qui *vient* de nos inférieurs, nous les *fait* haïr; mais un salut ou un sourire nous les *réconcilie*. Ces joueurs, dit-*on*, *ont* fait fortune; mais le dé *ou* le lansquenet les *remettra* bientôt *où* il les *a trouvés*. Quelque diversité qui se trouve dans les complexions ou dans les mœurs, le commerce du monde ou la politesse *donnent* (LABRUY.) *les mêmes* apparences, *font* qu'on se ressemble les uns aux autres par des dehors qui *semblent communs* a *tous*.

280. Souvent un mot, un rien nous *met* hors de nous-*mêmes*. Qui ne sait pas qu'entrer dans une maison de jeu et perdre *est* (LABRUY.) une même chose? Le soleil ni la mort ne se *peuvent* regarder en face. Il faut que cet homme ou

moi *abandonnions* la ville. Si vous ou l'abbé Didier *avez* le temps, il faut que vous *ayez* la bonté de m'éclairer sur *quelques* doutes. Ni vous ni l'empereur ne *voulez* courir au Bosphore. Il faut que toi et ceux qui sont ici *fassiez* les *mêmes* serments, ou je vous *tuerai tous.* Athéniens, ne *soyez* point surpris que Démosthène et moi ne *soyons* pas du même avis. Elle voit que le bonheur ou la témérité *peuvent* former des conquérants; que la naissance ou le hasard *donne* les sceptres et les couronnes. Supposons que la guerre, la maladie ou la vieillesse *m'eût privé* de la vue.

> *Quelle* fureur, dit-il, quel aveugle caprice,
> Quand le dîner est prêt, vous *appelle* à l'office?
> J'aurai de vous ma grâce ou la mort de ma main;
> Choisissez, l'*une* ou l'autre *achèvera* mon destin.

281. L'héroïsme espagnol est froid; la fierté, la hauteur, l'arrogance tranquille en *est le* caractère. L'enfant, ainsi que les jeunes arbres, *a* besoin de support. Le guerrier et le politique, non plus que le joueur habile, ne *font* pas le hasard, mais *ils* le *préparent.* Une trop grande négligence, comme une *excessive* parure, dans les vieillards, *multiplie leurs rides* et *fait* (LABRUY. *a mis le plur.*) mieux voir leur caducité. L'éléphant, comme le castor, *aime* la société de ses semblables. Il n'y a peut-être aucun animal dont l'espèce *soit*, comme celle de l'homme, généralement *répandue* sur *toute* la terre. La cause la plus immédiate de la ruine des gens de robe et d'épée est que l'état seul, et non le bien, *règle* la dépense. De l'injustice des premiers hommes, comme de son unique source, *est venue* la guerre, ainsi que la nécessité où ils se sont *trouvés* de se donner des maîtres qui *fixassent leurs droits* et *leurs prétentions.* L'amour social des castors, aussi bien que le produit de leur intelligence réciproque, *a* (*ont* BUFF.) plus de droit à notre admiration que l'adresse du singe et la fidélité du chien. Il ne faut aux grands ni *efforts*, ni étude pour se concilier les cœurs : une seule parole, un sourire gracieux, un regard leur *suffit.* Vieillards, femmes, enfants, *personne n'échappa* au carnage.

> Le nourrisson de Pinde, ainsi que le guerrier,
> A tout l'or du Pérou *préfère* un beau laurier.

282 Si notre être, si notre substance *n'est* rien, tout ce que nous bâtissons dessus, que peut-il être? D'où *peut* venir alors cet ennui, ce dégoût? D'où *vient* cette fureur, ces transports qui l'*agitent*? Ah ! *quel que soit* ton nom, ton destin, ta patrie. Son esprit, non plus que son corps, ne se

pare jamais de *vains ornements*. Ni l'un ni l'autre de ces élèves *n'obtiendra* le premier prix de cette année. Cincinnatus et Fabius *honoraient* les dieux : ni l'un ni l'autre ne *faisaient* aucune entreprise sans les avoir *consultés*. Un mot, une surprise, un coup d'œil nous *trahit*. Nous sommes si peu *faits* pour être heureux ici-bas, qu'il faut nécessairement que l'âme ou le corps *souffre*, quand *ils* ne *souffrent* pas *tous* deux. Céres avec Bellone *a formé* ton génie. L'homme le plus robuste, ainsi que le plus faible, ne *doit* pas compter sur un moment assuré d'existence, puisque un souffle, une ombre, un rien *suffit* pour la terminer.

L'un et l'autre, à mon sens, *ont* le cerveau troublé.
Ou ton sang ou le mien *lavera* cette injure.
Un souffle, une ombre, un rien, *tout* lui *donnait* la fièvre.
Le vers le mieux rempli, la plus noble pensée
Ne *peut* plaire à l'esprit quand l'oreille est *blessée*.
—Aristophane, aussi bien que *Ménandre*,
Charmait les grecs *assemblés* pour l'entendre.
Vous me fuyez en vain : le zèle qui me presse,
Ainsi que vos remords, vous *poursuivra* sans cesse.
Et lorsque la fureur va jusqu'au sacrilége,
Le sexe ni le rang *n'ont* point de privilége.

Qui SUJET. VERBE *être* PRÉCÉDÉ DE *ce*, etc.

283. Ce n'est pas la pauvreté, c'est l'ambition *seule* qui nous *rend* malheureux et *dépendants*. Ce n'est pas tant la honte du vice, que les maux qui *s'ensuivent* qui le *retiennent*. *C'est* moins le rang et la dignité, que la passion qui *a rendu* le luxe et les profusions comme *nécessaires*. *Quelques* grands avantages que la nature donne, ce *n'est* pas elle *seule*, mais la fortune avec elle qui *fait* les héros. *C'est* plutôt le vin et la colère que la raison, qui les *ont fait* agir, qui les *ont conduits*. L'histoire des nations *païennes*, aussi bien que celle des juifs, *est* la préface de l'Evangile. Ce *n'a été* que votre bon sens et le mien qui *m'ont fait* deviner le reste. Nous, Trappistes, nous sommes, à proprement parler, des laboureurs qui *vivent* en travaillant de *leurs mains*. Voudrais tu, au milieu de l'active création, être le seul qui *se lassât* de louer le Créateur ? Télémaque et moi, *nous nous offrons* à être des otages qui vous *répondent* de la bonne foi d'Idoménée. A peine fûmes-nous *arrivés* sur ce rivage, que les habitants *crurent* que nous étions, ou d'autres peuples *armés* pour les surprendre ou des étrangers qui *venaient* s'emparer de *leurs terres*.

284. Si votre foi vous attire des disgrâces, venez près de moi ; vous *trouverez* en moi un père, et dans Silva un frère qui vous *seront* inviolablement *attachés*. Bertrand avec Raton, l'un singe et l'autre chat, *commensaux* d'un logis, *avaient* un commun maître. Souvent deux mortels, l'un de l'autre *ennemis*, *s'embrassent* à sa table et *retournent amis*. C'est moi qui *partirai*. Ce *sont* eux qui *partiront*. C'est moi qui *me suis rendue* la première. Ah ! madame, ce *ne seront* pas mes souhaits, mais votre inclination qui *décidera* de la chose. C'était moins la naissance, que les dignités curules qui *décidaient* de la noblesse. Nous étions les mêmes qui *avions combattu* dans les jeux. C'est moi qui vous le *dis*, qui *suis* votre grand'mère. Je suis Diomède, roi d'Etolie, qui *blessai* Vénus au siége de Troie. Vous parlez comme un homme qui *entend* la matière. N'êtes-vous plus cet Ulysse qui *a combattu* tant d'*années* pour Hélène contre les *Troyens?* Nous sommes quelques jeunes gens qui *partageons* ainsi tout Paris, et l'*intéressons* à nos moindres débats. Ce *n'est* ni la fortune ni le rang qui *font* le bonheur. Ce *n'est* ni l'un ni l'autre qui *est* mon père. Tu étais le seul qui *pût* me dédommager de l'absence de Rica. Vous en parlez en hommes qui *s'y connaissent*. Tu es Brutus qui *as sauvé* Rome. Vous êtes Minerve qui *êtes venue* instruire la ville. Je suis ce modeste Virgile qui *eut* tant de peine à *se* produire à la cour d'Auguste. Nous étions deux qui *étions* du même avis. Vous êtes ici plusieurs qui *vous souvenez* des grands succès que nous *eûmes* dans la dernière guerre.

285. Les juges se *placèrent : c'étaient* le linot, le serin, le rouge-gorge et le tarin. Qui devons-nous chérir, *si ce n'est* nos parents? Les plus grands poètes dont la France se glorifie, *ce sont* Corneille, Racine Molière et La Fontaine. *Sont-ce* des religieux qui *parlent* de la sorte? De mon amour aveugle *seraient-ce* là les fruits? *Ce sont* les mœurs qui *font* la bonne compagnie. Quand *ce seraient* les mêmes causes qui *auraient produit* cet effet. *C'étaient* des grains dont il enrichissait l'Attique. L'honneur parle, il suffit; ce *sont* là mes oracles. Si ce ne *sont* pas vos parents, ce *sont* au moins vos amis. Qui est-ce, si ce *n'est* eux?—Ce *n'est* pas eux qu'il faut punir, ce *sont* les barbares. Ce *n'est* pas des larmes stériles, mais votre conversion, que je vous demande. Quels sont les quatre points cardinaux? Ce *sont* le nord, le sud, l'est et l'ouest. *C'est* nous trop souvent qui *faisons nos* malheurs. *C'est* vous, braves amis, que l'univers contemple. D'un courage naissant *sont-ce* là les essais. Ce *n'est* pas ma vigne, *c'est* mes bois que j'ai *vendus*.

Ce n'*est* pas des paroles que Dieu demande, ce *sont* des œuvres.

COLLECTIFS etc.

286. Sept *huitièmes* de mercure et un huitième de soufre *pulvérisés donnent* le vermillon, et un amalgame de mercure et d'étain *sert* à former ce qu'on *appelle* le tain des glaces. L'élite des hommes *est* ici *assemblée.* Sur la voûte *azurée brillent* une foule d'astres *différents*, même en apparence, d'éclat et de grandeur. Peu de gens *sont* assez *sages* pour préférer le blâme qui leur est utile, à la louange qui les *trahit.* Ce long enchaînement de causes particulières qui *font* et *défont* les empires, *dépend* des ordres secrets de la providence. Une infinité de lampes *brûlent* dans ce saint lieu. En Prusse, en Pologne, en Suisse, en Espagne, en Angleterre, une foule de cités *ont* pour *fondateurs* des ordres monastiques ou militaires. La pauvreté de la maison et le grand nombre de religieux qui *l'habitaient,* ne nous *permettaient* pas de recevoir de nouveaux sujets. Une grande partie des subsistances *destinées* à l'homme et aux animaux *est confiée* à la terre, lorsque les blés d'hiver sont *semés.* L'armée des étoiles qui *brillent* au firmament, te *loue*, ô Seigneur ! et *célèbre* ta gloire. A l'approche du sommeil, l'attention *diminue* et se *perd*, la mémoire se *trouble*, les passions se *calment*, la suite des pensées et des raisonnements se *dérègle.* Le nombre déjà si petit des amis de la reine *diminuait* tous les jours. Origène a laissé une foule d'ouvrages qui *déposent* de l'étendue et de la variété des connaissances qu'il avait *acquises.*

287. Je ne demande point de vengeur, dit Arthur, je n'ai point d'*ennemis*, je n'en veux à personne, et le petit nombre de mes amis n'*implorera* le ciel que pour attirer des bénédictions sur les auteurs de ma mort. Ce peu de mots qu'il ajouta, me *découvrirent* de grandes qualités dans un cœur qui semblait s'étudier à tout renfermer en lui-même. La plupart des jeunes auteurs *croient* être *délicats*, lorsqu'ils ne *sont* que *raffinés.* Paris est une ville d'*amusements* et de *plaisirs* où les *quatre cinquièmes* des *habitants* *meurent* de faim. Pendant les dernières guerres d'Amérique, une troupe de sauvages abénakis *défit* un détachement de troupes *anglaises.* On ne pouvait croire qu'une poignée d'hommes *eût dissipé* un corps si considérable de l'armée *ennemie.* Une troupe de canards *sauvages, tous rangés* à

la file, *traverse* en silence un ciel mélancolique. Un petit nombre de soldats, *persuadés* de l'habileté de *leur* général, *peuvent* enfanter des prodiges. Il n'y a rien de plus gai qu'une auberge *espagnole*, par la foule de voyageurs qui s'y *rencontrent*. L'alouette est du petit nombre des oiseaux qui *chantent* en volant. Au printemps, la vallée est *tout émaillée* de *fleurs*, et un nombre infini d'oiseaux y *font* entendre des chants que la solitude et la saison *semblent* rendre plus mélodieux et plus *tendres*. Quelle foule de victoires et de conquêtes se *présente* dans le troisième et dernier âge de la république! Quelle foule de maux *environnent* mon être! La moitié des humains *rit* aux dépens de l'autre. J'ai peut-être la moitié de mes esclaves qui *méritent* la mort.

288. Les chambres *assemblées* pour une affaire capitale ou une tenue d'états, n'*offrent* point aux yeux rien de si grave et de si sérieux qu'une table de gens qui *jouent* grand jeu. La plupart des hommes *emploient* la première partie de leur vie à rendre l'autre *malheureuse*. Où *courent* ces guerriers dont la foule à *longs flots roule* et se *précipite*? Dieu seul est toujours le même; le torrent des âges et des siècles *coule* devant ses yeux. L'usage nous apprend tous les jours qu'une foule d'arbres et de plantes qu'on croyait *ennemis* de nos climats, *peuvent* s'y naturaliser. Comment un peu de matière *composée* de trois ou quatre *éléments*, dont chacun, isolé des autres, *serait* insipide ou *repoussant*, comment, dis-je, ce peu de matière *broyé* par mes dents, *procure-t-il* à mon âme tant de sensations agréables? Le petit nombre de gens *habiles*, ou le grand nombre de gens *superficiels vient* de ce que l'enfance n'est pas appliquée de bonne heure à l'étude. Il n'y a qu'un petit nombre d'hommes *destinés* à devenir *savants*. La moitié des passagers n'*avait* pas la force de s'inquiéter du danger. Quantité d'Italiens *se sont établis* chez nous. Nombre d'historiens *l'ont* ainsi *raconté*. La multiplicité des chefs *mit* parmi les Phéniciens une confusion de sentiments qui *accéléra* leur perte. Le tiers des enfants *est* mort au bout de dix ans.

289. Si vous étiez une de ces âmes ordinaires qui n'*obligent* qu'à regret, je ne m'aviserais pas de vous importuner. C'est un des livres qui *m'ont fait* le plus de plaisir, quoique je *l'aie lu* en espagnol. Voilà peut-être un des passages *les plus étranges* qui *soient échappés* à la plume d'un auteur. Un des sophismes *les plus familiers* au parti philosophiste, *est* d'opposer un peuple supposé de *bons philosophes* à un peuple de mauvais *chrétiens*. Plus d'un royaume *a été* bou-

leversé par un malentendu. Cette épouvantable suite de désastres *accumulés* sur la Morée *semblait* reculer de plusieurs siècles l'affranchissement des Grecs. Presque tous les peuples, mais surtout ceux de l'Asie, *comptent* une suite de siècles qui nous *effraie*. Seigneur, tant de bontés *ont* lieu de me confondre. Le bien ou le mal se *moissonne*, selon que l'on *sème* le bien ou le mal. Voisins, amis, parents, chacun *préfère* son intérêt à celui de tout autre. Plus d'un savant, plus d'un philosophe *ont commis* de grossières erreurs et *n'ont* pas *voulu* les reconnaître. Plus d'un frère se *sont trahis* l'un l'autre. Vivre chez soi, ne régler que sa famille, être simple, juste et modeste, *sont* des vertus pénibles, parce qu'elles sont *obscures*. C'est un de mes voisins qui *m'a sauvé*. C'est un de ceux qui *m'ont accompagné*. Je ne vois que nous deux qui *soyons raisonnables*. Je ne suis pas un conteur de fariboles qui *vient* ici vous débiter des balivernes. Le passage du Rhin est une des plus merveilleuses actions qui *aient* jamais *été faites*. Vous êtes un de ces hommes qu'on n'*oublie* pas, et qui *frappent* une cervelle de *leur* souvenir. La totalité des marchandises qui nous *ont été expédiées*, *est arrivée* à bon port.

290. La fontaine de Vaucluse se déborde avec une impétuosité, avec un tonnerre, avec un bouillonnement, avec une écume, avec des chutes, que ni le pinceau du poète ni celui du peintre ne *rendront* jamais. Quand vous avez prêté votre argent à quelqu'un, *voudriez-vous* que ni votre débiteur, ni votre procureur, ni votre notaire, ni votre juge *ne crussent* en Dieu? Ni Titus, ni Antonin, ni Marc-Aurèle ne *purent* changer les mœurs des Romains: un Dieu seul *le* pouvait. La crainte de faire des ingrats ou le déplaisir d'en *avoir fait*, ne *doit* pas nous empêcher de faire du bien. Il n'y a qu'une naissance honnête ou une bonne éducation qui *rende* les hommes capables de secret. L'officier qui se tenait auprès des rois de Perse, pour leur rappeler qu'ils *étaient mortels*, ou le soldat romain qui abaissait l'orgueil du triomphateur, ne *donnait* pas de plus puissantes leçons. L'histoire, ainsi que les nations *prédatrices* et *conquérantes*, *semble* avoir pris pour règle d'équité le mot de Brennus : « Malheur aux vaincus! » Dans le chien, la sensibilité, la docilité, le courage, les talents, tout, jusqu'à ses manières, *s'est modifié* par l'exemple et *s'est modelé* sur les qualités de son maître. Un déluge de pleurs *inondait* son visage. Une troupe d'hommes *armés a paru* tout à coup à mes yeux. Ce *pouvaient* être de bonnes raisons. Ce *durent* être vos motifs. C'est eux que l'on craint. *Ce sont* eux qui

commandent. *C'est* l'orgueil et la mollesse de certains hommes, qui en *mettent* tant d'autres dans une affreuse pauvreté. Il appelle à lui quatre courriers, *c'étaient* l'âne, le chien, le corbeau et le pigeon. Lui ou moi *serons* peut-être assez heureux. La vertu, plutôt que le savoir, *élève* l'homme. Vivre et jouir *sont* pour lui la même chose. Je suis peut-être un de ceux qui *cultivent* les lettres en France avec le moins de succès. Manger, boire et dormir, *c'est* leur unique occupation. Pouvoir vivre avec soi-même, et savoir vivre avec les autres, *ce sont* deux grands secrets, *c'est* la science de la vie.

CHAPITRE VI.

DU PARTICIPE.

—

PARTICIPE PRÉSENT ET ADJECTIF VERBAL.

291. C'est dans l'automne surtout qu'on voit les vers *luisants* se mouvoir d'un brin d'herbe à l'autre, comme de petits insectes *rayonnants*, *éclairant* de leur lumière vive et verdâtre les objets *environnants*. Dans l'Océan se *rendent* une multitude de rivières, chemins *mouvants* que la nature a *façonnés* pour l'homme. On remarque dans la nature une série de phénomènes toujours *semblables*, et *renaissant* toujours avec le charme de la nouveauté. La *seule* ville qui est dans l'île de Sainte-Hélène, est *située* dans un ravin flanqué de chaque côté de rochers énormes et *saillants*, *menaçant* continuellement d'une mort affreuse les malheureux qui l'*habitent*. J'errais dans la campagne, et je n'entendais plus que le bruit des lourds marteaux *tombant* à *coups redoublés* sur l'enclume *résonnante*. Cependant l'aurore *éclatante* se disposait à ouvrir les portes du ciel; les oiseaux *voltigeant* dans les arbres *verdoyants*, *commençaient* à gazouiller; déjà les lapins *s'élançant* de *leurs terriers*, *couraient* dans les vastes prairies, *blanchies* par la rosée, et *broutaient* le serpolet; tandis que les renards *glapissants poursuivaient* dans le bois les lièvres épouvantés. Déjà le diligent laboureur attelait à la charrue ses bœufs *mugissants*; déjà les brebis,

s'échappant en foule de l'étable, se *répandaient* en *bêlant* dans la campagne, *suivies* des chiens *aboyants* et des bergères *chantant* des airs rustiques; la tête *étincelante* de rubis et de *rayons* d'or, le soleil sortait du sein de l'onde et lançait ses premiers feux.

292. Les cerises, fruits acides et *rafraîchissants*, conviennent aux ardeurs *brûlantes* de l'été; et les melons, si *avenants* dans les saisons chaudes, trouveraient peu de faveur pendant les gelées de décembre. C'est par l'air que les nuages se *balançant* dans l'atmosphère, y demeurent *suspendus*, jusqu'à ce que, devenu trop *pesants* par leur condensation, ils retombent en pluie. Aussi *élégants* par leur forme que *brillants* par *leurs couleurs*, les oiseaux-mouches sont des bijoux de la nature. *Voltigeant* sans cesse de fleur en fleur, ils *en* pompent *le* nectar, comme les insectes *volants*. Rien n'égale leur courage et leur vivacité; on les voit *poursuivant* avec furie des oiseaux vingt fois plus gros qu'eux, *s'attachant* à leur corps, se *laissant* emporter par leur vol, et les *becquetant* à *coups redoublés* jusqu'à ce qu'ils aient assouvi leur petite colère. C'est un spectacle curieux que celui des *poissons-volants*, *sortant* des eaux en nombreux *escadrons*, et *volant* par *troupes*, puis *retombant* dans leur élément naturel, lorsque leurs grandes nageoires, qui leur servent d'*ailes*, se *trouvent desséchées* par le contact de l'air. C'est sur le bord d'un ruisseau qu'*élevant*, au milieu des herbes *environnantes*, leurs tiges augustes, et *réfléchissant* dans les eaux *leurs superbes calices* plus *blancs* que la neige, les lis se *montrent* à nous si *éclatants* de beauté.

293. Il n'y a pas de religion plus pure que le christianisme, plus *brillante* de sainteté, plus *exempte d'erreurs*, plus *resplendissante* d'un caractère divin. *Habitants passagers* de ce monde, et comme lui *changeants* et *mobiles*, les hommes survivront à la ruine de la nature, et leur dernière phase sera *éternelle*. La main toujours *agissante* de Dieu se montre dans tous les événements. Combien la religion nous devient *chère*, lorsqu'on l'envisage *répandant* d'une main les trésors de la charité, et de l'autre *essuyant* tendrement nos larmes, se *plaçant* à côté de tout ce qui souffre, et *mêlant* ses *touchants* adoucissements à ces peines toujours *renaissantes* qui pèsent sur notre malheureuse existence! Elle porte *toute* entière, cette religion *bienfaisante*, non sur des discussions pénibles, mais sur des faits *frappants* par leur évidence, sur des faits *éclatants*, dont

il n'est pas permis de douter. Quel spectacle ! Rome *armant* cent *mille* bras contre une religion *naissante* et *désarmée*, et cette religion *triomphant* sans *armes* d'une puissance qui avait subjugué la terre ! L'autorité de l'Église rassure et met en repos nos esprits naturellement *inquiets* et *chancelants*, *avides* de nouveautés, *courant* pour l'ordinaire après la vérité par la voie de l'opinion et par les sens, *s'égarant* à chaque pas, *revenant* sans cesse sur eux-mêmes, et toujours *hésitants* jusqu'à ce que la foi ait arrêté leurs variations *incessantes* et fixé leurs incertitudes toujours si *inquiétantes*.

294. Si des beaux jours *naissants* on chérit les prémices,
    Les beaux jours *expirants* ont aussi leurs délices.
    Et les marteaux *pesants*, sur l'enclume *bruyante*,
    Ne forgeaient point encor l'épée *étincelante*.
    Dans l'automne, ces bois, ces soleils *pâlissants*
    Intéressent notre âme en *attristant* nos sens.
    Figure-toi leurs chefs, les yeux *étincelants*,
    Entrant à la lueur de nos palais *brûlants*,
    Sur tous nos frères morts se *frayant* un passage,
    Et de sang tout *couverts*, *échauffant* le carnage ;
    Songe aux cris des vainqueurs, songe aux cris des *mou-*
        rants,
    Dans la flamme *étouffés*, sous le fer *expirants*.
    . . . . Que la grappe *pendante*,
    La pêche *veloutée* et la poire *fondante*,
    Tapissant de vos murs l'insipide blancheur,
    D'un suc délicieux vous *offrent* la fraîcheur.
    Dans ce temps de Juda les nombreuses familles
    Recueillaient les épis *tombant* sous les faucilles.
    Sa main de Noémi saisit la main *tremblante* ;
    Elle guide et soutient sa marche *défaillante*.
    Les chevreaux, tout *fiers* de leur corne *naissante*,
    Se font en *bondissant* une guerre *innocente*.
    La vigne veut des soins sans cesse *renaissants*.
    Déjà sur les bords de la cuve *fumante*,
    S'élève en *bouillonnant* la vendange *écumante*.
    Un moment elle est gaie, un moment sérieuse,
    Riant, *pleurant*, *jasant*, se *taisant* tour à tour ;
    Enfin *changeant* d'humeur mille fois en un jour.

295. Quel spectacle plus magnifique que celui de trente-deux *millions* d'hommes *obéissant* à une seule loi, *parlant* une seule langue, presque toujours *saisis* au même instant de la même pensée, *animés* de la même volonté, et *marchant*

tous ensemble d'un même pas au même but! Nous avons vu la puissance de la vapeur *traversant* les mers, *réunissant* des mondes; nous allons la voir bientôt *parcourant* les continents eux-mêmes, *franchissant* tous les obstacles terrestres, *abolissant* les distances, *rapprochant* l'homme de l'homme et *ajoutant* des quantités infinies à la puissance de la société humaine. Est-il un peuple qui rassemble plus de faits *éclatants*? La pensée, alors, sort *fière* et *indépendante* de l'âme qui l'a *conçue*. On voit les Lapons *passant* la plus grande partie de l'année au milieu de *leurs troupeaux* de rennes; les Patagons, au contraire, quoique sous une latitude aussi froide, sont sans cesse *errants*, ne *vivant* que de chasse et de pêche. Un villageois de sens, les moissons *approchant*, alla visiter son champ; un autre chassait aux sauterelles, qui, *sautant* et *rôlelant*, les tondaient à belles dents. Sur toutes les côtes de la Laconie, il se fait une pêche *abondante* de ces coquillages, d'où l'on tire une teinture de pourpre fort *estimée* et *approchante du* couleur de rose. Quand nous voyons, à l'entrée de la nuit, pendant l'hiver, des corbeaux se *balançant* sur la cime *dépouillée* de quelque chêne, nous supposons que toujours *veillants*, toujours *attentifs*, ils ne se maintiennent qu'avec des fatigues *inouïes*, au milieu des tourbillons et des nuages, et cependant, *insouciants* du péril et *appelant* la tempête, tous les vents leur apportent le sommeil.

296. Voici l'énorme baleine qui s'avance du nord, *dormant* sur l'océan, comme une île *flottante* de *soixante*, de *cent*, de *deux cents* pieds de long. Hippomaque, parent d'Idoménée, et qui aspirait à lui succéder, *lâchant* les rênes à ses chevaux *fumants* de sueur, était tout penché sur leurs crins *flottants*; et le mouvement des roues de son char était si rapide qu'elles *paraissaient immobiles* comme les ailes d'un aigle *fendant* les airs. Les chevaux de Périandre ne *sentant* plus sa main *défaillante*, et les rênes *flottant* sur leur cou, l'emportent çà et là. La colère des lions est noble, leur courage magnanime, et leur naturel sensible. Souvent on les a *vus dédaignant* de petits ennemis, *méprisant* leurs insultes et leur *pardonnant* des libertés *offensantes*; on les a vus, *réduits* en captivité, *s'ennuyant* sans s'aigrir, *prenant*, au contraire, des habitudes douces, *obéissant* à leurs maîtres, *flattant* la main qui les nourrissait, *donnant* quelquefois la vie à ceux qu'on avait *dévoués* à la mort en les leur *jetant* pour proie; et, comme s'ils se les fussent *attachés* par cet acte généreux, leur *continuant* ensuite la même protection, *vivant* tranquillement avec eux, leur

faisant part de leur subsistance, se la *laissant* même quelquefois enlever tout entière, et *souffrant* plutôt une faim *dévorante* que de perdre le fruit de leur premier bienfait. Au dire des anciens, on a vu des cygnes *expirant* en musique et *chantant* leur hymne funéraire. De là cette expression *touchante*, en *parlant* du dernier effort et des derniers élans d'un beau génie prêt à s'éteindre : « C'est le chant du cygne ! »

297. Les anciennes relations nous *représentent* les missionnaires du Paraguay se *faisant* jour à travers les forêts, *marchant* dans des terres marécageuses où ils avaient de l'eau jusqu'à la ceinture, *gravissant* des rochers *escarpés*, et *furetant* dans les antres et les précipices, au risque d'y trouver des serpents et des bêtes féroces au lieu des hommes qu'*ils* y *cherchaient*. La trop grande estime que certains hommes font d'eux-*mêmes* les rend *suffisants*, *tranchants*, et quelquefois *pédants* et même *insolents*. On les voit *entrant* dans une société sans se douter qu'ils manquent à toutes les règles de la politesse, *adressant* tout d'abord des propos *plaisants* et *divertissants* à des personnes qu'ils n'ont jamais *vues*, *prenant* le coin de la cheminée, *arrangeant* le feu sans que le maître de la maison les en ait *priés*, s'*emparant* de la conversation, *débitant* des nouvelles, *raisonnant*, *criant* à *tue*-tête, enfin s'*admirant* et se *louant*, pendant qu'ils sont insupportables à tout le monde. Partout on se livrait aux transports *éclatants* d'une *bruyante* joie. Je me suis figuré tous mes enfants *sautant* sur les gazons, *courant* vers le rivage, et *frappant* à l'envi les échos et mon cœur de mille cris de bonheur. Sous ces bois *jaunissants* j'aime à m'enfoncer. Les métaux sont des substances d'une densité généralement fort grande, *jouissant* d'un éclat particulier, les uns ductiles et les autres *cassants*, bons *conducteurs* du calorique et de l'électricité.

298. L'Angleterre *combattant* toujours, est *arrivée* au terme, glorieuse et *triomphante*. Toujours *projetante* et toujours *agissante*, elle ne nous laissait guère *oisifs* ni l'un ni l'autre. La reine-mère, longtemps *errante*, mourut à Cologne dans la pauvreté. Télémaque lui-même arrose de liqueurs *parfumées* ses cendres *fumant* encore. Les Juifs apprirent la langue chaldaïque fort *approchante* de la leur. Nos âmes *immortelles* ont été *faites* *participantes* de la nature divine. Ils se sont *trompés*, ceux qui ont cru la matière *existante* par elle-même. Des discours *tendant* à la révolte doivent être *réprimés*. Il sème des libelles *tendant* à la sédition. Il obtint la main de Memmia *descendante* de Catulus. Des peu-

ples ne *subsistant* que de brigandages, ne peuvent pas sub-sister longtemps. Près de corps tout *sanglants*, à leurs yeux se présente une femme égarée et de sang *dégouttante*. Voyez ces enfants *intéressants*, *tremblants* de froid, *mourants* de faim et *pleurant* sur leur triste sort; voyez-les *inté-ressant* les *allants* et les *venants*, *tremblant* de leur dé-plaire et *pleurant* au moindre reproche qu'ils en reçoivent. Je vous conterai des histoires *charmantes*, *captivant* tou-jours l'attention de ceux qui les *entendent*. On y voyait tout ensemble et les fleurs *naissantes* du printemps, et les fruits de l'automne, *pendants* de tous les arbres. La marée *mon-tante* est propre à mettre les vaisseaux à flot. La marée *montant* jusqu'à Rouen, facilite le commerce de cette ville. La mer *mugissant*, ressemblait à une personne qui, *ayant* été longtemps *irritée*, n'a plus qu'un reste de trouble.

> Le laurier, le jasmin s'*arrondissant* en voûtes,
> De leur ombre *odorante* embellissaient les routes.

299. Les troupeaux de bœufs *mugissants* et les brebis *bê-lantes* revenaient en foule, *quittant* les gras pâturages, et ne *pouvant* trouver assez d'étables pour être mis à couvert. *Quelques* huttes *éparses* çà et là annoncent que quelque peuplade *errante* vient quelquefois y établir un séjour mo-mentané. L'histoire nous représente la nation athénienne, tantôt comme un vieillard qu'on peut tromper sans crainte, tantôt comme un enfant qu'il faut amuser sans cesse; quel-quefois *déployant* des lumières et des sentiments *étonnants* de grandeur, *aimant* à l'excès les plaisirs et la liberté, le repos et la gloire; s'*enivrant* des éloges qu'elle reçoit, *ap-plaudissant* aux reproches qu'elle mérite; assez *pénétrante* pour saisir aux premiers mots les projets qu'on lui communi-que; trop *remuante* pour en écouter les détails et en pré-voir les suites; *faisant* trembler ses magistrats, alors qu'elle se montre *compatissante* envers ses plus cruels ennemis; *passant* avec la rapidité d'un éclair de la fureur à la pitié, du découragement à l'insolence, de l'injustice au repentir; *changeante* surtout et frivole, au point que, dans les affaires les plus *intéressantes* et quelquefois les plus *pressantes*, une parole *échappant* au hasard à quelque impertinent, une saillie *piquante*, le moindre objet, pourvu qu'il soit inopiné, *suffit* pour la distraire de ses craintes les plus *alarmantes*, ou la détourner de ses intérêts les plus graves.

300. Ces murmures tantôt plus forts, tantôt plus faibles, *croissant* et *décroissant* à chaque instant, me faisaient tres-saillir. Il n'y a pas jusqu'aux insectes les plus *repoussants*

Fr.

12

aux chenilles, qui ne nous offrent les *merveilles* les plus *étonnantes*. Il est *telle* hauteur *où* le soleil ne resplendit plus avec son éclat ordinaire, où les étoiles s'aperçoivent en plein midi, non plus *éclatantes*, mais *ternes*. Ce *sont* les papes qui, en *réveillant* les rois, *sonnant* l'alarme et *faisant* des ligues, ont empêché l'Occident de devenir la proie des Turcs. Voyez cette meute de chiens *brûlante* d'ardeur, *brûlant* de s'élancer sur sa proie. Ces animalcules, imperceptibles à la vue, sont des êtres *vivants* comme nous. On a vendu tous les biens *dépendants* de la succession. Ces hommes qu'on croit si sauvages, sont des êtres *vivant* comme nous. Ces biens *dépendant* de la succession, seront certainement aliénés. Ces enfants avaient de beaux cheveux *flottants* sur leurs épaules. Une fille *obéissant* à sa mère, remplit un devoir sacré. *Tremblante* pour ses œufs, la fourmi déménage. La pauvre poulette *tremblante* recommande son âme à Dieu. Ses cheveux *flottant* sur ses épaules, attiraient tous les regards. Béni soit la fille *obéissante* à sa mère. Il paraît qu'il y avait huit fois moins d'espèces *circulantes* en Italie. *Pleurante* après son char, voulez-vous qu'on me -(Hermione) voit ? N'est-ce point à vos yeux un spectacle assez doux que la veuve d'Hector *pleurant* à vos genoux? Toutes les planètes, *circulant* autour du soleil, paraissent avoir été *mises* en mouvement par une impulsion commune. La forêt, *retentissant* du son du cor et des cris des chasseurs, *était abandonnée* par ses timides habitants. Il faudrait être aveugle pour ne pas reconnaître, dans les fléaux *accablants* dont la nation juive s'est vu frapper, la vengeance divine *éclatant* sur les meurtriers du Sauveur, et *punissant* un attentat inouï par des calamités sans exemple.

Les élèves ont dû copier les phrases suivantes et compléter les mots en italique par les syllabes ant ou ent, ant ou uant.

301. Les faisans se plaisent dans les bois en plaine, *différant* en cela des coqs de bruyère qui se plaisent dans les bois en montagne. C'est une *excellente* musicienne, *connaissant différents* instruments, mais *excellant* surtout à pincer de la guitare. Ces ouvrages nous *fatiguant* beaucoup, nous sommes obligés de les interrompre ; ce sont des ouvrages vraiment *fatigants*. Cette personne *extravaguant* dans toutes ses actions et ne *disant* que des paroles *extravagantes*, tout le monde croit qu'elle a le cerveau troublé. Toutes sortes de biens *affluant* dans cette maison, on dit qu'elle a ses *affluents* comme la Loire et la Seine. La France *fabriquant*

plus que l'Espagne, il y a nécessairement plus de *fabricants* dans *celle-là* que dans *celle-ci*. Deux surfaces *posées* l'une sur l'autre et *coïncidant* parfaitement, sont dites *coïncidentes* et sont égales. La cour *adhérant* aux conclusions du procureur général, le condamna lui et ses *adhérents*. Un gramme d'or *équivalant* à *quinze* grammes et *demi* d'argent, si une somme en or pèse *cent* grammes, la somme *équivalente* en argent en pèsera *quinze cent cinquante*. *Tout intrigante* qu'est cette femme, elle n'a pu avoir la place *vacante* au palais. Cette place *vaquant* depuis un mois, et plusieurs personnes s'*intriguant* beaucoup pour l'avoir, elle se l'est vu enlever au moment qu'elle s'en croyait *le* plus *assurée*. Cette dame, *présidente* d'âge, *présidant* l'assemblée, tout s'y est bien passé. *Négligeant toute* espèce de précautions, ces hommes *négligents* et *imprévoyants* se sont *engagés* dans des difficultés et des embarras dont ils ne peuvent se sortir. Deux rivières *confluant* ensemble, *forment* ce qu'on appelle un *confluent* Ce sont des raisons *convaincantes*, *convainquant* tout le monde. C'était une personne *influente*, *influant* sur toutes les déterminations que l'on prenait. Ces messieurs les *précédant* en dignité, on ne leur avait jamais disputé la première place dans les assemblées *précédentes*.

PARTICIPE PASSÉ.

OBSERVATIONS PARTICULIÈRES.

302. L'évêque de Meaux a *créé* une langue que lui seul a *parlée*. Les hommes qui ont le plus *vécu* ne sont pas ceux qui ont *compté le* plus d'années, mais ceux qui ont *le* mieux *usé* de celles que le ciel leur a *départies*. La justice et la modération de nos ennemis nous *ont* plus *nui* que leur valeur. La prospérité des impies a-t-elle jamais *passé* à leurs descendants ? *Adorateurs stupides* de l'antiquité, les philosophes ont *rampé* vingt siècles durant sur les traces des premiers maîtres. Ils ont *péri* sur le champ de bataille. Nous avons *gémi* dans la captivité. Les discours qu'ont *tenus* ces messieurs, ne nous ont guère *plu*. Que d'heureux moments j'ai *passés* à la campagne ! Que d'hommes ont *vécu* trop d'un jour ! Quels jours délicieux nous eussions *coulés* ensemble ! As-tu *vu* quelle joie a *paru* dans ses yeux ? La discorde a toujours *régné* dans l'univers. Les soixante-douze ans que Louis XIV a *régné*, il les a *régné* avec gloire. C'est une erreur qu'il a *pleurée* lui-même. Votre mère m'a *semblé* mieux *portante*. Vos sœurs nous ont *paru disposées* à travailler avec plus de

zèle; et, en effet, j'ai *su* qu'après notre départ elles ont *travaillé* de grand courage. *Quelques* songes pénibles, mes amis, vous auraient-ils *travaillés* cette nuit? L'Allemagne a *couru* les plus grands dangers pendant les années qu'a *duré* la guerre. Ils ne vous ont pas dit tous les dangers qu'ils ont *courus*, les jours qu'ils ont *pleuré* en secret. Que de bienfaits n'a pas *répandus* cette pieuse princesse, pendant le peu de jours qu'elle a *régné!* Artémise n'a *survécu* que deux ans à Mausole son époux. Il a *retrouvé* les enfants qu'il avait tant *pleurés*. Toutes les années, tous les instants qu'il a *langui* et *gémi* dans l'exil, lui ont *paru* des siècles. Quel compte n'*auras*-tu pas à rendre de tous ces jours précieux que tu *as croupi* dans une honteuse indolence? Nous n'avons *dormi* que trois heures, mais nous les avons *dormi* sans interruption. On croira que ces huit jours me durèrent huit siècles; tout au contraire, j'aurais *voulu* qu'ils les eussent *duré* en effet.

> Puisse le ciel, qui lit dans mon cœur *éperdu,*
> Ajouter à vos jours tous ceux que j'ai *vécu.*
> L'histoire luit; soudain les temps ont *reculé;*
> L'ombre a *fui;* les tombeaux, les débris ont *parlé.*

303. Que de rois se sont *succédé* sur le trône de France! Nous ne nous serions jamais *doutés* qu'elles se fussent ainsi *prévalues* de l'influence qu'*elles* se sont *acquise* sur ce faible vieillard, qu'elles se fussent *échappées* jusqu'à nous calomnier auprès de lui, qu'elles se fussent *arrogé* le droit de l'approcher *elles seules*. Quelles dures vérités ces messieurs se sont *dites!* Certains législateurs se sont *crus* ou se sont *dits insp rés* des dieux. Elle s'est *vue* renaître dans ce jeune prince qui fait vos plus *chères* délices et les nôtres. Sept villes se sont *disputé* l'honneur d'avoir *vu* naître Homère. Ils se sont *ri* de nos projets. Les poètes épiques se sont toujours *plu* à décrire les batailles. Démosthène, lâche dans les combats, s'est *donné* la mort; et Alexandre l'a *vue* arriver avec frayeur, lui qui l'avait tant de fois *affrontée* avec témérité. Les Romains s'étaient *faits* à la discipline. Ils se sont *fait* des difficultés qu'ils n'ont pas *su* résoudre. *Quelle* humeur noire s'est *emparée* de toi, ma sœur, depuis que je t'ai *quittée?* La vengeance s'est *tue* et le sang a *parlé*. La bataille de Lépante s'est *donnée* près du promontoire d'Actium, aux lieux où s'était *disputée* jadis la conquête de Rome et du monde. *Quelle* autorité *exorbitante* ces nouveaux parvenus se sont tout d'un coup *arrogée!* Quel somme s'est *rendue* cette métairie? Ils s'étaient *persuadé* qu'on n'oserait les

contredire. Vous êtes-vous *accordé* cette définition, ou *sont-ce* les loups, les singes et les lions qui vous l'ont *passée*? Voyez cette multitude d'yeux, ce diadème *clairvoyant* dont la nature s'est *plu* à ceindre la tête de la mouche. Ils se sont *retirés* après s'être *assurés* que tout était tranquille. Ils s'en sont *allés* après s'être *assuré* des provisions pour six mois. Les anciens s'étaient *figuré* que la terre est immobile. Elle s'est *mise* en quête, parce qu'elle s'est *mis* en tête que nous l'avions *volée*. A notre arrivée, elle s'est *tue*, et s'est bien *repentie* de s'être *attaquée* à nous. Vous étiez-vous *attendus*, messieurs, qu'on approuverait votre conduite? Elles ne sont plus ces magnifiques sépultures! Les petits enfants se sont *joués* avec les os des puissants monarques. Nous nous sommes *défiés* de leurs intentions. Mes amis, vos maîtres se sont *plaints* que vous négligez vos devoirs, et nous croyons que c'est avec raison; car, depuis *quelques jours*, nous nous sommes *aperçus* nous-*mêmes* que vous vous êtes *laissé* dominer par la nonchalance et la dissipation. Cette maison s'est *bâtie* en *quelques* mois.

304. On trouverait difficilement dans le monde, les bancs de Terre-Neuve *exceptés*, une pêcherie plus *abondante* que celle que présentent les embouchures du Volga. *Vue* de la montagne des oliviers, Jérusalem présente un plan incliné du couchant au levant. *Excepté* les Hébreux, tous les anciens peuples avaient grand'peur des éclipses. *Supposé* cette circonstance, à quoi vous décidez-vous? *Exceptée* de la loi commune, cette femme *a vécu* cent vingt ans. *Passé* deux jours, je ne vous attendrai plus. Les parties *ouïes*, le jugement a été *rendu*. *Ouï* les conclusions des juges, on s'étonna que l'affaire se fût si bien *éclaircie*. *Vue* de loin, une tour *carrée* paraît ronde. *Vu* sa discrétion bien *connue*, on l'a *initié* au secret. Tous les habitants furent *passés* au fil de l'épée, les femmes et les enfants *exceptés*. Vous trouverez ma demande *ci-incluse*. J'ai *reçu* vos meubles, la pendule *y-comprise*. *Ci-joint* les deux histoires d'Angleterre que vous m'avez *demandées*. *Posé* ces deux cas, et votre hypothèse *admise*, j'accéderai à vos désirs. Son armée était *composée* de deux cent mille hommes, *y-compris* l'infanterie légère. Vous recevrez *ci-joint* copie du contrat. Vous avez *ci-incluse* la copie de la lettre qu'il m'a *envoyée* ce matin. Les mémoires *ci-joints* vous mettront au courant de mon affaire. Nous ne nous serions jamais *doutés* qu'ils se fussent *prévalus* à ce point de l'influence qu'ils s'étaient *acquise* sur ce faible vieillard, ni qu'ils se fussent *échappés* jusqu'à nous calomnier auprès de lui; mais la lettre *ci-incluse* vous

apprendra les excès auxquels ils se sont *portés*, les *noires* intrigues qu'ils ont *ourdies* contre nous.

305. Les chaleurs excessives qu'il a *fait*, ont *causé* beaucoup de maladies. Que de maux il en est *résulté !* Que de pertes nous ont *coûtées* les orages *multipliés* qu'il y a *eu* cette année ! Rappelez-vous, Athéniens, les humiliations qu'il vous en a *coûté* pour vous être *laissé* égarer par vos orateurs. Lorsque le gouvernement fut *devenu* monarchique, on laissa subsister cet abus à cause des inconvénients qu'il y aurait *eu* à le changer. A mesure que les hommes se sont *répandus* sur la terre, il s'est *formé* des nations *séparées*, qui, se *conformant* aux lieux qu'elles habitaient, se sont *accoutumées* à différentes manières de vivre, et dont les caractères ont été d'autant plus *différents* qu'il y a *eu* moins de communication *entre* elles. Il a *été perdu* une bague fort riche qu'on n'a point encore *retrouvée*, quelque diligence qu'on ait *faite*. Il s'était *préparé* une fête *brillante* à laquelle on avait *invité* beaucoup de monde, mais les pluies continuelles qu'il a *fait* tout le jour, ont *rendu inutiles* tous les préparatifs. On craint qu'il ne se soit *déclaré* une révolte dans la ville ; c'est pour cela qu'il y a *été envoyé* plusieurs détachements de cavalerie pour renforcer la garnison. Ma sœur se voit depuis longtemps *atteinte* d'une cruelle maladie ; et, bien qu'elle se soit *épuisée* en consultations et en remèdes, on désespérait presque de sa guérison ; mais hier il s'est *opéré* en elle une crise salutaire qui nous a *donné* des espérances que nous n'avions point encore *eues*. Il a été *reconnu* par plusieurs médecins qu'il s'était *fait* en elle une révolution complète d'humeurs, et qu'elle était heureusement hors de tout danger. Il a *existé vingt-trois* papes du nom de Jean. Les mille francs qu'il m'a *fallu* pour payer la terre que j'ai *achetée*, m'ont *été prêtés* par un de mes amis. Ces sommes énormes, il les lui a *fallu* en moins de huit jours, sous peine de se voir conduire en prison, si elles n'étaient pas *acquittées* au jour et à l'heure *fixés*. Que de malheurs il y a *eu* dans cet incendie ! Que de sommes il a *fallu* pour les réparer ! Que de fautes il s'est *trouvé* dans cet ouvrage !

306. Loin des bords qui nous ont *vus* naître, la nature est comme *diminuée*, et ne nous paraît plus que l'ombre de celle que nous avons *perdue*. Les dames que j'ai *entendues* chanter, je les ai *entendu* ensuite universellement applaudir. Les chevaux que vous avez *vus* passer ce matin, sont ceux que j'ai *vu* vendre hier. La domestique que j'ai *envoyée* chercher mon fils, je l'ai *envoyé* chercher elle-même. Les hommes que

l'on a *vus* abuser des plaisirs, sont ceux qui s'en sont *lassés*
le plus facilement. C'est une affaire qu'il a *cru* devoir entreprendre ; mais elle n'a pas *réussi* : il n'a *pu* obtenir les secours qu'il avait *espéré* obtenir. Voilà, mon fils, s'est-elle
écriée, voilà la cause des larmes que tu m'as *vue* verser, voilà
pourquoi tu m'*as entendue* me plaindre, pourquoi mes entrailles se sont *senti* déchirer. Les enfants que tu *as laissés*
sortir *seuls*, se sont *laissés* tomber dans la boue ; et, si je
n'étais *arrivé* à temps, *ils* se seraient *laissé* dévorer par
deux dogues que j'ai *vus* se précipiter sur eux. Le succès
me donne des desseins que je n'aurais jamais *osé* concevoir.
Cette dame, que j'ai *vue* peindre, m'a *paru douée* d'un grand
talent. Cette dame, que j'ai *vu* peindre, paraissait *fatiguée*
de la pose qu'on lui avait *fait* prendre. Louis XI fit taire
ceux qu'il avait *fait* si bien parler. C'est moins l'âme farouche de Catilina, que l'âme généreuse de Cicéron que l'on
a *voulu* peindre et que l'on a *peinte* en effet. Les accusés que
j'ai *entendu* condamner, avaient été néanmoins noblement
défendus par les avocats que j'ai *entendus* plaider leur cause.
Cette actrice s'est *écoutée* chanter. Cette personne s'est *sentie*
tomber en défaillance ; mais elle ne s'est pas *senti* emporter
par ses compagnes. Vous seriez-vous *laissé* induire en erreur
par ces hommes adroits et *dissimulés* qu'on a *laissés* vous
parler ? Ce sont mes sentiments qu'il vous a *fait* entendre.
Je cache en quel sang le ciel les a *fait* naître. Elle s'en est
fait aimer, elle nous en a *fait* haïr. C'est une question,
messieurs, qu'on vous a *laissés* démêler. C'est une chose que
je leur ai *entendu* dire. La malade a *pris* sa potion, je la
lui ai *vu* prendre. Ce sont des reproches que je leur ai
entendu faire. Ce sont des maximes que je les ai *entendus*
avancer. Ce sont des plaintes que je les ai *entendus* exprimer. Ils m'ont *dérobé* mes livres, je les leur ai *vu* prendre.
Ces voleurs, je les ai *vus* se sauver, on les a *laissés* échapper ;
mais bientôt je les ai *vu* reprendre et conduire au corps de
garde. Ce sont des livres que j'ai *cru* devoir vous convenir.

307. La plante *mise* en liberté garde l'inclinaison qu'on
l'a *forcée* à prendre. On les a *contraints* d'avouer les fautes
qu'ils avaient *résolu* de cacher. Voilà la vieille femme que
ses infirmités *avaient empêchée* de se rendre ici depuis deux
ans. Les philosophes s'étaient *flattés* de réformer le monde,
et ils ne lui ont *préparé* que des ruines. Les accusateurs
de Manlius lui reprochaient les changements qu'il avait *proposé* de faire dans le gouvernement. Voilà les ennemis que
la reine a *eus* à combattre, et que ni sa prudence, ni sa
douceur, ni sa fermeté *n'ont pu* vaincre. Les mémoires que

vous m'avez *commandé* de rédiger sont *achevés*. On les a *commandés* pour ouvrir la tranchée. Le mauvais temps nous ayant *empêchés* de sortir, nous avons *commencé* les devoirs qu'on nous avait *donnés* à faire. Telles sont les observations que j'ai *cru* utile de vous soumettre. Il y a dans le commerce des engagements que j'ai toujours *cru* dangereux de contracter, et que j'ai toujours *refusé* de faire. Vous a-t-elle *remis* les deux ouvrages que je l'avais *priée* de m'acheter et qu'elle s'était *chargée* de m'apporter? Que de préjugés il a *eus* à détruire! Que de difficultés nous avons *eues* à vaincre! Pour juger de la propagation miraculeuse de la religion chrétienne, il faut considérer les obstacles qu'elle a *eus* à surmonter! Voici les notes qu'il nous a *engagés* à lui communiquer et que nous nous sommes *proposé* de lui remettre. Le fils d'Ulysse comprit la faute qu'il avait *faite* d'attaquer ainsi le frère d'un des rois *alliés*. Nous demandons que tu *pardonnes* à ceux que tu *as résolu* de punir. Ils se sont *résolus* à exécuter tout de suite la campagne qu'ils s'étaient *proposé* de faire, et nous nous sommes *proposés* pour les accompagner.

308. Je lui ai *lu* mon épître posément, *jetant* dans ma lecture toute la force et tout l'agrément que j'ai *pu*. Ils ont *donné* à leurs enfants toute l'éducation que leur a *permis* leur fortune. Si ces messieurs se fussent *adressés* à moi, je leur aurais *fourni* tous les renseignements qu'*ils* auraient *désiré*, toutes les explications qu'*ils* auraient *voulu*. La lettre que nous avions *présumé* que vous recevriez, est *arrivée*; mais celle qu'on nous a *informés* que vous nous avez *écrite*, ne nous est point encore *parvenue*. Nous avons *eu* pour lui *tous* les égards que nous avons *dû*; nous avons *fait* en sa faveur toutes les démarches qu'il a *voulu*, *tous* les sacrifices que nous avons *pu*. Ce sont des démarches que j'ai *pensé* que vous feriez. Les marchandises que vous avez *ordonné* qu'on vous *expédiât*, sont *parties* depuis huit jours; vous auriez *dû* les recevoir hier ou ce matin. Les difficultés que vous m'aviez *annoncé* que je rencontrerais dans cette affaire, je les ai *rencontrées* en effet, et même beaucoup plus *grandes* que vous ne me l'aviez *dit*. Puisque vous vous êtes *trouvés* dans de si grands embarras, pourquoi ne vous êtes-vous point *adressés* à nous? nous vous aurions *prêté toute* l'aide, toute l'assistance que nous aurions *pu*. J'ai *remarqué* avec plaisir que vous avez *fait* dans cette édition tous les changements que vous aviez *résolu*. Vous a-t-il *fait* toutes les objections que nous avions *prévu*? Les secours que tu avais *prétendu* que j'obtiendrais, ont été illusoires; je ne les ai point *obtenus*. T'a-t-il *rendu* les *quatre-vingts* francs qu'il t'a *dus*?

Je me laissai enlever de l'hôtellerie au grand déplaisir de l'hôtesse, qui se voyait par là *sevrée* de la dépense qu'elle avait *compté* que je ferais chez elle.

309. L'assemblée fut moins indulgente que je ne l'avais *pensé*. La voilà cette princesse si *admirée* et si *chérie*, la voilà *telle* que la mort nous l'a *faite*. Cette promenade a été plus agréable que je ne l'avais *cru*. La famine arriva comme Joseph l'avait *prédit*. Cette dame n'est pas aussi spirituelle que je me l'étais *persuadé*. Cette entreprise, comme on l'a *combinée*, ne réussira pas. Cette brochure, comme on l'a *démontré*, est *remplie* d'erreurs. Il s'en faut grandement que beaucoup de rois qui *sont morts*, *aient été tels* que la flatterie *les* avait *dépeints* pendant qu'ils vivaient. Cette question, comme nous l'avons *vu*, n'est pas facile à résoudre. Cette question, comme on l'a *présentée*, n'est pas claire. La chose était plus sérieuse que nous ne l'avions *pensé* d'abord. Sa vertu était aussi pure qu'on l'avait *cru* jusqu'alors. J'ai *su* que les faits ne sont pas tels que tu me *les as racontés*. Cette figure, comme nous l'avons *vue*, paraît horrible. Cette figure, comme nous l'avons *vu*, attire tous les regards. L'armée russe combattit mieux que le Czar ne l'avait *espéré*. Triomphez, hommes lâches et cruels; votre victoire est plus *étonnante* que vous ne vous l'étiez *imaginé*. Les paysages sont bien *tels* que vous me *les* avez *dépeints*; mais les habitants de ces lieux sont *tout* différents de ce que vous *les avez vus*, *tout* autres que vous ne me *l'aviez dit*. L'instruction a *opéré* en eux des changements, une amélioration que vous n'auriez jamais *soupçonnée*, beaucoup plus *grande* que je ne me le serais *figuré* moi-même. Cette dictée, comme on l'a *donnée*, est plus difficile que je ne l'avais *pensé*; je ne sais si je l'aurai *corrigée* comme on l'aurait *désiré*, du moins j'y ai *apporté* toute l'application que j'ai *pu*, toute l'attention que j'ai *dû*, tous les soins qu'on a *voulu*.

310. Ne pas écrire correctement, c'est dévoiler le peu d'instruction qu'on a *reçu*. Je ne vous parlerai pas du peu de capacité que j'ai *acquise* dans les combats. Je ne crois pas que j'eusse besoin de cet exemple d'Euripide pour justifier le peu de liberté que j'ai *prise*. On est étonné du peu d'égards que vous avez *eu* pour votre tante. Je conserve avec soin le peu de lettres que vous m'avez *écrites*. Elle s'est vivement *plainte* du peu d'attention que vous avez *apporté* à l'écouter. Elle s'est *félicitée* du peu de complaisance que vous lui avez *témoignée*. D'où vient le peu de franchise que vous lui avez *montré* dans cette circonstance? Le peu de mots que

vous avez *dits, ont suffi* pour faire deviner le reste. Elle a *regagné* par une course rapide le peu de moments qu'elle a *perdus*. Il lui reprochait le peu de confiance qu'il avait *eu* en lui. Le peu d'eau que j'ai *bue* m'a *incommodé*. Le peu de vivres qu'on a *conservés* ou *recueillis*, *sont portés* à un prix qui *effraie* l'indigence et qui *pèse* même à la richesse. Le peu de sûreté que j'ai *vu* pour ma vie à retourner à Naples, m'y a *fait* renoncer pour toujours. D'où *viennent* ces difficultés, si ce n'est du peu d'application qu'on y a *donné* jusqu'ici? Nous avions *eu* cependant des Montaigne, des Charron, des l'Hospital ; mais le peu de lumière qu'ils avaient *apportée*, était *éteinte*. Le peu de chevaux que nous avons *eu* pour le service de l'artillerie, nous a *fait* perdre la bataille. Le peu de chevaux qu'on nous a *donnés*, étant *exténués*, n'ont *pu* nous servir. C'est ce qui me paraît difficile à décider, à cause du peu de renseignements que nous ont *laissé* les anciens. Le peu de talents et de connaissances que Christine avait *remarqué* en lui, ne *l'avait pas empêchée* de lui confier le soin des affaires. Elle fut très-*choquée* du peu d'*attentions* qu'on avait *eu* pour elle. Alonzo ranime le peu de forces qu'il a *conservées*. Le peu de vaisseaux que Mazarin avait *laissés* pourrir dans les ports *ont été réparés*. Déjotanus gagne le port de Phasète, petite ville où il n'a point à craindre le peu d'habitants que la guerre y a *laissés*.

311. Voilà des arbres que j'ai *fait* planter et que j'ai *vus* croître ; les fruits que j'en ai *cueillis*, m'ont déjà *dédommagé* des soins qu'ils m'ont *coûtés*. Que j'ai envie de recevoir de vos lettres ! il y a déjà près d'une demi-heure que je n'en ai *reçu*. Je vous ai *donné* des pages à copier, combien en avez-vous *fait*? Le poison subtil de la flatterie *corrompt* presque toujours les meilleurs princes, et ruine tôt ou tard les belles espérances qu'on en avait *conçues*. Il n'est que trop vrai qu'il y a *eu* des anthropophages ; nous en avons *trouvé* en Amérique. Autant de visites j'ai *faites*, autant on m'en a *rendu*. Confucius, en parlant des hommes, a dit : « j'en ai *vu* qui *étaient* peu *propres* aux sciences ; mais je n'en ai point *vu* qui *fussent incapables* de vertu. » Cette statue est fort supérieure à toutes les copies qu'on en a *faites*. Il a fait à lui seul plus d'exploits que les autres n'en ont *lu*. Il a *vendu* sa maison, et il a déjà *dépensé* les sommes qu'il en a *retirées*. De la gloire, plus il en a *ambitionné*, moins il en a *acquis*. Des fautes, combien on lui en a *reproché* ! mais les reproches qu'on lui en a *faits*, elle s'en est *moquée*, elle en a *ri*, elle n'en a *tenu* aucun compte. Sa fortune lui a été *enlevée* au moment qu'elle s'en était *crue* le plus *assurée* ; elle s'est *vue*

tout à coup *réduite* à la misère. *Quelle* douleur elle en a *ressentie !* Quelle pitié elle nous a *inspirée !* Nous lui avons *rendu* tous les services que nous avons *pu.* Nous lui avons *porté* plus de secours qu'elle n'en avait *espéré.* Aussi, combien elle nous en a *remerciés !* combien elle s'en est *montrée reconnaissante.* Par son analyse, Descartes a *fait* faire plus de progrès à la géométrie, qu'elle n'en avait *fait* depuis la création du monde. Si la témérité a *réussi* à quelques-uns, elle en a beaucoup *conduit* à leur perte. Moins elle a *désiré* de gloire, plus elle en a *obtenu.* La paresse a *étouffé* plus de talents que l'activité n'en a *développé.* Les tyrans d'Athènes firent mourir en huit mois plus de citoyens que la guerre n'en avait *moissonné* dans le Péloponèse. Cassius ne cherchait dans la perte de César que la vengeance des injures qu'il en avait *reçues.* Elle a *suivi* vos conseils, et elle s'en est bien *trouvée.* Si vous aviez *vu* comme elle s'en est *réjouie,* comme elle s'en est *applaudie !* Ah ! s'est-elle *écriée,* si je m'étais *laissée* aller à suivre des insinuations contraires, quels chagrins j'en aurais *eus ! Quelle* honte m'en serait *revenue !*

Hélas ! j'étais aveugle en mes vœux aujourd'hui ;
J'en ai *fait* contre toi, quand j'en ai *fait* pour lui.

312. Vous avez *fait* de grandes fautes ; mais elles vous ont *servi* à vous connaître. Ceux qui nous ont *servis* fidèlement doivent être *récompensés.* Les ennemis nous ont *fuis.* Il nous a *visés* et nous a *manqués.* On nous a *commandé* de sortir. On les a *commandés* pour midi. Le temps nous a *manqué.* Les *choux-fleurs* qu'on nous a *servis* étaient *excellents;* tout le monde en a *redemandé.* Les honneurs que j'ai *reçus,* c'est mon habit qui me les a *valus.* Les cent louis que ce cheval m'a *coûté,* il ne les a jamais *valu.* Vous n'avez point *oublié* les soucis que vous m'avez *coûtés* depuis votre enfance. Les cent kilogrammes qu'avaient *pesé* ces ballots, quand je les ai *reçus,* ils ne les ont pas *pesé* aujourd'hui. Avez-vous bien *compris* les raisons que je vous ai *données ?* Si vous les avez bien *pesées* et bien *examinées,* je ne doute pas que vous ne les ayez *trouvées* péremptoires. Quelle gratification vous a *value* ce travail extraordinaire ? On nous a *applaudis* quand nous avons *parlé.* On nous a *applaudi* d'avoir *agi* de cette sorte. Que de soins m'eût *coûtés* cette tête *charmante !* Il nous a *aidé* à relever notre fardeau. Il nous a *aidés* dans nos besoins. Que de peines et d'argent nous a *coûtés* cette maison. Au prix de sa personne se joint celui des soins qu'il a *coûtés.* Quoiqu'il sût que vous man-

quions de tout, non-seulement il ne nous a pas *aidés*, mais encore il nous a *insulté* par l'étalage de son luxe et de son opulence. N'a-t-il pas *eu* l'audace de nous insulter en face? Il nous a *insultés* publiquement. Cinquante familles seraient riches des sommes que cette maison a *coûté*. Que de pleurs son départ m'aurait *coûtés!*

313. L'unité qui règne dans la scène, la richesse des détails, des costumes, des draperies, des attributs, enfin la multitude des hiéroglyphes que l'on a soigneusement *conservés*, *font* que ce tableau est un des plus curieux et des plus *complets* que l'on ait *rapportés* de la vieille Égypte. Aucune des personnes que j'ai *vues*, ne *m'a fait* oublier que je ne vous vois pas. *Méditant* un des plus *grands* desseins qu'ait jamais *conçus* un cœur d'homme, les missionnaires se sont *embarqués* pour les déserts du *Nouveau-Monde*. Que d'hommes on a *vus* tomber d'une haute fortune par les mêmes moyens qui les y *avaient fait* monter! Le phénix a-t-il réellement *existé?* voilà un des problèmes que les historiens, *aidés* des naturalistes, n'ont point encore *résolus*. Qui peut compter la multitude d'hôpitaux que Louis IX a *dotés* avec une magnificence vraiment royale? La plupart des découvertes qui *ont changé* le système du monde civilisé, *ont été faites* par des membres de l'Église. L'incrédule ne tarde pas à faire revivre les antiques erreurs que la foi avait *étouffées;* il ne peut même retenir les restes de cette lumière *naturelle* que les philosophes païens avaient *conservés*. C'est de la croix *qu'a découlé* ce torrent de grâces, de vertus, de lumières qui *ont régénéré* le monde. Ce n'est pas seulement l'unité de Dieu, ce *sont* généralement toutes les vérités naturelles, que l'Évangile a *tirées* de l'humiliation où les philosophes les avaient *laissées*.

314. Turenne est un des meilleurs généraux qu'ait *produits* la France. Comment pourrais-je, madame, arrêter ce torrent de larmes que le temps n'a pas *épuisé*, que tant de justes sujets de joie *n'ont* pas *tari?* Que voit le pécheur dans cette longue suite de jours qu'il a *passés* sur la terre? Il eut une maladie assez sérieuse, *causée* par la trop grande quantité de liqueurs qu'il avait *bue.* Quelle quantité de pierres on a *tirées* de cette carrière! C'est sa modestie, encore plus que son mérite, qu'on a *admirée.* Ce ne sont point les richesses, non plus que les honneurs, qu'il a *désirées.* Son ame, comme son corps, ne s'est point *affaiblie.* La morale, aussi bien que les dogmes, qu'on nous a *annoncée*, *est destinée* à faire notre bonheur. C'est un château ou une ferme qu'on a

incendiée. Ce jeune homme ou sa sœur *sera appelée* au palais. Quelle grandeur d'âme, quelle magnanimité il a toujours *montrée*! C'est la moitié du camp qu'on a *brûlée*. Que. déluge de maux n'avait-il pas *répandu* sur la terre! Jamais tant de beauté *fut*-elle *couronnée?* Autant de combats il a *livrés*, autant de victoires il a *remportées*. Quantité de personnes *se sont présentées*. Nombre d'écrivains *se sont attachés* à imiter servilement les anciens. Beaucoup d'erreurs *se sont glissées* dans cette histoire. Admirez cette multitude d'étoiles que le Créateur a *placées* dans le ciel. Cette foule de nobles se *crut assurée* d'un appui. Une de mes domestiques que j'ai *envoyée* au village, s'est *vu* attaquer par un des plus gros dogues qu'on ait jamais *vus*. Elle a été *rapportée sanglante* et *demi-morte*. Elle a *versé* un torrent de larmes qu'on n'a point encore *essuyées*.

315. Cette personne s'est *dégoûtée* du monde et s'est *faite* religieuse. J'ai *vu* la mort de près, et je l'ai *vue* horrible. Ils poussèrent des cris de joie en nous *voyant*, comme en *revoyant* des compagnons qu'ils avaient *crus perdus*. Quel droit, messieurs, vous a *rendus maîtres* de l'univers? J'ai *envoyé* ma lettre à la poste, dès que je l'ai *eu écrite*. Cette lettre, je l'ai *eue écrite* de la main même du roi. J'ai *retrouvé* les amis que j'avais *cru* avoir *perdus* pour toujours. Les personnes qu'on a *crues* avoir été grièvement *blessées*, n'ont *reçu* que de légères contusions. Ces monnaies ont été *examinées*, on les a *reconnues* fausses. Les paroles qu'on a *dit* avoir été *prononcées*, ne se sont pas *trouvées vraies*. C'est une promesse qu'on a *dite* mensongère. Une main étrangère, qu'on m'a *dit* être celle du châtelain, a *écrit* ces quatre vers. Il a été *exempté* des charges *publiques*, *attendu* son infirmité. De quoi vous êtes-vous *occupés* durant les dix-huit mois que les négociations ont *traîné* en longueur? Jamais tant de savants ne *furent immolés*. Voyez cette masse de maisons *construites* en briques. Voyez cette masse épaisse de verdure et de fleurs *formée* d'arbres de différentes espèces. Une nuée de *critiques* se *sont élevés* contre Lamothe. Une foule de critiques s'étant *exercés* sur ce sujet, il serait inutile de nous y arrêter.

316. C'est moins le fils que la mère qu'on a *persécutée*. C'est votre avantage plus que sa gloire, qu'il a toujours *recherché*. On les a *crus coupables*, parce qu'on les a *vus embarrassés*. Ce n'est pas moi, dit-elle, qui *me suis élevée* contre vous. Nous ne sommes pas les seuls qui s'en *sont plaints*. C'est plus la vanité que son intérêt, qu'il a *eue* en

vue. Ce n'est ni vous ni moi qu'on a *nommé* ambassadeur à Saint-Pétersbourg. La vertu, plus que le savoir, doit être *estimée*. Le maître avec ses élèves s'est *enfoncé* dans la forêt. On a *entendu* nos deux discours, ni l'un ni l'autre *n'ont été applaudis*. C'est lui ou moi qu'on a *appelé*. C'est un homme ou une femme *âgés* qu'on a *demandés*. Ce n'est ni l'élévation ni la richesse que j'ai *désirées*, mais la vertu et une modeste aisance. Un discours, une parole que nous avons *prononcée* inconsidérément, *suffit* pour nous perdre. Parents, amis, voisins, *tout s'est réuni* pour la détourner de cette entreprise : mais rien ne l'a *retenue* : remords, crainte, périls, elle a tout *méprisé*. *Toute* bien *connue* qu'*est* sa douceur, sa bonté, on a *agi* envers lui avec une rigueur, une dureté que tout le monde a *trouvée révoltante*. C'est une de vos sœurs que j'ai *rencontrée*. C'est une de ces dames que j'ai *entendue* chanter. Ce sont les intérêts publics, plus que son ambition, qu'il a *consultés*. C'est l'utilité publique, plus que son avantage privé, qu'il a *consultée*. C'est autant sa fille que son fils, qu'il a *déshéritée* (BONIFACE). C'était moins la mort que ses suites terribles qu'il avait toujours *appréhendées*.

317. Plus d'un riche du siècle s'*est repenti* à la mort d'avoir *possédé* de si grands biens. Plus d'une observation judicieuse, plus d'une expérience bien *constatée sont venues* appuyer l'opinion que je défends. Plus d'un savant *se sont contredits* sur ce point. Une troupe d'hommes *armés s'est montrée* tout à coup à mes yeux. Une troupe de pauvres montagnards se *sont chargés* de défendre ce passage contre une armée *aguerrie*. C'est vous ou votre frère qu'on a *choisi* pour ce message, c'est vous ou lui qui *ferez* ce voyage. Pour nous consoler de nos innombrables misères, la nature nous a *faits* frivoles. J'avais beaucoup d'affaires ; quand je les ai *eu terminées*, je suis *parti*. On nous a *servis* en argenterie. A quoi vous ont *servi* tous ces faux biens qui vous échappent aujourd'hui pour toujours ? Ces divers contre-temps m'ôtèrent la consolation que j'avais tant *désirée*, de revoir encore une fois mon bon vieux père. Tout est grand dans le temple de la faveur ; *excepté* les portes, qui sont si *basses* qu'il faut y entrer en *rampant*. Que de pertes nous ont *coûtées* les orages *multipliés* qu'il y a *eu* cette année ! La démocratie, comme nous l'avons *remarqué*, n'a pas pour les petits états les mêmes inconvénients que pour les grands. Ils se sont *aidé* à composer cette brochure ; ils se sont *aidés* de tous les auteurs qu'ils ont *pu* ; néanmoins elle n'a pas *réussi* comme ils l'avaient *présumé*, comme ils s'en étaient

flattés; ils n'en ont *retiré* ni la gloire ni le profit qu'ils en avaient *espérés*.

EXERCICES GÉNÉRAUX SUR LES PARTICIPES.

318. En voyant la campagne de Rome, on dirait qu'aucune nation n'a osé succéder aux maîtres du monde dans leur terre natale, et que vous voyez ces champs *tels* que les *a laissés* le soc de Cincinnatus ou la dernière charrue romaine. Vous apercevez çà et là *quelques* traces *desséchées* des torrents de l'hiver, qui, *vues* de loin, ont l'air de grands chemins *battus* et *fréquentés*, et qui ne sont que le lit d'une onde orageuse qui s'est *écoulée* avec le peuple romain. Dès que cette nouvelle se fut *répandue*, les Romains qui s'étaient *réfugiés* à Véies, et tous ceux qui s'étaient *dispersés* dans les villages *voisins*, s'assemblèrent; et, lorsqu'ils se furent *choisi* un chef, ils marchèrent contre les ennemis. Les animaux que les hommes ont *le* plus *admirés*, sont ceux qui leur ont *paru* être *participants* de leur nature; ils se sont *émerveillés* toutes les fois qu'ils en ont *vu* quelques-uns faire ou contrefaire des actions humaines. Les singes *parlant* auraient *rendu muette* d'étonnement l'espèce humaine tout *entière*, et l'auraient *séduite*, au point que les philosophes auraient eu *grand'* peine à démontrer qu'avec tous ces beaux attributs humains, les singes n'en étaient pas moins des bêtes.

319. La coupe de mes jours s'est *brisée* encore pleine. La reine au milieu des femmes *éplorées* s'avançait tristement *tremblante* entre mes bras. Mon compagnon et moi, *nous traversâmes* rapidement la France. Nous aimions l'étude, nous lisions beaucoup; nous *parcourûmes* les lieux *les* plus remarquables, *prenant* des notes, *dessinant*, ne *cherchant* qu'à nous instruire, et nous *livrant* peu au plaisir que, de temps en temps, notre guide croyait devoir nous accorder. Les dix-huit *cents* ans que la religion chrétienne a *traversés*, *entourée* du cortège des nombreux bienfaits qu'elle a *répandus*, *peuvent* être *regardés* comme une espèce de compensation des maux qui ont *pesé* sur les générations passées. Moïse nous donne la lumière comme *indépendante* de ces sphères radieuses qui n'apparaissent qu'après elle; et la science, qui s'est longtemps *inscrite* en faux contre cette doctrine, l'a naguère *acceptée* unanimement; et elle semble *assise* aujourd'hui sur des bases inébranlables. Certains hommes passent une longue vie à se défendre des uns et à

nuire aux autres, et ils *meurent consumés* de vieillesse, après avoir *causé* autant de maux qu'ils en ont *souffert.* Le peu de *maisons* que le fléau avait *épargnées, sont devenues* la proie des flammes.

320. Je ne *rappellerai* pas les jours dont il ne fut point en mon pouvoir de régler l'usage : ils se sont *passés* du moins dans l'innocence. Mais comment se sont *écoulés* ceux dont je puis me rendre compte? Combien *d'heures* j'ai *employées* à la vanité! Combien *se sont écoulées* dans des occupations presque *inutiles!* Que de *moments passés* dans l'inaction! Que d'autres *consacrés* à la poursuite de biens qui jamais ne se sont *réalisés,* et qui d'ailleurs n'étaient pas *destinés* à faire mon bonheur! Maintenant donc que mes illusions se sont *dissipées,* et que, par la malheureuse expérience que j'en ai *faite,* j'ai *compris* le malheur d'une vie oiseuse et *dissipée,* il faut que je tienne désormais une conduite *tout* autre que celle que j'ai *tenue,* que je profite du peu de jours qui me *sont* encore *accordés* pour réparer cette longue suite d'années précieuses que j'ai *perdues,* que j'ai *langui* dans une honteuse indolence.

> *S'élançant* des hauteurs d'un roc inaccessible,
> Comme une vaste mer la cataracte horrible,
> Tombe en *poussant* au loin d'*effrayantes* clameurs ;
> Et, *frappant* les rochers qu'*ébranlent* ses fureurs,
> En *tourbillons* d'écume, en vapeurs *ondoyantes,*
> S'élève et rejaillit sur ses rives *bruyantes.*

321. On ne voyait à leur table aucune autre viande que celle des oiseaux ou des bêtes qu'elles avaient *prises* dans *leurs* filets. Les notes *savantes* que cet auteur a *consultées* depuis qu'on les a *rendues publiques,* ont *donné* un grand relief à l'histoire qu'il a *publiée.* Nous nous sommes *défaits* de tous les livres que nous avions *envoyé* prendre chez vous, y *compris* même une collection *complète* des œuvres de Buffon. *Vu* le peu de soldats qu'on a *envoyé* secourir ce général, je crains bien que la nouvelle de sa défaite, qu'on a déjà *donnée* comme certaine, ne soit bientôt *confirmée* par l'événement. Voyez ces décombres *fumants !* ce *sont* les tristes restes des superbes palais que nous avons *vu* consumer cette nuit, que nous avons *entendus* s'écrouler avec d'horribles fracas. L'armée vivait *confiante* dans son chef qu'elle aimait, mais *tremblant* pour ses jours qu'il exposait. Une femme *voyant* des abeilles *pendant* à une branche de chêne, leur présenta la ruche. Les lauriers *éclatants* dont on a *ceint* vos fronts *triomphants,* ont été singulièrement

flétris par le peu de modestie qu'on **a** *aperçu* en vous. *Quels que soient* votre mérite et vos talents, *quelques* nombreux éloges qu'on vous ait *entendu* prodiguer, *quelque* bien *mérités* que *fussent* les prix qui vous ont été *décernés*, tous les spectateurs se sont *accordés* à vous souhaiter moins de succès que vous n'en avez *obtenu*, et plus de modestie que vous n'en avez *montré*. Les rossignols *exceptés*, tous les oiseaux s'étaient *tus*. Au milieu du silence d'une des plus belles nuits que j'aie *passées* à la campagne, *on n*'entendait plus que les coups de gosier *éclatants*, les batteries *vives* et *légères*, les roulades *précipitées*, *brillantes* et *rapides*, les accents *plaintifs*, *cadencés* avec mollesse, les sons moelleux et flutés, sons *filés* sans art, mais *enflés* avec âme, sons *enchanteurs* et *pénétrants*, de ces aimables chantres des bois.

322. Vous me donnez des noms qui doivent me surprendre,
    Madame : on ne m'a pas *instruite* à les entendre ;
    Et les dieux, contre moi si long-temps *indignés*,
    A mon oreille encor les *avaient épargnés*.

C'est ici que j'atteste la foi *publique*, messieurs, et que, *parlant* de la douceur et de la modestie qu'a *montrées* M. de Turenne, je puis avoir pour *témoins* tous ceux qui l'ont *suivi* dans les armées. S'est-il *fait* un plaisir de se servir de la puissance qu'il a *eue* de nuire à ceux *mêmes* que d'autres se *seraient crus* en droit de regarder et de traiter comme ennemis ? *Quelles* marques terribles de sa colère a-t-il *laissées* ? Où sont les vengeances personnelles ou particulières qu'il a *exercées* ? Laquelle de ses victoires a-t-il *estimée* par le nombre des *misérables* qu'elle a *faits* ou des morts qu'il avait *vus* couvrir le champ de bataille ? *Quelle* vie a-t-il *exposée* pour que son intérêt ou sa propre réputation *fussent conservés* ? Tous ses soldats, ne les a-t-il pas toujours *ménagés* comme autant de *sujets* du prince, comme autant de *portions* de la république qu'on lui avait *confiées* ? *Quelle* goutte de sang a-t-il *répandue* qui n'ait *servi* à la cause commune ?

323. Si l'on remonte la ligne qu'ont *suivie* dans leur marche divergente les différents idiomes et les peuples qui les ont *parlés*, on arrive précisément à cette partie de l'ancien monde où l'écrivain sacré *ou* Moïse place la souche commune des familles humaines. Une douleur que nous n'aurons *éprouvée* qu'une fois, qui n'aura *duré* que *quelques* instants, et qui se sera *fait* sentir *différente* des douleurs dont nous sommes habituellement *affectés*, une *telle* douleur sera bientôt *oubliée*, quelque *vive* qu'elle ait été ; et, quoique nous nous

souvenions que, dans cette occasion, nous avons *ressenti* de *grandes souffrances*, nous n'avons qu'une faible réminiscence des sensations *mêmes* que nous avons *éprouvées*, tandis que nous conservons une mémoire bien *nette* des circonstances qui les ont *accompagnées* et du temps où nous les avons *endurées*. Les trois *cents* soldats qu'il avait *envoyés* combattre les ennemis, s'étaient *laissé* effrayer à l'aspect de *quatre-vingts* éléphants qu'*ils avaient vu* diriger contre eux. Ils *s'étaient enfuis* précipitamment, et *avaient* répandu une *telle* alarme parmi les citoyens, que la contrée *s'était vue* déserte en un moment. Il aurait fallu que les renforts qu'on lui a *envoyés*, fussent *arrivés* deux heures et *demie* plus tôt. L'armée se serait *emparée* des hauteurs dont se sont *saisis* nos adversaires, et elle aurait *lutté*, au moins, à forces égales. Je doute même que les ennemis eussent *triomphé*, si les choses s'étaient ainsi *passées*.

324. Une femme coupable de vol et d'assassinat avait été *condamnée* à mort. Quelques heures avant son exécution, sa mère se présenta pour lui faire ses derniers adieux. « Malheureuse, s'écria la *condamnée*, en la voyant, qu'êtes-vous *venue* faire ici? Venez-vous contempler votre ouvrage? C'est vous, c'est votre faiblesse, votre négligence qui *m'ont laissée* entrer dans la route du crime. Ah! si, dès mon enfance, je n'eusse pas été *livrée* à moi-même; si vous eussiez *pris* quelque soin de mon éducation; si vous ne m'eussiez pas *laissée* croître dans l'ignorance, l'oisiveté, la paresse; si vous eussiez *combattu* mes premiers penchants, l'échafaud ne serait pas aujourd'hui *dressé* pour moi. Pourquoi, lorsque vous m'avez *vue* prendre des habitudes vicieuses, ne les avez-vous pas *réprimées*? Pourquoi avez-vous *fermé* les yeux sur les premiers vols que je vous ai *faits*? Pourquoi ne m'avez-vous pas *mise* en état de gagner ma vie? Pourquoi n'avez-vous pas *chassé* loin de moi les mauvaises compagnies que vous m'avez *vue* fréquenter, et qui ont *commencé* à m'égarer par leurs mauvais conseils? Pourquoi ne vous êtes-vous point *élevée* contre mes premiers déreglements?...

325. C'est ainsi que je me suis *familiarisée* avec le crime. Mes besoins se sont *accrus*, et tout m'a *paru* bon pour les satisfaire. Une fois *lancée* dans cette malheureuse route, il ne m'a plus été possible d'en sortir. Je l'ai *suivie*, et me voici *arrivée* au terme où elle conduit. J'ai *déshonoré* ma famille; je me suis *abandonnée* à tous les forfaits; mes mains se sont *souillées* du sang du bienfaiteur qui m'avait *ouvert* les bras. Je vais enfin subir le juste châtiment de tant d'horreurs.

Malheureuse et coupable mère ! tout cela est votre ouvrage !
Pouvez-vous soutenir ma vue ? Ah ! retirez-vous ! retirez-
vous ! *L'infortunée* mère, pâle et *mourante*, veut embrasser
les genoux de sa fille. « Ne m'approchez point, s'écrie celle-ci
avec fureur et désespoir ; votre *malheureuse* enfant maudit
le jour qu'elle a *reçu* de vous ! » A ces mots, la *désolée*
mère, *accablée* sous le poids de la malédiction de sa fille,
tombe sans force ; sa respiration *haletante* s'arrête, sa poi-
trine se gonfle, ses yeux se ferment, elle expire. « Elle
meurt, s'est *écriée* alors sa misérable fille, elle n'est plus !
Ma mère !... ma mère !... Ah ! voilà donc mon dernier forfait ! » Elle n'en put dire davantage. En proie à une fureur
délirante, les yeux *hagards* et *sortant* de leur orbite, la
bouche *écumante* de rage et *dégouttante* de sang, *agitée* de
mouvements convulsifs, elle tomba elle-même dans une sorte
d'évanouissement, d'où elle ne revint que pour être *portée*
au supplice.

326. Le règne de Louis XIV est un des plus beaux qu'ait
eus la France ; aussi c'est un de ceux qu'on a *le plus loués*.
C'est un de mes élèves qu'on a *chargé* de le raconter ; mais
celui qu'on a *choisi*, s'en est moins bien *acquitté* que n'au-
raient fait la plupart de ceux que j'avais *proposés*. Personne
ne s'est *montré* aussi *prudent*, aussi *réservé* que *la* personne
que je vous ai *dépeinte*. Les marchandises qu'on nous a *offertes* ne nous ont point convenu ; nous les avons *trouvées*
trop *chères*. Deux peuples *conquérants* se sont *emparés*
de la Livonie, et s'en sont *disputé* la possession. Après avoir
longtemps *disputé*, ils se sont enfin *accordés*. La prudence,
la circonspection qu'a *montrée* ce général, aurait *sauvé* la
république, si la république eût pu être *sauvée*. Une des
qualités que les hommes ont le plus rarement *possédées*,
c'est une ferme volonté d'exécuter les choses qu'ils ont *conçues*, et de renverser les obstacles et les difficultés que le
hasard ou une autre cause leur *a opposés*. C'est la personne
plus que l'ouvrage, que les critiques ont *attaquée* ; aussi ces
censeurs injustes ont-ils été *désapprouvés* de tous ceux qui se
sont *donné* la peine de les lire. Combien de fois l'ignorance
ne s'est-elle pas *applaudie* de s'être *laissé* conduire par des
intrigants qui en ont *abusé* ! Je crains bien que le peu de
modération que l'on a *remarqué* en vous, dans cette circonstance, ne vous ait *fait* perdre le peu d'amis que vous
vous étiez *faits* parmi eux. Ils s'étaient *imaginé* que nous
les avions *trompés* ; et, *quelques* efforts que nous ayons *faits*
pour les en dissuader, ils ne se sont pas *rendus* à nos raisons.

327. Que ton murmure est doux, source limpide, qui *coules* entre le cresson, le trèfle et la luzerne, dont les fleurs *purpurines* ou *bleues* sont *agitées* par le mouvement de tes vagues! Tes bords sont *couverts* d'herbe *entremêlée* de *fleurs*, qui, se *courbant* sur l'onde, y *tracent* leur image. Voyez ces belles eaux se *précipitant* du haut d'un rocher, *tombant* à gros *bouillons pleins* d'écume et s'enfuyant au travers des prairies. Les troupeaux de *bœufs mugissants* et les brebis *bêlantes revenaient* en foule, *quittant* les gras pâturages, et ne *pouvant* trouver assez d'*étables* pour être mis à couvert. A la vue d'un lion si terrible, les bergers, bien loin de défendre *leurs* troupeaux, *fuient-tremblants*, pour se dérober à sa fureur. Cette princesse s'étant *vu* condamner injustement, s'est *montrée* calme et *résignée*. Les dix années qu'elle avait *langui* dans la prison, les maux sans nombre dont elle s'y était *vu* accabler, et les sacrifices de *tous genres* que lui avait *coûtés* cette longue captivité, l'avaient *préparée* à cette heure fatale. Le peu d'*instants* qu'on lui a *laissés* après sa condamnation, elle *les* a *passés* dans la prière. Elle s'est *laissé* conduire à la mort comme une innocente victime; jusqu'à son dernier soupir, on l'a *vue*, *forte* et *soumise*, prier pour ses persécuteurs et lever vers le ciel des mains *suppliantes* en faveur de ceux qui l'*avaient trahie*, qui s'*étaient faits* si injustement ses ennemis et ses accusateurs. Quels torts ne vous *a* pas *faits* dans le public le peu de délicatesse et de droiture que vous avez *laissé* percer! *Quels avantages n'ont* pas *valus* à votre antagoniste le peu de soumission et de générosité qu'il a *laissées* paraître! Moins de sociétés il a *fréquentées*, moins d'heures il a *perdues*. La somme que tu as *payé* ce terrain nous a *paru* exorbitante. C'est moins son orgueil que sa paresse que j'ai *blâmée*. Ton peu de valeur nous est *connu*, ne *prétends* donc pas nous effrayer. Ces femmes, après s'être longtemps *injuriées*, se sont *jeté* des pierres; et, après qu'on les a *eu condamnées*, elles se sont encore *menacées*; elles se seraient même *prises* aux cheveux et se seraient *battues* à *coups* de pied et à *coups* de poing, si on ne les en avait *empêchées*.

328. Voilà des jeunes gens qui se sont toujours *fait* aimer de tous ceux qui les ont *connus*, parce qu'ils se sont toujours *proposé* de suivre les exemples que leur a *légués* leur vertueux père, et qu'en effet ils les ont constamment *suivis*, qu'ils ne s'en sont jamais *départis*. Les personnes que j'ai *entendues* raconter cette histoire, m'ont *paru* si peu *dignes* de foi, que, *quels qu'en fussent* la vraisemblance et les dehors *séduisants*, je l'ai *rejetée*, sans balancer, comme *controuvée* et *fabriquée* à plaisir. Comme il a *fait* beau tout le temps de notre voyage, nos parapluies ne nous ont nullement *servi;* ils nous ont même fort *embarrassés;* mais les guides que nous avons *pris,* pour nous conduire à travers ces montagnes *escarpées,* nous ont grandement *servi;* car sans eux nous nous serions certainement *égarés* ou *laissés* tomber dans *quelques* précipices. Vous a-t-elle bien *servie,* madame, la domestique que je vous ai *conseillé* de prendre? Je serais *étonné* que vous ne vous en fussiez pas bien *trouvée,* car les éloges que j'ai *su* que lui ont *donnés* ses anciens maîtres, m'ont encore été *confirmés* par tous les voisins qui l'ont *vue* servir dans cette maison. Les démarches qu'on nous a *assuré* que vous avez *faites* en notre faveur, les paroles avantageuses qu'on nous a *informés* que vous **avez** *dites* de nous, les peines que nous avons *appris* que vous vous êtes *données* dans nos intérêts, tous ces témoignages de votre bienveillance nous ont *remplis* de joie et de reconnaissance, et nous ont *assurés* de plus en plus de l'affection vive et tendre que vous nous avez *vouée.* Que ne nous a-t-il été *donné* de vous en témoigner toute la gratitude que nous aurions *désiré,* de vous en faire tous les remercîments que nous aurions *voulu!* Votre conduite, comme on nous l'a *dépeinte,* est au-dessus de tous nos éloges. Tous ceux à qui nous *en* avons *parlé,* et ce *sont* tous ceux que nous avons *rencontrés,* l'ont *trouvée* admirable, et se sont *accordés* à dire qu'elle annonçait de votre part une noblesse de sentiments, une générosité beaucoup plus *grande* qu'ils ne se *le seraient imaginé,* qu'*ils n'auraient* *osé* le penser.

329. Combien de louanges a *obtenues* cette princesse que nous avons *admirée* distribuer d'abondantes aumônes ! Avec *quels* transports de reconnaissance ne l'ont-*ils* pas *bénie* ceux qu'elle a *enrichis* de ses bienfaits! Louis XII, un des meilleurs rois qu'ait *eus* la France, fit, au commencement de son règne, une liste de ceux qui s'étaient mal *comportés* à son égard, dont il avait *eu* à se plaindre sous Charles VIII, son prédécesseur, tandis qu'il n'était que duc d'Orléans. Les noms de chacun d'eux furent *marqués* d'une croix. Presque tous s'étant *imaginé* qu'ils allaient devenir les victimes du juste ressentiment de ce prince, s'étaient *proposé* de s'éloigner de la cour, et quelques-uns même s'étaient déjà *enfuis.* Mais le prince les eut bientôt *rassurés* par ces paroles vraiment *dignes* d'un roi très-chrétien : « La croix que j'ai *jointe* à vos noms, n'est pas *faite* pour vous annoncer de la vengeance; cette croix, ainsi que celle de Notre-Seigneur, *est* pour me rappeler que je dois pardonner à ceux qui, par igno-

rance ou autrement, se sont *faits* mes ennemis. » Monsieur, disait un délateur à Louis de Bourbon, frère de Charles V, voilà un mémoire qui vous instruira de plusieurs fautes qu'ont *commises* contre vous des personnes que vous avez *honorées* de vos bontés.—Avez-vous aussi *tenu* un registre des services qu'elles m'ont *rendus?* répondit le prince.

330. Les grands écrivains sont ceux qui, *doués* d'un tact fin et sûr, d'une ame sensible, d'un esprit juste, n'ont rien *laissé* dans *leurs ouvrages* qui ne soit écrit avec clarté, avec noblesse, avec élégance, avec cette propriété de *termes*, cette précision d'*idées* et d'*expressions* qui *permet* au lecteur d'en goûter les beautés sans fatigue, sans qu'aucune sensation pénible vienne troubler son plaisir. *Quelques* sujets qu'ils aient *traités, quelques* pensées qu'ils aient *eues* à exprimer, *quelques* sentiments qui aient *occupé* leur ame, ils les ont *rendus tels* qu'*ils* les *avaient conçus*, avec toutes leurs nuances, avec toutes les images qui les accompagnaient. Ils n'ont point *cherché* l'expression, elle s'est *offerte* à eux; mais ils ont *su* en éloigner tout ce qui aurait *nui* à l'harmonie, à la clarté : *tels furent* Despréaux, Racine, Fénélon, Massillon. On peut sans danger les prendre pour *modèles*. Comme le grand secret de leur art, leur grande méthode *a été* de bien exprimer les pensées qu'ils ont *eues*, ou les sentiments qu'ils ont *éprouvés*, ceux qui l'auront bien *saisie* dans leur ouvrage cette méthode précieuse, ce rare secret, qui se *la* seront *appropriée*, ceux-là s'approcheront d'eux, si leurs pensées sont dignes des leurs; l'imitation ne paraîtra point servile, si les idées sont à eux, et ils ne seront *exposés* ni à contracter des défauts, ni à perdre de leur originalité.

331. Je souhaite, mes amis, que vous n'*oubliiez* jamais la fable des Oranges que je vous ai *entendus* débiter les jours *passés*. Elle contient une des plus belles maximes de morale qu'on vous ait *enseignées*. Oh ! que vous serez heureux, si, l'ayant bien *écoutée* et bien *comprise*, vous savez, dans tous les temps, en faire la règle de votre conduite, si vous avez soin de fuir cette foule de jeunes gens pervers et libertins que le vice a *séduits* et qui, si vous les fréquentiez, vous auraient bien vite *communiqué* le principe de corruption dont ils sont malheureusement *atteints*. *Témoin* les oranges saines et bien *choisies* que deux ou trois oranges mauvaises et *gâtées*, en moins de cinq ou six jours, ont *réduites* en un tas de pourriture. Hélas ! combien d'enfants, pour n'avoir pas *compris* cette instruction salutaire, ou pour s'en être témérairement *écartés*, se sont *laissé* séduire et sont *devenus*

coupables et malheureux! Mes amis, *vu* les bonnes dispositions dont vous êtes *animés, vu* les bons témoignages que
vos maîtres se sont *plu* à me rendre de vous, j'espère que ce
malheur ne vous arrivera pas. Vous vous êtes *tous proposé*
de n'avoir pour *compagnons* et pour *amis* que des *enfants*
vertueux et chrétiens, des enfants que vos parents vous ont
eux-*mêmes choisis* et *désignés*. Fasse le ciel que vous n'*oubliiez* jamais cette importante résolution, et que vous *employiez* tous les moyens qu'on vous a *proposés*, pour vous
y rendre constamment *fidèles*.

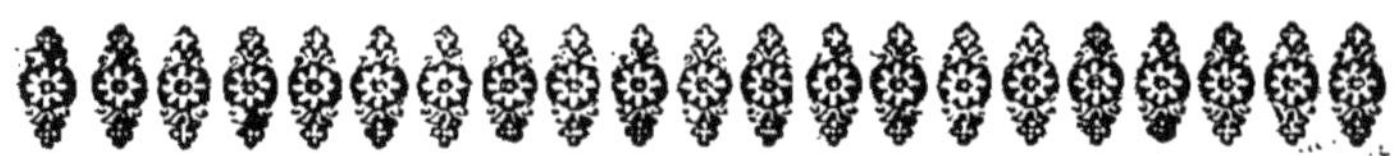

CORRIGÉ DES EXERCICES

ORTHOGRAPHIQUES

SUR LA GRAMMAIRE FRANCAISE.

TROISIÈME PARTIE.

CONSTRUCTION ET EMPLOI.

CHAPITRE PREMIER.

NOM, ARTICLE ET ADJECTIF (n°ˢ 450-466.488-492.519-524.)

332. On prétend que les montagnes qui *traversent* l'ancien et *le* nouveau monde ont été autrefois *des* plaines couvertes par la mer. *De* faibles gémissements, *de* sourds meuglements, *de* doux roucoulements remplissaient le désert d'une sombre et sauvage harmonie. *Le* seizième et *le* dix-septième *siècle furent marqués* par *de* grandes découvertes. Corneille a réformé *la scène* tragique et *la scène* comique. Il aime *la poésie* anglaise, *la* française et *l'*italienne. J'ai lu *le* premier et *le* second *livre* de l'Enéide. Les hommes *à* imagination manquent souvent *de* bon sens. Il faut *du* bon sens et de *la* clarté dans toutes *les* poésies, *quelles qu'elles* soient. Il soutient *le* pour et *le* contre. Je ne connais rien d'ennuyeux comme *des* petits-maîtres et *des* petites-maîtresses. Les deux chambellans firent *de* grands éclats de rire *des* bons-mots qu'Irax avait *dits*. Trop de bonté est faiblesse. Je ne vous écrirai pas *des* lettres inutiles. Je n'ai pas *de l'*argent pour le dépenser follement. Philippe n'avait point *d'*argent, point *de* troupes, point *de* crédit. Proposons-nous *de* grands exemples à imiter plutôt que *de* vains systèmes à suivre. Bien *du* sang aura coulé ce soir ! Les sujets qui parlent *le* plus à

l'imagination, ne sont pas *les* plus faciles à peindre. Les Francs, peuple sauvage, ne vivaient que *de* fruits, *de* légumes, *de* racines et *des* animaux qu'ils prenaient à la chasse. Je ne vous demande pas *des* vers, mais *de la* prose. Les petits esprits sont très-*blessés des* petites choses. Je n'ai point *de* pain, je meurs *de* faim. Pourquoi laissez-vous vos enfants crier *de la* faim? N'avez-vous pas *du* pain? Je ne prendrai pas *de la* peine pour rien. Il n'a point *de* peine à partir. Je veux la campagne, *du* petit lait, *de* bon potage. On trouve des condors dans les savanes ou *prairies* naturelles. La Grèce et l'Italie ont produit *des* grands hommes dans tous les genres. Il ne pense qu'*à ses* nièces et *à ses* neveux. Les maires et *les* adjoints sont *réunis* à l'hôtel de ville. Qui n'aime à lire le simple et *sublime*La Fontaine? Mieux vaut *goujat* debout *qu'empereur* enterré. Dieu s'est choisi un peuple dont la bonne ou *la* mauvaise fortune dépendît de sa piété. L'élégante, *la* spirituelle, *l'*éloquente de Sévigné vivra aussi longtemps que nos plus grands écrivains. Avant l'âge *de* raison, l'enfant ne reçoit pas *des* idées, mais *des* images.

333. *Comme nous sommes accoutumés* aux beautés qui s'offrent à nos regards, la sagesse dont elles portent l'empreinte, excite bien peu notre admiration. *Sensible et généreux, il met* tout son bonheur à soulager les misères des autres. *Quand on est habitué* à se livrer à ses passions, il est difficile de les régler et de les vaincre. *Comme il est honnête homme*, le mensonge l'épouvante. *Comme il est humble et modeste*, un *simple* valet suffit à son service. *Crédule* à l'excès, comme toutes les personnes *simples*, il se laisse aisément tromper. Vous êtes *inexcusable* d'en avoir agi ainsi. Quel vilain tour *ce pauvre homme* s'est laissé jouer! Les caprices de cet enfant le rendent *insociable*. L'air malsain de ce pays le rend *inhabitable*. *Comme vous aimez* l'étude par-dessus tout, votre père vous fournira les moyens de vous y livrer. *Comme il était habile dans les mathématiques*, le principal du collége le chargea d'en donner des leçons aux élèves. Le siècle de Louis XIV a été le siècle des *grands* hommes. Cette mer est féconde *en* naufrages. Le vice est incompatible *avec* la vertu. Il est accessible *à* tous. Le peuple est désireux *de nouveautés*. Dieu est clément et miséricordieux *envers* le pécheur repentant. Il est consolant *pour* un exilé de revoir sa patrie. Il est aussi jaloux *de* répondre que *prompt à le faire*. Etes-vous *assidu à* ses leçons et *en* êtes-vous *content*? On aime les grands qui sont *accessibles* à tous et *charitables envers* tous. Pouvez-vous à la fois être *odieux à* vos voisins et *en* être *chéri*? Il est *enchanté de*

partir et *prêt à* le faire. Etre *insensible à* une juste réprimande et *en* paraître *mécontent*, c'est le propre d'un orgueilleux et d'un sot.

334. Lorsque Charles XII reçut le coup qui termina dans un instant *ses* exploits et *sa* vie, il porta la main sur *son* épée. Elle baissa *les* yeux sans répondre. Il se meurtrit *le* front, s'arrache *les* cheveux. Le Cyclope, assis sur un rocher, au bord des mers de Sicile, chante ainsi *ses* déplaisirs, en promenant *ses* yeux sur les flots. La mollesse est douce, mais *les* su tes *en* sont *cruelles*. Jamais enfant n'a eu pour *son* père et *sa* mère *des* attentions plus délicates. S'ils ont l'éclat du marbre, ils *en* ont *la* dureté. Napoléon, couronné empereur en *mil huit cent quatre*, mourut à *Sainte*-Hélène en *mil huit cent vingt et un*. Il souffre toujours beaucoup *de son* bras. Baissez *vos* yeux vers la terre, chétifs vers que vous êtes. *Maîtres* de l'univers, les Romains *s'en* attribuèrent tous *les* trésors. Le récit de nos maux *en* adoucit *les* rigueurs. C'est parce que l'or est rare qu'on a inventé la dorure qui, sans *en* avoir *la* solidité, *en* a tout *le* brillant. Ainsi, pour remplacer la bonté qui nous manque, nous avons imaginé la politesse, qui en a toutes *les* apparences. Nous n'avons qu'un article, *le*, *la*, *les*; *sa* fonction est de précéder le nom. Voici une terre, je connais la fécondité *de son* sol. Il coupe *ses* ongles. Il se forme *le* goût, il exerce *sa* mémoire. Chaque emploi a *ses* peines. Il se fait *la* barbe tous les jours. Comment ! il va au château, et il n'a pas fait *sa* barbe ! Il est toujours incommode de *sa* jambe. Cet homme est fort aimable, chacun cherche *sa* société. La vertu a *ses* épines; mais l'espérance *en* émousse *la* pointe et les convertit en *roses*. Ces messieurs ont fait *leurs* offrandes, ils ont donné cinq francs *chacun*. Aucun poète, aucun orateur de cette nation, ne *peuvent* être *comparés* aux nôtres.

CHAPITRE II.

DU PRONOM.

335. Samuel offrit son holocauste à Dieu, *et Dieu le trouva* si agréable qu'*il* frappa au même instant l'armée *des* Philistins. Molière a surpassé Plaute dans ce *que celui-ci* a de mieux. *Le maître* aura beau expliquer une leçon, si *l'on* n'écoute pas, *on n'y* comprendra rien. *Nous aimons* qu'on

nous loue, mais *nous n'aimons* pas qu'on nous blâme. Il s'est mis *dans une* colère qui n'a pu être *apaisée*. Les morts et les vivants se succèdent et *se* remplacent sans cesse. Le chat paraît ne sentir que pour *soi*. Peu *d'amitiés subsisteraient*, si chacun savait ce que son ami dit de *lui*. Un homme modeste ne parle point de *soi*. C'est une parole sûre, *fies-y-toi*. Ils se sont nui et *se sont blâmés* tant qu'ils ont pu. Ce devoir est difficile, *appliques-y-toi* sérieusement. Tu *as* vu Paris, *racontes-en* quelque chose. Tu ne sais rien et *tu négliges* l'étude? Voilà de beaux fruits, *portes-en* à ta mère. Tu n'as point d'aile, et *tu* veux voler? rampe. Vous promettez beaucoup et donnez peu. Il vit heureux, parce qu'*il* craint Dieu et *ne* craint que lui. Ce cheval est rendu, faites-*lui* donner l'avoine; mais il est méchant, ne *le* touchez pas. Quand nous nous *embarquâmes, la mer* était paisible. Il nous a plu et *nous a enchantés* par ses belles manières. L'aimant attire le fer à *soi*. On l'appelle au château, *mènes-y-le*. Mon innocence est le seul bien qui me reste, *laissez-la-moi*. Bon! *attendons-nous-y*. Un tombeau est un intervalle immense entre celui qui juge et celui qui est *jugé*. Il ne faut pas dire ce qui ne doit pas *être dit*. Qui ne songe qu'à *soi*, quand la fortune est bonne, dans le malheur n'a point *d'amis*.

336. Végéter, *c'est* mourir; beaucoup penser, *c'est* vivre. Rome, de mes desseins encore incertaine, attend *ce que* deviendra le destin de la reine. Ce que je sais le mieux, *c'est* mon commencement. Vos succès présents me répondent de *vos succès* à venir. Ce qui est certain, *c'est* que le monde est de travers. Les grandeurs naturelles sont celles *qui sont* indépendantes de la volonté des hommes. L'ambitieux et l'avare ont, chacun, *leur* folie: *celui-là* se repaît de fumée, et *celui-ci* passe *sa* vie à compter *ses* écus sans oser *y* toucher. On voyait à la cour d'*Attila* les ambassadeurs des Romains d'Orient et *de ceux* d'Occident, qui venaient recevoir *ses* lois ou implorer *sa* clémence. Celui-là *est riche* qui sait modérer ses désirs et se contenter *de* peu. Le roi, dans son conseil, n'a pas de plus forte tête *que vous*. Parmi cette troupe de violons habiles, il n'y en a pas de meilleur que *lui*. *Ma lettre* et la vôtre se sont *croisées*. Quand j'aurai fait *mes affaires*, je m'occuperai *des vôtres*. Donnez-moi *vos raisons*, je vous donnerai *les miennes*. Je finissais *ma lettre*, quand j'ai reçu la vôtre. *Votre lettre* de ce jour vous apprendra. Si cette vengeance est terrible, celle *qui a été exercée* par les Portugais ne l'est pas moins. Il a vendu *son cheval* pour acheter *le mien*. Il manie supérieurement l'épée, je ne connais pas de meilleure lame que *lui*. *La* constitution

de Rome et *celle* d'Athènes étaient très-sages. C'est une belle prière que *celle-ci : Mon* Dieu, gardez-moi de moi-même. Pour l'homme le salut est tout, point de maxime plus importante que *celle-là.*

337. Il y a *dans Pline* des lettres dont le style est admirable. Faites appeler *le médecin* pour mon frère qui est malade. On trouve *dans ces manuscrits* plusieurs pages qui sont illisibles. La tante de mon cousin, *laquelle* est très-riche, pourra vous prêter cette somme. J'ai lu avec plaisir cet ouvrage, *composé* par une personne qui est *versée* dans les sciences qui ont pour objet l'étude de la nature. Vous savez, madame la *maréchale*, qu'il y a une édition *contrefaite* de mon livre, *laquelle* doit paraître ces fêtes. Que de choses *dont* je n'ai pas besoin ! Le Tasse naquit à Sorrento. La maison *dont* il sortait, était une des plus illustres de l'Italie. La déesse remonta dans un nuage d'or *d'où* elle était *sortie. Quel* est le but *auquel* vous tendez ? Dites-moi, je vous prie, *quel* est ce village, *qui* ou *quels* sont ces jeunes gens, *qui* ou *quel* est cet homme, *quelle* est cette montagne. L'enfant *à qui* tout cède, est le plus malheureux. On m'accable de questions, je ne sais *à qui* entendre. Tous ces enfants m'interrogent à la fois, je ne sais *auquel* répondre. La religion et le gouvernement politique sont les deux points sur *lesquels roulent* les choses humaines. Savez-vous *d'où* il vient ? *Quelle* est la carrière *d'où* ce charbon a été tiré ? Soutiendrez-vous un faix sous *lequel* Rome succombe ?

338. Les deux rois faisaient chanter des Te Deum, chacun dans *son* camp. Les abeilles bâtissent, chacune, *leur* cellule. La plupart des commentateurs *se sont* donné la peine de dessiner cet édifice, chacun à *sa* manière. Voilà des *odes excellentes, chacune* dans *son* genre. Scipion récompensa ses soldats, chacun selon *son* état et *son* mérite. Les députés venaient de rapporter, chacun à *leur* tour, différentes circonstances de l'ambassade. Ils se sont rendus, chacun, dans *leur* classe. César et Pompée *avaient*, chacun, *leur* mérite; mais *c'étaient* des mérites différents. Les dix tribus de l'Attique avaient, chacune, *leurs présidents, leurs officiers* de police, *leurs tribunaux, leurs assemblées* et *leurs intérêts.* Ces nations barbares se distinguaient, chacune, par *leur* manière particulière de s'armer et de combattre. Ces trois généraux commandaient, chacun, *leur* jour. Ils ont donné, chacun, *leur* avis, selon *leurs* vues; ils s'en sont *allés*, chacun de *son* côté.

> *On* doit considérer, pour son propre intérêt,
> Et les temps où *l'on* vit, et les lieux où *l'on* est.

Quand l'absurde est outré, *on lui* fait trop d'honneur
De vouloir par raison combattre son erreur.
On affaiblit toujours ce *que l'on* exagère.
On n'est pas bon marin, si *l'on* n'a fait naufrage.
Tous deux s'aidaient *l'un l'autre* à porter leur douleur.
Les Phéniciens *étonnés* se regardaient *les uns les autres*.
Ces deux hommes se nuisent *l'un à l'autre*.
Les hommes sont *faits* pour se consoler *les uns les
   autres*.

CHAPITRE III.

DU VERBE.

339. Les *Romains débarrassés* de *leurs* tyrans, en *faisaient* des dieux. Les petits esprits sont comme les bouteilles à goulot étroit : moins elles contiennent de liqueur, plus elles font de bruit quand on les vide. *Ce* en quoi la religion *seule* peut toujours réussir, *c'est* à consoler les malheureux. *Celui* qui évite le mal et pratique la vertu, ne *peut* manquer d'être heureux. Ne vous *informez* pas *de ce* que je deviendrai. Ce n'est pas de cela *qu'il* s'agit aujourd'hui. C'est là *qu'il* faut des vers étaler l'élégance. C'est votre illustre mère *à qui* je veux parler. C'est à vous, mon esprit, *que* je veux parler. De la manière dont je vous ai parlé, vous auriez *dû* me comprendre. Dans le temps où nous sommes, bien *des* malheureux *endurent* le froid et la faim. C'est là *qu'ils* étudièrent d'abord. C'est des vastes forêts de la Pologne et de la Moscovie *que* nous avons tiré les abeilles. C'est là, *où* se montrait le plus grand péril, *que* se *portait* l'élite de nos guerriers. C'est à vous, à qui j'ai remis ce dépôt, *que* j'en demanderai compte. C'est dans le concile de Lyon, en l'an *mil deux cent quarante-cinq*, *que* les cardinaux prirent pour la première fois le chapeau rouge. Ils se sont grandement nui l'un à l'autre. *Licinius* étant venu à Antioche et se doutant de l'imposture, *fit* mettre à la torture les prophètes de ce nouveau Jupiter. Je vais à Versailles *et j'en reviens* en quatre heures. Personne n'était plus capable que Sénèque de s'opposer *au* mauvais goût *et de le prévenir*. Je connais *mes* avantages *et je m'en sers*. Les hommes pardonnent souvent à *ceux* qui les *ennuient*, mais ils ne pardonnent pas *à ceux qu'ils ennuient*. Dieu préside *à tout et décide de tout*. Chargez-vous *de* ma bibliothèque, *et donnez-y vos soins*. Le cœur entraîne *l'esprit*, *et lui communique* ses vices, ainsi que ses vertus.

340. Il faut opposer *un maintien stoïque* aux propos et aux injures des méchants. Miltiade *déit cette armée* à Marathon. L'avare sacrifie *l'honneur* à l'intérêt. Le physicien arrache à la *nature* tous ses secrets. Je crois *que* la mort *est* certaine et que le jugement la suit. Cet enfant ne se plaît qu'à prier Dieu dans l'église ou à *étudier* ses leçons dans l'école. Les Gaules furent conquises *par* César. Ce projet n'a pu être conçu que *par* une forte tête. L'honnête homme est estimé *de* tout le monde. Votre conduite a été approuvée *d'une* commune voix par toutes les personnes *sages* et *éclairées*. J'ai mis *à la poste* les lettres que vous avez *écrites*. Il *est décédé* à l'âge de *quatre-vingts* ans. J'ai retenu le chant, les vers m'*ont échappé*. Il lui *est échappé quelques* expressions un peu *hasardées* qui n'*ont pas échappé* aux assistants. La fièvre *a cessé* pendant quelques jours. Sire, il n'était plus temps, les chants *avaient cessé*. Depuis longtemps, du Dieu d'Israël les fêtes *sont cessées*. *J'ai resté* longtemps exposé au froid cette nuit, et j'en *suis resté* malade. Il *a demeuré* deux ans en Suisse. Parti pour Paris, il y *est demeuré*. Tous deux *ont expiré* de misère et de faim. Mon loyer *étant expiré*, il faut que je me place ailleurs. Les vins *ont* beaucoup *augmenté* ces jours-ci. Sa fortune *a augmenté* rapidement; aujourd'hui elle *est augmentée* du double. Mèdes, Assyriens, vous *êtes disparus*.

341. Il tenait pour maxime qu'un habile capitaine *peut* bien être vaincu, mais qu'il ne lui *est* pas permis d'être surpris. Ma belle-maman m'a dit que vous me *demandez*. Il fallait un corps d'Hercule pour vivre ici, et j'ai trouvé que la liberté *valait* (VOLT.) mieux que la santé. On cherche Vatel; on court à sa chambre, on *heurte*, on *enfonce* sa porte; on le *trouve* noyé dans son sang. Alors il commença à croire qu'il y *a* un Dieu. Je *quitterai* Lyon l'année prochaine et *j'irai* demeurer à Paris, où j'ai su que tu *t'es* fixé. On me dit qu'il m'*appelle*; dans la minute je *suis* de retour. Cet enfant s'est relâché, il n'*étudie* plus *tant* qu'il *faisait*. On a dit depuis longtemps que les extrêmes se *touchent*. Comme je *n'ai reçu* votre lettre que cette semaine, je *n'ai pu* y répondre que ce matin. Je ne *savais* pas encore que vous *aviez* quitté la France, lorsque votre ami me l'a *écrit* au commencement de ce mois. J'appris dans cette occasion

que les brebis *s'engraissent* d'autant plus qu'*elles boivent* davantage. Pensant qu'il *pleuvrait*, je restai à la maison. Cette place vient *de lui* être définitivement *donnée*; mais je sais que, si vous *aviez* parlé plus tôt, vous l'*auriez obtenue*. Je pensais que les esprits se *calmeraient* promptement et que tout *rentrerait* dans l'ordre. Si j'étais roi, je *bannirais* les flatteurs de ma cour. Si *j'eusse été* vaincu, *j'eusse été* criminel. Vous me *couronnerez*, si je *réussis*. Si vous n'avez pas parfaitement répondu, c'est sans doute que vous vous *serez* un peu *troublé*. Je lui ai dit que dans l'état où *sont* présentement mes affaires, je ne *pouvais* pas faire davantage.

342. Dieu ne veut pas qu'aucun *périsse*; il veut, au contraire, que tous *aient* recours à la pénitence et *soient sauvés*. Malheur, dit Jésus-Christ, à celui qui scandalise un seul de ces petits qui *croient* en moi! il vaudrait mieux pour lui qu'on lui *attachât* au cou une meule de moulin et qu'on le *précipitât* au fond de la mer. Qu'il y *ait eu*, qu'il y *ait* encore des êtres assez impudents pour dire que l'homme *est* l'œuvre du hasard, c'est chose certaine; qu'il y en *ait* d'assez stupides pour le croire, c'est chose impossible. Il entrait dans les vues de la Providence que les monuments du paganisme *servissent* de *trophées* à son vainqueur. Il fallait que l'obélisque égyptien de Caligula *décorât* la place de l'église de Saint-Pierre, que les colonnes du tombeau d'Adrien *allassent* orner la *grand'nef* de la basilique de Saint-Paul, et que celles qu'on avait *érigées* à Marc-Aurèle et Trajan, *servissent* de *piédestaux aux statues* des deux apôtres. L'*Imitation*, a dit Fontenelle, est le plus beau livre qui *soit* sorti de la main de l'homme, puisque l'*Évangile* n'en est pas. Y a-t-il sur la terre *des* grands assez grands et *des* puissants assez puissants, pour que nous *croyions* et que nous *vivions* selon leur goût et *leurs caprices*, et que nous *mourions* non de la manière qui est *la* plus sûre pour nous, mais de celle qui leur plaît davantage?

343. Les premiers ouvrages de Corneille ne laissaient pas espérer qu'il *dût* aller si loin, comme les derniers font qu'on s'étonne qu'il *ait pu* tomber de si haut. Il n'est pas ordinaire que celui qui fait rire, se *fasse* estimer. Qui doute que les Juifs n'*eussent* un intérêt tout particulier à combattre le fait de la Résurrection? Car si Jésus-Christ était sorti du tombeau avec gloire, il fallait que la synagogue y *fût ensevelie* à sa place. On ne peut douter que ces institutions ne *servissent* puissamment au maintien des mœurs, et ne *contribuassent* à entretenir l'amour, la cordialité qui *régnait* entre les parents.

Il serait à souhaiter que tout homme *fît* son épitaphe de bonne heure, qu'il la *fît la* plus *flatteuse* possible, et qu'il *employât* toute sa vie à la mériter. Quand on donne une charge trop *forte* au chameau, il la refuse et reste constamment couché, jusqu'à ce qu'on l'*ait allégée*. Afin que, tout misérable que tu *es*, on ne *puisse pas* méconnaître tes destinées, tu *dompteras* les monstres de la mer avec un roseau, et tu *mettras* les tempêtes sous tes pieds. Qu'en paix chacun chez *soi s'en aille. Toute dégradée* que *paraît* (*paraisse* CHATEAUB.) la nature de l'Esquimaux, on reconnaît encore en lui quelque chose qui *décèle* la dignité de l'homme.

> Qu'il *allât* ou qu'il *vînt*, qu'il *bût* ou qu'il *mangeât*,
> On l'eût pris de bien court à moins qu'il ne *songeât*
> A l'endroit où gisait cette somme enterrée.

344. Les roitelets, qui se plaisent dans les haies de *ronces* et d'*arbousiers*, *sont pourvus* d'une double paupière, afin que *leurs* yeux *soient préservés* de tout accident. Mais, admirables fins de la nature! cette paupière est transparente, et les chantres des chaumières peuvent abaisser ce voile diaphane, sans qu'ils *soient privés* de la vue. La Providence n'a pas voulu qu'*ils s'égarassent* en portant la goutte d'eau ou le grain de millet *à leur* nid, et qu'il y *eût* sous le buisson une petite famille qui se *plaignît* d'elle. Aurait-on jamais pensé qu'il y *eût* dans la nature des animaux qu'on *multipliât* en les hâchant, pour ainsi dire, en *morceaux?* que le même animal coupé en dix, vingt, trente et quarante *parties, fût multiplié* autant de fois? C'est le phénomène singulier que présente le polype *d'*eau douce. L'aspect d'une ruche est un des plus *beaux spectacles* qui *soient offerts* à l'amateur de la nature. La nature, au commencement, répandit ses bienfaits sur toute la terre, afin que, pour les recueillir, l'homme *en parcourût les* différentes régions, qu'il *développât* sa raison par l'inspection de ses ouvrages, et qu'il *s'enflammât* de son amour par le sentiment de ses bienfaits. Ainsi une mère *sème* des fruits sur son chemin pour que son enfant *apprenne* à marcher; elle lui sourit pour qu'il *l'aime*; elle *l'appelle* afin qu'il *bégaie* son nom; elle lui tend les bras pour qu'il *coure* se jeter dans son sein.

345. Il n'y a aucun de ses sujets qui ne *craigne* de le perdre, et qui ne *hasardât* sa propre vie pour sauver celle d'un si bon roi. Il faut que l'homme *soit* ce qu'il *doit* être, à moins qu'il ne *veuille* perdre l'estime des autres, la sienne propre et sa félicité. Le méchant te *montrât-il* la plus vive affection, ne lui accorde pas ton amitié. Il n'est point dans

la nature de phénomène qui se *fasse* voir avec plus de dignité et de *charmes* que le soleil levant. Le grand Turenne était l'ennemi juré des airs *insultants;* il ne pouvait souffrir qu'on se *moquât* de personne. Personne n'a jamais remarqué qu'il lui *soit échappé* la moindre parole qui *pût* faire soupçonner de *la* vanité. Il n'est pas vraisemblable que nos microscopes *aient atteint* la limite inférieure du monde animal, *quelle* que *soit* leur perfection. Aujourd'hui je m'aperçois que je suis beaucoup moins sensible à ces charmes de la nature, et je doute que la cataracte de Niagara me *causât* la même admiration qu'autrefois. Il est possible que la somme des talents *départie* aux auteurs du dix-huitième siècle *fût égale* à *celle* qu'*avaient reçue* les écrivains du dix-septième. D'où vient donc que le second siècle *est* au-dessous du premier? Nul doute que ce ne *soit* de l'irréligion. Lorsque le loup tombe dans un piége, il est si fort et si longtemps épouvanté, qu'on *peut* ou le tuer sans qu'il se *défende*, ou le prendre vivant sans qu'il *résiste*.

346. Le tigre est peut-être le seul animal dont l'homme ne *puisse* fléchir le naturel. Il n'y a pas un quadrupède qui *voulût* changer de chaussure avec nous. Au milieu de tous ces plaisirs *innocents*, il semblait que nos déserts n'*eussent* plus rien de sauvage. Quelque simple que *soit* la manière d'entretenir le feu, aucun des animaux ne s'*est* élevé à ce degré de sagacité. Dieu a voulu que ce premier agent de la nature *fût confié* au seul être qui *est* capable d'en faire usage par raison. Narbal tremblait dans la crainte que je ne *fusse* découvert : il lui en *aurait coûté* la vie et à moi aussi. Jamais il ne lui est échappé aucune parole qui *pût* découvrir le moindre secret. Aceste ordonna qu'on nous *envoyât* dans une forêt voisine pour que nous *servissions* sous ceux qui *gouvernaient* ses troupeaux. J'avais plusieurs avantages qu'il était essentiel que je *consultasse* dans la situation que je *jugeais* qui me serait propre : le premier était que je *jouisse* de ma santé, et par conséquent que j'*eusse de l'*eau douce dont je viens de parler; le second, que je *fusse* à l'abri des *ardeurs brûlantes* du soleil; le troisième, que je me *garantisse* contre les assauts de tous les animaux *dévorants, fussent*-ils *hommes* ou *bêtes;* et le quatrième, que j'*eusse* vue sur la mer, afin que, si la *Providence* permettait qu'il *vînt* quelque vaisseau à ma portée, je *n'omisse* rien de ce qui *pouvait* favoriser ma délivrance, dont l'attente, *quelle que fût* ma position présente, n'*était* pas encore tout-à-fait *bannie* de mon cœur.

347. Je m'étonnais que l'essence du christianisme étant si pure, si philosophique, si inattaquable, il *fût venu* cependant une époque où la philosophie *osât* dire : « C'est moi dorénavant qui *dois* occuper sa place. » Si *l'on* ne croit pas à la sincérité, il ne faut pas que tu t'en *offenses ;* qu'il te *suffise* qu'elle *paraisse* aux yeux de celui pour qui rien n'est caché. La société anglaise de Calcutta n'a, jusqu'à présent, fait paraître aucun monument des sciences indiennes que nos missionnaires *n'eussent* déjà *découvert* ou qu'ils *n'eussent indiqué.* Qui ne sait qu'avant que la philosophie *fût* au monde, avant que les écoles d'Athènes *fussent bâties,* et qu'il y *eût* un portique, un lycée, une académie, lorsque les Grecs *étaient* encore *des* enfants, la sagesse des Hébreux avait déjà atteint sa perfection ? Les plus grands publicistes ne disent rien de bon, rien de vrai, rien d'avantageux, que l'Évangile *n'ait dit* avant eux, et beaucoup mieux. On chercherait en vain, dans *tous* les temps et sur *toute* la terre, une nation qui *ait pu* subsister sans le lien sacré de la religion. Jésus-Christ est la seule voie qui *conduise* à la vérité et à la vie. Il n'y a pas un petit peuple chrétien chez lequel il ne *soit* plus doux de vivre que chez le peuple antique le plus fameux. A mesure que la faveur et les grands biens se retirent d'un homme, ils *laissent* voir en lui le ridicule qu'il couvrait, et qui y était sans que personne s'en *aperçût.* Il ne laissa échapper aucune plainte pendant l'opération, quoiqu'il *souffrît* des douleurs excessivement vives. Il était nécessaire que la nature *fût constituée* comme elle l'est ; que non-seulement elle *étalât* toutes les fleurs dans leur beauté, mais encore qu'elle *s'embellît* de cette parure la plus grande partie de l'année, afin que l'homme *pût* jouir habituellement de ce spectacle. Trop *de ruines* de fortune se *sont accomplies* sous nos yeux, pour qu'aucun riche *puisse* dire : *Je ne mourrai* point dans l'exil *et* l'infortune.

348. Dites à ma domestique qu'elle se *rende* ici sur-le-champ, que je *l'attends* avec impatience. J'attendais qu'il *fît* beau, pour aller me promener. Il s'attend que le roi lui *fît* grâce. Il a enfin pris garde qu'on *cherchait* à le perdre, et il prend garde qu'on *n'y réussisse.* Il m'a semblé que vous *aviez* de l'humeur contre lui ; vous semble-t-il que *j'aie* raison ? Il semblait que ma vue *excitât* son audace. A ce feu d'artifice, il semblait que des fusées *allaient* tomber sur nos têtes et que d'autres *s'élevassent* jusqu'aux cieux. Ils sont dans la persuasion que vous les *oubliez ;* ils sont en colère que vous *n'alliez* plus les voir. Il paraît qu'on lui

aura dit combien il importe qu'il *vienne* au plus tôt. Je n'ignorais pas qu'il *était* ici, mais j'ignorais que vous y *fussiez* avec lui. Croyez-vous que le temps s'*adoucisse?* Ne sentez-vous pas qu'il *fait* moins froid *qu'*hier? Est-il venu quelqu'un? —Non pas que je *sache.* De lui seul je prétends qu'on *reçoive* la loi. Je prétends que son droit *est* incontestable. Vous avez examiné mon fils, avez-vous remarqué qu'il *ait* fait *quelques* progrès? Avez-vous remarqué, comme moi, que les matières d'examen *étaient* longues et difficiles. Qu'y a-t-il de nouveau? Rien, sinon qu'on *dit* que la guerre est *déclarée.* Ne sortez pas, sinon que votre maître vous le *permette.* Agissez de telle sorte qu'on *soit* content de vous? Il a agi de façon que personne ne *peut* se plaindre, si ce n'est qu'on *veuille* lui prêter des motifs, des intentions qu'il n'a pas *eues.* On ne peut rien dire contre lui, si ce n'est qu'il *est* un peu jeune. Le cid, qui *est* une des meilleures tragédies que nous *ayons,* est la meilleure de celles que Corneille *a faites,* la meilleure qu'il *ait faite.* S'il y a rien qui me *plaise,* c'est ce pays. Lisez des livres qui *puissent* vous former *le* goût. Evitez les lectures qui *peuvent* être *funestes* à votre vertu. On dirait, quand tu veux, que la rime te *vient* chercher. Il me semble que mon cœur *veuille* se fendre en deux. Il semble qu'on *ait* là rassemblé l'univers. On eût dit que *ce'tait* la justice *exilée* qui rentrait dans son palais. On eût dit, à m'entendre, que dans ma noble ardeur je *dusse* tout pourfendre. Il n'y a que moi, disait Calypso lasse de la vie et *condamnée* à l'immortalité, il n'y a que moi qui ne *puisse* mourir. Il n'y a que vous qui vous *soyez* attendri sur mon sort. Viens que je te *dise* un mot. Il ne me semble pas que l'on *puisse* penser différemment.

349. Quand il sera nécessaire que vous *partiez,* je vous *avertirai.* Quand il aura ordonné que nous *entrions,* tu nous *introduiras.* Si le roi va à Versailles, il faudra que je m'y *rende.* Croyez-vous qu'elle se *rétablît,* si je la conduisais à la campagne? qu'elle se fût *rétablie,* si je l'y avais *conduite* plus tôt? S'il est vrai qu'Homère *ait fui* Virgile, c'est son plus bel ouvrage. Je ne doute pas qu'il ne *réussisse* avec votre appui : je désire vivement que vous *l'en favorisiez.* On dit qu'il *a* été bien accueilli, mais je ne pense pas qu'il l'*eût* été sans vous. Lycurgue avait défendu qu'on *châtiât* ceux qui sortaient le soir d'un festin, afin que la crainte de ne pouvoir se rendre chez *eux* les *empêchât* de s'enivrer. Je n'assurerai pas que votre frère se *trouvât* dans cette réunion, mais je crus l'y entrevoir. Les cabanes des premiers

hommes ne prouvent pas qu'ils *manquassent* de goût; elles montrent seulement qu'ils ne connaissaient pas encore les règles de l'architecture. Il n'y a rien qui *fasse* du bien, qui *rafraîchisse* le sang, comme une bonne action. Il a trop plu ces jours-ci pour que vous *alliez* à la promenade ce soir ni même demain. Je lui ai transmis tous ces détails, afin qu'il *prenne* ses précautions. Personne n'a jamais nié qu'il y *ait* un Dieu, si ce n'est celui à qui il *importe* qu'il n'y en *ait* point.

350. Désirant que ses maîtres *soient* contents de lui, cet élève travaille de toutes ses forces; doutant que son devoir *soit* bien fait, il s'est mis à le refaire. Cet enfant craignant qu'on ne le *grondât*, n'a pas osé dire la vérité; craignant qu'on ne nous *eût informés* de tout, il était très-embarrassé pour nous répondre. Je suis resté là deux heures, attendant qu'il *sortît* pour lui présenter ma demande. Sa légèreté est telle que je doute qu'il vous *écoutât*, qu'il vous *entendît* même, lorsque vous lui parliez, bien que ce *fût* uniquement dans ses intérêts. On a refusé sa demande, *toute* juste qu'elle *était*. Je ne crois pas que vous me *jugeassiez* sans m'entendre. Ce n'est pas qu'on *disputât* rien aux rois, ou que personne *eût* droit de les contraindre. Cet usage est favorable à l'illusion théâtrale; mais je doute qu'aujourd'hui on s'*en accommodât*. M. de Grignan était désolé hier, il *eût* donné sa part aux chiens; oui, hier; mais je ne dis pas qu'il la *jetât* aujourd'hui. Elle vole plutôt qu'elle ne marche, et je doute qu'Atalante la *pût* devancer à la course. Je ne nierai pas cependant qu'il ne *fût* alors homme de bien, mais je nie qu'il le *soit* aujourd'hui. Je ne pense pas qu'alors il *régnât* sur la Perse, ni même qu'il *vécût*. Encore qu'il *affectât* le langage de l'amitié, et que toutes ses nouvelles démarches *semblassent faites* dans votre intérêt, ses infidélités *passées* ne suffisaient-elles pas pour que vous vous *défiassiez* de lui, pour que vous *craignissiez* que ces nouvelles démonstrations ne *fussent* qu'un artifice et ne *couvrissent* quelque mauvais dessein contre vous?

Hélas! on ne craint point qu'il *venge* un jour son père;
On craint qu'il n'*essuyât* les larmes de sa mère.
Depuis trois ans entiers, qu'a-t-il dit, qu'a-t-il fait,
Qui ne *promette* à Rome un empereur parfait?

351. Il faudrait que tu *fusses* arrivé à midi pour le voir. Baléazar est aimé de ses peuples; il n'y a aucune famille qui ne lui *donnât* tout ce qu'elle a de biens, s'il se trouvait dans une pressante nécessité; il n'y a aucun de ses sujets qui ne

craigne de le perdre et qui ne *hasardât* sa propre vie pour conserver celle d'un si bon roi. Vous auriez trouvé mon vin agréable, quoiqu'il ne *vaille* pas le vôtre. On la croirait votre aînée, bien qu'elle *ait* dix ans de moins que vous. Je ne saurais dire un mot à cet homme qu'il ne *prenne* la mouche. Nous ne saurions faire un pas qu'il ne nous *suive*. On dirait que la mort *soit* à ses ordres; on croirait qu'il *veuille* commander aux éléments. Soit que Julie *eût étudié* sa langue, et qu'elle la *parlât* par principes, soit que l'usage *supplée* à la connaissance des règles, il me semblait qu'elle s'*exprimait* correctement. Il semble que les grandes entreprises *soient* plus difficiles à mener chez nous que chez les anciens. On dirait que le livre des destins *dût* été ouvert à ce prophète. Il n'y a personne qui, en pareil cas, ne s'*empressât* d'en profiter. Il n'y a guère de mots qui, étant heureusement *placés*, ne *puissent* contribuer au sublime. *Dût* le ciel égaler le supplice à l'offense ! Au diable *soit* l'écho, l'homme et l'églogue ! Je ne crois pas que sans vous je me *fusse* tiré facilement de ce mauvais pas. On ne voit aucun intérêt sensible qui *dût* le porter à faire ce qu'il fit. Dieu a voulu que les vérités divines *entrent* du cœur dans l'esprit, et non de l'esprit dans le cœur.

352. C'est pour *que tu saches* commander que je t'enseigne à obéir. Il ne faut pas croire *que vous puissiez* le faire sortir. C'est pour *que tu rendes* service à tes parents que je t'ai instruit. Dieu nous a donné des richesses pour *que nous fassions* des heureux. La comédie est faite pour *rire*. Le savoir est trop précieux pour le *négliger*. La nuit se passa sans *dormir*. Les moments sont trop chers pour les *perdre* en paroles. Dieu t'a fait pour l'*aimer* et non pour le *comprendre*. N'allez pas croire *que vous sachiez* faire jouer tous les ressorts de l'éloquence. Je *prétends* vous *traiter* comme mon propre fils. Le plus difficile *est de* donner, que *coûte*-t-il d'y ajouter un sourire ? *On a corrigé* cette personne de ses fautes *en la reprenant*. *On bonifie* le terrain *en le travaillant*. L'avarice *perd* tout *en voulant* tout gagner. Les crimes commis pendant la révolution font encore horreur, quand on les *lit*. Je l'ai rencontré se *promenant*. *En partageant* les fonctions du pouvoir, le prince *en tempère* la rigueur. Qu'ai-je fait pour *que tu viennes* troubler mon repos ? Je sens de jour en jour *dépérir* mon génie.

CHAPITRE IV.

DES MOTS INVARIABLES.

Les élèves ont dû copier les phrases suivantes et remplacer les chiffres par l'une des expressions qu'ils indiquent.

353. Les ennemis sont *dedans* et *dehors* la ville. — On l'a cherché *dessus* et *dessous* le lit. — Il était *sur* son trône, et ses fils étaient *alentour*. — Réfléchissez *avant* d'agir. — Notre troupe *serrée* tenait à peine *autour* d'une table *carrée*. — La course de mes jours est *plus d'à* demi-*faite*. — *Plutôt* la mort que l'infidélité ! — Venez le *plus tôt* que vous pourrez. — Les enfants doivent obéir *tout de suite* — Il ne saurait dire deux mots *de suite*. — Ce professeur parle habilement *sur tout*, mais il se distingue *surtout* dans les mathématiques. L'abbé Prévost a *plus* écrit que Fénélon, mais Fénélon a *mieux* écrit que l'abbé Prévost. — La vie ou *plus tôt* ou plus tard doit vous être *ravie*. — Soyez timide *plutôt* qu'effronté. — Il n'y a rien qui chatouille *plus* que les applaudissements. — Tous les jours le style se corrompt *davantage*. — J'aime la campagne *plus* que la ville. — Je n'en demande pas *davantage*. — La porte était *fermée* au verrou comme *auparavant*. — Vous ne partez pas, ni moi *non plus*. — Vous restez, et moi *aussi*. — Jamais les Français n'avaient gagné *de suite* tant de batailles. — Il vole *tout de suite* au camp des troupes du Péloponèse et les amène au combat. — Il n'eut pas *plus tôt* fait cette démarche qu'il reconnut son imprudence. — Je choisirai celui-ci *plutôt* que celui-là. — Le *plus tôt* sera le *mieux*. — Cette maison est tombée *tout à coup*. — L'astronomie est une des sciences qui *font le plus* d'honneur à l'esprit humain. — Le travail, aux hommes nécessaire, fait leur félicité *plutôt* que leur misère. Il faut veiller *sur tous* nos intérêts, mais *surtout* sur les spirituels. — De tous les vices, l'orgueil est celui qui déplaît *le plus*.

354. Il a eu l'approbation de tous, ou *du moins* du plus grand nombre. Si vous ne voulez pas être pour lui, *au moins* ne soyez pas contre. Cet homme est moins riche *de beaucoup*, aussi est-il *beaucoup* moins recherché. Cet arbre dépasse *de beaucoup* ceux qui l'environnent. César était

aussi éloquent que brave, on l'admirait *autant* qu'on l'estimait. Le lait de la femelle du buffle n'est pas *si* bon que celui de la vache. Ce loup rencontra un dogue *aussi* puissant que beau. Il est sage *autant* que vaillant. Cette tragédie offre *tant* de beautés que je l'aurais *crue* de Racine. Les chevaux turcs ne sont pas *si bien* proportionnés que les barbes. On a beau déclamer contre l'espèce humaine, les hommes ne sont pas *si* corrompus qu'on *le* suppose. Il était *si bien* à ma convenance que j'y aurais passé ma vie. C'est un talent précieux *autant* que rare, de répondre toujours *si fort* à propos. —On se voit d'un autre œil qu'on *ne voit* son prochain. Je vous entends ici mieux que vous *ne pensez.* — Les pauvres sont moins souvent malades faute de nourriture, que les riches *ne le sont* pour *en* prendre trop. Te voilà immortel, mais autrement que tu *ne l'avais pensé.*—Je ne tremble pas qu'il *arrive.*—On ne peut pas douter que les pôles *ne soient couverts* d'une coupole de glace. *Doutes*-tu qu'il *ne veuille* implorer ma clémence?

355. Thèbes n'était pas moins *peuplée* qu'elle *était* vaste. Le castor n'est ni plus ni moins habile qu'il *l'était* il y a deux *mille* ans. Depuis l'invention de la poudre, les batailles sont *beaucoup* moins *sanglantes* qu'elles *ne l'étaient, parce qu'il* n'y a presque *plus* de mêlée. Le singe n'est pas *plus* de notre espèce que nous *ne sommes* de la sienne. Les Spartiates ne sont pas *plus étonnés* de se voir mourir qu'*ils ne l'avaient* été de se trouver en vie. Les fautes d'Homère n'ont pas empêché qu'il *ne fût* sublime. J'ai peur que l'univers *n'impute* mes *transports* à ma reconnaissance.—Je ne doute pas que la vraie dévotion *ne soit* la source du repos.—Vous ne nierez pas que ce *ne soit* là le portrait de notre pauvre ami. —Peut-on nier que la santé *ne soit* préférable aux richesses? —L'ami véritable craint que son ami malheureux *ne l'appelle pas;* le faux ami, qu'il *ne l'appelle* à son secours.—Il ne s'en fallut guère qu'il *n'en vînt* à bout.—A quoi tient-il que cela *ne se fasse?*—Je nie qu'il *ait* raison.—Je désespère qu'il se *corrige.*—Assurez-vous qu'on ne peut vous aimer *plus* que je vous *aime.*—Peu s'en fallut que nous *ne touchassions* sur un rocher à droite dans la passe.—Combien s'en faut-il que la somme *n'y soit?*—Ce valet *ne saurait* être un fourbe, sans que son maître *le soit.* Il est dangereux que la vanité *n'étouffe* une partie de la reconnaissance. Gardez qu'avant le coup, votre dessein *n'éclate.* Mais il ne tient qu'à vous que son chagrin se *passe.* Je ne puis dire un mot qu'aussitôt il *ne* me *contredise.* On ne désespérait pas

que vous *ne devinssiez* riche. Nous ne *saurions* disconvenir que ce remède *ne soit* meilleur que tous les autres. Le lion n'attaque *jamais*, à moins qu'il *ne soit* provoqué.

356. Personne ne peut douter que la Providence de Dieu *ne s'étende* à tout. — On ne peut nier que le bouleversement général causé par le déluge *n'ait* flétri la beauté de la terre. Il ne tiendra pas à moi qu'on *ne* vous *rende* tout l'honneur qui vous est dû. — Je ne *bougerai* de là, puisque vous l'ordonnez. — Qui vit haï de tous ne *saurait* vivre longtemps. — Il *n'y* a *guère* de gens plus *aigres* que *ceux* qui sont doux par intérêt. — *De ma vie*, je n'ai connu cet homme; *de ma vie* je *ne* lui ai parlé. — Je voudrais *ne pas* savoir écrire, disait Néron forcé de signer un arrêt de mort. Que d'hommes *ne voient goutte* dans les vérités de la foi!

> *Eh!* pourrai-je empêcher, malgré ma diligence,
> Que Roxane d'un coup *n'assure* sa vengeance?
> Et que sert d'amasser à moins qu'on *ne jouisse?*
> Evitez qu'un excès de rigueur, d'indulgence,
> *N'encourage* l'audace, ou *n'arme* la vengeance.
> Ni l'aveugle hasard ni l'aveugle matière
> *N'ont* pu former mon âme, essence de lumière.

357. Lynx *envers* nos pareils, et taupes *envers nous*, nous nous pardonnons tout, et rien aux autres hommes. La haine *entre* les grands se calme rarement. — Il faut *parmi* le monde une vertu traitable. Il est facile de diviser les méchants *entre* eux. Dans les *grands* corps, on a vu, de tout temps, se glisser des fripons *parmi d'honnêtes* gens. On a gagné la bataille et enlevé aux ennemis cinq *ou* six vaisseaux avec *leurs* cinq *ou* six capitaines. La droiture du cœur, la vérité, l'innocence et l'empire sur ses passions, *voilà* la véritable grandeur. *Voici* trois médecins qui ne se trompent pas: gaité, doux exercice et modeste repas. J'aime à être *auprès* de lui. Sa maison est *située près du* Palais-Royal. — Nous passâmes *au travers des* écueils. — L'homme marche *à travers une nuit* importune. Il porta ses armes redoutées à *travers des* espaces immenses de terre. Il faut agir selon *les lois*, conformément *aux lois*. Il est parti en dépit *de* ses *parents* et contre *leur volonté*. C'est pour son ami et *à cause de lui* qu'il a fait ces démarches. Il s'est mis *en voyage*. — Il est *dans* sa chambre. — Il n'est question que *de villes livrées* au pillage, *de* campagnes *dévastées, de villages réduits en cendres*. Les cadeaux consistaient *en* bière du pays, *en cocos, en citrons, en yams* ou *en riz*. Avez-vous lu la fable *du* Meunier, son fils et l'âne? J'ai voyagé *en* France, *en* Espagne et

en Italie. Savez-vous *quand* il arrivera? *quant* à moi, je n'en sais rien, quoique je *l'aie* demandé plusieurs fois.

358. Tout ce que j'aperçois me charme et m'intéresse. *Et* le riche *et* le pauvre, *et* le faible *et* le fort, vont *tous* également des douleurs à la mort. Les lois sont *destinées* à rendre les hommes sages *et* heureux. Il ne croit pas que la terre *soit* une planète, *ni* qu'elle tourne *autour* du soleil. Le soleil *ni* la mort ne se *peuvent* regarder en face. Sans joie *et* sans murmure elle semble obéir. *Moins* on a de passions, *plus* on renferme en *soi* d'éléments de bonheur. *Plus* on lit Racine, *plus on* l'admire. Dans les rêves, les sensations se succèdent sans que l'âme les compare *ni* les *réunisse*. Votre frère *ni* vous ne *serez approuvés*. Il n'y a *point* de cabinets si mystérieux qu'ils *ne prétendent* pénétrer, *et* ils ne *sauraient* consentir à ignorer quelque chose. Il ne *cultive ni* les lettres *ni* les sciences. Je n'aime pas la guerre *et* ses funestes ravages, *ni* l'ambition *et* ses prétentions injustes. Il l'a trouvé sans peine *ni* travail. *Quoique* Dieu *soit* tout-puissant, il ne peut pas violer ses promesses *ni* tromper les hommes. Là tout est beau, *parce que* tout est vrai. *Par ce qu'*on voit tous les jours, il est facile de comprendre combien le mauvais exemple est pernicieux.—*Quoi que* vous lui *disiez*, il ne vous écoutera pas. *Parce qu'*on plaide, *et* qu'on meurt, *et* qu'on devient malade, il faut des médecins, il faut des avocats. *Quoi qu'il fasse*, un ânon *ne* sera jamais qu'un âne. Ils ont réussi tous deux, *quoique* par des moyens différents. Il a perdu son amitié *par ce qu'il* y a de plus indigne, l'ingratitude.—Il faut aimer Dieu *parce qu'il* est bon. *O* nuit désastreuse! *ô* nuit effroyable! où cette étonnante nouvelle, madame se meurt, madame est *morte*, retentit *tout à coup* comme un éclat de tonnerre! *Ho, ho!* les grands talents que votre esprit possède!—*Ho, ho!* je n'y prenais pas garde.—*Oh!* que la nature est sèche, quand elle est *expliquée* par les sophistes!—*Ah!* que je suis heureux!—*Ha, ha!* c'est vous, je ne vous attendais pas.—*Ha, ha!* monsieur est persan!—*Ah!* que je languis!—*Hé!* prenez garde.—*Eh* bien! qu'ils soient ingrats, pourvu qu'ils soient heureux.

RÉCAPITULATION GÉNÉRALE ET PONCTUATION.

359. Jusques à quand, Catilina, abuseras-tu de notre patience? Combien de temps encore ta fureur osera-t-elle nous insulter? Où s'arrêtera cette audace *effrénée*? Quoi donc!

ni la garde qui veille la nuit au Mont-Palatin, ni celles qui sont *dispersées* par la ville, ni tout le peuple en alarme, ni le concours de tous les bons citoyens, ni le choix de ce lieu formidable où j'ai convoqué le sénat, ni même l'indignation que tu lis sur le visage de tout ce qui t'environne ici, tout ce que tu vois enfin ne t'a pas averti que tes complots sont *découverts*, qu'ils sont *exposés* au grand jour, qu'ils sont *enchaînés* de toute part! *Penses*-tu que *quelqu'un* de nous ignore ce que tu *as* fait la nuit dernière, et celle qui l'a *précédée?* dans *quelle* maison tu as assemblé tes conjurés? *quelles* résolutions tu *as prises?* O temps! ô mœurs! le sénat en est instruit, le consul le voit, et Catilina vit encore! Il vit! que dis-je? il vient dans le sénat, il s'*assied* dans le conseil de la république, il marque de l'œil ceux d'entre nous qu'il a *désignés* pour *victimes*; et nous, *sénateurs*, nous croyons avoir assez fait, si nous évitons le glaive dont il veut nous égorger! Il y a longtemps, Catilina, que les ordres du consul *auraient dû* te faire conduire à la mort. Si je le faisais en ce moment, tout ce que j'aurais à craindre, c'est que cette justice *ne parût* trop tardive et non pas trop sévère. Mais j'ai d'autres raisons pour t'épargner encore. Tu ne *périras* que lorsqu'il n'y aura pas un seul *citoyen*, si méchant qu'il *puisse* être, si abandonné, si semblable à toi qu'il *soit*, qui ne *convienne* que ta mort *est* légitime. Jusque-là tu *vivras*; mais tu *vivras* comme tu vis aujourd'hui, tellement assiégé de *surveillants* et de *gardes*, tellement entourés de *barrières* que tu ne *puisses* faire un seul mouvement, un seul effort contre la république, qui ne *soit* connu et réprimé. Des yeux attentifs, des oreilles toujours *ouvertes* me répondront de tes démarches, sans que tu *puisses t'en* apercevoir. Et que peux-tu espérer encore, quand la nuit ne peut plus couvrir tes *assemblées criminelles*, quand le bruit de ta conjuration se fait entendre à travers *les* murs *où* tu crois te renfermer?

360. Tout ce que tu fais est connu *de* moi comme *de* toi-même. Veux-tu que je t'en donne la preuve? Te souvient-il que j'ai dit dans le sénat qu'*avant* le six des calendes de novembre, Mallius, le ministre de tes forfaits, aurait pris les armes et levé l'étendard de la rébellion? Eh bien! me suis-je trompé, non seulement sur le fait, tout horrible, tout incroyable qu'il *est*, mais sur le jour? J'ai annoncé en plein sénat quel jour, quelle heure tu *avais marquée* pour le meurtre des sénateurs. Te souvient-il que, ce jour-là, je sus prendre de *telles* précautions, qu'il ne te fut pas possible

de rien tenter contre nous, quoïque tu *eusses* dit publiquement que, malgré le départ de *quelques*-uns de tes ennemis,
il te restait encore assez de *victimes?* Tu ne peux faire un
pas, tu n'as pas une pensée dont je n'*aie* sur-le-champ la
connaissance. Enfin, rappelle-toi cette dernière nuit, et tu
verras que j'ai encore plus de vigilance pour le salut de la
république que tu *n'en* as pour sa perte. J'affirme que, cette
nuit, tu t'es rendu avec un cortége d'*armuriers* dans la
maison de Lecca. Est-ce parler clairement? qu'un grand nombre de ces malheureux que tu as associés à tes crimes s'y *sont
rendus* en même temps. Ose le nier. Tu te tais! Parle, je
puis te convaincre. Je vois ici, dans cette *assemblée*, plusieurs
de ceux qui s'y étaient *réunis* avec toi. Dieux *immortels!* où
sommes-nous? Dans quel état est la république! Ici, ici même,
parmi nous, pères conscrits, dans ce conseil le plus saint et
le plus auguste de l'univers, sont assis ceux qui *méditent* la
ruine de Rome et de l'empire; et moi, consul, je les vois, et
je leur demande leur avis! et ceux qu'il faudrait faire traîner
au supplice, ma voix ne les a pas même *attaqués!*

361. Eschyle peignit les hommes plus *grands* qu'*ils* ne
peuvent être; Sophocle, comme ils devraient être; Euripide,
tels qu'ils sont.—Si je dis: *Achille s'élance comme un lion*,
je fais une comparaison; si, en parlant d'Achille, je dis sim-
plement: *Ce lion s'élance*, je fais une métaphore: *Achille
plus léger que le vent*, c'est une hyperbole. Opposez son
courage à la lâcheté de Thersite, vous aurez une antithèse. Ainsi la comparaison rapproche deux objets, la métaphore les confond, l'hyperbole et l'antithèse ne les séparent
qu'après les avoir *rapprochés.* —Il (*l'homme*) couvre de
vignes et de *moissons* les lieux destinés aux forêts. Il dit au
pin de la Virginie: «Vous croîtrez en Europe; » la nature
seconde ses efforts, et semble, par sa complaisance, l'inviter
à lui donner des lois.

Chemin faisant, il (*le loup*) vit le cou du chien pelé,
Qu'est-ce là? lui dit-il.—Rien.—Quoi rien!—Peu de chose,
—Mais encore?—Le collier dont je suis attaché
De ce que vous voyez est peut être la cause.—
Attaché! dit le loup: vous ne courez donc pas
Où vous voulez?—Pas toujours; mais qu'importe?—
Il importe si bien que de tous vos repas
Je ne veux en aucune sorte,
Et ne voudrais pas même à ce prix un trésor.

362. Mes amis, maintenant que vous avez parcouru les
diverses parties de la grammaire et que vous *en* avez étudié

les règles, il est bon que vous *employiez* le peu *d'instants* qui vous *restent*, à faire des exercices orthographiques et *même* syntaxiques sur toutes les parties du discours. *Vu* l'ardeur avec *laquelle* vous vous êtes *portés* à cette étude, *vu* le peu d'explications qu'on vous a *données* et le peu de *talents* que vous avez *reçus* de la nature, je ne pense pas que vous *soyez arrêtés* par les phrases qu'on vous aura *données* à corriger, ni que vous *manquiez d'en* faire disparaître les irrégularités. Cependant, pour que vous ne vous *fatiguiez* pas *et* que vous ne vous *ennuyiez* pas trop, si *quelques* fautes vous *étaient échappées*, je vous préviens que vous ne seriez pas les seuls qui s'y *seraient laissé* prendre et *qu'elles auraient embarrassés : témoin* les candidats qui, pour ne les avoir pas bien *comprises ni* bien *corrigées*, se sont *vu* ajourner à une autre époque.

363. Deux enfants, qui se *jouaient sous* les *tilleuls fleuris* qui bordent la rivière, se sont *laissés* tomber dans l'eau. Aussitôt qu'on les en a *eu informés*, deux habiles nageurs *ont* volé à leur secours. Sans balancer, ils se sont *jetés* dans le fleuve, pour tâcher d'en retirer les deux *malheureuses* victimes ; mais, *quelques* peines qu'ils se *soient données*, *quelque intrépides* qu'ils se *soient montrés*, *quels* que *fussent* d'ailleurs leur courage et leur habileté, ils n'ont pu réussir à les sauver. Nous avons même craint un moment qu'ils *ne se fussent laissé* entraîner eux-*mêmes* par la violence du courant. Une terreur subite s'est *emparée* de la foule des spectateurs que cet événement avait *attirés ;* et déjà cinq *ou* six jeunes gens, généreux *autant que hardis.*, s'étaient *proposés* pour aller à leur secours, *lorsque* enfin on les a *vus* reparaître. Un instant, l'inquiétude, l'anxiété qui *avait saisi* tout le monde, *a fait* place à la joie ; mais hélas ! la douleur de voir rapporter *morts* les deux malheureux enfants, l'a *eu* bientôt *comprimée*. Les infortunés *avaient péri* sans ressource. On *n'a* rapporté que *leurs cadavres livides*, sanglants et tout *dégouttants* d'eau. Presque au même moment, leur mère s'est *entendu* raconter cet affreux accident, par une voisine imprudente qui l'a *avertie* sans aucune précaution *ni* ménagement. Pauvre mère ! *ah !* qui pourra dire ta douleur et ton affliction ? Nous l'avons *vue* accourir en *toute* hâte, *éperdue* et tout échevelée, la figure *toute décomposée* et poussant les cris les plus *déchirants*. A l'aspect de ses enfants sans vie, elle s'est *sentie* défaillir, elle est *tombée évanouir*. On l'a *crue morte* elle-même, et on l'a *reportée* sans connaissance à sa maison. Hélas ! elle nous a paru si *désolée* et si malheu-

...couse, que nous n'avons *pu en* soutenir *le* spectacle ; nous nous sommes *retirés* les yeux *tout* en pleurs et l'âme *tout abimée* dans la douleur.

364. Les anciens eux-*mêmes devaient* à leur culte le peu d'humanité qu'on a *remarquée* chez eux ; l'hospitalité, le respect pour les *suppliants* et les malheureux *tenaient* à des idées religieuses. Pour que le misérable *trouvât* quelque pitié, il fallait que Jupiter s'en *déclarât* le protecteur ; tant l'homme est féroce sans religion !—Ce qui fait la *vraie* nourriture n'est pas cette matière *brute* qui compose à nos yeux la texture de la chair ou de l'herbe ; mais ce *sont* les molécules organiques que l'*une* et l'autre *contiennent*. Les bœufs en paissant *acquièrent* autant de chair que l'homme ou que l'animal qui ne *vivent* que de chair et de sang : La *seule* différence réelle qu'il y *ait entre* ces aliments, c'est qu'à volume égal, la chair, le blé *contiennent* beaucoup plus *de* molécules organiques que l'herbe et les feuilles. — *Quelque* mal écrit que soit un ouvrage, on y trouve toujours quelque chose qui mérite d'être *lu*. *Quoi que* tu *puisses* faire pour ta mère et moi *et en notre faveur*, ne pense pas, mon fils, qu'elle *ni* moi *soyons* jamais *payés* des peines que nous a *coûtées* ton enfance. — Cette personne aurait réussi dans l'entreprise qu'elle a *tentée*, si elle ne s'était *vu* contrarier par ceux-*mêmes* qu'elle avait *cru* devoir être ses protecteurs ; mais *quelques* calomnies dont on *l'a noircie* auprès d'eux, *quelques* faux bruits qu'on *a semés* sur son compte, lui ont *fait* perdre l'estime et l'affection qu'ils lui avaient *témoignées* jusque-là. Ils l'ont *laissée* agir *seule*, ils se sont *montrés insensibles* à toutes ses supplications, *quelles qu'elles aient* été ; ils lui ont même *suscité* tous les embarras qu'ils ont *pu* ; et, si elle ne s'en était *plainte* hautement, et que la crainte d'en être publiquement *blâmés* ne les *eût retenus*, *quoique* ses parents et ses voisins, ils l'auraient *persécutée* ouvertement, elle en aurait *reçu* plus de mauvais services qu'elle *n'en* avait *attendu* de ses ennemis *même les* plus *déclarés*.

365. Les hommes, *quels* qu'ils *soient* et quelque *haut placés* qu'ils se *trouvent*, sont *sujets* à bien des illusions funestes, et quant au fond des choses et quant aux circonstances. *Témoin* les Henri VIII, roi d'Angleterre, et les Luther, moine d'Allemagne, qu'on a *vus* ébranler, par leurs erreurs, les monarchies qu'on avait *crues* jusque-là *les mieux affermies*. Bien que ni l'un ni l'autre *n'eussent prévu* les maux causés par *leurs* idées nouvelles, ils n'en *sont* pas *justifiés* pour cela ; car *ils savaient* très-bien que *si l'on* arrache un

petit nombre des pierres qui *soutiennent* une tour, l'édifice entier sera ébranlé. Depuis l'existence de ces deux hommes, que de précautions les rois n'ont-ils pas *eues* à prendre pour se maintenir sur *leurs trônes*! que de peines n'ont-ils pas *eues* pour conserver *leurs* sujets dans la subordination et comprimer l'hydre toujours *renaissante* des révolutions! Et encore, *quelques* efforts qu'ils *aient faits, quelques* sévères mesures qu'ils *aient prises*, n'ont-ils *pu* venir à bout d'arrêter le torrent des opinions nouvelles qui *ébranlaient leurs états* et *en bouleversaient les* constitutions. Combien de peuples se se *sont laissé* séduire par de chimériques promesses! Combien de royaumes se sont *vus* en proie aux *fureurs* des guerres civiles! Quel déluge de maux *ont pesé* sur l'humanité! Quel fleuve de sang et de larmes *a inondé* l'Europe *tout* entière! Néanmoins, *quelque* grands qu'aient été ces maux que les peuples et les rois ont *soufferts*, tout innombrables, *toutes* lamentables que sont les calamités *publiques* et *particulières* qui les ont *accablés tous*, ni les uns ni les autres ne sont encore pleinement *désabusés*. Tant d'*événements accomplis, tous* plus terribles les uns que les autres, n'ont point *suffi* pour leur apprendre que la *vraie* religion *seule* peut les rendre heureux.

366. Les *nouveaux-venus*, nos amis et les bienfaiteurs du pays, ont été *fêtés* par des réjouissances extraordinaires. Des roses *fraîches-cueillies* et d'*autres fleurs* qu'on avait *effeuillées* sur leur passage, *embaumaient* l'air de leur suave parfum; et des guirlandes de chèvrefeuille printannier, *ornaient* les portes et les fenêtres de leur habitation. Un magnifique festin, auquel ont été *conviées toutes* les personnes *présentes, quelles* qu'*elles fussent*, a eu lieu dans une allée de *marroniers*, sous des tentes *dressées* à cet effet, non loin d'une *saussaie verdoyante*. Ce festin avait été préparé de *longue* main; pendant plusieurs *jours*, on avait vu aller et venir des *charriots remplis* de *comestibles* de *toute* espèce, et *conduits* par des *charretiers* qui *portaient* des rubans à *leurs chapeaux*. Au déclin du jour, il y a eu de *brillantes* illuminations: des verres *bleus, violets, roses, orange*, en un mot, de *toutes* les couleurs, *répandus* avec profusion dans le feuillage, *produisaient* un spectacle qui semblait tenir de la féérie. La fête s'est *terminée* par un feu d'artifice dont le bouquet a *causé* plusieurs *accidents* et *troublé* un instant l'allégresse *générale*. *Quelques* personnes ont *eu* la figure *demi-brûlée;* d'autres, *fuyant à toutes jambes*, se sont *laissées* tomber et ne se sont *relevées* qu'après avoir été *broyées* et

meurtries sous les pieds de ceux qu'une terreur panique avait aussi *entraînés* dans une fuite *précipitée*. Peu s'en est fallu même qu'on *n'eût* à déplorer un malheur affreux, et il n'a tenu à rien qu'on *n'allumât* un vaste incendie. Une étincelle, *poussée* par le vent, est *tombée* sur un toit de chaume et y a mis le feu : en un instant la maison a été *consumée*. Les personnes qui s'*étaient rendues* à la fête se sont *empressées* de défendre contre les flammes les habitations *environnantes*, et à force de *peines* et d'*efforts*, *elles* y sont *parvenues*. Cependant, nos amis ont annoncé qu'*ils défrayeraient* le propriétaire de la maison *incendiée*. Alors des *vivat répétés* se sont fait entendre ; et, à part *quelques* paysans qu'on a *laissés ivres-morts* au lieu du festin, la foule des spectateurs et des conviés s'*est écoulée* en bénissant les nouveaux-venus et en leur souhaitant mille *prospérités*.

367. Il a été annoncé par les feuilles *publiques* qu'une faillite énorme vient d'avoir lieu dans une de nos petites villes. Témoin oculaire de l'effet terrible qu'a produit sur cette population *commerçante* l'annonce de la malheureuse catastrophe, je vais essayer, mon ami, de t'en esquisser *quelques* traits. A peine la triste nouvelle a-t-elle été *répandue*, qu'une terreur *subite* s'est *emparée* des différentes personnes qui se sont *senti* frapper par ce coup inattendu. En un instant, la place s'est *trouvée remplie* d'une foule de gens que l'intérêt ou la curiosité *avait attirés* de tous les quartiers de la ville, et qui se *précipitaient* vers la maison commune où s'*étaient réfugiés* les malheureux auteurs de la terrible catastrophe. A voir la douleur, l'inquiétude, le désespoir même *peint* sur tous les visages, on *eût* dit que tous *étaient frappés* d'une *égale* affliction. Un silence de terreur a régné pendant *quelques* instants parmi cette foule *attristée ;* mais bientôt des cris *partis* de divers points sont *venus* confirmer la nouvelle du désastre et en faire connaître toute l'étendue. Alors a *commencé* sous mes yeux la scène *la* plus *déchirante* que j'*aie* jamais *vue*. Comment te peindre la désolation, les angoisses de tant de familles *florissantes* et *riches*, qui se sont *senties* en un instant *réduites* à la mendicité, qui se sont *vu* enlever le peu de fortune que leur *avaient value* vingt *années* et plus de travaux et d'économie ! Comment te rendre les plaintes *amères* qu'elles ont *exhalées*, les malédictions horribles que, dans leur désespoir, elles ont *vomies* contre les malheureux que l'imprudence, plus encore que la mauvaise foi, *avait entraînés* dans ce malheur ! Comment te dire les cris, les menaces, l'agitation, de cette multitude en délire que ni l'auto-

rité des magistrats ni la force *armée* ne *pouvaient* plus contenir! Il me souvient surtout d'une veuve *désolée* qui, *tremblante* et *éperdue*, est *venue* tomber à mes pieds, *tou*, en
larmes et demi-morte de douleur. Malheureuse que je suis!
s'est-elle *écriée* : il y a peu de jours que le feu a dévoré ma
maison, sans que ni linge ni meuble *aient* pu être *sauvés*;
que mon époux et mes deux enfants m'ont été *enlevés* par la
mort, sans qu'il me *soit* resté ni consolation ni appui; et,
aujourd'hui, le peu de fortune que j'avais *conservée*, m'est
arrachée sans retour, toute ressource m'est *ôtée!..* Je n'aurai
donc plus pour *soutien* que la pitié des *passants* et l'aumône
de l'indigence! O ciel! à *quelles épreuves* m'as-tu donc
condamnée? Qui réparera tant de pertes?.. A ces mots, je
l'ai *vue* pâle et *agitée* de mouvements convulsifs, les yeux
égarés et *mourants*, les membres *frissonnants* et *glacés*,
s'évanouir entre mes bras. Deux heures et *demie* se sont
écoulées avant qu'elle *ait* donné aucun signe de vie. Enfin
ses forces lui sont *revenues*; mais la douleur avait fait place
au délire : elle ne s'est plus *souvenue* de rien; elle a paru
anéantie et *frappée* de stupidité pour toujours.

Quelle scène, mon ami! quelle affliction! Ah! que ceux
qui tiennent en *leurs mains* la fortune et l'avenir de tant de
familles, ne s'épargnent-ils, par toute l'attention imaginable,
par le plus de soins *possible*, la honte et la douleur d'avoir
fait tant de malheureux.

368. Voyez ces plages *désertes*, ces *tristes contrées* où
les hommes n'ont jamais résidé : *couvertes*, ou *plutôt héris-
sées* de bois épais et *noirs* dans toutes les *parties élevées*,
des arbres sans écorce et sans cime, *courbés*, *rompus*, *tombant* de vétusté; d'autres en plus grand nombre *gisant* au
pied des *premiers*, pour pourrir sur des *monceaux* déjà
pourris, *étouffant*, *ensevelissant* les germes *prêts* à éclore.
La nature, qui partout ailleurs brille par sa jeunesse, paraît
ici *toute décrépite*; la terre *surchargée* par ce poids, *sur-
montée* par les débris de ses productions, n'offre, au lieu
d'une verdure *florissante*, qu'un espace encombré, traversé
de *vieux arbres chargés* de *plantes parasites*, de *lichens*,
d'*agarics*, *fruits impurs* de la corruption : dans toutes les
parties *basses*, des eaux *mortes* et *croupissantes* faute d'être
conduites et *dirigées*; des terrains fangeux, qui, n'étant ni
solides ni *liquides*, sont *inabordables* et *demeurent* également
inutiles aux habitants de la terre et des eaux; des *ma-
récages*, qui, *couverts* de plantes *aquatiques* et *fétides*, ne
nourrissent que des insectes venimeux et *servent* de repaire

aux animaux *immondes*. Entre ces marais *infects* qui occupent les *lieux bas*, et les forêts *décrepites* qui *couvrent* les terres *élevées*, s'*étendent* des espèces de *landes*, de *savanes* qui n'ont rien de commun avec nos prairies : les mauvaises herbes y *surmontent*, y *étouffent* les bonnes ; ce n'est point ce gazon fin qui semble faire le duvet de la terre ; ce n'est point cette pelouse *émaillée* qui annonce sa *brillante* fécondité ; ce *sont* des végétaux *agrestes*, des herbes *dures*, *épineuses*, *entrelacées* les *unes* dans les autres, qui *semblent* moins tenir à la terre qu'elles ne *tiennent entre* elles, et qui, se *desséchant* et *repoussant* successivement les *unes* sur les autres, *forment* une bourre *grossière*, *épaisse* de plusieurs pieds. *Nulle* route, *nulle* communication, nul vestige dans ces lieux *sauvages*, les hommes sont *obligés* de suivre les sentiers de la bête farouche, s'ils *veulent* les parcourir ; *contraints* de veiller sans cesse pour éviter de devenir leur proie, *effrayés* de *leurs rugissements*, *saisis* du silence de ces profondes solitudes, ils rebroussent chemin, et disent : La nature brute est hideuse et *mourante*; c'*est* nous, nous *seuls* qui *pouvons* la rendre agréable et *vivante* : desséchons ces marais *croupissants*, animons ces *eaux mortes* et *stagnantes* en les faisant couler ; formons-en des *ruisseaux*, des canaux ; employons cette substance vive et *dévorante* qu'on nous avait *cachée*, et que nous ne devons qu'à nous-*mêmes*; mettons le feu à *cette* bourre *superflue*, à *ces vieilles* forêts déjà à *demi-consumées*; achevons de détruire avec le fer tout *ce* que le feu n'aura pas consumé ; bientôt, au lieu du jonc, du nénuphar, dont les crapauds *composent* leur venin, nous verrons paraître la renoncule, le trèfle, les herbes *douces* et *salutaires*; des troupeaux *bondissants* fouleront *cette* terre jadis impraticable : ils y trouveront une substance toujours *abondante*, une pâture toujours *renaissante*; ils se *multiplieront* pour se multiplier encore ; servons-nous de ces *nouveaux* aides pour achever notre ouvrage ; que les bœufs, *façonnés* au joug, *emploient* leur force et le poids de *leur* masse à sillonner la terre ; qu'elle *rajeunisse* par la culture ; une nature *nouvelle* va sortir de nos mains.

FIN.

MODÈLES D'ANALYSES GRAMMATICALES

D'APRÈS

LES PRINCIPES EXPOSÉS DANS LA GRAMMAIRE, N° 865 à 899

—

CHAPITRE PREMIER.

CLASSIFICATION DES MOTS (*).

Les élèves analyseront les phrases suivantes en indiquant : 1° la nature, 2° l'espèce, 3° les modifications, 4° les accidents de chacun des mots qui les composent (Gram. n° 867).

§ I. NOM, ARTICLE, ADJECTIF ET PRONOM.

1. *Le canif, la plume, les cahiers.* Le champ, la vigne, les prairies (**).

Le	article simple masculin singulier.
canif. . .	nom commun masc. sing.
la. . . .	art. simp. féminin sing.
plume. . .	nom com. fém. sing.
les. . .	art. simp., au masc. plur.
cahiers. . .	nom com. masc. plur.

2. *L'écriture, l'élève, les classes.* L'oncle, l'étrenne, les compliments.

L' pour *la.* .	art. simp. fém. sing.
écriture. .	nom com. fém. sing.
l' pour *le.* .	art. simp. masc. sing.
élève. . .	nom com., au masc. sing.
les. . .	art. simp., au fém. plur.
classes. .	nom com. fém. plur.

3. *La chaleur du soleil.* Les beautés du printemps.

La . . .	art. simp. fém. sing.

(*) On pourra, au commencement, exercer les élèves à copier dans le dictionnaire, en suivant l'ordre alphabétique, d'abord des noms et ensuite des adjectifs.

(**) Cette seconde phrase sera analysée de vive voix ou par écrit, selon que le maître le jugera à propos.

chaleur. . . nom com. fém. sing.
du p. de le. art. contracté masc. sing.
soleil. . . nom com. masc. sing.

4. *L'impétuosité des vents.* La gloire des héros.

L' p. la. . . art. simp. fém. sing.
impétuosité. nom com. fém. sing.
des p. de les. art. contr., au masc. plur.
vents. . . nom com. masc. plur.

5. *L'application constante au devoir.* L'humble soumission au maître.

L' p. la. . . . art. simp. fém. sing.
application. . nom com. fém. sing.
constante. . adjectif qualificatif, au fém. sing.
au p. à le. . art. contr. masc. sing.
devoir. . . nom com. masc. sing.

6. *Le pur amour du vrai bien.* La douce espérance du bonheur éternel.

Le. . . . art. simp. masc. sing.
pur. . . . adj. qual., au masc. sing.
amour. . . nom com. masc. sing.
du p. de le. art. contr. masc. sing.
vrai . . . adj. qual., au masc. sing.
bien . . . nom com. masc. sing.

7. *Les montagnes aux forêts majestueuses.* Les plaines aux riches moissons.

Les. . . . art. simp., au fém. plur.
montagnes. . nom com. fém. plur.
aux p. à les. art. contr., au fém. plur.
forêts. . . nom com. fém. plur.
majestueuses. adj. qual., au fém. plur.

8. *Mon frère, cette image.* Ma sœur, cet étui.

Mon. . . . adj. possessif, au masc. sing.
frère. . . nom com. masc. sing.
cette. . . adj. démonstratif, au fém. sing.
image. . . nom com. fém. sing.

9. *L'histoire des cent jours.* Le triomphe des quarante martyrs.

L' p. la. . art. simp. fém. sing.

histoire. . nom com. fém. sing.
des p. *de les.* art. contr., au masc. plur.
cent. . . adj. numéral cardinal, au masc. plur.
jours. . . nom com. masc. plur.

10. *Le cinquième jour du mois.* La dixième partie du mètre.

Le. . . . art. simp. masc. sing.
cinquième. . adj. num. ordinal, au masc. sing.
jour . . . nom com. masc. sing.
du p. *de le.* art. contr. masc. sing.
mois. . . nom com. masc. sing.

11. *Quelle docilité admirable!* Quelle rare modestie!

Quelle. . . adj. indéfini, au fém. sing.
docilité. . . nom com. fém. sing.
admirable. . adj. qual., au fém. sing.

12. *Un enfant nouveau-né malade.* Un homme ivre-mort malheureux.

Un . . . adj. num. card., au masc. sing.
enfant. . . nom com., au masc. sing.
nouveau-né. adj. composé, au masc. sing.
malade. . . adj. qual., au masc. sing.

13. *Le sage supérieur au savant.* Le vrai préférable au beau.

Le. . . . art. simp. masc. sing.
sage. . . adj. qual. pris substantivement, masc. sing.
supérieur. . adj. qual., au masc. sing.
au p. *à le* . art. contr. masc. sing
savant. . . adj. qual. pris substantiv., masc. sing.

14. *Quelques leçons difficiles.* Quelques courts instants.

Quelques. . adj. ind., au fém. plur
leçons. . . nom com. fém. plur.
difficiles. . adj. qual., au fém. plur.

15. *Son attachement aux biens périssables.* Sa résistance aux bonnes inspirations.

Son. . . adj. poss., au mac. sing.
attachement. nom com. masc. sing
aux p. *à les.* art. contr., au masc. plur.

biens. . . . nom com. masc. plur
périssables. adj. qual., au masc. plur

16 *Moi, votre ami, votre bienfaiteur.* Moi, sa propre
soeur.

Moi . . . . pron. pers. de la 1re pers. au masc. sing.
votre. . . adj. pos., au masc. sing.
ami. . . nom com. masc. sing.
votre. . . adj. pos., au masc. sing.
bienfaiteur. nom com. masc. sing

17. *Toi, mon appui, ma ressource.* Toi, ma consolation,
mon refuge.

Toi. . . . pron. pers. de la 2e pers., au masc. sing.
mon. . . adj. pos., au masc. sing
appui. . . nom com. masc. sing.
ma. . . . adj. pos., au fém. sing.
ressource. . nom com. fém. sing.

18. *Lui, son espérance, son soutien.* Eux, nos gardiens,
nos défenseurs.

Lui. . . . pron. pers. de la 3e pers., au masc. sing
son p. sa. . adj. pos., au fém. sing.,
espérance. . nom com. fém. sing.
son. . . . adj. pos., au masc. sing.
soutien. . . nom com. masc. sing.

19. *La gloire du Seigneur, celle des hommes.* Le bonheur
du monde, celui du ciel.

La. . . . . art. simp. fém. sing.
gloire. . . nom com. fém. sing.
du p. de le. art. contr. masc. sing.
Seigneur. . nom propre de la divinité, masc. sing.
celle. . . . pron. dém., 3e pers. du fém. sing.
des p. de les. art. contr., au masc. plur.
hommes. . nom com. masc. plur.

20. *Vos livres, les miens; nos devoirs, les leurs.* Ta classe,
la nôtre; notre maître, le vôtre.

Vos . . . adj. pos., au masc. plur
livres. . . nom com. masc. plur.
les miens. . pron. pos., 1re pers. du masc. plur.
nos. . . . adj. pos., au masc. plur.
devoirs. . nom com. masc. plur.
les leurs. . pron. pos., 3e pers. du masc. plur.

§ II. NOM, ARTICLE, ADJECTIF, PRONOM ET VERBE.

21. *La vertu est aimable, le vice est odieux. Dieu est éternel. La vie est courte.*

La   .   art. simp. fém. sing.
vertu.   . nom com. fém. sing.
est.   . v. subst., 4e c., au prés. de l'ind., 1er mode, 3e pers. du sing.
aimable.   . adj. qual., au fém. sing.
le.   . art. simp. masc. sing
vice   . nom com. masc. sing.
est.   . v. subst., 4e c., au prés. del'ind., 1er mode, 3e pers. du sing.
odieux.   . adj. qual., au masc. sing.

22. *Je suis heureux, tu seras sage, il était bon. Je suis content, tu es honnête, elle est pieuse.*

Je.   , pron. pers. de la 1re pers., au masc. sing.
suis   . v. subst., 4e conj., au prés. de l'ind., 1er mode, 1re pers. du sing.
heureux.   . adj. qual., au masc. sing.
tu   . pron. pers. de la 2e pers., au masc. sing.
seras.   . v. subst., 4e c., au fut. simp. de l'ind., 1er mode, 2e pers. du sing.
sage   . adj. qual., au masc. sing.
il.   . pron. pers. de la 3e pers., masc. sing.
était.   . v. subst., 4e c., à l'imp. de l'ind., 1er mode, 3e pers. du sing.
bon.   . adj. qual., au masc. sing.

23. *Nous étudions nos leçons, vous récitez les vôtres. Ils achèvent leurs pages, nous commençons les nôtres.*

Nous.   . pron. pers. de la 1re pers., au masc. plur.
étudions.   . v. act., 1re conj., au prés. de l'ind., 1er mode, 1re pers. du plur.
nos   . adj. pos., au fém. plur.
leçons.   . nom com. fém. plur.
vous.   . pron. pers. de la 2e pers., au masc. plur.
récitez   . v. act., 1re conj., au prés. de l'ind. 1er mode, 2e pers. du plur.
les vôtres.   . pron. pos., 2e pers. du fém. plur.

24. *Celui-ci a été honnête, cet autre a été grossier. Celui-là est bon, celui-ci est mauvais.*

Celui-ci.   . pron. dém., 3e pers. du masc. sing.

a été. . . . v. subst., 4e c., au pas. ind. de l'ind., 1er mode,
          3e pers. du sing.
nonnéte. . . adj. qual., au masc. sing.
cet. . . . . adj. dém. au masc. sing.
autre. . . . pron. ind., 3e pers., au masc. sing.
a été. . . . v. subst., 4e c., au pas. ind. de l'ind., 1er mode,
          3e pers. du sing.
grossier. . adj. qual., au masc. sing.

25. *Les orgueilleux aiment ceux qui les louent.* Les remords
       poursuivent ceux qui offensent Dieu.

Les. . . . . art. simp., au masc. plur.
orgueilleux. adj. pris subst., masc. plur
aiment. . . v. act., 1re c., au prés. de l'ind., 1er mode, 3e pers.
          du plur.
ceux. . . . pron. dém., 3e pers. du masc. plur.
qui. . . . . pron. conj., à la 3e pers. du masc. plur.
les. . . . . pron. pers. de la 3e pers., au masc. plur.
louent. . . v. a., 1re c., au prés. de l'ind., 1er mode, 3e pers.
          du plur

26. *Nous devons préférer la vertu au plaisir.* Vous devez
       supporter les faiblesses des autres.

Nous. . . . pron. pers. de la 1re pers., au masc. plur.
devons. . . v. a., 3e c., au prés. de l'ind., 1er mode, 1re pers.
          du plur.
préférer. . v. a., 1re c., au prés. de l'inf., 5e mode.
la. . . . . art. simp. fém. sing.
vertu. . . . nom com. fém. sing.
au p. à le. . art. contr. masc. sing.
plaisir. . . nom com. masc. sing.

27. *Il fera quelques progrès cette année.* Il a su toutes ses
       leçons cette semaine.

Il. . . . . . pron. pers. de la 3e pers. masc. sing.
fera. . . . v. a., 4e c., au fut. simp. de l'ind., 1er mode, 3e pers.
          du sing.
quelques. . adj. ind., au masc. plur.
progrès. . nom com. masc. plur
cette. . . . adj. démonstr., au fém. sing.
année. . . nom com. fém. sing.

28. *Celui qui se fie aux richesses, tombera.* Ceux qui sui-
       vent leurs passions, périront.

Celui. . . . pron. dém., 3e pers. du masc. sing.
qui. . . . . pron. conj., à la 3e pers. du masc. sing.

se. . . . . pron. pers., à la 3e pers. du masc. sing.
fie. . . . . v. pronom., 1re c., au prés. de l'ind., 1er mode.
       3e pers. du sing.
aux p. *à les.* art. contr., au fém. plur.
richesses. . nom com. fém. plur.
tombera. . v. neut., 1re c., au futur simpl. de l'ind., 1er mode.
       3e pers. du sing.

29. *Tu as reçu un bienfait,| sois-en reconnaissant.* Vous avez fait une faute, soyez-en repentants.

Tu. . . . pron. pers. de la 2e pers., au masc. sing.
as reçu. . v. a., 3e c., au pas. ind. de l'ind., 1er mode.
       2e pers. du sing.
un. . . . adj. num. card., au masc. sing.
bienfait. . nom com. masc. sing.
sois. . . . v. subst., 4e c., à l'impér., 3e mode, 2e pers. du sing.
en. . . . pron. pers., 3e pers. du masc. sing.
reconnaissant. adj. qual., au masc. sing.

30. *Chéris ta mère, tu le dois.* Aimons notre prochain, Dieu l'ordonne.

Chéris. . . v. act., 2e c., à l'impér., 3e mode, 2e pers. du s.
ta. . . . adj. pos., au fém. sing.
mère. . . nom com. fém. sing.
tu. . . . pron. pers. de la 2e pers., au masc. sing.
le. . . . pron. pers., 3e pers. du masc. sing.
dois. . . v. act., 3e c., au prés. de l'ind., 1er mode, 2e pers.
       du sing.

§ III. LES DIX PARTIES DU DISCOURS.

31. *O mère affligée, hélas! tu pleures amerement sur la perte d'un fils vertueux et chéri!* O Dieu infiniment bon, ah! prends pitié de mon malheureux sort et assiste-moi dans cette extrémité.

O. . . . . interjection.
mère. . . nom com. fém. sing.
affligée. . part. pas. employé adjectiv., au fém. sing.
tu. . . . pron. pers. de la 2e pers., au fém. sing.
pleures. . v. n., 1re c., au prés. de l'ind., 1er mode.
       2e pers. du s.
amèrement. adverbe.
sur. . . . préposition.
la. . . . art. simp. fém. sing.
perte. . . nom com. fém. sing.
d' p. *de.* . préposition.

un. . . . . adj. num. card., au masc. sing.
fils. . . . . nom com. masc. sing.
vertueux. . adj. qual., au masc. sing.
et. . . . . conjonction.
chéri. . . part. pas. employé adjectiv., au masc. sing.

32. *Les méchants ne sont pas heureux, quoiqu'ils pros-*
père nt quelquefois. Quoique je sois son ami, il a constamment agi contre moi.

Les. . . . . art. simp., au masc. plur.
méchants. . adj. qual. pris subst., au masc. plur.
ne pas. . . locution adverbiale.
sont. . . . v. subst., 4e c., au prés. de l'ind., 1er mode, 3e pers.
     du plur.
heureux. . adj. qual., au masc. plur.
quoiqu' p. *quoique.* conjonction.
ils. . . . . pron. pers. de la 3e pers., au masc. plur.
prospèrent. v. n., 1re c., au prés. de l'ind., 1er mode, 3e pers.
     du plur.
quelquefois. adverbe.

33. *Quoi! vous avez fait cette imprudence!* Hélas! je
   crains bien que vous ne la payiez *cher.*

Quoi. . . . interjection.
vous. . . . pron. pers. de la 2e pers., au masc. plur.
avez fait. . v. a., 4e c., au pas. ind. de l'ind., 1er mode,
     2e pers. du plur.
cette. . . . adj. dém., au fém. sing.
imprudence. nom com. fém. sing.
cher p. *chèrement.* adj. employé adverbialement.

34. *Hé quoi! vous n'êtes pas encore partis!* Ah! j'aporé-
   hende beaucoup que vous n'arriviez trop tard.

Hé quoi! . interjection.
vous. . . . pron. pers. de la 2e pers., au masc. plur.
ne pas. . . locut. adverbiale.
êtes partis. . v. n., 2e c., au pas. ind. de l'ind., 1er mode
     2e pers. du plur.
encore. . . adverbe

35. *Je ne doute pas que vous ne réussissiez bientôt, si vous*
travaillez toujours avec la même ardeur. Je vois avec
plaisir que vous comprenez mieux les avantages de l'instruction, et que vous voulez l'acquérir *à tout prix.*

Je. . . . . pron. pers. de la 1re pers., au masc. sing.

ne pas. . . locut. adv.
doute. . . v. n., 1re c., au prés. de l'ind., 1er mode, 1re p. du sing.
que. . . . conjonction.
vous. . . pron. pers. de la 2e pers., au masc. plur. .
ne. . . . adv. de négation.
réussissiez . v. n., 2e c., au prés. du subj., 4e mode, 2e p. du pl.
bientôt. . adv. de temps.
si. . . . conjonction.
vous. . . pr. pers. de la 2e pers., au masc. plur.
travaillez . v. n., 1re c., au prés. de l'ind., 1er mode, 2e p. du pl.
toujours. . adv. de temps.
avec. . préposition
la. . . . art. simp. fém. sing.
même. . . adj. ind., au fém. sing.
ardeur . . nom com. fém. sing.
à tout prix. loc. adverb.

36. *Démosthène et Cicéron étaient très-éloquents.* Alexandre et César étaient très-courageux.

Démosthène. nom propr. d'homme, masc. sing.
et. . . . conjonction.
Cicéron. . nom propr. d'homme, masc. sing.
étaient. . . v. subst., 4e c., à l'imp. de l'ind., 1er mode, 3e p. u pl.
très. . . . adverbe.
éloquents. . adj. qual. masc. plur., au sup. absolu, a cause de
　　　　très dont il est précédé.

37. *Cet homme a toujours été mon meilleur ami.* L'étude est son plus grand plaisir.

Cet. . . . adj. dém., au masc. sing
homme. . . nom com. masc. sing.
a été. . . v. subst., 4e c., au pas. ind. de l'ind., 1er mode,
　　　　3e pers. du sing.
toujours. . adv. de temps.
mon. . . adj. pos., au masc. sing.
meilleur. . adj. qual., masc. sing., au sup. relatif, parce que,
　　　　exprimant par lui-même la comparaison, il est
　　　　précédé de *mon.*
ami . . . nom. com. masc. sing

38. *Mon enfant, sois désormais plus attentif, et tu profiteras davantage.* On souhaiterait, mes amis, que vous devinssiez plus obéissants.

Mon. . . adj. pos., au masc. sing.
enfant. . . nom. com. masc. sing.
sois. . . v. s., 4e c., à l'impér., 3e mode, 2e pers. du sing
désormais. . adv. de temps.
plus. . . . adv. de comp.

attentif. . . . adj. qual., masc. s., au compar. de supér., à cause
        de *plus* dont il est précédé.
et. . . . . conjonction.
tu. . . . . pron. pers. de la 2e pers., au masc. sing.
profiteras. . . v. n., 1re conj., au fut. simp. de l'ind, 1er mode,
        2e pers. du sing.
davantage. . . adv. de comparaison.

39. *Nous apprenons à aimer la religion en l'étudiant.*
Nous soulageons notre cœur en le corrigeant de ses défauts.

Nous. . . . pron. pers. de la 1re pers., au masc. plur.
apprenons. . . v. a., 4e c., au prés. de l'ind., 1er mode, 1re p. du pl.
à . . . . préposition.
aimer. . . . v. a., 1re c., au prés. de l'inf., 5e mode.
la. . . . . art. simp. fém. sing.
religion. . . nom com. fém. sing.
en . . . . préposition.
l' p. la . . pr. pers. à la 3e pers. du fém. sing.
étudiant . . v. a., 1re c., au part. présent.

40. *C'est Dieu qui nous a créés et qui nous conserve.*
C'est Jésus-Christ qui doit nous juger, nous récompenser
ou nous punir.

C' p. ce. . . pron. dém., 3e pers. du masc. sing.
est. . . . . v. s., 4e c., au prés. de l'ind., 1er mode, 3e pers. du s.
Dieu. . . . nom prop. de la divinité, masc. sing.
qui. . . . pron. conj., à la 3e pers. du masc. sing.
nous. . . . pron. pers. de la 1re pers., au masc. plur.
a créés . . v. a., 1re c., au pas. ind. de l'ind., 1er mode, 3e p. du s.
et. . . . . conjonction.
qui. . . . pron. conj., à la 3e pers. du masc. sing.
nous . . . pron. pers. de la 1re pers., au masc. plur.
conserve. . . v. a., au prés. de l'ind., 1er mode, 3e pers. du sing.

CHAPITRE II.

FONCTION DES MOTS ET CONCORDANCE.

*Les élèves, en analysant les phrases suivantes, ont dû continuer
les exercices précédents, indiquer en outre la fonction de chaque
mot et rendre raison des accords (Grammaire, n° 868 à 887).*

§ I. CONSTRUCTION RÉGULIÈRE.

41. *Dieu est la bonté même.* Cette personne est l'innocence
même.

Dieu. . . . nom prop. de la divinité, masc. sing.; suj. de *est*,
        question *qui est-ce qui?*

est.	v. subst., 4ᵉ c., au prés. de l'ind., 1ᵉʳ mode, à la 3ᵉ pers. du sing., à cause de son suj. *Dieu.*
la.	art. simple, fém. sing., ann. que *bonté* est déterm.
bonté. . .	nom com. fém. sing., attrib. de *Dieu.*
même. . .	adj. ind., au fém. sing., à cause de *bonté* qu'il déterm.

42. *La crainte et l'espérance partagent notre vie.* Le ciel et la terre louent le Seigneur.

La. . . .	art. simpl. fém. sing., ann. que *crainte* est déterm.
crainte. . .	n. c. f. s., 1ᵉʳ suj. de *partagent*, q. *qu'est-ce qui?*
et. . . .	conj. qui unit 2 noms placés en sujets.
l' p. la. . .	art. s. f. s., ann. que *espérance* est déterm.
espérance. .	n. c. f. s., second suj. de *partagent*, q. *qu'est-ce qui?*
partagent. .	v. a., 1ʳᵉ c., au prés. de l'ind., 1ᵉʳ mode, à la 3ᵉ p. du pl., à cause de ses 2 suj. *crainte et espérance.*
notre. . .	adj. pos., au fém. sing., à cause de *vie* qu'il déterm.
vie. . . .	n. c. f. s., compl. direct de *partagent*, q. *quoi?*

43. *L'opulence et le repos sont incompatibles; celle-là est l'ennemie de celui-ci.* Le vice et la vertu sont bien différents; celui-là est l'*opposé* (n. c.) de celle-ci.

L' p. la. . .	art. s. f. s., ann. que *opulence* est déterm.
opulence. .	n. c. f. s., 1ᵉʳ suj. de *sont*, q. *qu'est-ce qui?*
et. . . .	conj. qui unit 2 noms placés en sujets.
le. . . .	art. simp. m. s., ann. que *repos* est déterm.
repos. . .	n. c. m. s., second suj. de *sont*, q. *qu'est-ce qui?*
sont. . . .	v. subst., 4ᵉ c., au prés. de l'ind., 1ᵉʳ mode, à la 3ᵉ pers. du plur., à cause de ses 2 suj. *opulence et repos.*
incompatibles.	adj. qual., au masc. plur., à cause de *opulence* et de *repos* qu'il qualifie.
celle-là. . .	pron. démonst., à la 3ᵉ pers. du fém. sing., à cause de *opulence* dont il tient la place, suj. de *est*, q. *qu'est-ce qui?*
est. . . .	v. subst., 4ᵉ c., au prés. de l'ind., 1ᵉʳ mode, à la 3ᵉ pers. du sing., à cause de son suj. *celle-là.*
l' p la. . .	art. simp. fém. sing., ann. que *ennemie* est déterm.
ennemie. .	adj. pris subst., au fém. sing., attrib. de *celle-là.*
de. . . .	prépos. qui fait rapp. *celui-ci* à *ennemie.*
celui-ci. . .	pron. dém., à la 3ᵉ pers. du masc. sing., à cause de *repos* dont il tient la place, c. ind. de *ennemie*, q. *de quoi?*

44. *Les qualités d'Alexandre étaient celles d'un grand homme;* ses défauts étaient ceux d'un soldat.

Les. . . .	art. simp., au fém. plur., ann. que *qualités* est dét.
qualités. .	n. c. f. pl., suj. de *étaient*. q. *qu'est-ce qui?*

d' p. *de* . . . prép. qui fait rapp. *Alexandre* à *qualités*.

Alexandre . nom prop. d'homme, masc. sing., c. ind. de *qualités*,
q. *de qui?*

étaient. . . v. s., 4e c., à l'imp. de l'ind., 1er mode, à la 3e pers.
du plur., à cause de son suj. *qualités*.

celles. . . pr. dém., à la 3e pers. du fém. pl,, à cause de *qualités* dont il rappelle l'idée, attrib. de *qualités*.

d' p. *de* . . prép. qui fait rapp. *homme* à *celles*.

un. . . . adj. num. card., au masc. sing., à cause de *homme*
qu'il détermine.

grand. . . adj. qual., au m. s., à cause de *homme* qu'il qualifie.

homme . . n. c. m. s., c. ind. de *celles*, q. *de qui?*

45. *Avec des livres et du goût pour l'étude on passe le
temps agréablement.* Du pain et de l'eau suffisaient à leur
nourriture.

Avec. . . . prép. qui fait rapp. *livres* et *goût* à *passe*.

des p. *quelques*. art. partitif, au masc. pl., à cause de *livres* qu'il
détermine.

livres. . . n. c. m. plur., c. ind. de *passe*, q. *avec quoi?*

et. . . . conj. qui unit 2 noms placés en compl. ind.

du p. *quelque*. art. part., au masc. sing., à cause de *goût* qu'il dét.

goût . . . n. c. m. s., c. ind. de *passe*, q. *avec quoi?*

pour. . . prép. qui fait rapp. *étude* à *goût*.

l' p. *la* . . art. s. f. s., ann. que *étude* est déterm.

étude. . . n. c. f. s., c. ind. de *goût*, q. *pour quoi?*

on . . . pr. ind., 3e pers. du m. s., suj. de *passe*, q. *qui
est-ce qui?*

passe. . . v. a., 1re c., au prés. de l'ind., 1er mode, à la 3e
pers. du sing, à cause de son suj. *on*.

le. . . . art. s. m. s., ann. que *temps* est déterm.

temps. . . n. c. m. s., c. d. de *passe*, q. *quoi?*

agréablement. adv. de manière modifie *passe*.

46. *Faites-moi des propositions que je puisse accepter.*
Je ne vous ferai pas des promesses frivoles.

Faites. . . v. a., 4e c., à l'impér., 3e mode, à la 2e pers. du pl.,
à cause de son suj. *vous*, sous-entendu.

moi . . . pron. pers. de la 1re pers., au masc. sing., c. ind.
de *faites*, q. *à qui?*

des p. *quelques*. art. part., au fém. plur., à cause de *propositions*
qu'il déterm.

propositions. . n. c. f. pl., c. d. de *faites*, q. *quoi?*

que . . . pr. conj., à la 3e pers. du plur., à cause de son
antécéd. *propositions*, c. d. de *accepter*, q. *quoi?*

je . . . pron. pers. de la 1re pers., au masc. sing., suj. de
puisse, q. *qui est-ce qui?*

puisse. . . v. a., 3e c., au prés. du subj., 4e mode, à la 1re
pers. du sing., à cause de son suj. *je*.

accepter. ⸏. **v.** act., 1re c., au prés. de l'inf., 5e mode, c. d. de *puisse*, q. *quoi?*

47. ***Chacun a son defaut où toujours il revient. J'ignore le nom du pays où il demeure.***

Chacun. . . pron. ind., 3e pers. du masc. sing., suj. de *a*, q. *qui est-ce qui?*

a . . . . **v.** a., 3e c., au prés. de l'ind., 1er mode, à la 3e pers. du sing, à cause de son suj. *chacun.*

son. . . . adj. pos., au masc. sing., à cause de *défaut* qu'il dét.

défaut. . . n. c. m. sing., c. d. de *a*, q. *quoi?*

où p. *auquel.* pron. conj., à la 3e pers. du masc. sing., à cause de son antécéd. *défaut*, c. ind. de *revient*, q. *à quoi?*

toujours. . adv. de temps, modif. *revient.*

il . . . . pr. pers. de la 3e pers., masc. sing., suj. de *revient*, q. *qui est-ce qui?*

revient. . . **v.** n., 2e c., au prés. de l'ind., 1er mode, à la 3e pers. du sing., à cause de son sujet *il.*

48. ***L'hypocrite flatte nos vices afin que nous applaudissions aux siens. Partageons les peines des autres, et nous sentirons moins les nôtres.***

L' p. *le* . . art. s. m. s., ann. que *hypocrite* est déterm.

hypocrite. . adj. pris subst., masc. sing, suj. de *flatte*, q. *qui est-ce qui?*

flatte. . . v. a., 1re c., au prés. de l'ind., 1er mode, à la 3e pers. du sing., à cause de son suj. *hypocrite.*

nos. . . . adj. pos., au masc. plur., à cause de *vices* qu'il dét.

vices. . . nom com. masc. plur., c. d. de *flatte*, q. *quoi?*

afin que. . loc. conj. qui unit 2 proposit.

nous . . . pron. pers. de la 1re pers., au masc. plur., suj. de *applaudissions*, q. *qui est-ce qui?*

applaudissions. v. n., 2e c., au prés. du subj., 4e mode, à la 1re pers. du plur., à cause de son suj. *nous.*

aux p. *à les.* art. contr. *A*, prép. qui fait rapp. *les siens* à *applaudissions; les*, art. simple formant avec le mot suivant un pron. poss.

les siens. . pron. pos., à la 3e pers. du masc. plur., à cause de *vices* dont il rappelle l'idée, c. ind. de *applaudissions*, q. *à quoi?*

49. ***Si nous priions Dieu avec ferveur, il exaucerait plus vite nos demandes. Si vous criiez moins, on vous entendrait mieux.***

Si. . . . . conj. qui unit 2 propos.

nous. . . . pron. pers. de la 1re pers., au masc. plur., suj. de *priions*, q. *qui est-ce qui?*

priions. . . v. act., 1re c., à l'imp. de l'ind., 1er mode, à la 1re
      pers. du plur., à cause de son suj. *nous.*
Dieu. . . . nom prop. de la divinité, masc. sing., c. d. de
      priions, q. *qui?*
avec ferveur (*). loc. adv., modifie *priions.* (*avec ferveur* v.
      fervemment).
il. . . . . pron. pers., à la 3e pers. du masc. sing., à cause
      de *Dieu* dont il tient la place, suj. de *exaucerait*,
      q. *qui est-ce qui?*
exaucerait . v. a., 1re c., au prés. du cond., 2e mode, à la 3e
      pers. du sing., à cause de son suj. *il.*
plus . . . . adv. de comparaison modifie *vite.*
vite. . . . . adv. de manière modifie *exaucerait.*
nos. . . . . adj. pos., au f. p., à cause de *demandes* qu'il dét.
demandes. . nom com. fém. plur., c. d. de *exaucerait*, q. *quoi?*

50. *Les Mahométans ravagèrent l'Espagne au commencement du huitième siècle.* Les Français s'emparèrent de
   la Hollande au fort de l'hiver.

Les. . . . . art. s., au m. pl., ann. que *Mahométans* est dét.
Mahométans (**). n. c. m. pl., suj. de *ravagèrent*, q. *qui est-ce qui?*
ravagèrent. v. a., 1re c., au pas. déf. de l'ind., 1er mode, à la
      3e pers. du pl., à cause de son suj. *Mahométans.*
l' p. *la.* . . art. s. f. s., ann. que *contrée* est déterm.
(*contrée*). . nom com. fém. sing., c. d. de *ravagèrent*, q. *quoi?*
Espagne. . . nom prop. de pays, fém. sing., att. de *contrée*, sous-
      entendu (*la contrée qui est appelée Espagne*).
au p. *à le.* . art. contr. À, prépos. qui fait rapp. *commencement* à
      ravagèrent; *le*, art. s. m. s., ann. que *commen-
cement* est déterm.
commencement. n. c. m. s., c. ind. de *ravagèrent*, q. *à quoi?*
du p. *de le.* art. contr. De, prép. qui fait rapp. *siècle* à *commencement.* Le, art. s. m. s., ann. que *siècle* est déterm.
huitième. . adj. n. ord., au m. sing., à cause de *siècle* qu'il dét.
siècle. . . . n. c. m. s., c. ind. de *commencement*, q. *de quoi?*

51. *Le nom seul de Louis rendit la victoire aux aigles fugitives.* Jupiter ne nous menace plus de son *foudre* ridicule.

Le. . . . . art. simp. masc. sing., ann. que *nom* est déterm.
nom . . . . n. c. m. s., suj. de *rendit*, q. *qu'est-ce qui?*

(*) On pourrait aussi analyser: AVEC, prépos. qui fait rapp. *ferveur* à *priions,*
FERVEUR, nom com. fém. sing., c. ind. de *priions*, q. *avec quoi?*
(**) Ce nom est considéré comme nom commun par la raison qu'il convient
à tous les individus composant la nation mahométane. On pourrait également
le considérer comme nom propre, en ce sens qu'il sert à distinguer un peuple
des autres peuples; dans ce cas, l'art. *les* serait censé déterminer le nom
peuples, sous-entendu.

seul. . . . adj. qual., au m. sing., à cause de *nom* qu'il qualifie.
de. . . . . prép. qui fait rapp. *Louis* à *nom*.
Louis. . . nom propr. d'homme, masc. sing., c. ind. de *nom*, q. *de qui?*
rendit . . v. act., 4e c., au pas. déf. de l'ind., 1er mode, à la 3e pers. du sing., à cause de son suj. *nom*.
la. . . . art. s. f. s., ann. que *victoire* est dét.
victoire. . nom com. fém. sing., c. d. de *rendit*, q. *quoi*
aux p. *à les.* a. contr. *À* prép., qui fait rapp. *aigles* à *rendit; les*, art. s. f. pl., ann. que *aigles* est dét.
aigles. . . n. c. pl., au fém., parce qu'il est pris dans le sens d'enseignes, c. ind. de *rendit*, q. *à quoi?*
fugitives. . adj. qual., au fém. pl., à cause de *aigles* qu'il qual.
foudre. . . n. c. sing, au masc., parce qu'il est employé figurément, c. ind. de *menace*, q. *de quoi?*

52. *Le zèle de la religion n'eut jamais dans Fénélon ni sécheresse ni amertume.* On ne fait jamais *ni tout ce qu'*on veut ni tout ce qu'on peut.

Le. . . . art. s. m. s., ann. que *zèle* est dét.
zèle. . . . n. c. m. s., suj. de *eut.*, q. *qu'est-ce qui?*
de. . . . prép. qui fait rapp. *religion* à *zèle*.
la. . . . art. s. f. s., ann. que *religion* est dét.
religion. . n. c. f. s., c. ind. de *zèle*, q. *de quoi?*
ne jamais. . loc. adv. modifie *eut*.
eut. . . . v. a., 3e c., au pas. déf. de l'ind., 1er mode, à la 3e pers. du sing., à cause de son suj. *zèle*.
dans. . . prép. qui fait rapp. *Fénélon* à *eut*.
Fénélon. . n. prop. d'homme, m. s., c. ind. de *eut*, q. *dans qui?*
ni. . . . conj. qui unit 2 noms placés en compléments.
sécheresse. . n. c. f. s., c. d. de *eut*, q. *quoi?*
ni . . . conj. qui unit 2 noms placés en compléments.
amertume. . n. c. f. s., c. d. de *eut*, q. *quoi?*
ni. . . . conj. qui unit 2 pron. dém. placés en compléments.
tout. . . . adj. ind., au masc. sing, à cause de *ce* qu'il dét.
ce. . . . pr. dém., à la 3e pers. du masc. sing., c. d. de *fait*, q. *quoi?*
que. . . . pr. conj., à la 3e pers. du masc. sing., à cause de son antéc. *ce*, c. d. de *veut*, q. *quoi?*

53. *Ces langues ont leurs beautés, celles-ci ont également les leurs.* Votre pays a ses agréments, le mien a aussi les siens.

Ces. . . . adj. dém., au fém. pl., à cause de *langues* qu'il dét.
langues. . n. c. f. pl., suj. de *ont*, q. *qu'est-ce qui?*
ont. . . . v. a., 3e c., au prés. de l'ind., 1er mode, à la 3e pers. du pl. à cause de son suj. *langues*.
leurs. . . adj. pos. au fém. pl., à cause de *beautés* qu'il dét.

beautés.	. n. c. f. pl., c. d. de *ont*, q. *quoi?*
celles-ci.	. pron. dém., à la 3e pers. du fém. pl., a cause de *langues* dont il tient la place, suj. de *ont*, q. *qu'est-ce qui?*
ont	. v. a., 3e c., au prés. de l'ind., 1er mode, à la 3e p. du pl., à cause de son suj. *celles-ci.*
également	. adv. modifie *ont.*
les leurs.	. pr. ind., à la 3e pers. du fém. pl., à cause de *beautés,* dont il rappelle l'idée, c. d. de *ont*, q. *quoi?*

54. *C'est Dieu qui a formé ce vaste univers dont le soleil est le flambeau.* C'est lui qui nous donne tous ces biens dont la jouissance est si douce.

C' p. *ce.*	. pr. dém., 3e pers. du masc. sing., suj. de *est.*
est.	. v. s., 4e c., au prés. de l'ind., 1er mode. à la 3e p. du sing., à cause de son suj. *ce.*
Dieu.	. nom prop. de la divinité, masc. sing., attrib. de *ce.*
qui.	. pr. conj., à la 3e pers. du masc. sing., à cause de son ant. *Dieu*, suj. de *a formé*, q. *qui est-ce qui?*
a formé.	. v. a., 1re c., au pas. ind. de l'ind., 1er mode, à la 3e pers. du s., à cause de son suj. *qui.* Le part., *formé*, étant conj. avec *avoir*, reste inv., parce qu'il est suivi de son c. d., *univers.*
ce.	. adj. dém., au m. s., à cause de *univers* qu'il dét.
vaste.	. adj. qual., au m. s., à cause de *univers* qu'il qual.
univers.	. n. c. m. s., c. d. de *a formé*, q. *quoi?*
dont p. *duquel.*	p. conj., à la 3e pers. du m. s., à cause de son ant. *univers*, c. ind., de *flambeau*, q. de *quoi.*
le.	. art. s. m. s., ann. que *soleil* est dét.
soleil.	. nom c. m. s., suj. de *est*, q. *qu'est-ce qui?*
est.	. v. s., 4e c., au prés. de l'ind., 1er mode, à la 3e p. du sing., à cause de son suj. *soleil.*
le.	. art. s. m. s., ann. que *flambeau* est dét.
flambeau.	. n. c. m. s., attrib. de *soleil.*

56. *Vous ne feriez pas des entreprises si hasardeuses si vous en prévoyiez toutes les conséquences.* Les hommes se prépareraient mieux à la mort, s'ils en pesaient davantage les suites.

Vous	. pron. pers. de la 1re pers., au masc. pl., suj. de *feriez*, q. *qui est-ce qui?*
ne pas	. loc. adv. modifie *feriez.*
feriez	. v. a., 4e c., au prés. du cond., 2e mode, à la 2e p. du pl., à cause de son suj. *vous.*
des p. *quelques*	. art. part., au fém. pl., à cause de *entreprises* qu'il dét.
entreprises	. nom com. fém. pl., c. d. de *feriez*, q. *quoi?*
si p. *tellement*	. adv. modif. *hasardeuses.*

hasardeuses . adj. qual., au fém. plur.; à cause de *entreprises* qu'il qual.

si . . . . conj. qui unit 2 propositions.

vous . . . pron. pers. de la 2e pers , au masc. plur., suj. de *prévoyiez*, q. *qui est-ce qui?*

en p. de cela. pron. pers., de la 3e pers. du masc. sing., c. ind. de *conséquences*, q. *de quoi?*

prévoyiez . v. act.. 3e conj., à l'imp. de l'ind., 1er mode, à la 2e pers. du pl., à cause de son suj. *vous.*

toutes . . adj. ind., au fém. pl., à cause de *conséquences* qu'il déterm.

les . . . art. s., au fém. pl., ann. que *conséquences* est dét.

conséquences. nom com. fém. pl., c. d. de *prévoyiez*, q. *quoi?*

57. *La science sans la vertu est un bien dont nous ne devons pas désirer la possession.* Les louanges des méchants sont des appâts trompeurs dont nous avons beaucoup à (*prép. euphonique*) craindre les trompeuses amorces.

La . . . art. s. f. s., ann. que *science* est dét.

science . nom com. fém. sing., suj. de *est*, q. *qu'est-ce qui?*

sans . . prép. qui fait rapp. *vertu* à *science.*

la . . . art. s. f. s, ann. que *vertu* est dét.

vertu . . n. c. f. s., c. ind. de *vertu*, q. *sans quoi?*

est . . . v. s., 4e c., au prés. de l'ind., 1er mode, à la 3e p. du sing.; à cause de son suj. *science.*

un . . . adj. num. card., au m. s., à cause de *bien* qu'il dét.

bien . . n. c. m. s., attrib. de *science.*

dont . . pron. conj., à la 3e pers. du masc. sing., à cause de son ant. *bien*, c. ind. de *possession*, q. *de quoi?*

nous . . pron. pers. de la 1re pers., au masc. pl., suj. de *devons*, q. *qui est-ce qui?*

ne pas . loc. adv. modif. *devons.*

devons . v. a., 3e c., au prés. de l'ind., 1er mode, à la 1re p. du pl., à cause de son suj. *nous.*

désirer . v. a., 1re c., au prés. de l'inf., 5e mode, c. d. de *devons*, q. *quoi?*

la . . . art. s. f. s., ann. que *possession* est dét

possession . n. c. f. s., c. d. de *désirer*, q. *quoi?*

58. *Je suis Samson qui fis écrouler les voûtes du temple.* Nous sommes deux religieux de Saint-Bernard qui voyageons pour nos affaires.

Je . . . pron. pers. de la 1re pers., au masc. sing., suj. de *suis*, q. *qui est-ce qui?*

suis . . v. s., 4e c., au prés. de l'ind., 1er mode, à la 1re pers. du sing., à cause de son suj. *je.*

Samson . nom prop. d'homme, masc. sing., attrib. de *je.*

qui . . . . pr. conj., à la 1re pers. du masc. sing., à cause de son
ant. *je*, suj. de *fis*, q. *qui est-ce qui?*
fis . . . . . v. a., 4e conj., au pas. déf. de l'ind., 1er mode, à
la 1re pers. du sing., à cause de son suj. *qui?*
écrouler . . v. n., 1re c., au prés. de l'inf., 5e mode, c. d. de
fis, q. *quoi?*
les . . . . art. s., au fém. pl., ann. que *voûtes* est dét.
voûtes . . nom com. fém. pl., c. d. de *fis écrouler*, q. *quoi?*
du p. *de le* . art. contr. *De*, prép. qui fait rapp. *temple à voûtes*; le,
art. s. m. s., ann. que *temple* est dét.
temple . . nom com. masc. sing., c. ind. de *voûtes*, q. *de quoi?*

59. *Vous êtes les deux élèves qui remporteront les prix.*
Tu fus le seul ami qui vint à mon secours dans cette pénible circonstance.

Vous . . . pron. pers. de la 2e pers., au masc. pl., suj. de
êtes, q. *qui est-ce qui?*
êtes . . . v. s., 4e c., au prés. de l'ind., 1er mode, à la 2e p.
du pl., à cause de son suj. *vous.*
les . . . . art. s., au masc. pl., ann. que *élèves* est dét.
deux . . . adj. n. c., au m. pl., à cause de *élèves* qu'il dét.
élèves . . nom com., au masc. pl., attrib. de *vous.*
qui . . . . pron. conj., à la 3e pers. du masc. pl., à cause de
son ant. *élèves*, suj. de *remporteront*, q. *qui
est-ce qui?*
remporteront . v. a., 1re c., au fut. s. de l'ind., 1er mode, à la
3e pers. du pl., à cause de son suj. *qui.*
les . . . . art. s., au masc. pl., ann. que *prix* est dét.
prix . . . nom c. m. p., c. d. de *remporteront*, q. *quoi?*

60. *Ils ne virent que vous deux qui fussiez raisonnables.*
Je ne connais que vous seuls qui puissiez lui rendre ce
service.

Ils . . . . pron. pers. de la 3e pers., au masc. pl., suj. de
virent, q. *qui est-ce qui?*
ne que p. seulement . loc. adv. modif. *virent.*
virent . . v. act., 3e c., au pas. ind. de l'ind., 1er mode, à la
3e pers du pl., à cause de son suj. *ils.*
vous . . . pron. pers. de la 2e pers., au masc. plur., c. d. de
virent, q. *qui?*
deux . . . a. n. c., au m. pl., à cause de *vous* qu'il dét.
qui . . . . p. c., à la 2e p. du m. p., à cause de son ant. *vous*,
suj. de *fussiez*, q. *qui est-ce qui?*
fussiez . . v. s., 4e c., à l'imp. du subj., 4e mode, à la 2e p.
du pl., à cause de son suj. *qui.*
raisonnables. adj. qual., au masc. plur., à cause de *qui* qu'il
qualifie.

61. *Le soleil ni la mort ne se peuvent regarder en face.*
Ni l'or ni la grandeur ne nous rendent heureux.

Le . . . . art. s. m. s., ann. que *soleil* est dét.
soleil. . . . n. c. m. s., 1er suj. de *peuvent*, q. *qu'est-ce qui?*
ni . . . . . conj. qui unit 2 noms placés en sujets.
la . . . . . art. s. f. s., ann. que *mort* est dét.
mort . . . n. c. f. s., second suj. de *peuvent*, q. *qu'est-ce qui?*
ne. . . . . adv. de négation modif. *peuvent*.
se . . . . pron. pers., à la 3e pers. du m. pl., à cause de *soleil*
     et de *mort* dont il tient la place, c. d. de *regarder*,
     q. *quoi?*
peuvent p. *laissent.* v. a., 3e c., au prés. de l'ind., 1er mode, à
     la 3e pers. du pl., à cause de ses deux suj. *soleil*
     et *mort*.
regarder . . v. a., 1re conj., au prés. de l'inf., 5e mode, c. d.
     de *peuvent*, q. *quoi?*
en face . . loc. adv. modif. *regarder*.

62. *Ni l'un ni l'autre ne sont tels que je les voudrais.* **L'un**
et l'autre à ces mots ont levé le poignard.

Ni . . . . conj. qui unit 2 pron. placés en sujets.
l'un . . . . pr. ind., 3e pers. du masc. sing., 1er suj. de *sont*,
     q. *qui est-ce qui?*
ni . . . . . conj. qui unit 2 pron. placés en suj
l'autre . . pron. ind., 3e pers. du masc. sing., second suj. de
     sont, q. *qui est-ce qui?*
ne. . . . . adv. de nég. modif. *sont*.
sont . . . v. s., 4e c., au prés. de l'ind., 1er mode, à la 3e p.
     du pl., à cause de son suj. *ni l'un ni l'autre.*
tels . . . adj. ind., au masc. plur., à cause de *l'un* et de *l'autre*
     qu'il dét.
que . . . . conj. qui unit 2 propositions.
je . . . . . pron. pers. de la 1re pers., au masc. sing., suj. de
     voudrais, q. *qui est-ce qui?*
les . . . . pron. pers., à la 3e pers. du masc. pl., à cause de
     l'un et de *l'autre* dont il tient la place, c. d. de
     voudrais, q. *qui?*
voudrais . v. a., 3e c., au prés. du cond., 2e mode, à la 1re p.
     du sing., à cause de son suj. *je*.

63. *Ce n'est pas moi qui me ferais prier.* **Ce n'est pas vous**
qui l'avez dénoncé, c'est lui.

Ce . . . . pron. dém., 3e p. du m. s., suj. de *est*, q. *qu'est-ce qui?*
ne pas . . loc. adv. modif. *est*.
est . . . . v. s., 4e c., au prés. de l'ind., 1er mode, à la 3e p.
     du sing., à cause de son suj. *ce*.

moi . . . . pron. pers. de la 1re pers., au m. s., attrib. de *ce.*
qui . . . . pr. conj., à la 1re pers. du masc. sing., à cause de
son ant. *moi*, suj. de *ferais*, q. *qui est-ce qui?*
me . . . . pron. pers. de la 1re pers., au masc. sing., c. d. de
ferais prier, q. *qui?*
ferais . . v. a., 4e c., au prés. ou cond., 2e mode, à la 1re p.
du sing., à cause de son suj. *qui.*
prier . . . . v. a., 1re conj., au prés. de l'inf., 5e mode, c. d.
de *ferais*, q. *quoi?*

**64. *Lire trop et lire trop peu sont deux défauts.* Vivre
mal et mourir bien sont choses qui ne se rencontrent
guère.**

Lire . . . . v. a. pris neutral., 4e c., au prés. de l'inf., 5e mode,
1er suj. de *sont*, q. *qu'est-ce qui?*
trop . . . . adv. de quantité modif. *lire.*
et . . . . conj. qui unit 2 infinitifs placés en sujets.
lire . . . . v. a. pris neutral., 4e conj., au prés. de l'inf.,
5e mode, second suj. de *sont*, q. *qu'est-ce qui?*
trop . . . . adv. de quantité modif. *peu.*
peu . . . . adv. de quantité modif. *lire.*
sont . . . . v. s., 4e c., au prés. de l'ind., 1er mode, à la 3e p.
du pl., à cause de ses 2 suj. *lire trop* et *lire trop
peu.*
deux . . . . adj. num card., au masc. pl., à cause de *défauts*
qu'il dét.
défauts . . nom com. masc. pl., att. oe *lire trop* et de *lire
trop peu.*

**65. *Se plaindre de la fortune est inutile, la changer n'est
pas possible.* Se venger d'une injure par des bienfaits est
le propre d'un grand cœur.**

Se . . . . pron. pers. de la 3e pers., au masc. sing., c. d. de
plaindre, q. *qui?*
plaindre . v. pron., 4e c., au prés. de l'inf., 5e mode, suj. de
est, q. *qu'est-ce qui?*
de . . . . prép. qui fait rapp. *fortune* à *plaindre.*
la . . . . art. s. f. s., ann. que *fortune* est dét.
fortune . . n. c. f. s., c. ind. de *se plaindre*, q. *de quoi?*
est . . . . v. s., 4e c., au prés. de l'ind., 1er mode, à la 3e p.
du sing., à cause de son suj. *se plaindre.*
inutile . . . adj. qual., au masc. sing., qualifie *plaindre*
la . . . . pr. pers. à la 3e pers. du fém. sing., à cause de
fortune dont il tient la place, c. d. de *changer*,
q. *quoi?*
changer . . v. a., 1re conj., au prés. de l'inf., 5e mode, suj.
de *est*, q. *qu'est-ce qui?*
ne pas . . adv. de négation, modif. *est.*

est . . . . v. s., 4e c., au prés. de l'ind., 1er mode, à la 3e p.
              du sing., à cause de son suj. *changer*.
possible . . . adj. qual., au masc. sing., qualifie *changer*.

66. *Bien penser et bien dire ne sont rien sans bien faire.*
    Interroger prudemment et répondre avec modestie sont
    des secrets pour plaire en conversation.

Bien . . . . adv. de manière modif. *penser*.
penser . . . v. a. pris neutral., 1re c., au prés. de l'inf., 5e mode,
              1er suj. de *sont*, q. *qu'est-ce qui?*
et . . . . . conj. qui unit 2 infinitifs placés en suj.
bien . . . . adv. de manière modif. *dire*.
dire . . . . v. a. pris neutral., 4e c., au prés. de l'inf., 5e mode,
              second suj. de *sont*, q. *qu'est-ce qui?*
ne . . . . . adv. de négation modif. *sont*.
sont . . . . v. s., 4e c., au prés. de l'ind., 1er mode, à la 3e p.
              du pl., à cause de ses 2 suj. *bien penser* et *bien
              dire*.
rien . . . . pron. ind., 3e pers. du masc., sing., attrib. de *penser*
              et de *dire*.
sans . . . . prép. qui fait rapp. *faire* à *rien*.
bien . . . . adv. de manière modif. *faire*.
faire . . . . v. a. pris neutral., 4e c., au prés. de l'inf., 5e mode,
              compl. ind. de *rien*, q. *sans quoi?*

67. *Je voudrais ne pas savoir écrire, disait Néron forcé
    de signer un arrêt de mort. Les anciens croyaient que
    la terre était immobile.*

Je . . . . . pron. pers. de la 1re pers., au masc. sing., suj. de
              voudrais, q. *qui est-ce qui?*
voudrais . . v. a., 3e c., au prés. du cond., 2e mode, à la 1re p.
              du sing., à cause de son suj. *je*.
ne pas . . . loc. adverb. modif. *savoir*.
savoir . . . v. a., 3e c., au prés. de l'inf., 5e mode, c. d. de
              voudrais, q. *quoi?*
écrire . . . v. a. pris neutr., 4e c., au prés. de l'inf., 5e mode,
              c. d. de *savoir*, q. *quoi?*
disait . . . v. a., 4e c., à l'imp. de l'ind., 1er mode, à la 3e p.
              du sing., à cause de son suj. *Néron*; son c. d.
              est la prop., *je voudrais ne pas savoir écrire*.
Néron . . . nom prop. d'homme, m. s., suj. de *disait*, q. *qui
              est-ce qui?*
forcé . . . . part. pas. employé adjectiv., au m. s., à cause de
              Néron qu'il qualif.
de . . . . . prép. qui fait rapp. *signer* à *forcé*.
signer . . . v. a., 1re c., au prés. de l'inf., 5e mode, c. ind.,
              de *forcé*, q. *de quoi?*
un . . . . . a. n. c., au masc. sing., à cause de *arrêt* qu'il dét.

arrêt . . . nom com. masc. sing., c. d. de *signer*, q. *quoi?*
de . . . . prép. qui fait rapp. *mort* à *arrêt*.
mort . . . nom com. fém. sing., c. ind. de *arrêt*, q. *de quoi?*

68. *L'Angleterre (en) combattant toujours est arrivée triomphante au port*. Un jeune homme plein de talents, (en) étudiant avec ardeur, ne peut que faire des progrès marquants.

L' p. *la* . . art. s. f. s., ann. que *contrée* est dét.
(contrée) . . n. c. f. s., suj. de *est arrivée*, q. *qu'est-ce qui?*
Angleterre . nom. prop. de pays, fém. sing., attrib. de *contrée*, (*la contrée qui est appelée Angleterre*).
(en) . . . prép. qui fait rapp. *combattant* à *est arrivée*.
combattant . v. a. pris neut., 4e c., au part. prés., c. ind. de *est arrivée*, q. *en quoi?*
toujours . adv. de temps. modif. *combattant*.
est arrivée . v. n., 1re c., au pas. ind. de l'ind., 1er mode, à la 3e pers. du sing., à cause de son suj. *contrée*. Le part. *arrivée* étant conj. avec *être*, s'accorde avec *contrée*, son suj.
triomphante. adj. verbal, au f. s., à cause de *contrée* qu'il qualif.
au p. *à le* . art. contr. *A*, prép. qui fait rapp. *port* à *est arrivée*; *le*, art. s. m. s., ann. que *port* est dét.
port . . . n. c. m. s., c. ind. de *est arrivée*, q. *à quoi?*

69. *La mer (en) mugissant avec impétuosité ressemblait à une personne fortement irritée*. Ses cheveux (en) flottant sur ses épaules attiraient tous les regards.

La . . . art. s. f. s., ann. que *mer* est déterm.
mer . . . n. c. f. s., suj. de *ressemblait*, q. *qu'est-ce qui?*
(en) . . . prép. qui fait rapp. *mugissant* à *ressemblait*.
mugissant . v. n., 2e c., au part. prés., c. ind. de *ressemblait*, q. *en quoi?*
avec impétuosité. loc. adv. modif. *mugissant*.
ressemblait. v. n., 1re c., à l'imp. de l'ind., 1er mode, à la 3e pers. du sing., à cause de son suj. *mer*.
à . . . . prép. qui fait rapp. *personne* à *ressemblait*.
une . . . a. n c., au f s., à cause de *personne* qu'il dét.
personne . n. c. f. s., c. ind. de *ressemblait*, q. *à qui?*
fortement . adv. de manière modif. *irritée*.
irritée . . part. pas. employé adjectiv., au fém. s., à cause de *personne* qu'il qualif.

70. *Arrachée de sa tige, cette fleur se fanera*. Tenez les méchants toujours divisés.

arrachée . part. pas. employé adj., au fém. sing., à cause de *fleur* qu'il qualif.

de. . . . prép. qui fait rapp. *tige* à *arrachée*.
sa. . . . adj. pos., au f. s., à cause de *tige* qu'il déterm.
tige . . . n. c. f. s., c. ind. de *arrachée*, q. *de quoi?*
cette . . . adj. dém., au f. s., à cause de *fleur* qu'il dét.
fleur. . . n. c. f. s., suj. de *fanera*, q. *qu'est-ce qui?*
se . . . . pron. pers. de la 3ᵉ pers., au fém. sing., à cause de
      fleur dont il tient la place, c. d. de *fanera*, q. *quoi?*
fanera . . v. pron., 1ʳᵉ c., au fut. simp. de l'ind., 1ᵉʳ mode,
      à la 3ᵉ pers. du sing., à cause de son suj. *fleur*.

71. *Eh! que vois-je partout? La terre n'est couverte que de palais détruits, de trônes renversés.* Les troupes carthaginoises furent vaincues après *de* longs combats soutenus avec gloire.

Eh . . . . interj. qui exprime la surprise.
que . . . . pr. conj., à la 3ᵉ pers. du m. s., c. d. de *vois*,
      q. *quoi?* Son antéc. n'est pas exprimé.
vois . . . v. a., 3ᵉ c., au prés. de l'ind., 1ᵉʳ mode, à la 1ʳᵉ p.
      du sing., à cause de son suj. *je*.
je. . . . pron. pers., de la 1ʳᵉ pers., au masc. sing., suj. de
      vois, q. *qui est-ce qui?*
partout . . adv. de lieu modif. *vois*
la. . . . art. s. f. s., ann. que *terre* est déterm.
terre. . . n. c. f. s., suj. de *est couverte*, q. *qu'est-ce qui?*
ne que . . loc. adv. modif. *est couverte*.
est couverte. v. pas., 2ᵉ c., au prés. de l'ind., 1ᵉʳ mode, à la
      3ᵉ pers. du sing., à cause de son suj. *terre*. Le part.
      couverte étant conjugué avec *être*, s'acc. avec *terre*
      son sujet.
de . . . . prép. qui fait rapp. *palais* à *est couverte*,
palais . . n. c. m. pl., c. ind. de *est couverte*, q. *de quoi?*
détruits. . part. pas. employé adj., au masc. pl. à cause de
      palais qu'il qual.
de . . . . prép. qui fait rapp. *trônes* à *est couverte*.
trônes . . n. c. m. pl., c. ind., de *est couverte*, q. *de quoi?*
renversés . part. pas. employé adj., au m. pl., à cause de *trônes*
      qu'il qual.
de . . . . prép. prise dans un sens partitif.

72. *Ces enfants auraient facilement résolu ces problèmes, s'ils leur avaient été proposés;* ils ont répondu habilement à toutes les questions qui leur ont été adressées.

Ces . . . . adj. dém., au m. pl., à cause de *enfants* qu'il dét.
enfants . . n. c. m. pl., suj. de *auraient résolu*, q. *qui est-ce qui?*
auraient résolu. v. a., 4ᵉ c., au pas. du cond., 2ᵉ mode, à la
      3ᵉ p. du pl., à cause de son suj. *enfants*. Le part.
      résolu, étant conj. avec *avoir*, reste inv., attendu
      qu'il est suivi de son c. d. *problèmes*.

facilement . . adv. modif. *auraient résolu*.
ces . . . . adj. dém., au masc. plur., à cause de *problèmes*
        qu'il déterm.
problèmes . . n. c. m. pl., c. d. de *auraient résolu*, q. *quoi?*
s' p. si . . . conj. qui unit deux propositions.
ils . . . . pron. pers., à la 3e pers. du masc. pl., à cause de
        problèmes dont il tient la place, suj. de *avaient été
        proposés*, q. *qu'est-ce qui?*
leur . . . . pron. pers. à la 3e p. du masc. pl., à cause de *enfants*
        dont il tient la place, c. ind. de *avaient été proposés*,
        q. *à qui?*
avaient été proposés. v. pas., 1re c., au plus-que-parfait de l'ind.,
        1er mode, à la 3e pers. du pl., à cause de son suj.
        ils. Le part. *proposés* étant conj. avec *être*, s'acc.
        avec son suj. *ils* p. *problèmes*.

73. *Les plantes restent fixées au sol où se sont cramponnées
leurs racines. La misère s'attache à la maison où s'est
glissée la paresse.*

Les . . . art. s., au f. pl., ann. que *plantes* est déterm.
plantes . . n. c. f. pl., suj. de *restent*, q. *qu'est-ce qui?*
restent . . v. n., 1re c., au prés. de l'ind., 1er mode, à la
        3e pers. du plur., à cause de son suj. *plantes*.
fixées . . part. pas. employés adj., au fém. pl., à cause de
        plantes qu'il qualif.
au p. à le . art. contr. à, prép. qui fait rapp. *sol* à *fixées; le,*
        art. s. m. s., ann. que *sol* est déterm.
sol . . . . n. c. m. s., c. ind. de *fixées*, q. *à quoi?*
où p. auquel. pr. conj. à la 3e pers. du masc. sing., à cause de son
        ant. *sol*, c. ind. de *sont cramponnées*, q. *à quoi?*
se . . . . pron. pers., à la 3e pers du fém. pl., à cause de *ra-
        cines* dont il tient la place, c. d. de *sont cramponnées*,
        q. *quoi?*
sont cramponnées. v. pron., 1re c., au pas. ind. de l'ind., 1er mode,
        à la 3e pers. du pl., à cause de son suj. *racines*. Le
        part. *cramponnées* étant conj. avec *être* mis pour
        avoir, s'accorde avec son c. d. *se* pour *racines*,
        parce qu'il en est précédé.
leurs . . . adj. pos., au fém. pl., à cause de *racines* qu'il dét.
racines . . n. c. f. pl., suj. de *sont cramponnées*, q. *qu'est-ce
        qui?*

74. *Après s'être érigés en héros, ils se sont érigé des
statues. Après s'être dit mille injures, ils se sont sincèrement réconciliés.*

Après . . prép. qui fait rapp. *être érigés* à *sont érigé.*
s' p. se . . pron. pers. de la 3e pers. du masc. plur., c. d. de
        être érigés, q. *qui?*

être érigés . v. pron., 1re conj., au pas. de l'inf., 5e mode, c. ind. de *sont érigé*, q. *après quoi?* Le part. *érigés*, étant conj. avec *être* mis pour *avoir*, s'accorde avec *se* pour *eux*, son c. d., parce qu'il en est précédé.

en . . . . prép. qui fait rapp. *héros* à *être érigés*.

héros . . . n. c. m. pl., c. ind. de *être érigés*, q. *en quoi?*

ils . . . pron. pers. de la 3e pers. du masc. pl., suj. de *sont érigé*, q. *qui est-ce qui?*

se . . . . pron. pers. de la 3e pers. du masc. pl., c. ind. de *sont érigé*, q. *à qui?*

sont érigé . v. pr., 1re conj., au pas. ind. de l'ind., 1er mode, à la 3e pers. du plur., à cause de son suj. *ils*. Le part. *érigé*, étant conj. avec *être* mis pour *avoir*, reste inv., parce qu'il est suivi de son c. d. *statues*.

des p. *quelques*. art. part., au f. pl., à cause de *statues* qu'il dét.

statues . . n. c. f. pl., c. d. de *sont érigé*, q. *quoi?*

75. *La nature s'est jouée dans la distribution des couleurs dont elle a paré les fleurs.* Nous nous serions grandement ennuyés ici, si nous n'avions passé notre temps à lire les beaux livres dont vous nous avez fait cadeau.

La . . . art. s. f. s., ann. que *nature* est dét.

nature . . n. c. f. s., suj. de *est jouée*, q. *qu'est-ce qui?*

s' p. *se* . . pron. pers., à la 3e pers. du fém. sing., à cause de *nature* dont il tient la place, c. d. de *est jouée*, q. *quoi?*

est jouée . v. pr., 1re conj., au pas. ind. de l'ind., 1er mode, à la 3e pers. du sing., à cause de son suj. *nature*. Le part. *jouée* étant conj. avec *être* mis pour *avoir*, s'acc. avec son c. d. *se* pour *nature*, parce qu'il en est précédé.

dans . . . prép. qui fait rapp. *distribution* à *est jouée*.

la . . . . art. s. f. s., ann. que *distribution* est dét.

distribution. n. c. f. s., c. ind. de *est jouée*, q. *dans quoi?*

des p. *de les*. art. contr. *De*, prép. qui fait rapp. *couleurs* à *distribution; les*, art. s., au fém. plur., ann. que *couleurs* est déterminé.

couleurs . . n. c. f. pl., c. ind. de *distribution*, q. *de quoi?*

dont p. *desquelles*. pr. conj., à la 3e pers. du fém. pl., à cause de son ant. *couleurs*, c. ind. de *a paré*, q. *de quoi?*

elle . . . pr. pers., à la 3e pers. du f. s., à cause de *nature* dont il tient la place, suj. de *a paré*, q. *qu'est-ce qui?*

a paré . . v. a., 1re conj., au pas. ind. de l'ind., 1er mode, à la 3e pers. du s., à cause de son suj. *elle*. Le part. *paré* étant conj. avec *avoir*, reste invar., parce qu'il est suivi de son c. d. *fleurs*.

les . . . art. s., au fém. pl., ann. que *fleurs* est dét.

fleurs . . n. c. f. pl., c. d. de *a paré*, q. *quoi?*

76. *Mes amis, vous vous êtes fait des difficultés pour la solution desquelles vous vous êtes vus fort embarrassés.* Messieurs, vous vous êtes arrogé des droits qui ne vous appartenaient nullement.

Mes . . . . adj. pos., au masc. pl., à cause de *amis* qu'il dét.

amis . . . nom com. masc. plur., mis en apostrophe.

vous . . . pron. pers. de la 2e pers. du masc. pl., suj. de *êtes fait*, q. *qui est-ce qui?*

vous . . . idem, c. ind. de *êtes fait*, q. *à qui?*

êtes fait . . v. pr., 4e conj., au pas. ind. de l'ind., 1er mode, à la 2e pers. du pl., à cause de son suj. *vous*. Le part. *fait*, étant conj. avec *être* mis pour *avoir*, reste inv., parce qu'il est suivi de son c. d. *difficultés*.

des p. quelques. art. part., au fém. pl., à cause de *difficultés* qu'il dét.

difficultés . n. c. f. pl., c. d. de *êtes fait*, q. *quoi?*

pour . . . prép. qui fait rapp. *solution* à *embarrassés*.

la . . . . art. s. f. s., ann. que *solution* est dét.

solution . . n. c. f. s., c. ind. de *embarrassés*, q. *pour quoi?*

desquelles . pron. conj., à la 3e pers. du fém. pl., à cause de son ant. *difficultés*, c. ind. de *solution*, q. *de quoi?*

vous . . . pron. pers. de la 2e pers. du masc. pl., suj. de *êtes vus*, q. *qui est-ce qui?*

vous . . . idem, c. d. de *êtes vus*, q. *qui?*

êtes vus . . v. pron., 3e conj., au pas. ind. de l'ind., 1er mode, à la 2e pers. du pl., à cause de son suj. *vous*. Le part. *vus*, étant conj. avec *être* mis pour *avoir*, s'acc. avec son c. d. *vous*, parce qu'il en est précédé.

fort . . . adv. modifie *embarrassés*.

embarrassés. part. pas. employé adj., au masc. pl., à cause de *vous* qu'il qualifie.

77. *Quant aux procès-verbaux que nos gardes-champêtres ont dressés, ils ne m'ont pas paru très-exacts.* Quant aux observations que vous m'avez soumises, je les ai trouvées fort justes.

Quant aux p. *quant à les*. *Quant à* loc. prép. qui fait rapp. *procès-verbaux* à un mot sous-entendu (*je dis*); *les*, art. s. au m. pl., ann. que *procès-verbaux* est dét.

procès-verbaux. nom comp. variable dans ses deux parties, parce qu'il est formé d'un nom et d'un adj., au m. pl., c. ind. d'un mot sous-entendu (*je dis*).

que . . . pr. conj., à la 3e pers. du masc. pl., à cause de son ant. *procès-verbaux*, c. d. de *ont dressés*, q. *quoi?*

nos . . . adj. pos., au masc. pl., à cause de *gardes-champêtres* qu'il dét.

gardes-champêtres . nom comp. variable dans ses deux parties, parce qu'il est formé d'un nom et d'un adj., au m. pl., suj. de *ont dressés*, q. *qui est-ce qui?*

ont dressés . v. a., 1re conj., au pas. ind. de l'ind., 1er mode, à la 3e pers. du pl., à cause de son suj. *gardes-champêtres*. Le part. *dressés*, étant conj. avec *avoir*, s'acc. avec son c. d. *que* pour *procès-verbaux*, parce qu'il en est précédé.

ils   . pron. pers., à la 3e pers. du masc. pl., à cause de *procès-verbaux* dont il tient la place, suj. de *ont paru*, q. *qu'est-ce qui?*

ne pas . . loc. adv. modif. *ont paru*.

m' p. me , pron. pers. de la 1re pers. du masc. sing., c. ind. de *ont paru*, q. *à qui?*

ont paru . v. n., 4e conj., au pas. ind. de l'ind., 1er mode, à la 3e pers. du pl., à cause de son suj. *ils*. Le part. *paru*, étant conj. avec *avoir*, reste inv. parce qu'il n'a pas de c. d.

très . . . adv. modif. *exacts*.

exacts , . adj. qual., au sup. abs., à cause de *très* dont il est précédé; au m. pl., à cause de *ils* qu'il qual.

78. *Ah! quelle joie j'ai éprouvée, en revoyant des compagnons que j'avais crus perdus!* Hélas! combien tu as payé cher les jours malheureux que tu as passés dans l'oisiveté!

Ah! . . . interj. qui exprime la joie.

quelle . . adj. ind., au f. s., à cause de *joie* qu'il dét.

joie . . nom com. fém. sing., c. d. de *ai éprouvée*, q. *quoi?*

j' p. je . . pron. pers. de la 1re pers., au masc. sing., suj. de *ai éprouvée*, q. *qui est-ce qui?*

ai éprouvée. v. a., 1re conj., au pas. ind. de l'ind., 1er mode, à la 1re pers. du sing., à cause de son suj. *je*. Le part. *éprouvée*, étant conj. avec *avoir*, s'acc. avec son c. d. *joie*, parce qu'il en est précédé.

en . . . . prép. qui fait rapp. *revoyant* à *ai éprouvée*.

revoyant . v. a., 3e conj., au part. prés., c. ind. de *ai éprouvée*, q. *en quoi?*

des p. quelques . art. part., au masc. pl., à cause de *compagnons* qu'il dét.

compagnons. n. c. m. pl., c. d. de *revoyant*, q. *qui?*

que . . . pr. conj., à la 3e pers. du masc. pl., à cause de son ant. *compagnons*, c. d. de *avais crus*, q. *qui?*

j' p. je . . pron. pers. de la 1re pers., au masc. sing, suj. de *avais crus*, q. *qui est-ce qui?*

avais crus . v. a., 4e c., au plus-que-parfait de l'ind., 1er mode, à la 1re pers. du sing., à cause de son suj. *je*. Le part. *crus*, étant conj. avec *avoir*, s'acc. avec son c. d *que* p. *compagnons*, parce qu'il en est précédé.

perdus . . part. pas. employé adj., au masc. pl., à cause de *que* qu'il qual.

79. *Comment! c'est un homme qui fait des miracles!*
Holà! Lucas, n'as-tu point vu notre médecin?

Comment! . interj. qui exprime la surprise.
c' p. ce . . pron. dém., 3e pers. du masc. sing., suj. de *est*,
     q. *qu'est-ce qui?*
est . . . . v. s., 4e c., au prés. de l'ind., 1er mode, à la 3e p.
     du sing., à cause de son suj. *ce*.
un . . . . adj. num. card., au m. s, à cause de *homme* qu'il dét.
homme . . . nom com. masc. sing., attrib. de *ce*.
qui . . . . pr. conj., à la 3e pers. du sing., à cause de son ant.
     homme, suj. de *fait*, q. *qui est-ce qui?*
fait . . . v. a., 4e c., au prés. de l'ind., 1er mode, à la 3e p.
     du s., à cause de son suj. *qui*.
des p. quelques . art. part., au m. pl., à cause de *miracles* qu'il dét.
miracles . . nom com. masc. plur., c. d. de *fait*, q. *quoi?*

80. *Courage! vous aurez bientôt terminé la tâche qui vous*
a été imposée. Hé bien! vous êtes-vous enfin décidés à
faire les démarches que je vous ai proposées.

Courage! . interj. qui sert à encourager.
vous . . . pr. pers. de la 2e pers., au masc. pl., suj. de *aurez*
     terminé, q. *qui est-ce qui?*
aurez terminé . v. a., 1re c., au fut. ant. de l'ind., 1er mode, à
     la 2e pers. du pl., à cause de son suj. *vous*. Le part.
     terminé, étant conj. avec *avoir*, reste inv., attendu
     qu'il est suivi de son c. d. *tâche*.
bientôt . . adv. de temps modif. *aurez terminé*.
la . . . . art. s. f. s., ann. que *tâche* est dét.
tâche . . . n. c. f. s., c. d. de *aurez terminé*, q. *quoi?*
qui . . . pr. conj., à la 3e pers. du f. s., à cause de son ant.
     tâche, suj. de *a été imposée*, q. *qu'est-ce qui?*
vous . . . pr. pers. de la 2e pers., au masc. pl., c. ind. de *a*
     été imposée, q. *à qui?*
a été imposée. v. pas., 1re conj., au pas. ind. de l'ind., 1er mode,
     à la 3e pers du sing., à cause de son suj. *qui*. Le
     part. *imposée*, étant conj. avec *être*, s'acc. avec son
     suj. *qui* pour *tâche*.

§ II. Construction figurée.

1° Inversion.

81. *S'assure-t-on sur l'alliance qu'a faite la nécessité?*
Où finit la vertu, là commence le vice.

S' p. se . . pron. pers. de la 3e p., au masc. s., c. d. de *assure*.
assure . . . v. pr., 1re c., au prés. de l'ind., 1er mode, 3e pers.
     du sing., à cause de son suj. *on*.

t . . . . . lettre euphonique.
on . . . . pr. ind. de la 3e pers. du masc. sing., suj. de *assure*.
sur . . . . prép. qui fait rapp. *alliance* à *assure*.
l' p. *la* . . art. s. f. s., ann. que *alliance* est dét.
alliance . . n. c. f. s., c. ind. de *assure*.
que . . . . pr. conj., à la 3e pers. du fém. sing., à cause de son
     ant. *alliance*, c. d. de *a faite*.
a faite . . . v. a., 4e c., au pas. ind. de l'ind., 1er mode, à la
     3e pers. du sing., à cause de son suj. *nécessité*.
     Le part. *faite*, étant conj. avec *avoir*, s'acc. avec son
     c. d. *que* p. *alliance*, parce qu'il en est précédé.
la . . . . . a. s. f. s., ann. que *nécessité* est dét.
nécessité . n. c. f. s., suj. de *a faite*, placé après ce verbe par
     inversion.

82. *D'une mère outragée, ah! plaignez les angoisses.*
  Telles sont du destin les impitoyables lois.

D' p. *de* . . prép. qui fait rapp. *mère* à *angoisses*.
une . . . . adj. num. card., au fém. sing., à cause de *mère*
     qu'il dét.
mère . . . nom com. fém. sing., c. ind. de *angoisses*, placé
     avant ce mot par inversion.
outragée . part. pas. employé adj., au f. s., à cause de *mère*
     qu'il qual.
ah! . . . . interj. qui exprime la douleur.
plaignez . . v. a., 4e c., à l'impér., 3e mode, à la 2e pers. du pl.,
     à cause de son suj. *vous*, sous-entendu.
les . . . . art. s., au fém. pl., ann. que *angoisses* est dét.
angoisses . n. c. f. pl., c. d. de *plaignez*.

83. *Il ne voit à son sort que moi qui m'intéresse.* Aux
 grands périls tel a pu se soustraire qui périt pour la
 moindre affaire.

Il . . . . . pron. pers. de la 3e pers. du m. s., suj. de *voit*.
ne que . . loc. adv. modif. *voit*.
voit . . . . v. a., 3e c., au prés. de l'ind., 1er mode, à la 3e p.
     du sing., à cause de son suj. *il*.
à . . . . . prép. qui fait rapp. *sort* à *intéresse*.
son . . . . adj. pos., au masc. sing., à cause de *sort* qu'il dét.
sort . . . . nom com. masc. sing., c. ind. de *intéresse*, placé
     avant ce mot par inversion.
moi . . . . pron. pers. de la 1re pers., au m. s., c. d. de *voit*.
qui . . . . pr. conj., à la 1re pers. du masc. sing., à cause de
     son ant. *moi*, suj. de *intéresse*.
m' p. *me* . pron. pers., à la 1re pers. du masc. sing., c. d. de
     intéresse.
intéresse . v. pr., 1re conj., au prés. de l'ind., 1er mode, à
     la 1re pers. du sing. à cause de son suj. *qui*.

84. *Du monde où t'a placé la sagesse immortelle, attends
que dans son sein son ordre te rappelle.* Des joies pures
et solides, la vertu est l'unique source.

Du p. *de le* . art. contr. *De*, prép. qui fait rapp. *monde* à *rappelle;*
     le, art. s. masc. sing., ann. que *monde* est dét.

monde , . n. c. m. s., c. ind. de *rappelle*, placé avant ce mot
     par inversion.

où p. *dans lequel* . pron. conj., à la 3e pers. du masc. sing., à
     cause de son ant. *monde*, c. ind. de *a placé*.

t' p. *te* . . pron. pers. de la 2e p., au m. s., c. d. de *a placé*.

a placé . . v. a.; 1re c., au pas. ind. de l'ind., 1er mode, à la
     3e pers. du sing., à cause de son suj. *sagesse*. Le
     part. *placé* reste inv., parce que son c. d. *te* est m. s.

la . . . . art. s. m. s., ann. que *sagesse* est dét.

sagesse . . n. c. f. s., suj. de *a placé*, placé après ce verbe par
     inversion.

immortelle . adj. qual., au f. s., à cause de *sagesse* qu'il qual.

attends . . v. a., 4e conj., à l'impér., 3e mode, à la 2e pers. du
     sing., à cause de son suj. *tu*, sous-entendu.

que . . . conj. qui unit 2 prop.

dans . . . prép. qui fait rapp. *sein* à *rappelle*.

son . . . adj. pos., au masc. sing., à cause de *sein* qu'il dét.

sein . . . n. c. m. s., c. ind. de *rappelle*, placé avant ce mot
     par inversion.

son . . . adj. pos., au masc. sing., à cause de *ordre* qu'il dét.

ordre . . n. c. m. s., suj. de *rappelle*.

te . . . . pron. pers. de la 2e pers., au masc. sing., c. d. de
     rappelle.

rappelle . . v. a., 1re c., au prés. du subj., 4e mode, à la 3e p.
     du sing., à cause de son suj. *ordre*.

85. *Les plus grands poètes tragiques sont Corneille et
Racine.* Les trois vertus théologales sont la foi, l'espérance et la charité.

Les . . . art. s., au m. pl., ann. que *poètes* est dét.

plus . . . adv. de comparaison modif. *grands*.

grands . . adj. qual., au superl. relat., à cause de *les plus* dont
     il est précédé, au m. pl., à cause de *poètes* qu'il q.

poètes . . n. c. m. pl., attrib. de *Corneille* et de *Racine*, placé
     par inv. avant le verbe.

tragiques . adj. qual, au m. pl., à cause de *poètes* qu'il qual.

sont . . . v. s., 4e conj., au prés. de l'ind., 1er mode, à la
     3e pers. du pl., à cause de ses 2 suj. *Corneille* et
     Racine.

Corneille . nom propr. d'homme, masc. sing., 1er suj. de *sont*,
     placé par inv. après le verbe.

et . . . . conj. qui unit 2 noms placés en suj.

Racine . . nom propr. d'homme, masc. sing., second suj. de
         sont, placé par inv. après le verbe.

86. *Le meilleur éloge d'un prédicateur est qu'on se conver-*
tisse. Le plus grand mal de l'homme est qu'il vienne à se
perdre pour l'éternité.

Le . . . . art. s. m. s., ann. que *éloge* est dét.
meilleur . adj. qual. exprimant la comparaison, au superl. rel.
         à cause de *le* dont il est précédé, masc. sing., à
         cause de *éloge* qu'il qual.
éloge . . . n. c. m. s., attrib. de la prop. *qu'on se convertisse,*
         placé par inv. avant le verbe.
d' p. de . . prép. qui fait rapp. *prédicateur* à *éloge.*
un . . . adj. n. c., au m. s., à cause de *prédicateur* qu'il dét.
prédicateur. n. c. m. s., c. ind. de *éloge.*
est . . . . v. s., 4e c., au prés. de l'ind., 1er mode, à la 3e p.
         du sing., à cause de son suj., la proposition *qu'on*
         se convertisse.
que . . . . conj. qui unit 2 prop.
on . . . . pron. ind., 3e pers. du m. s., suj. de *convertisse.*
se . . . . pron. pers. de la 3e pers, au m. s., c. d. de *convertisse.*
convertisse . v. pr., 2e c., au prés. du subj., 4e mode, à la 3e p.
         du sing., à cause de son suj. *on.*

87.   *Souvent avec prudence un outrage enduré*
         Aux honneurs les plus hauts a servi de degré.
         Déjà des assassins la nombreuse cohorte
         Du salon qui l'enferme allait (pour) briser la porte.

Souvent . . adv. modif. *a servi.*
avec prudence . loc. adv. modif. *endur*
un . . . . adj. num. c., au m. s., à cause de *outrage* qu'il dét.
outrage . . n. c. m. s., suj. de *a servi.*
enduré . . part. pas. employé adjectiv., au masc. sing., à cause
         de *outrage* qu'il qual.
aux |p. à *les*. art. contr. *À*, prép. qui fait rapp. *honneurs* à *degré ;*
         les, art. s., au masc. pl., ann. que *honneurs* est dét.
honneurs . n. c. m. pl., c. ind. de *degré*, placé avant ce mot
         par inversion.
les . . . art. s., au m. pl., ann. que *honneurs*, sous-ent., est dét.
plus . . . adv. de comparaison modif. *hauts.*
hauts . . . adj. qual., au superl. relat., à cause de *les plus* dont
         il est précédé, au masc. plur., à cause de *honneurs,*
         sous-entendu, qu'il qual.
(honneurs) . n. c. m. pl., attr. de *honneurs* ci-dessus (aux hon-
         neurs *qui sont* les plus hauts *honneurs*).
a servi . . v. n., 2e c., au pas. ind. de l'ind., 1er mode, à la
         3e pers. du sing., à cause de son suj. *outrage.* Le
         part. *servi*, étant conj. avec *avoir*, reste invar.,
         parce qu'il n'a point de compl. dir.

de . . . prép. qui fait rapp. *degré* à *a servi.*
degré , . nom com. masc. sing., c. ind. de *a servi.*

88. *Bien nés sont ceux qui, du premier mouvement, feraient une bonne action, et qui, après avoir réfléchi, la feraient encore.* Déjà prenait l'essor pour se sauver vers les montagnes cet *aigle* (n. c., au m. parce qu'il désigne un grand homme, au sing., suj. de *prenait)* dont le vol hardi avait *d'abord* (loc. adv.) effrayé nos provinces.

Bien . . . adv. modif. *sont nés.*
sont nés . . v. n., 4e c., au pas. ind. de l'ind, 1er mode, à la 3e p. du pl., à cause de son suj. *ceux.* Le part. *nés,* étant conj. avec *être,* s'acc. avec *ceux* son suj.
ceux . . . pron. dém., à la 3e pers. du masc. pl., suj. de *sont nés,* placé après le v. par inv.
qui . . . pr. conj., à la 3e pers. du masc. pl., à cause de son ant. *ceux,* suj. de *feraient.*
du p. dès le . Dès, prép. qui fait rapp. *mouvement* à *feraient; le,* art. s. m. s., ann. que *mouvement* est dét.
premier . . adj. n. ord., au m. s., à cause de *mouvement* qu'il dét.
mouvement . n. com. m. sing., c. ind. de *feraient,* placé par inv. avant ce verbe.
feraient . . v. a., 4e c., au prés. du cond., 2e mode, à la 3e p. du pl., à cause de son suj. *qui.*
une . . . adj. num. card., au f. s., à cause de *action* qu'il dét.
bonne . . adj qual., au f. s., à cause de *action* qu'il qual.
action . . n. c. f. s., c. d de *feraient.*
et . . . conj. qui unit 2 prop.
qui . . . pr. conj., à la 3e pers. au m. pl., à cause de son ant. *ceux,* suj. de *feraient.*
après . . prép. qui fait rapp. *avoir réfléchi* à *feraient.*
avoir réfléchi . v. n., 2e c., au pas. de l'inf., 5e mode, c. ind. de *feraient,* placé avant ce v. par inv. Le part. *réfléchi,* étant conj. avec *avoir,* reste inv. parce qu'il n'a point de c. d.
la . . . pron. pers., à la 3e pers. du fém. sing., à cause de *action* dont il tient la place, c. d. de *feraient.*
feraient . . v. a., 4e c., au prés. du cond., 2e mode, à la 3e p. du pl., à cause de son suj. *qui.*
encore . . adv. modif. *feraient.*

89. *Soumis avec respect à sa volonté sainte, je crains Dieu, cher Abner, et n'ai point d'autre crainte.* Sévères (adj. qual., au masc. plur., à cause de *ils* qu'il qual.) à *eux-mêmes* (pron. pers.), ils se sont toujours montrés pleins d'indulgence *à l'égard de* (loc. prép.) leurs inférieurs.

Soumis . . p. pas. employé adj., au m. s., à cause de *je* qu'il qual.
avec respect. loc. adv. modif. *soumis.*

à	prép. qui fait rapp. *volonté* à *soumis.*
sa	adj. pos., au f. s., à cause de *volonté* qu'il dét.
volonté . .	n. c. f. s., c. ind. de *soumis.*
sainte . .	adj. qual., au f. s., à cause de *volonté* qu'il qual.
je	pron. pers. de la 1re pers., au m. s., suj. de *crains.*
crains . .	v. a., 4e c. au prés. de l'ind., 1er mode, à la 1re p. du sing., à cause de son suj. *je.*
Dieu . . .	nom prop. de la divinité, c. d. de *crains.*
cher . . .	adj. qual., au m. s., à cause de *Abner.* qu'il qual.
Abner . . .	nom prop. d'homme, m. s., mis en apostrophe.
et	conj. qui unit 2 prop.
(je) . . .	pron. pers. de la 1re pers., au m. s., suj. de *ai.*
ne point . .	loc. adv. modif. *ai.*
ai	v. a., 3e c., au prés. de l'ind., 1er mode, à la 1re p. du sing., à cause de son suj. *je.*
de	prép. prise dans un sens partitif.
autre . . .	adj. ind., au f. s., à cause de *crainte* qu'il dét.
crainte . .	n. c. f. s., c. d. de *ai.*

90. *Là règnent les bons rois qu'ont produits tous les âges.* Dans un chemin *montant* (adj. verb.) sablonneux, malaisé et de tous les côtés au soleil exposé, six forts chevaux tiraient un coche.

Là . . .	adv. de lieu modif *règnent.*
règnent . .	v. n., 1re conj., au prés. de l'ind., 1er mode, à la 3e pers. du pl., à cause de son suj. *rois.*
les . . .	art. s., au m. pl., ann. que *rois* est dét.
bons . . .	adj. qual., au masc. pl., à cause de *rois* qu'il qual.
rois . . .	n. c. m. pl., suj. de *règnent*, placé après ce verbe par inversion.
que . . .	pr. conj., à la 3e pers. du m. pl., à cause de son ant. *rois*, c. d. de *ont produits.*
ont produits .	v. a., 4e c., au pas. ind. de l'ind., 1er mode, à la 3e pers. du pl., à cause de son suj. *âges.* Le part. *produits*, étant conj. avec *avoir*, s'acc. avec son c. d. *que* p. *rois*, parce qu'il en est précédé.
tous . . .	adj. ind., au m. pl., à cause de *âges* qu'il dét.
les . . .	art. s., au m. pl., ann. que *âges* est dét.
âges . . .	n. c. m. pl., suj. de *ont produits*, placé après ce v. par inv.

2° ELLIPSE (Gram. 888, 889).

91. (ELLIPSE DU SUJET). *Qui parle sème, qui écoute recueille.* (Celui) qui craint le Seigneur, garde ses commandements.

(Celui) . .	pr. dém., 3e pers. du m. s., suj. de *sème.*
qui . . .	pr. conj., à la 3e pers. du m. s., à cause de son ant. *celui*, suj. de *parle.*

parle . . . . **v. n.**, 1re conj., au prés. de l'ind, 1er mode, à la
    3e pers. du sing., à cause de son suj. *qui.*

sème . . . . **v. a.** pris neut., 1re c., au prés. de l'ind., 1er mode,
    à la 3e pers. du sing., à cause de son suj. *celui.*

(*celui*) qui *écoute* (**v. a.** pris neut.) *recueille* (**v. a.** pris neut.)

92. *Travaillez, prenez de la peine, c'est le fonds qui manque le moins.* Creusez, fouillez, bêchez, ne laissez nulle place où la main ne *passe* et (où elle ne) repasse.

(*Vous*) . . . **pron. pers.** de la 2e pers., au masc. plur., suj. de
    travaillez.

travaillez . **v. a.**, pris neut., 1re c., à l'impér., 3e mode, à la
    2e pers. du pl., à cause de **son** suj. *vous.*

(*vous*) . . **pron. pers.** de la 2e pers., au m. pl., suj. de *prenez.*

prenez . . **v. a.**, 4e c., à l'impér., 3e mode, à la 2e pers. du pl.,
    à cause de son suj. *vous.*

de la p. quelque . **art. part.**, au f. s., à cause de *peine* qu'il dét.

peine . . . **n. c. f. s.**, c. d. de *prenez.*

c' p. ce . . **pron. dém.**, à la 3e pers. du masc. sing, suj. de *est.*

est . . . . **v. subs.**, 4e c., au prés. de l'ind, 1er mode, à la
    3e pers. du sing., à cause de son suj. *ce*

le . . . . **art. s. m. s.**, ann. que *fonds* est dét.

fonds . . **n. c. m. s.**, attr. de *ce.*

qui . . . **pr. conj.**, à la 3e pers. du m. s., à cause de son ant.
    fonds, suj. de *manque.*

manque . **v. n.**, 1re c., au prés. de l'ind., 1er mode, à la 3e p.
    du s., à cause de son suj. *qui.*

le moins . **loc. adv.** modif. manque.

93. *J'ai trompé l'univers et ne puis me tromper.* L'attelage suait, (*il*) soufflait, (*il*) était rendu. Une mouche survient et des chevaux (*elle*) s'approche.

J' p. je . **pron. p.** de la 1re p., au m. s., suj. de *ai trompé.*

ai trompé . **v. a.**, 1re c., au pas. ind. de l'ind., 1er mode, à la
    1re pers. du sing., à cause de son suj. *je.* Le part.
    trompé, étant conj. avec *avoir*, reste inv. parce qu'il
    est suivi de son c. d. *univers.*

l' p. le . **art. simp.**, m. s., ann. que *univers* est dét.

univers . **n. c. m. s.**, c. d. de *ai trompé.*

et . . . **conj.** qui unit 2 prop.

(*je*) . . **pron. pers.**, de la 1re pers., au masc. sing., suj.
    de *puis.*

ne . . . **adv.** de négation modifie *puis.*

puis . . **v. a.**, 3e c., au prés. de l'ind., 1er mode, à la
    1re pers. du sing., à cause de son suj. *je.*

me . . . **pr. pers.** de la 1re pers., au m. s., c. d. de *tromper.*

tromper . **v. a.**, 1re c., au prés. de l'inf., 5e mode, c. d. de
    puis.

94. *Pour un qui s'en louera, dix mille s'en plaindront.* Le premier (livre) et le second livre de l'Enéide sont ceux qu'on a le plus admirés.

Pour . . . . prép. qui fait rapp. *homme* à *hommes*.
un . . . . adj. num. card., au m. s., à cause de *homme* qu'il dét.
(homme) . . n. c. m. s., c. ind. de *hommes*.
qui . . . . pr. conj., à la 3e pers. du sing., à cause de son ant. *homme*, suj. de *louera*.
s' p. *se* . . pron. pers., à la 3e pers. du masc. s., c. d. de *louera*.
en p. *de cela*. pr. pers., à la 3e pers. du m. s., c. ind. de *louera*.
louera . . v. pron., 1re c., au fut. simp. de l'ind., 1er mode à la 3e pers. du s., à cause de son suj. *qui*.
dix mille . adj. num. card., au m. pl., à cause de *hommes* qu'il dét.
(hommes) . n. c. m. pl., suj. de *plaindront*.
s' p. *se* . . pron. pers., à la 3e pers. du m. pl., c. d. de *plaindront*.
en p. *de cela*. pr. pers., à la 3e pers. du m. s., c. ind. de *plaindront*.
plaindront . v. pron., 4e c., au fut. simp. de l'ind., 1er mode, à la 3e pers. du plur., à cause de son suj. *hommes*.

95. ELLIPSE DU VERBE. *Nous nous pardonnons tout et rien aux autres hommes.* La Providence sait ce qui nous est nécessaire mieux que nous (ne le savons).

Nous . . . . pron. pers. de la 1re pers., au masc. plur., suj. de *pardonnons*.
nous . . . . idem, c. ind. de *pardonnons*.
pardonnons . v. pr., 1re c., au prés. de l'ind., 1er mode, à la 1re pers. du plur., à cause de son suj. *nous*.
tout . . . . pron. ind., 3e pers. du m. s., c. d. de *pardonnons*.
et . . . . conj. qui unit 2 prop.
(nous) . . pron. pers. de la 1re p., au m. pl., suj. de *pardonnons*.
(ne) . . . . adv. de négation modif. *pardonnons*.
(pardonnons) . v. a., 1re c., au prés. de l'ind., 1er mode, à la 1re pers. du plur., à cause de son suj. *nous*.
rien . . . pr. ind., 3e pers. du m. s., c. d. de *pardonnons*.
aux p. *à les*. art. contr. *A*, prép. qui fait rapp. *hommes* à *pardonnons*; *les*, art. simp., au masc. pl., ann. que *hommes* est dét.
autres . . adj. ind., au m. pl., à cause de *hommes* qu'il dét.
hommes . . n. c. m. pl., c. ind. de *pardonnons*.

96. *Cette bataille, ainsi que tant d'autres, ne décida de rien.* Écoutez-les, l'Europe aura des monstres à foison, comme l'Afrique (aura des monstres à foison).

Cette . . . . adj. dém., au fém. s., à cause de *bataille* qu'il dét.
bataille . . n. c. f. s., suj. de *décida*.

ne. . . . . adv. de négation modif. *décida.*
décida . . . v. a. pris n., 1re c., au pas. déf. de l'ind., 1er mode,
            à la 3e pers. du sing., à cause de son suj. *bataille.*
de. . . . . prép. qui fait rapp. *rien* à *décida.*
rien . . . . pron. ind., 3e pers. du masc. sing, c. ind. de *décida.*
ainsi que . . loc. conj. qui unit 2 prop.
tant . . . . adv. de quantité pris subst., suj. gram. de *décidèrent.*
d' p. de . . . prép. qui fait rapp. *batailles* à *tant.*
autres . . . adj. ind., au f. pl., à cause de *batailles* qu'il dét.
(batailles) . . n. c. f. pl., c. ind. de *tant* et suj. sylleptique de
            décidèrent.
(ne) . . . adv. de négation modif. *décidèrent.*
(décidèrent). v. a. pris n., 1re c., au pas. déf. de l'ind., 1er mode,
            à la 3e p. du pl., à cause de son suj. syl. *batailles.*
(de). . . . prép. qui fait rapp. *rien* à *décidèrent.*
(rien). . . . pron. ind., 3e pers. du m. s., c. ind. de *décidèrent.*

97. *Des* vertus solides avec la pauvreté valent mieux que
(*ne vaut*) une grande fortune sans sagesse. Les vents me
sont moins redoutables qu' (ils ne sont redoutables) à vous;
je plie et (je) ne romps pas (*).

Des p. *quelques* . art. part., au fém. plur., à cause de *vertus*
            qu'il dét.

98. *Femmes, moine, vieillards, tout était descendu.
Remords,* crainte, périls, rien ne m'a retenue.

Femmes. . . n. c. f. pl., suj. de *étaient descendues*, sous-ent. (*les
            femmes étaient descendues*).
moine . . . n. c. m. s., suj. de *était descendu*, sous-ent. (*un
            moine était descendu*).
vieillards . . n. c. m. pl., suj. de *étaient descendus*, sous-ent.
            (*les vieillards étaient descendus*).
tout . . . . pr. ind. de la 3e p., au m. s., suj. de *était descendu.*
était descendu . v. n., 4e c., au plus-q.-parf. de l'ind., 1er mode,
            à la 3e pers. du sing., à cause de son suj. *tout.* Le
            part. *descendu*, étant conj. avec *être*, reste invar.
            parce que son suj. *tout* est m. s.
remords. . . n. c. m. pl., suj. de *ont retenue*, sous-ent. (*les
            remords ne m'ont point retenue*) (**).

(*) Désormais, nous n'analyserons que les phrases ou mots qui pourraient
présenter quelques difficultés.

(**) Ces sortes de phrases peuvent être analysées comme ci-dessus, ou bien
comme au n° 96; c'est-à-dire qu'on peut se contenter d'analyser les mots
exprimés et d'indiquer ceux qui sont sous-entendus, en analysant le mot qui
s'y rapporte, ou bien rétablir les mots sous-entendus et les analyser en détail,
comme ceux qui sont exprimés.

99. *Ils se sont fortement soutenus les uns les autres.* Ils se
sont porté secours les uns (ont porté secours) aux autres.

Ils . . . . pron. pers. de la 3e pers., au m. pl., suj. de *sont
soutenus.*

sont soutenus . v. pr., 2e c., au pas. ind. de l'ind., 1er mode, à
la 3e pers. du pl., à cause de son suj. *ils.* Le part.
soutenus, étant conj. avec *être* mis pour *avoir*, s'acc.
avec son c. d. *se* p. *eux*, parce qu'il en est précédé.

les uns . . pron. ind. de la 3e pers., au masc. pl., suj. de *ont
soutenu.*

(*ont soutenu*) v. a., 2e c., au pas. ind. de l'ind., 1er mode, à la
3e pers. du pl., à cause de son suj. *les uns.* Le part.
soutenu, étant conj. avec *avoir*, reste inv. parce
qu'il est suivi de son c. d. *les autres.*

les autres . pr. ind., à la 3e p. du m. pl., c. d. de *ont soutenu.*

100. *Il est rare qu'un malheureux ait des amis,* (il est)
plus rare encore qu'il ait des parents. (Celui) qui rend un
service doit l'oublier, (celui) qui le reçoit, (doit) s'en
souvenir.

Il . . . . . pron. pers. de la 3e pers. du m. s., suj. apparent
de *est.*

est . . . . v. impers., 4e c., au prés. de l'ind., 1er mode,
3e pers. du s., à cause de son suj. app. *il.* Le suj.
réel est la proposition suivante.

rare . . . adj. qual., au m. s., à cause de *il* qu'il qual.

qu' p. *que* . conj. qui unit 2 propos.

un . . . . adj num. card., au m. s., à cause de *malheureux*
qu'il dét.

malheureux. adj. pris subst., au m. s., suj. de *ait.*

ait . . . . v. a., 3e c., au prés. du subj., 4e mode, à la 3e p.
du s., à cause de son suj. *malheureux.*

des p. *quelques* . art. part. au m. pl., à cause de *amis* qu'il dét.

amis . . . . n. c. m. pl., c. d. de *ait.*

101. *Heureux, dit* le prophète, *ceux* qui gardent la loi du
Seigneur. On a toujours raison, le destin (a) toujours tort.

Heureux. . adj. qual., au m. pl., à cause de *ceux* qu'il qual.

dit . . . . v. a., 4e c., au prés. de l'ind., 1er mode, à la 3e p.
du sing., à cause de son suj. *prophète.* Son c. d. est
est la propos. *heureux sont ceux qui etc.*

(*sont*) . . v. s., 4e conj., au prés. de l'ind., 1er mode, à la
3e pers. du pl., à cause de son suj *ceux.*

ceux . . . pr. dém., à la 3e pers. du m. pl., suj. de *sont.*

102. La conscience ne cesse de *crier* au méchant : « Tes crimes secrets *ont été vus ;* » et (la conscience ne cesse de *crier*) au juste oublié : « tes vertus ont un témoin. » *Que* (p. *combien*) le joug de la vertu est aimable ! heureux (est celui) qui, dès l'enfance, en connaît la douceur.

Crier. . . . v. a., 1re c., au prés. de l'inf., 5e mode, c. ind. de *cesse.* Son compl. dir. est la propos. *tes crimes secrets ont été vus.*

ont été vus . v. pas., 3e conj., au pas. ind. de l'ind., 1er mode, à la 3e pers. du pl., à cause de son suj. *crimes.* Le part. *vus,* étant conj avec *être,* s'acc. avec *crimes* son suj.

et . . . . . conj. qui unit 2 propos.

crier . . . . v. a., 1re conj., au prés. de l'inf., 5e mode, c. ind. de *cesse.* Son c. d. est la propos. *tes vertus ont un témoin.*

103. Les éléments ont été créés pour l'homme, et *l'homme* (a été créé) pour *Dieu.* Le printemps donne des fleurs, et l'automne (donne) des fruits.

homme . . n. c. m. s., suj. de *a été créé,* sous-entendu.

Dieu . . . nom pr. de la divinité. m. s., c. ind. de *a été créé,* sous-entendu.

104. Nous devons obéir à Dieu *plutôt qu'aux hommes.* La vertu vous rendra vraiment estimable, plutôt que le savoir (ne vous rendra vraiment estimable.)

Plutôt que . loc. conj. qui unit 2 propos.

hommes . . n. c. m. pl., c. ind. de *obéir,* sous-ent. (*plutôt que nous ne devons obéir aux hommes*).

105. *Rien n'est plus commun que le nom,* rien n'est plus rare qu' (est) la chose. Rien ne pèse tant qu'un secret (*pèse*). Le porter loin est difficile aux dames.

Rien . . . pron. ind., 3e pers. du m. s., suj. de *est.*

n' p. *ne* . . adv. de négation modif. *est.*

est . . . . v. s., 4e c., au prés. de l'ind., 1er mode, à la 3e pers. du sing., à cause de son suj. *rien.*

plus . . . adv. de comp. modif. *commun.*

commun . . adj. qual., au comp. de sup., à cause de *plus* dont il est précédé, m. s., à cause de *rien* qu'il qual.

que . . . conj. qui unit 2 propos.

(est) . . . v. s., 4e c., au prés. de l'ind., 1er mode, 3e pers. du sing., à cause de son suj. *nom.*

le . . . . art. s. m. s., ann. que *nom* est dét.

nom . . . n. c. m. s., suj. de *est.*

106. Cet homme connaît la musique *ainsi qu'* (il connaît) le *dessin.* Il s'est appliqué à l'histoire ainsi qu' (il s'est appliqué) à la géographie.

Ainsi que . loc. conj. qui unit 2 propos.
dessin . . n. c. m. s., c. d. de *connaît*, sous-ent.

107. Le flambeau de la critique ne doit pas brûler, mais (il doit) *éclairer.* Ces observations étaient *non-seulement* utiles, mais (elles étaient) encore nécessaires.

éclairer . . v. a. pris neutral., etc., c. d. de *doit*, sous-ent.
non-seulement . loc. adv. modif. *étaient.*

108. (ELLIPSE DU COMPLÉMENT). *Nous lui avons fait toutes les concessions que nous avons pu.* Ils nous ont rendu tous les services qu'ils ont dû (nous rendre).

Nous. . . pron. pers. de la 1re pers., au m. pl., suj. de *avons fait.*
lui . . . pron. pers. de la 3e pers., au m. s., c. ind. de *avons fait.*
avons fait . v. a., 4e c., au pas. ind. de l'ind., 1er mode, à la 1re pers. du pl., à cause de son suj. *nous.* Le part. *fait*, étant conj. avec *avoir*, reste inv., parce qu'il est suivi de son c. d. *concessions.*
toutes . . adj. ind., au f. pl., à cause de *concessions* qu'il dét.
les . . . art. s., au f. pl., ann. que *concessions* est dét.
concessions . n. c. f. pl., c. d. de *avons fait.*
que . . . pr. conj., à la 3e p. du fém. pl., à cause de son ant. *concessions*, c. d. de *faire.*
nous . . . pr. pers. de la 1re pers., au m. pl., suj. de *avons pu.*
avons pu . v. a., 3e c., au pas. ind. de l'ind., 1er mode, 1re p. du pl., à cause de son suj. *nous.* Le part. *pu*, étant conj. avec *avoir*, reste inv., parce qu'il est suivi de son compl. dir. *faire.*
(lui) . . . pr. pers. de la 3e pers., au m. s., c. ind. de *faire.*
(faire) . . v. a., 4e c., au prés. de l'inf., 5e mode, c. d. de *avons pu.*

109. (Le) malheur (est réservé) aux enfants auxquels on laisse (la liberté de) faire *tout ce qu'* ils veulent *(faire).* (L') honneur (appartient) à l'homme qui aime mieux (la gloire de) mourir innocent qu' (il n'aime la condition de) vivre coupable.

Tout . . . adj. ind., au m. s., cause de *ce* qu'il dét.
ce . . . . pron. dém., à la 3e pers. du m. s., c. d. de *faire.*

que . . . . pr. conj., à la 3e pers. du m. s., à cause de son ant.
    ce, c. d. de *faire* sous-ent.
faire. . . . v. a., etc., compl. direct de *veulent*.

110. Avez-vous obtenu les emplois *que* vous désiriez (*obtenir*)? *Non,* (je ne les ai pas obtenus); mais j'espère (les *obtenir*).

Que . . . . pr. conj., etc., c. d. de *obtenir*, sous-ent.
(*obtenir*). . v. a., etc., compl. dir. de *désiriez*.
non . . . . part. négative.
(*obtenir*). . v. a., etc., compl. dir. de *espère*.

111. (ELLIPSE DE L'ATTRIBUT ET DU QUALIFICATIF). *Se vaincre est (le fait) d'un héros*, pardonner est (le fait) d'un sage. Le bonheur n'est pas (le partage) de ce monde.

Se . . . . pr. pers. de la 3e pers., au m. s., c. d. de *vaincre*.
vaincre . . v. a., 4e c., au prés. de l'inf., 5e mode, suj. de *est*.
est . . . . v. s., 4e c., au prés. de l'ind., 1er mode, à la 3e p.
    du sing., à cause de son suj. *vaincre*.
(*le*) . . . . art. s. m. s., ann. que *fait* est dét.
(*fait*) . . . n. c. m. s., attrib. de *vaincre*.
d' p. *de* . . prép. qui fait rapp. *héros* à *fait*.
un . . . . adj. num. card., au m. s., à cause de *héros* qu'il dét.
héros . . . n. c. m. s., c. ind. de *fait*.

112. *Turenne était d'*une prudence et d'une bonté *admirables.* Vous êtes (placé) dans la nécessité de prendre une marche différente de celle que vous avez suivie jusqu'à ce jour.

Turenne . . . nom prop. d'homme, m. s., suj. de *était*
était (*doué*). v. pas., 1re c., à l'imp. de l'ind., 1er mode, 3e p. du
    sing., à cause de son suj. *Turenne*. Le part. *doué*
    reste inv., son suj. étant m. s
d' p. *de* . . prép. qui fait rapp. *prudence* à *était doué*.
admirables. adj. qual., au f. pl., à cause de *prudence* et de *bonté*
    qu'il qual.

113. La charité est la plus *excellente* (*vertu*) des *vertus.* La paresse est le pire (défaut) des défauts.

excellente . adj. qual. au superl. relat., à cause de *la plus* dont
    il est précédé, au fém. sing., à cause de *vertu*
    qu'il qual.
vertu . . . n. c. f. s., attrib. de *charité*
vertus . . . n. c. f. pl., c. ind. de *vertu*.

114. *Je suis à vous pour* la *vie. Il est des nôtres.* (Je suis) tout (dévoué) à vous. C'est un (homme qui fait partie) de nos amis.

Je . . . . . pr. pers. de la 1re p., au m. s., suj. de *suis dévoué*
suis (*dévoué*). v. pas., 1re conj., au prés. de l'ind., 1er mode;
        1re pers. du sing., à cause de son suj. *je.* Le part.
        dévoué, étant conj. avec *être*, reste inv., parce que
        son suj. *je* est masc. sing.
a . . . . . prép. qui fait rapp. *vous* à *suis dévoué*.
vous . . . pr. p. de la 2e p., au m pl., c. ind. de *suis dévoué*.
pour . . . prép. qui fait rapp. *vie* à *suis dévoué*.
vie . . . n. c. f. s., c. ind. de *suis dévoué*.
Il . . . . pron. pers. de la 3e pers., au m. s., suj. de *est*.
est . . . v. s., 4e c., au prés. de l'ind., 1er mode, à la 3e p.
        du sing., à cause de son suj. *il*.
(*un*) . . . adj. n. card., au m. s., à cause de *homme* qu'il dét.
(*homme*) . n. c. m. s., attrib. de *il*.
des p. *de les. De* prép. qui fait rapp. *les nôtres* à *homme. Les* art.
        imp. formant un pron. pos. avec le mot suivant.
les nôtres . pron. pos., à la 3e pers. du m. pl., c. ind. de *homme*.

115. Il est (allé) en ville. Elle est (retirée) dans sa chambre. Ils sont (allés) à la messe. Nous sommes (parvenus) au départ.

116. *Clovis* monta sur le trône, (*parvenu*) *à l'âge de* 15 *ans,* (*en*) *l'an* 481. On dit que l'armée de Sésostris était (composée) de six cent mille hommes (combattant) de pied.

Clovis . . . n. pr. d'homme, m. s., suj. de *monta*.
(*parvenu*) . part pas. employé adj., au m. s., à cause de *Clovis*
        qu'il qual.
à . . . . . prép. qui fait rapp. *âge* à *parvenu*.
âge . . . n. c. m. s., c. ind. de *parvenu*.
de . . . . prép. qui fait rapp. *ans* à *âge*.
quinze . . adj. num. card., au m. pl., à cause de *ans* qu'il dét.
ans . . . n. c. m. pl., c. ind. de *âge*.
(*en*) . . . prép. qui fait rapp. *an* à *monta*.
l' p. *le* . . art. s. m. s., ann. que *an* est dét
an . . . . n. c. m. s., c. ind. de *monta*.
quatre cent quatre-vingt-un . adj. num. card. pour l'ord. 481e, au
        m. s., à cause de *an* qu'il dét.

117. (ELLIPSE D'UNE PRÉPOSITION). Venez (*pour*) *entendre* le récit de mes malheurs, il vous touchera. Courez (*pour*) mettre à la poste la lettre que je vous ai remise.

Pour . . . . prép. qui fait rapp. *entendre* à *venez*.
entendre . . v. a., 4e c., au prés. de l'inf., 5e mode, c. ind. de *venez*

118. Nous nous rappelons *avec bonheur* les jours heureux *que* nous avons vécu *au milieu de* vous. Le pays a couru les plus grands dangers pendant les dix années *qu'*a duré la guerre.

Avec bonheur . loc. adv. modif. *rappelons.*
que . . . . pr. conj , à la 3e pers. du m. pl., à cause de son ant. *jours*, c. ind. de *avons vécu*, à cause de la prep. *pendant*, sous-ent.
au milieu de . loc prép. qui fait rapp. *vous* à *avons vécu.*
qu' p. *que* . pr. conj., à la 3e pers. du f. pl., à cause de son ant. *années*, c. ind. de *a duré*, à cause de la prép. *pendant*, sous-ent.

119. Toutes les infortunes *semblent peser* sur cette pauvre famille. Ils paraissaient ne vouloir jamais se réconcilier.

Semblent   . v. n., 1re conj., au prés. de l'ind., 1er mode, à la 3e pers. du pl., à cause de son suj. *infortunes.*
peser . . . v. n., 1re c., au prés. de l'inf., 5e mode, c. ind. de *semblent*, à cause d'une prép. sous-entendue (*).

120. *Certains* insectes consomment (pendant) l'*hiver*, les provisions *qu'*ils *se sont amassées* (pendant) l'*été*. *De* cruelles insomnies viennent (pour) troubler le repos de ceux qui se sont laissés *aller* au crime.

Certains   . adj. ind., au m. pl., à cause de *insectes* qu'il dét.
hiver . . . . n. c m. s., c. ind. de *consomment.*
que . . . . pr. conj., à la 3e pers. du f. pl., à cause de son ant. *provisions*, c. d. de *sont amassées.*
se . . . . . pr. pers. de la 3e pers., au m. pl., à cause de *insectes.* dont il tient la place, c. ind. de *sont amassées.*
sont amassées . v. pron., 1re c., au pas. ind. de l'ind., 1er mode, à la 3e pers. du pl., à cause de son suj. *ils.* Le part. *amassées*, étant conj. avec *être* mis pour *avoir*, s'acc. vec son c. d. *que* pour *provisions*, parce qu'il en est précédé.
été . . . . n. c. m. s., c. ind. de *sont amassées.*
De . . . . prép. prise dans un sens partitif.
aller . . . v. n., 1re c., au pr. de l'inf., 5e mode, attrib. de *qui.*

(*) Le verbe *sembler* étant neutre, l'infinitif *peser* ne peut être que complément indirect : conséquemment il y a une preposition sous-entendue ; mais on ne peut dire quelle elle est. C'est ici une de ces constructions que l'usage à consacrées et dont l'analyse ne peut rendre compte, à moins qu'on ne supplée certains mots ; comme *toutes les infortunes semblent* réunies pour *peser* etc., *Ils paraissaient* disposés à *ne vouloir* etc. Alors, les infinitifs *peser* et *vouloir* seraient compl. ind. de *réunies* et de *disposés.*

121. (ELLIPSE D'UNE PROPOSITION). *Quelle heure? — Dix heures.* (Je demande) *quand* vous partez. (Je pars) demain.

(*Je*) . . .	pr. pers. de la 1re pers., au m. s., suj. de *demande*.
(*demande*) .	v. a., 1re c., au prés. de l'ind., 1er mode, à la 1re p. du sing., à cause de son suj. *je*. Son c. d. est la prop. *quelle heure il est*.
quelle . .	adj. ind., au f. s., à cause de *heure* qu'il dét.
heure . .	n. c. f. s., suj. réel de *est*.
(*il*) . . .	pr. pers. de la 3e p., au masc. sing., suj. apparent de *est*.
(*est*) . . .	v. unip., 4e c., au prés. de l'ind., 1er mode, 3e p. du sing., à cause de son suj. app. *il*.
(*Il*) . . .	pron. p. de la 3e pers., au m. s., suj. app. de *est*.
(*est*) . . .	v. unip., 4e c., au prés. de l'ind., 1er mode, 3e p. du sing., à cause de son suj. app. *il*.
dix . . .	adj. num. card., au fém. plur., à cause de *heures* qu'il dét.
heures . .	n. c. f. pl., suj. réel de *est*.
quand . .	conj, qui unit 2 prop.

122. Je lui aurais fait tous les vers *qu'il aurait voulu* (que je lui fisse). On nous a donné tous les renseignements que nous avons désiré (qu'on nous donnât).

qu' p. *que* .	pr. conj., à la 3e pers. du m. pl., à cause de son ant. *vers*, c. d. de *fisse*, sous-ent.
auraient voulu .	v. a., 3e c., au pas. du cond., 2e mode, à la 3e pers. du sing., à cause de son suj. *il*. Son c. d. est la prop. *que je lui fisse* etc., et comme il est placé après le part. *voulu*, ce dernier reste inv.
(*que*) . . .	conj. qui unit 2 prop.
(*fisse*) . .	v. a., 4e c., à l'imp. du subj., 4e mode, à la 1re p. du sing., à cause de son suj. *je*.

123. (*Je consens que*) mon espoir *périsse plutôt que* de ma main parte un crime si noir. (*Je désire que*) le ciel, qui lit dans mon cœur éperdu, puisse ajouter à vos jours tous ceux que j'ai vécu.

(*Je*) . . .	pron. pers. de la 1re pers , au masc. sing., suj. de *consens*.
(*consens*) .	v. n., 2e c., au prés. de l'ind., 1er mode, 1re pers. du sing., à cause de son suj. *je*.
(*que*) . . .	conj. qui unit 2 prop.
périsse . .	v. n., 2e c., au prés. du subj:, 4e mode, 3e pers. du sing., à cause de son suj. *espoir*.
plutôt que .	loc. conj. qui unit 2 prop.

3° PLÉONASME (Gram. 891).

124. (PLÉONASME DU SUJET). *Moi, des bienfaits de Dieu je perdrais la mémoire! Et moi qui l'amenai triomphante, adorée, je m'en retournerais seule et désespérée!*

Moi . . . pr. pers. de la 1re pers., au m. s., suj. de *perdrais* répété par pléonasme.

des p. *de les.* art. contr. *De*, prép. qui fait rapp. *bienfaits* à *mémoire; les*, a. s., au masc. pl., ann. que *bienfaits* est dét.

bienfaits. . n. c. m. pl., c. ind. de *mémoire*, placé avant ce mot par inv.

de . . . . prép. qui fait rapp. *Dieu* à *bienfaits.*

Dieu . . . n. prop. de la divinité, m. s., c. ind. de *bienfaits.*

je . . . . pron. pers. de la 1re pers., au m. s., suj. de *perdrais.*

perdrais. . v. a., 4e c., au prés. du cond., 2e mode, 1re pers. du sing., à cause de son suj. *je.*

la . . . . art. s. f. s., ann. que *mémoire* est dét.

mémoire . n. c. f. s., c. d. de *perdrais.*

et . . . . conj. qui unit 2 prop. dont la 1re n'est pas exprimée.

moi . . . pron. pers. de la 1re pers., au m. s., suj. de *retournerais* répété par pléonasme.

en . . . . pr. pers. de la 3e pers, au m. s., c. ind. de *retournerais*

125. *Vous et celui qui vous mène, vous périrez.* Vous me trahissez, *vous* que j'ai comblés de mes plus tendres caresses!

Vous . . . pr. pers. de la 2e pers., au m. pl., partie du suj. de *périrez.*

et . . . . . conj. qui unit les deux part. du suj. de *périrez.*

celui . . . pr. pers. de la 3e pers., au m. s., autre partie du suj. de *périrez.*

qui . . . pr. conj., à la 3e pers. du m. s., à cause de son ant. *celui*, suj. de *mène.*

vous . . . pr. pers. de la 2e pers., au m. pl., c. d. de *mène.*

mène. . . v. a., 1re c., au prés. de l'ind., 1er mode, à la 3e pers. du sing., à cause de son suj. *qui.*

vous . . . pr. pers. de la 2e pers., au m. pl., suj. de *périrez*, répété par pléonasme.

périrez . . v. n., 2e c., au fut. s. de l'ind., 1er mode, au plur. à cause de ses deux suj. *vous* et *celui*, et à la 2e p., parce que celle-ci a la priorité sur la 3e.

vous . . . pr. pers. de la 2e pers., au masc. pl., suj. de *trahissez*, répété par pléonasme.

126. *Pénélope, sa femme, et moi qui suis son fils, nous avons perdu* l'espoir de le revoir. Votre père et moi, nous avons été longtemps ennemis l'un (a été ennemi) de l'autre.

Pénélope	. nom prop. de femme, f. s., partie du sujet de *avons perdu*.
sa . . .	. adj. pos., au f. s., à cause de *femme* qu'il dét.
femme .	. n. c. f. s., attr. de *Pénélope*, (*qui est sa femme*).
et . . .	. conj. qui unit les deux parties du suj. de *avons perdu*.
moi . .	. pr. pers. de la 1re pers., au m. s., autre partie du suj. de *avons perdu*.
qui . .	. pr. pers., à la 1re pers. du m. s., à cause de son ant. *moi*, suj. de *suis*.
suis . .	. v. s., 4e c., au prés. de l'ind., 1er mode, à la 1re p. du sing., à cause de son suj. *qui*.
son . .	. adj. pos., au m. s., à cause de *fils* qu'il dét
fils . .	. n. c. m. s., attr. de *qui*.
nous . .	. pr. pers. de la 1re pers., au m. pl., suj. de *avons perdu*, répété par pléonasme.
avons perdu	. v. a., 4e c., au pas. ind. de l'ind., 1er mode, au pl. à cause de ses deux suj. *Pénélope et moi*, et à la 1re pers., parce que celle-ci a la priorité sur la 2e. Le part. *perdu* reste inv., attendu qu'il est suivi de son c. d. *espoir*.

127. *Laisser* le crime en paix, *c'est s'en* rendre complice. Reprocher un bienfait, c'est en perdre le mérite.

Laisser .	. v. a., 1re c., au prés. de l'inf., 5e mode, suj. de *est*.
c' p. ce . .	. pr. dém., à la 3e pers. du m. s., suj. de *est*, répété par pléonasme.
en . . .	. pr. pers. de la 3e pers., au m. s., c. ind. de *complice*.

128. *Vendre des* esclaves *comme* (on vend) des animaux, c'est *ce à quoi* l'intérêt seul a pu forcer les hommes. Faire aimer la religion à ses élèves, c'est le premier (devoir) des devoirs d'un maître.

Vendre .	. v. a., 4e c., au prés. de l'inf, 5e mode, suj. de *est*.
des p. quelques .	art. part., au masc. plur., à cause de *esclaves* qu'il dét.
comme .	. conj. qui unit 2 prop.
c' p. ce .	. pr. dém., à la 3e pers. du m. s., suj. de *est*, répété par pléonasme.
ce . . .	. pr. dém., à la 3e pers. du m. s., attrib. de *vendre*.
à . . .	. prép. qui fait rapp. *quoi* à *forcer*.
quoi . .	. pr. conj., à la 3e pers. du m. s., à cause de son ant. *ce*, c. ind. de *forcer*.

129. (Pléonasme du complément). *O malheureuse Calypso, tu t'es trahie toi-même* par ton serment. Pourraient-ils vous oublier, *vous* qui les avez si longtemps assistés ?

O . .. . . . interj. qui sert à l'apostrophe.
malheureuse. adj. qual., au f. s., à cause de *Calypso* qu'il qual.
Calypso . . n. pr. de femme, f. s., mis en apostrophe.
tu . . . . pr. pers., à la 2e pers du f. s., à cause de *Calypso* dont il rappelle l'idée, suj. de *es trahie.*
t' p. *te* . . idem., c. direct de *es trahie.*
es trahie . v. pr., 2e c., au pas. ind. de l'ind, 1er mode, à la 2e pers. du sing., à cause de son suj. *tu.* Le part. *trahie,* étant conj. avec *être* mis pour *avoir,* s'acc. avec son c. d. *te* pour *Calypso,* parce qu'il en est précédé.
toi-même . pr. pers. de la 2e pers., au f. s., à cause de *Calypso* dont il rapp. l'idée, c. d. de *es trahie,* répété par pléonasme.
vous . . . pr. pers. de la 2e pers., au m. pl., c. d. de *oublier,* répété par pléonasme.

130. *Je les ai vus, moi-même, eux et leurs complices.* On les a sévèrement punis, eux et les leurs.

Je . . . . pr. pers. de la 1re pers., au m. s., suj. de *ai vus.*
les . . . . pr. pers. de la 3e pers., au m. pl., c. d. de *ai vus.*
ai vus . . v. a., 3e c., au pas. ind. de l'ind., 1er mode, à la 1re pers. du sing. à cause de son suj. *je.* Le part. *vus,* étant conj. avec *avoir,* s'acc. avec son c. d. *les,* parce qu'il en est précédé.
moi-même . pr. pers. de la 1re pers., au m. s., suj. de *ai vus,* répété par pléonasme.
eux . . . pr. pers. de la 3e pers., au m. pl., c. d. de *ai vus,* répété par pléonasme.
et . . . . conj. qui unit deux mots placés en compléments.
leurs . . adj. pos., au m. pl., à cause de *complices* qu'il dét.
complices . n. c. m. pl., c. d. de *ai vus,* répété par pléonasme.

131. *Que m'a fait, à moi, cette Troie où* je cours. Que vous ont fait, à vous, ces petits enfants, pour que vous les maltraitiez ainsi ?

Que . . . pr. conj., à la 3e pers. du m. s., c. d. de *a fait.* Son ant. n'est pas exprimé.
m' p. *me* . pr. pers. de la 1re pers., au m. s., c. ind. de *a fait.*
à . . . . prép. qui fait rapp. *moi* à *fait.*
moi . . . pr. pers. de la 1re pers., au m. s., c. ind. de *a fait,* répété par pléonasme.
cette . . . adj. dém., au f. s., à cause de *ville* qu'il dét.

ville . . . . n. c. f. s., suj. de *a fait*.
de . . . . . prép. qui fait rapp. *Troie* à *ville*.
Troie . . . n. prop. de ville, f. s., c. ind. de *ville*.
où . . . . pr. conj., à la 3e pers. du f. s., à cause de son ant.
            Troie, c. ind. de *cours*.

132. *Si* j'avais pu *leur* parler, à *l'un* et à *l'autre*, je les aurais certainement ramenés à *de* meilleurs sentiments. Je les ai quittés l'un et l'autre en pleurant.

Si . . . . conj. qui unit 2 propos.
leur . . . pr. pers., à la 3e pers. du m. s., c. ind. de *parler*.
l'un . . . pr. ind., à la 3e pers. du m. s., c. ind. de *parler*, répété par pléonasme.
l'autre . . pr. ind., à la 3e p. du m. s., c. ind. de *parler*, répété par pléonasme.
de . . . . préposition prise dans un sens partitif.

133. (PLÉONASME DE L'ATTRIBUT). *Ce* qui plaît *le plus* dans *La Fontaine*, *c'est* la *naïveté* et la *simplicité*. Les vices qu'on hait le plus, c'est l'orgueil et la paresse.

Ce . . . pron. dém., à la 3e pers. du masc. sing., attrib. de *naïveté* et de *simplicité*.
le plus . . loc. adv. modif. *plaît*.
La Fontaine. n. pr. d'homme, m. s., c. ind. de *plaît*.
c' p. ce . . pr. dém., |à la 3e pers. du masc. sing., attrib. de *naïveté* et de *simplicité*, répété par pléon.
est . . . v. s., 4e c., au prés. de l'ind., 1er mode, à la 3e p. du sing. par gallicisme, le sujet *naïveté* et *simplicité* étant composé.
naïveté . . n. c. f. s., 1er suj. de *est*.
simplicité . n. c. f. s., autre suj. de *est*.

134. La *vertu* distinctive du christianisme, c'est la *charité*. Le trésor dont nous sommes le plus prodigues, c'est le temps.

Vertu . . n. c. f. s., attrib. de *charité*.
c' p. ce . . pron. dém., à la 3e pers. du masc. sing., attrib. de *charité*, répété par pléon.
charité . . n. c. f. s., suj. de *est*.

135. Le vrai *moyen d'être trompé*, c'est (la *prétention*) de se *croire meilleur* que (ne sont) les autres. La meilleure assurance contre les terreurs de la mort, c'est (le soin) de conserver son âme dans la grâce de Dieu.

Moyen . . n. c. m. s., attr. de *prétention*.
d' p. de . . prép. qui fait rapp. *être trompé* à *moyen*.

être trompé . **v.** pas., 1**re** conj., au prés. de l'inf., 5**e** mode, c. ind.
de *moyen*.

c' p. *ce* . . pron. dém., à la 3**e** pers. du masc. sing., attr. de
prétention, rép. par pléon.

(*prétention*). n. c. f. s., suj. de *est*.

croire . . **v.** pron., 4**e** conj., au prés. de l'inf., 5**e** mode, c.
ind. de *prétention*.

meilleur . . adj. qual. exprimant la comparaison, au masc. sing.,
à cause de *ce* qu'il qual.

136. La *perte* (*qui est*) la seule (*perte*) vraiment digne d'être
pleurée, *c'est celle* du ciel. Le plus ingénieux (*maître*)
des maîtres, c'est le besoin.

Perte . . . nom com. fém. sing.; attrib. de *celle*.

(*qui*) . . . pr. conj., à la 3**e** pers. du fém. sing., à cause de son
ant. *perte*, suj. de *est*.

(*est*) . . . **v.** s., 4**e** conj., au prés. de l'ind., 1**er** mode, 3**e** p.
du sing., à cause de son suj. *qui*

(*perte*) . . n. c. f. s., attrib. de *perte* ci-dessus.

c p. *ce* . . pr. dém., à la 3**e** pers. du masc. sing., attrib. de *celle*,
répété par pléonasme.

celle . . . pr. dém., à la 3**e** pers. du fém. sing., suj. de *est*.

137. *Ce* qui m'afflige beaucoup, *c'est* (la *peine*) de voir les
riches se *rendre* sourds aux prières des pauvres. Ce qui
console les justes des maux qu'ils endurent, c'est l'espérance d'en recevoir (dans) un jour la récompense.

Ce . . . pron. dém., à la 3**e** pers. du m. s., attrib. de *peine*.

c' p. *ce* . . pr. dém., à la 3**e** pers. du m. s., attrib. de *peine*,
répété par pléonasme.

(*peine*) . . nom com. fém. sing., suj. de *est*.

rendre . . **v.** pron., 4**e** conj., au prés. de l'inf., 5**e** mode, attr.
de riches.

4° **SYLLEPSE. COLLECTIFS**, (Gram. 890).

138. *Beaucoup* de *personnes voudraient* le ciel, mais *peu
en prennent* le chemin. *Nombre* d'historiens ont raconté
ce fait, mais peu en ont parlé *avec exactitude*, (loc. adv.).

Beaucoup . adv. de quantité pris subst., suj. gram. de *voudraient*.

personnes . nom com. fém. pl., c. ind. de *beaucoup* et sujet
syll. de *voudraient*.

voudraient . **v.** a., 3**e** c., au prés. du cond., 2**e** mode, à la 3**e** p.
du pl., à cause de son suj. syll. *personnes*.

peu . . . adv. de quantité pris subst., suj. gram. de *prennent*.

en . . . . pron. pers. de la 3**e** p. du m. s., c. ind. de *chemin*.

Fr.   **20**

prennent. . v. a., 4e c., au prés. de l'ind., 1er mode, à la 3e p.
du pl., à cause de son suj. syll. *personnes*, sous-ent.
nombre . . nom collect. part., m. s., suj. gram. de *ont raconté*.

139 Une *infinité* de *jeunes gens se sont perdus* pour *avoir
lu de* mauvais livres. Une troupe de voleurs se sont introduits dans le château.

Infinité . . nom coll part., f. s., suj. gram. de *sont perdus*.
jeunes gens. nom comp., m. pl., c. ind. de *infinité* et suj. syll.
de *sont perdus*.
se . . . . pron. pers., à la 3e pers. du m. pl., à cause de *jeunes
gens* dont il tient la place, c. dir. de *sont perdus*.
sont perdus. v. pron., 4e c., au pas. ind. de l'ind., 1er mode, à
la 3e pers. du pl., à cause de son suj. syll. *jeunes
gens*. Le part. *perdus* étant conjugué avec *être* mis
pour *avoir*, s'acc. avec son c. d. *se* pour *jeunes gens*,
parce qu'il en est précédé.
avoir lu . . v. a., 4e c., au pas. de l'inf., 5e mode, c. ind., de
sont perdus. Le part. *lu*, étant conjugué avec *avoir*,
este inv., parce qu'il est suivi de son c. d. *livres*.
de . . . . prép. prise dans un sens partitif.

140. La *totalité* des *hommes* redoute la mort ; *cependant la
plupart ne s'y préparent guère.* Peu d'enfants sont attentifs aux leçons qu'on leur donne.

totalité . . nom coll. général., f. s., suj. de *redoute*.
hommes . . n. c., m. pl., c. ind. de *totalité*.
cependant . conj. qui unit 2 prop.
la plupart . n. coll. part., f. s., suj. gram. de *préparent*.
ne guere . . loc. adv. modif. *préparent*.
y p. à cela . pr. pers. de la 3e p., au m. s., c. ind. de *préparent*.
préparent . v. pron., 1re c., au prés. de l'ind., 1er mode, à la
3e pers. du pl., à cause de son suj. syll *hommes*
sous-entendu.

141. Une *multitude* d'*oiseaux-mouches voltigent* dans ces
vastes prairies. Une foule de *chefs-d'œuvre sont* ici *rassemblés.*

Multitude . nom col. part., f. s., suj. gram. de *voltigent*.
oiseaux-mouches. n. comp., variable dans ses deux parties, parce
qu'il est formé de deux noms, au m. pl., c. ind. de
multitude et suj. syll. de *voltigent*.
voltigent . v. n., 1re c., au prés. de l'ind., 1er mode, à la 3e p.
du pl., à cause de son suj. syll. *oiseaux-mouches*.
chefs-d'œuvre . n. comp. formé de deux noms unis par une prép.
et variable seulement dans le premier, au m. pl.,
c. ind. de *foule* et suj. syll. de *sont rassemblés*.

sont rassemblés, v. pas., 1re c., au prés. de l'ind.. 1er mode,
    à la 3e pers. du plur. Le v. et le part. s'acc. avec le
    suj. syll. *chefs-d'œuvre*.

142. *Que* de *rois* se *sont succédé* sur le trône de France !
  Tant de coups imprévus m'accablent *à la fois*, (loc. adv.).

Que p. *combien* . adv. de quantité pris subst., suj. gram. de *sont*
    succédé.
rois . . . nom com., masc. pl., c. ind. de *que* et suj. syll. de
    sont succédé.
se . . . . pron. pers., à la 3e pers. du m. pl., à cause de *rois*
    dont il tient la place, c. ind. de *sont succédé*.
sont succédé . v. pron., 1re c., au pas. ind. de l'ind.. 1er mode,
    à la 3e pers. du plur., à cause de son sujet syll. *rois*.
    Le part. *succédé*, étant conjugué avec *être* mis pour
    avoir, reste invariable, attendu qu'il n'a point de
    complément direct.

143. La *suite* des événements vous découvrira la cause de
  tant de *révolutions qui* vous étonnent. La *nation* des
  abeilles, *que* j'ai étudiée avec soin, m'a paru admirable.

suite . . . nom com. fém. s., suj. de *découvrira*.
tant . . . adv. de quant. pris subst., c. ind. de *cause*.
révolutions . nom com. fém. pl., c. ind. de *tant*.
qui . . . pron. conj., à la 3e pers. du fém. pl., à cause de son
    ant. *révolutions*, suj. de *étonnent*.
nation . . nom. col. général, fém. sing, suj. de *a paru*.
que . . . pr conj., à la 3e pers. du fém. sing., à cause de son ant.
    nation, c. ind. de *ai étudiée*.

144. *Plus* d'une *Pénélope* honora son pays. Plus d'un savant
    s'est trompé sur ce point.

Plus . . . adv. de quantité pris subst., suj. gram. de *honora*.
Pénélope . nom prop. de femme, f. s., c. ind., de *plus* et suj.
    syll. de *honora*.

145. *Plus* d'un *fripon* se *dupent* l'un (dupe) l'autre. Plus
  d'un riche *bourgeois*, plus d'un grand *seigneur sont de-*
  venus malheureux.

Plus . . . adv. de quantité pris subst., suj. gram. de *dupent*.
fripon . . adj. qual. pris subst., m. s., c. ind. de *plus*.
dupent . . v. pr., 1re c., au prés. de l'ind., 1er mode, à la
    3e pers., et au plur., parce que l'idée de réciprocité
    éveille nécessairement celle de plusieurs *fripons*.
bourgeois . nom. com. masc. sing., c. ind. de *plus*, et 1er suj.
    syll. de *sont devenus*.

Seigneur . **nom com.** mase. sing., c. ind. de plus et 2ᵉ suj. syll. de *sont devenus.*

sont devenus . **v.** n., 2ᵉ **c.,** au pas. ind. de l'ind., 1ᵉʳ mode, 3ᵉ pers. du pl. Le v. et le part. sont au pl. et ce dernier au masc., à cause des 2 suj. syll. *bourgeois* et *seigneur.*

146. Quelle énorme *quantité* de *pierres* on *a tirées* de cette carrière! Quelle multitude d'étoiles brillent au firmament.

Quantité . . nom coll. part. fém. sing., c. d. gram. de *a tirées.*

pierres . . nom com. fém. plur., c. ind. de *quantité* et c. d. syll. de *a tirées.*

a tirées . . v. a., 1ʳᵉ c., au pas. ind. de l'ind., 1ᵉʳ mode, à la 3ᵉ pers. du sing., à cause de son suj. *on.* Le part. *tirées*, étant conjugué avec *avoir*, s'accorde avec son compl. dir. syll. *pierres*, parce qu'il en est précédé.

147. *Autant de batailles il a livrées* . autant de victoires il a remportées. Autant de projets il a formés, *autant il en a exécuté.*

Autant . . adverbe de quantité pris subst., c. d. gram. de *a livrées.*

de . . . . prép. qui fait rapp. *batailles* à *autant.*

batailles . . nom com. fém. pl., c. ind. de *autant* et c. d. syll. de *a livrées.*

il . . . . pr. pers. de la 3ᵉ pers., m. s., suj. de *a livrées.*

a livrées . . v. a., 1ʳᵉ c., au pas. ind. de l'ind., 1ᵉʳ mode, à la 3ᵉ pers. du sing., à cause de son suj. *il.* Le part. *livrées*, étant conj. avec *avoir*, s'acc. avec son comp. dir. syll. *batailles*, parce qu'il en est précédé.

autant . . adv. de quant. pris subst., c. d. gram. de *a exécuté.*

il . . . . pron. pers. de la 3ᵉ pers. du masc. sing., suj. de *a exécuté.*

en p. *de cela.* pr. pers. de la 3ᵉ pers., m. s., c. ind. de *autant* et comp. dir. syll. de *a exécuté* (*).

a exécuté . v. a., 1ʳᵉ c., au pas. ind. de l'ind., 1ᵉʳ mode, à la 3ᵉ pers. du sing., à cause de son suj. *il.* Le part. *exécuté* étant conj. avec *avoir*, reste invar. par la raison que son c. d. syll. *en* est masc. sing.

(*) Dans les cas de ce genre, quelques auteurs considèrent le pronom *en* comme un mot déterminé, et qui représente le nom auquel il se rapporte avec ses accidents de genre et de nombre; c'est pour cette raison qu'il font varier le participe. Si l'on adopte ce sentiment il sera facile de faire analyser la phrase ci-dessus en conséquence. (Voyez Gram. note du nº **706**).

148. Vos maîtres se sont vivement plaints *du peu d'attention que* vous *avez apporté* à les écouter. Je ne saurais approuver le peu de modestie que vous avez montré en cette occasion.

Du p. de le . art. contr. *De* prép. qui fait rapp. *peu* à *sont plaints;*
    le art. s. m. s., ann. que *peu* est déterminé.
peu . . . adv. de quantité pris subst., c. ind. de *sont plaints.*
attention . nom com. fém. sing., c. ind. de *peu.*
que . . . pr. conj. à la 3ᵉ pers. du m. s., à cause de son ant.
    peu, c. d. de *avez apporté.*
avez apporté . v. a., 1ʳᵉ c., au pas. ind. de l'ind., 1ᵉʳ mode, à
    la 2ᵉ pers. du pl., à cause de son suj. *vous.* Le part.
    apporté, étant conj. avec *avoir,* reste inv., parce que
    son compl. direct *que* pour *peu* est m. s.

149. Je *ne* puis *que* vous féliciter du *peu* de *progrès que* vous *avez obtenus.* On a été généralement satisfait du peu de dextérité qu'il a montrée.

Ne que . . loc. adv. modif. *puis.*
peu . . . adv. de quantité pris subs., c. ind. de *féliciter.*
progrès . . nom com. masc. pl., c. ind. de *peu.*
que . . . pr. conj., à la 3ᵉ pers. du masc. pl., à cause de son
    ant. *progrès,* c. dir. de *avez obtenus.*
avez obtenus . v. a., 2ᵉ c., au pas. ind. de l'ind., 1ᵉʳ mode, à la
    2ᵉ pers. du pl., à cause de son suj. *vous.* Le part.
    obtenus, étant conj. avec *avoir,* s'acc. avec son compl.
    dir. *que* pour *progrès,* parce qu'il en est précédé.

150. Le *peu* de *troupes qu'*on lui *a envoyées, ont suffi* pour lui faire remporter la victoire. Le peu d'éloges qu'on lui a donnés, ont ranimé son courage.

Peu . . . adv. de quantité pris subst., suj. gram. de *ont suffi.*
troupes . . nom com. fém. pl., c. ind. de *peu* et suj. syll. de *ont*
    suffi.
qu' p. que . pron. conj., à la 3ᵉ pers. du fém. pl., à cause de son
    ant. *troupes,* c. d. de *a envoyées.*
a envoyées . v. a., 1ʳᵉ conj., au pas. ind. de l'ind., 1ᵉʳ mode, à
    la 3ᵉ pers. du sing., à cause de son suj. *on.* Le part.
    envoyées, conj. avec *avoir,* s'acc. avec son c. d. *que*
    p. *troupes,* parce qu'il en est précédé.
ont suffi . . v. n., 4ᵉ c., au pas. ind. de l'ind., 1ᵉʳ mode, à la
    3ᵉ pers. du pl., à cause de son suj. syll. *troupes.* Le
    part. *suffi,* étant conj. avec *avoir,* reste inv., parce
    qu'il n'a point de c. d.

151. Le *peu d'égards qu'*ils eurent pour lui le *découragea.* Le peu de succès qu'il a obtenu lui a considérablement nui.

peu . . .	adv. de quantité pris subst., suj. de *découragea.*
égards . .	nom com. masc. pl., c. ind. de *peu.*
que . . .	pr. conj, à la 3ᵉ pers. du m. s., à cause de son ant. *peu,* comp. dir. de *eurent.*
découragea .	v. a., 1ʳᵉ c., au pas. ind. de l'ind., 1ᵉʳ mode, à la 3ᵉ pers. du sing., à cause de son suj. *peu.*

§ IIIᵉ GALLICISMES (Gram. 893 à 899).

152. *Où il n'y a point de religion* il n'y a point de bonheur. Il n'y a point de progrès dans les sciences où il n'y a point d'application à l'étude.

Où . . .	adv. de lieu modif. *y a.*
il	pron. pers. de la 3ᵉ pers. du m. s., suj. app. de *y a.*
ne point . .	loc. adv. modif. *y a.*
y	adv. modif. *a.*
a	v. unip., 3ᵉ c., au prés. de l'ind.. 1ᵉʳ mode, à la 3ᵉ pers. du sing.
de	prép. prise dans un sens partitif.
religion . .	nom com. fém. sing., suj. de *y a.*

L'expression *y a* est employée par gall. pour *existe*

153. *Il y avait tant de monde* qu'on ne pouvait *ni* se voir *ni* s'entendre. Il y a bien des gens qui ne veulent jamais reconnaître leurs torts.

Il	pron. pers. de la 3ᵉ pers. du m. s., suj. app. de *avait.*
y	adv. de lieu modif. *avait.*
avait . . .	v. unip., 3ᵉ c., à l'imp. de l'ind., 1ᵉʳ mode, à la 3ᵉ p. du s. Ce verbe est employé par gallicisme pour *existait.*
tant . . .	adv. de quantité pris subst., suj. gram. de *y avait.*
de	prép. qui fait rapp. *monde* à *tant.*
monde . .	n. c. m. s., c. ind. de *tant* et suj. réel de *y avait.*
ni	conj. qui unit 2 infinitifs placés en compléments.

154. Il n'y a (152) *rien de plus triste* qu' *(est)* une mauvaise mort. Il n'y a qu'une chose vraiment désirable, c'est le ciel.

rien . . .	pron. ind., à la 3ᵉ pers. du m. s., suj. réel de *y a.*
de	prép. équivalente à *qui soit.*
plus . . .	adv. modif. *triste.*
triste . . .	adj. qual. au comp. de supér., à cause de *plus* dont il est précédé; au m. s., à cause de *rien* ou'il qualif.

155. Pour *aimer* les préceptes évangéliques, *il suffit de les connaître.* Pour accomplir la loi et les prophètes, il faut *aimer* Dieu et le prochain.

Aimer . . . v. a., 1re c., au prés. de l'inf., 5e mode, c. ind. de *suffit.*
il . . . . pr. pers., de la 3e pers. du m. s., suj. app. de *suffit.*
suffit . . . v. unipers., 4e c., au prés. de l'ind, 1er mode, 3e p. du sing.
de . . . . prép. qui fait rapp. *connaître* à *suffit.*
les . . . pron. p., à la 3e pers. du m. pl., c. d. de *connaître.*
connaître . v. a., 4e c., au prés. de l'inf., 5e mode, suj. réel de *suffit.*
aimer . . v. a., 1re e., au prés. de l'inf., 5e mode, suj. réel de *faut.*

156. *Fût-ce* nos propres *biens qu'*on nous demandât, il *faudrait* les *sacrifier.* C'*eût été* ton propre frère, qu'il aurait fallu désapprouver un langage si peu modéré.

Fût . . . v. s., 4e c., à l'imp. du subj., 4e mode, 3e pers du sing. Ce verbe reste au sing. par euphonie, pour éviter la consonnance désagréable *fussent-ce.*
ce . . . . pron. dém., 3e pers. du masc. sing., suj. de *fût.*
biens . . . nom com. masc. pl., attribut de *ce.*
que . . . pron. conj., à la 3e pers. du masc. pl., à cause de son ant. *biens*, c. d. de *demandât.*
faudrait . . v. unipers., 3e c., au prés. du cond., 2e mode, 3e pers. du sing.
sacrifier . . v. a., 1re c., au prés. de l'inf., 5e mode, suj. réel de *faudrait*
eût été . . v. s., 4e c., au pas. du cond., 2e mode, à la 3e p. du sing

157. Dans ces *circonstances, il était de toute nécessité que* nous *fissions* quelques concessions. *A la suite de* cette affaire, il était de toute convenance que vous lui fissiez vos excuses.

Circonstances. nom com. fém. pl., c. ind. de *fissions.*
il . . . . . pron. pers. de la 3e p. du m. s., suj. app. de *était.*
était . . . v. unipers., 4e conj., à l'imp. de l'ind., 1er mode, 3e pers. du sing.
de toute nécessité . loc. adv. modif. *était.*
que . . . conj. qui unit 2 prop.
fissions . . v. a., 4e conj, à l'imp. du subj., 4e mode, 1re p. du pl., suj. réel de *était.*
à la suite de . (pour *après*) loc. prép. qui fait rapp. *affaire* à *fissiez*

158. C'est une *lâcheté* (*l'action*) de *rougir* de son devoir, C'est un bonheur pour un enfant bien né (l'action) d'assister les auteurs de ses jours.

C' p. *ce* . . pron. dém., 3e pers. du masc. sing., suj. de *est*.
lâcheté . . nom com. fém. sing., attrib. de *ce*.
(*action*) . . nom com. f. s., suj. de *est*, répété par pléonasme.
rougir . . v. n., 2e c., au prés. de l'inf., 5e mode, c. ind. de *action*.

159. C'est un grand talent (le talent) de savoir toujours répondre à propos. C'est un art difficile (l'art) de gouverner les hommes (158).

160. C'est (*appartenant*) au *roi* (le *droit*) d'accorder des lettres de noblesse. C'est (*appartenant*) à vous (*l'obligation*) de défendre votre père.

C' p. *ce* . . pron. dém., 3e pers. du masc. sing, suj. de *est*.
(*appartenant*) . v. n., 2e c., au part. prés., attrib. de *ce*.
roi . . . nom com. masc. sing., c. ind. de *appartenant*.
(*droit*) . . nom. com. m. s., suj. de *est*, répété par pléonasme.

161. *Étaient-ce des ennemis pour que* vous les *ayez traités de la sorte?* Sont-ce vos parents qui sont venus (pour) vous visiter?

étaient . . v. s., 4e c., à l'imp. de l'ind., 1er mode, à la 3e p., et au pl. par gallicisme, son suj. *ce* étant du sing.
ce . . . . . pron. dém., 3e pers. du masc, sing., suj. de *étaient*.
des p. *quelques* . art. part., au masc. pl., à cause de *ennemis* qu'il dét.
ennemis . . nom com. masc. pl., attrib. de *ce*.
pour que . loc. conj. qui unit 2 prop.
ayez traités. v. a., 1re c., au pas. du subj., 4e mode, à la 2e p. du pl. Le part. *traités*, étant conj. avec *avoir*, s'acc. avec son c. d. *les* pour *ennemis*, parce qu'il en est précédé.
de la sorte . loc. adv. modif. *ayez traités*.

162. *Ç'a été* son *travail et* son *habileté qui l'ont fait réussir.* C'est sa prudence et vos bons conseils qui l'ont tiré de ce mauvais pas.

C' p. *ce* . . pron. dém., 3e pers. du masc. sing., suj. de *a été*.
a été . . . v. s., 4e c., au pas. ind. de l'ind., 1er mode, à la 3e pers. du sing.
travail . . nom com. masc sing., attrib. de *ce*.

et . . . . . conj. qui unit deux noms placés en attrib.
habileté . . nom com. fém. sing., attrib. de *ce*.
qui . . . . pron. conj., à la 3e pers. du masc. pl., à cause de
          son ant. *travail* et *habileté*, suj. de *ont fait*.
l' p. le . . . pron. pers., à la 3e pers. du masc. sing., c. d. de
          ont fait réussir.
ont fait . . . v. a., 4e c., au pas. ind. de l'ind., 1er mode, à la
          3e pers. du pl. Le part. *fait*, étant suivi d'un inf.,
          reste inv., par la raison que le c. d. *le* n'appartient
          ni à *ont fait* ni à *réussir*, mais aux deux verbes
          réunis, *ont fait réussir*.
réussir . . . v. n., 2e c., au prés. de l'inf., 5e mode, c. d. de
          ont fait.

163. *Ce* ne *sont* pas les *jugements* des hommes qui sont
(bons) à *craindre*, c'est celui de Dieu. Ce ne sont pas
vos vaines excuses qui nous ont touchés, mais (ce sont) les
larmes de votre pauvre mère.

Ce. . . . . pr. dém., à la 3e pers. du masc. sing., suj. de *sont*
sont . . . . v. subst., 4e c., au prés. de l'ind., 1er mode, à la
          3e pers., et au pl. par gallicisme, son suj. *ce* étant
          au sing.
jugements . nom com. masc. pl., attr. de *ce*.
craindre . . v. a., pris neutr., 4e c., au prés. de l'inf., 5e mode,
          c. ind. de *bons*.

164. *C'est à Jenner* qu'est dû le bienfait de la vaccine. C'est
des Italiens que nous avons reçu la boussole.

C' p. ce . . pr. dém. de la 3e pers. du m. s., suj. de *est*.
est . . . . v. subst., 4e c., au prés. de l'ind., 1er mode, à la
          3e pers. du sing
à . . . . . prép. qui fait rapp. *Jenner* à *est dû*.
Jenner . . . nom propre d'homme, m. s., c. ind. de *est dû*.
qu' p. que . conj. qui unit 2 prop.

165. C'est au tribunal suprême que toutes les injustices seront
réparées. C'est vers le bonheur que tendent tous les désirs
de l'homme (164).

166. *C'est en* (*l'année*) 1492 *que la* (*contrée*) *Amérique* fut
découverte par *Christophe-Colomb*. C'est en 1444 qu'a
été inventée l'imprimerie.

C' p. ce . . pr. dém., à la 3e pers. du m. s., suj. de *est*.
en . . . . . prép. qui fait rapp. *année* à *fut découverte*.
année . . . nom com. fém. sing., c. ind. de *fut découverte*

1492 . . . adj. num. card., pour l'ord. 1492ᵉ, au fém. sing., à cause de *année* qu'il dét.
que . . . conj. qui unit 2 prop.
la . . . . art. s. f. s., ann. que *contrée* sous-ent. est dét.
(*contrée*) . . nom com. fém. sing., suj. de *fut découverte.*
Amérique . nom prop. de pays, fém. sing., attrib. de *contrée* (*la contrée qui est appelée Amérique*).
Christophe-Colomb . nom prop. d'homme, masc. sing, c. ind. de *fut découverte.*

167. C'est en *Marie*, après *Dieu*, que nous devons mettre toute notre confiance. C'est dans l'adversité que se connaît l'ami véritable.

Marie . . nom pr. de la mère de Dieu, fém. sing., c. ind. de *mettre.*
Dieu . . . nom pr. de la divinité, masc. sing, autre c. ind. de *mettre.*

168. C'est *nous*, trop souvent, *qui* faisons nos malheurs. C'est vous, braves amis, *qui* avez partagé mes peines, qui partagerez mon bonheur.

Nous . . . pr. pers. de la 1ʳᵉ pers. du m. pl., attrib. de *ce.*
qui . . . pr. conj., à la 1ʳᵉ pers. du m. pl., à cause de son ant. *nous*, suj. de *faisons.*
qui . . . pr. conj., à la 2ᵉ pers. du m. pl., à cause de son ant. *vous*, suj. de *avez partagé.*

169. Il est *bon de porter* le joug du Seigneur dès sa jeunesse. Il m'a été avantageux, Seigneur, que vous m'ayez humilié.

Bon . . . adj. qual., au m. s., à cause de *il* qu'il qual.
de . . . . prép. qui fait rapp. *porter* à *bon.*
porter . . v. a., 1ʳᵉ c., au prés. de l'inf., 5ᵉ mode, suj. réel de *est.*

170. *Il ne fait que de sortir. On vous en impose. Un sot a eau broder son habit, c'est toujours l'habit d'un sot.*

Il . . . . pr. pers. de la 3ᵉ pers. du m. s., suj. de *fait.*
ne que . . loc. adv. modif. *fait.*
fait . . . v. act. pris neutr., 4ᵉ c., au prés. de l'ind., 1ᵉʳ mode, à la 3ᵉ pers. du sing. *Fait* est employé par gallicisme pour *vient.*
de . . . . prép. qui fait rapp. *sortir* à *fait.*
sortir . . v. n., 2ᵉ c., au prés. de l'inf., 5ᵉ mode, c. ind. de *fait.*
On . . . pr. ind., à la 3ᵉ pers. du m. s., suj. de *impose.*
vous . . . pr. pers. de la 2ᵉ pers. du m. pl., c. ind. de *impose.*

en. . . . . pr. pers. de la 3e pers. du m. s., c. ind. de *impose*,
     employé par gallicisme.
impose . . . v. n., 1re c., au prés. de l'ind., 1er mode, à la 3e p.
     du sing.
Un. . . . . adj. num. card., au m. s., à cause de *sot* qu'il dét.
sot . . . . adj. pris subst., au m. s., suj. de *a*.
a . . . . . v. a., 3e c., au prés. de l'ind., 1er mode, à la 3e p.
     du sing.
beau . . . adj. pris adv. modif. *a*. *Beau* est employé par galli-
     cisme pour *vainement*.
(le) . . . art. s. m s., ann. que *talent* est dét.
(*talent*). . n. c. m. s., c. d. de *a*.
(de) . . . prép. qui fait rapp. *broder* à *talent*.
broder . . v. a., 1re c., au prés. de l'inf., 5e mode, c. ind.
     de *talent*.

§ IV. ANALYSE DE QUELQUES MOTS PARTICULIERS.

1° MÊME.

171. Nous devons aimer notre prochain *comme nous-mêmes*,
même nos plus grands *ennemis*. Non-seulement il ne faut
pas fréquenter les impies, mais on doit meme les éviter.

Comme . . . conj. qui unit 2 prop.
nous-mêmes. pr. pers. de la 1re pers. du m. pl., c. d. de *aimons*,
     sous-entendu; il est employé par pléonasme, (*comme*
     nous nous aimons nous-mêmes).
même . . . adv modif. *devons*, sous-ent.
ennemis . . nom com. masc. pl., c. d. de *aimer*, sous-ent. (*nous*
     devons même aimer nos plus grands ennemis).

172. Chez les *Egyptiens*, les *animaux*, les *plantes même*,
étaient (placées) au nombre des dieux. Les forêts, les
vallons, les rochers même ont leurs habitans.

Egyptiens . nom com. masc. pl., c. ind. de *étaient placées*.
animaux . . nom com. m. pl., suj. de *étaient placés*, sous-ent.
plantes . . nom com. fém. pl., suj. de *étaient placées*.
même . . . adv. modif. *étaient placées*.

173. Bientôt toute végétation cessa; les mousses mêmes disparurent. Souvent la manière dont on blâme les défauts des
autres, est plus blâmable que (ne sont) ces défauts mêmes.

174. Ce sont les mêmes personnes que nous avons rencontrées hier. Du berger et du roi les cendres sont les mêmes
(cendres).

2° QUEL, QUELQUE, QUEL QUE.

175. *Quels que* soient les humains, il faut vivre avec eux. Quels que soient ses penchants, le sage les surmonte.

Quels . . . adj. ind., au m. pl., à cause de *humains* qu'il dét.
que . . . . c.qui unit 2 prop.(*supposez que les humains soient* etc.).

176. Les peines de ce monde, quelles qu'elles soient, n'ont aucune proportion avec les biens qui sont (destinés) à venir. Vos talents, quels qu'ils soient, ne vous dispensent pas d'étudier.

177. *Quelles* que soient votre vertu et votre profession, tenez-vous en garde contre *vous-mêmes*. Quels que soient ton culte et ta patrie, dors sous ma tente *avec sécurité* (loc. adverb.).

Quelles . . adj. ind., au fém. pl., à cause de *vertu* et de *profession* qu'il dét.
vous-mêmes. pr. pers. de la 2ᵉ pers. du m. pl., c. ind. de *tenez*.

178. *De quelques* grandes *distinctions que* se flattent les hommes, ils ont *tous* la même origine. De quelques châtiments que Dieu nous frappe *ici-bas* (loc. adv.), sa bonté paraît toujours dans sa sévérité *même* (adj. ind.).

De . . . . prép. qui fait rapp. *distinctions* à *flattent*.
quelques . . adj. ind., au f. pl., à cause de *distinctions* qu'il dét.
distinctions. nom com. fém. pl., c. ind. de *flattent*.
que . . . conj. qui unit 2 prop. (*supposez de quelques* etc.).
tous . . . adj. ind., au m. pl., à cause de *ils* qu'il dét.

179. *Quelques prix* glorieux qui me soient proposés, quels lauriers me plairont de son sang arrosés? (Supposez) quelques vains lauriers que promette la guerre, on peut être héros sans ravager la terre.

(Supposez). v. a., 1ʳᵉ c., à l'impér., 3ᵉ mode, à la 2ᵉ p. du pl.
quelques . . adj. ind., m. pl., à cause de *prix* qu'il dét.
prix . . . n. c. m. pl., c. dir. de *supposez*, sous-ent.

180. *Quelque rivaux que* nous soyons, nous ne nous *en* estimons pas moins. Quelque savants que vous les ayez trouvés, ils sont encore plus modestes.

Quelque . . adv. modif. *rivaux*.

rivaux . . adj. qual., au masc. pl., à cause de *nous* qu'il qual.
que . . . conj. qui unit deux prop. (*supposez quelque rivaux que* etc.).

181. *Quelque bons amis* qu'ils fussent, ils se sont défiés l'un (s'est défié) de l'autre. Quelque bons traducteurs qu'ils soient, ils ne comprendront pas ce passage.

Quelque . . adv. modif. *bons amis*, (ces deux mots servent à qualifier *ils*).
bons . . . adj. qual., au m. pl., à cause de *amis* qu'il qual.
amis . . . nom com., m. pl., attrib. de *ils*.

182. Alexandre perdit *quelque trois cents hommes*, lorsqu'il défit Porus. Il y a (152) quelque cinq cents *ans* (suj. réel de *y a*) que la boussole a été découverte. ·

quelque p. *environ* . adv. modif. *perdit*.
trois cents . adj. num. card., au masc. pl., à cause de *hommes* qu'il dét. *Cents* prend *s*, parce qu'il est multiplié par *trois* et suivi de *hommes*.

3° TOUT, TOUTE; TOUS, TOUTES.

183. Nous *avons tous remarqué* qu'elle était *tout* interdite, *toute* déconcertée. Sa face, de *pleurs* (n. c. m. p.), était *toute* baignée.

avons remarqué . v. a., 1ʳᵉ c., au p. ind. de l'ind., 1ᵉʳ mode, à la 1ʳᵉ p. du pl. Le participe reste invariable, parce qu'il a pour c. d. la proposition suivante.
tous . . . adj. ind., m. pl., à cause de *nous* qu'il dét.
tout . . . adv. modif. *interdite*.
toute . . . adv. modif. *déconcertée*. Il varie par euphonie, parce que l'adj. fém. qu'il modifie, commence par une consonne.

184. Ces dames, *toutes* hardies qu'elles étaient, se *sont toutes enfuies* à son approche. Vos réprimandes, toutes sévères qu'elles étaient, nous ont toutes paru fort bien placées.

Toutes . . adv. modif. *hardies*. Il varie par euphonie, parce que l'adj. fém. qu'il modif., commence par une *h* aspirée.
sont enfuies . v pron., 2ᵉ c., au pas. ind. de l'ind., 1ᵉʳ mode, à la 3ᵉ pers. du pl Le part., étant conj. avec *être*, mis pour *avoir*, s'acc. avec son c. d. *se* pour *dames*, parce qu'il en est précédé.

Fr.

toutes . . adj. ind., au fém. plur., à cause de *dames* qu'il
détermine.

185. Vos enfants, *tout enfants* qu'ils sont, nous ont *tous*
étonnés par l'*à-propos* de leurs réponses. Ces monuments
devraient avoir *plus* de *durée*, *tout matière* qu'ils sont.

Tout . . . adv. modif. *enfants.*
enfants . . nom com. masc. pl., attrib. de *ils.*
tous . . . adj. ind., au m. pl., à cause de *nous* qu'il dét.
à-propos . nom composé, m. s., c. ind. de *ont étonnés.*
plus . , . adv. de quantité pris subst., comp. dir. gram. de
avoir.
durée . . n. c. f. s., c. ind. de *plus* et c. d. syll. de *avoir.*
tout . . . adv. modif. *matière.*
matière . . nom com. fém. sing., attrib. de *ils.*

186. *Toute autre place qu'* (*est*) *un trône eût été* indigne
d'elle. Toute (*personne*) autre qu'elle (*est*) aurait échoué.

Toute. . . adj. ind. fém. sing., à cause de *place* qu'il dét
autre. . . adj. ind. au fém. sing., à cause de *place* qu'il dét.
place. . . nom com. fém. sing., suj. de *eût été.*
qu' p. *que* . conj. qui unit 2 prop.
(*est*) . . . v. subst., 4e c., au prés. de l'ind., 1er mode, à la
3e pers du sing.
un . . . adj. num. card., au masc. sing., à cause de *trône*
qu'il dét.
trône. . . n. c. m. s., suj. de *est*, sous-ent.
eût été . . v. subst., 4e c., au pas. du condit., 2e mode, à la
3e pers. du sing.

187. Pour vous (77), vous méritez *tout* une autre fortune.
Quant à nous (77), il nous faudrait une *tout* autre occupation.

Tout . . . adv. modif. *autre.*
tout . . . adv. modif. *autre*
occupation . n. c. f. s., suj. réel de *faudrait.*

188. *Tout* le *peuple* (*de*) Rome a applaudi au choix de ce
pontife. Tout (le peuple de) Marseille le sait. Tout (le
peuple de) Smyrne ne parlait que d'elle.

Tout . . . adj. ind., au masc. sing., à cause de *peuple* qu'il
détermine.
(*peuple*). . nom com. masc. sing., suj. de *a applaudi.*
(*de*) . . . prép. qui fait rapp. *Rome* à *peuple.*
Rome. . . nom propr. de ville, fém sing , c. ind de *peuple.*

*4° Quelque chose. Gens. Voici, voilà. Si, adv.; si, conj.
Que pour combien. Comme, adv.; comme, conj., etc.
Mots explétifs. Préposition euphonique.*

189. Pour *savoir quelque chose*, il faut *l'avoir appris*. N'entreprenez rien témérairement; mais quand vous avez résolu quelque chose, exécutez-le avec vigueur.

Savoir . . v. a., 3e c., au prés. de l'inf., 5e mode, comp. ind. de *avoir appris*.
quelque chose . expression pronominale ind., m. s., c. d. de *savoir*.
l' p. le . . pron. pers., à la 3e pers. du m. s., à cause de *quelque chose* dont il tient la place, c. d. de *avoir appris*.
avoir appris . v. a., 4e c., au pas. de l'inf., 5e mode, suj. réel de *faut*. Le part. *appris* reste inv., parce que son c. d. *l'* pour *quelque chose* est m. s.

190. *Quelque chose que* Pompée *eût faite*, le sénat se déclara pour lui. Quelque chose que vous ayez commise contre moi, je vous accorde votre grâce.

Quelque . . adj. ind., au fém. sing., à cause de *chose* qu'il dét.
chose . . . nom com. fém. sing, c. d. de *supposez*, sous-ent. (*supposez quelque chose que* etc.).
que . . pron. conj., à la 3e pers. du fém. sing., à cause de son ant. *chose*, c. d. de *eût faite*.
eût faite. . v. a., 4e c., au plus-que-parfait du subj., 4e mode, 3e pers. du sing. Le part. *faite* s'acc. avec son c. d. *que* pour *chose*, parce qu'il en est précédé.

191. *Quels* étaient *ces bonnes gens que* nous avons rencontrés? Formés par l'expérience, les vieilles gens sont soupçonneux.

Quels. . . adj. ind., au m. pl., à cause de *gens* qu'il dét.
ces . . . adj. dém., au m. pl., à cause de *gens* qu'il dét.
bonnes . . adj. qual., au fém. pl., qualifie *gens*. Il est au fém. par euphonie.
gens . . . nom comm. masc. pl., suj. de *étaient*
que . . . pron. conj., à la 3e pers. du masc. pl., à cause de son ant. *gens*, c. d de *avons rencontrés*.

192. *Souffrir et mourir, voilà* des *humains* la *devise*. Gaîté, doux exercice et modeste repas : voilà trois médecins qui ne se trompent pas.

(Tu) . . . pr. pers., à la 2e pers. du m. s., suj. de *vois*.
(vois) . . v. a., 3e c., au prés. de l'ind., 1er mode, à la 2e p. du sing.

là	adv. de lieu, modif. *vois.*
humains . .	adj. qual. pris subst., m. pl., c. ind. de *devise.*
devise . .	nom com. fém. sing., c. d. de *vois.*
(*c'* p. *ce*) .	pron. dém., à la 3e pers du masc. sing., suj. de *est,* sous-ent.
(*est*) . . .	v. subst., 4e c., au prés. de l'ind., 1er mode, 3e p. du sing.
souffrir . .	v. act. pris neutr., 2e c., au prés. de l'inf., 5e mode, attr. de *ce.*
et	conj. qui unit 2 inf. placés en attrib.
mourir . .	v. n., 2e c., au prés. de l'inf., 5e mode, attr. de *ce.*

193. *Voici* les *orateurs que* j'ai entendus *prêcher.* Voici les enfants que tu as vus écrire.

(*Tu*) . . .	pr. pers. de la 2e pers , au masc. sing., suj. de *vois.*
(*vois*) . .	v. a., 3e conj., au prés. de l'ind., 1er mode, à la 2e pers. du sing.
ici	adv. de lieu, modif. *vois.*
orateurs .	nom com. masc. pl., c. d. de *vois.*
que . . .	pron. conj., à la 3e pers. du masc. pl., à cause de son ant. *orateurs*, c. d de *ai entendus.*
prêcher . .	v. act. pris neutr., 1re c., au prés. de l'inf., 5e mode, attr. de *que.*

194. Je ne suis pas *si* prévenu en sa faveur que je ne l'*eusse repris* ouvertement, *si* je l'avais trouvé coupable. Si vous partez, je vous accompagnerai; il est si doux de *voyager* avec un ami.

Si p. *tellement* .	adv. modif. *suis prévenu.*
eusse repris.	v. act., 4e c., au pl.-q.-parf. du subj., 4e mode, etc.
si	conj. qui unit 2 prop.
voyager . .	v. n., etc., suj. réel de *est.*

195. *Ah ! que* le Seigneur est bon ! que son joug est aimable ! *Oh ! que* vous etes joli ! Que vous me semblez beau !

Ah!	interj. qui exprime l'admiration.
que p. *combien* .	adv. modif. *est.*
Oh! . . .	interj. qui exprime l'admiration.
que p. *combien* .	adv. modif. *étes.*

196. *Ah ! comme* Il est doux de penser qu'on a un père dans le ciel ! En *considérant comme tout* passe, j'ai dit avec Salomon : Tout n'est que vanité sous le soleil.

Ah! . . .	interj. qui exprime la joie.
comme p. *combien* .	adv. modif. *est.*

considérant . v. act., 1re conj., au part. prés., c. ind. de *ai dit*,
  son compl. direct est la prop. , *comme tout passe.*
comme p. *comment* . adv. modif. *passe.*
tout . . . . pr. ind., 3e pers. du m. s., suj. de *passe.*

197. *Comme* les raisons qu'il a apportées ont paru bonnes,
  on s'*y* est rendu. *Comme* il a toujours aimé la vérité, il ne
  voulut jamais se prêter à cette duplicité.

Comme p. *vu que* . conj. qui unit 2 prop.
y p. *à cela* . pr. pers. de la 3e pers. du masc. sing., c. ind. de *est
  rendu.*
comme p. *attendu que* . conj. qui unit 2 prop.

198. *Ces ceintures orange* et ces blouses (ayant la couleur
  du) vert (de) pomme leur siéent très-bien. Elle avait un
  chapeau relevé d'un bouquet de plumes (ayant la couleur de
  la) feuille morte.

Ces . . . . adj. dém., au fém. pl., dét. *ceintures.*
ceintures. . nom com. fém. pl., 1er suj. de *siéent.*
(ayant) . . v. a., 3e c., au part. prés., attr. de *ceintures.*
(la) . . . art. s. f. s., ann. que *couleur* est dét.
(couleur) . nom com. fém. sing., c. d. de *ayant.*
(de) . . . prép. qui fait rapp. *orange* à *couleur.*
(l' p. la) . art. s. f. s., ann. que *orange* est dét.
orange . . nom com. fém. sing., c. ind. de *couleur.*

199. Nos lettres vous arriveront *franches de port;* mais il
  nous a été *impossible* de vous *envoyer franc de port* les
  marchandises que vous nous avez demandées. Leurs
  effets leur sont parvenus francs de port. Ils ont reçu franc
  de port l'atlas et la géographie que vous leur avez envoyés.

Franches . adj. qual. fém. pl., qualifie *lettres.*
de . . . . /. prép qui fait rapp. *port* à *franches.*
port . . . nom com masc. sing., c. ind. de *franches.*
impossible . adj. qual. masc. sing., qualific *il.*
envoyer . . v. act., etc., sujet réel de *a été*
franc de port . loc. adv., modifie *envoyer.*

200. Faites-lui tous les honneurs *possibles*, mais (faites-les-
  lui) avec le moins de frais (qu'il *sera*) *possible* (de les
  faire). Ils ne songent qu'à payer le moins d'impôts (qu'il
  est) possible (d'en payer).

Possibles . adj. qual., masc. pl., qualifie *honneurs.*
sera . . . . v. unipers., 4e c., au fut. simp. de l'ind., 1er mode,

à la 3ᵉ pers. du sing., son sujet réel est *faire*,
sous-entendu.

possible . . adj. qual., au masc. sing., à cause de *il* qu'il qualif.

201. *Les Boileau* et les Gilbert furent *les Juvénals* de leurs
siècles. Un Auguste aisément peut faire des Virgiles.

Les . . . art. s. m. pl., placé par emphase devant un nom
propre, pour donner plus de force à l'expression.
Boileau . . nom prop. d'homme, m. s., 1ᵉʳ sujet de *furent*.
les . . . art. s. m pl., ann. que *Juvénals* est dét.
Juvénals. . nom prop. d'homme, employé comme nom comm.
m. pl, attr. de *Boileau* et de *Gilbert*.

202. *Personne* qui n'ait blâmé le *peu d'égards que* vous avez
eu pour ces personnes âgées. Personne qui ait pu me donner
des renseignements certains sur les personnes dont je vous
ai parle.

Personne . pr. ind., à la 3ᵉ pers. du m. s., suj. réel de *est*,
sous-entendu (*il n'est personne*).
peu . . . adv. de quantité pris subst., compl. dir. de *ait blâmé*.
égards . . nom com. masc. pl., c. ind. de *peu*.
que . . . pron. conj., à la 3ᵉ pers. du masc. sing., à cause de
son ant. *peu*, c. d. de *avez eu*.

203. *Quels orateurs que les Cicéron* et les Démosthène!
Quels hommes que les Basile et les Grégoire!

Quels. . . adj. ind. masc. pl., dét. *orateurs*.
orateurs . . nom com. masc. pl., attr. de *Cicéron* et de *Démos-*
thène.
(*étaient*) . v. subst., 4ᵉ c., à l'imp. de l'ind., 1ᵉʳ mode, à la
3ᵉ pers. du pl.
(*ce*) . . . pron. dém., 3ᵉ pers. du masc. sing., suj. de *étaient*,
employé par pléonasme.
que . . . conjonction.
les . . . art. s., m. pl., employé par emphase pour donner
plus de force à l'expression.
Cicéron . . nom prop. d'homme, m. s., 1ᵉʳ suj. de *étaient*.
et . . . . conj. qui unit deux noms placés en sujets.

204. *Plusieurs* (*pronoms*) *il* mal *construits* rendent une
phrase louche et équivoque. Trois (chiffres) un suivis de
quatre zéros font un *million* cent dix mille (unités).

Plusieurs . adj. ind., masc. pl., dét. *pronoms*
(*pronoms*) . nom com. m. pl., suj. de *rendent*.

il . . . . pron. pers., employé matériellement comme nom,
      attribut de *pronoms*.
construits . part. pas.   employé adject., au m. pl., à cause de
      pronoms qu'il qual.
million . . . nom com. masc. sing., c. d. de *font*.

205. *Oui, c'est un Dieu caché que le Dieu qu'il faut croire.*
    Non, jamais la vertu n'exerça plus d'empire.

Oui . . . . part. affirmative.
ce . . . . . pr. dém., de la 3e pers. du m. s., sujet de *est*,
      employé par pléonasme.
est . . . . v. subst., 4e conj , au prés. de l'ind., 1er mode, à
      la 3e pers. du sing.
un . . . . adj. num. card., m. s., dét. *Dieu*.
Dieu . . . nom prop. de la divinité, m. s., attr. de *ce*.
caché . . . part. pas. employé adj., m. s., qualif. *Dieu*.
que . . . . conj. qui lie deux membres de phrase.
le . . . . . art. s. m. s., ann. que *Dieu* est dét.
Dieu . . . nom prop. de la divinité, m. s., suj. de *est*.
que . . . . pron. conj., de la 3e pers. du masc. sing., à cause
      de son ant. *Dieu*, c. d. de *croire*.
croire . . . v. act., etc., suj. réel de *faut*.

206. *Ci-joint* copie de l'acte que nous avons passé (dans) la
    semaine dernière. Ci-inclus quittance des quatre-vingts
    francs que je vous ai prêtés.

(Je) . . . . pron. pers. de la 1re pers., etc., sujet de *envoie*.
(vous) . . . pron. pers. de la 2e pers., etc., c. ind. de *envoie*.
(envoie) . . v. act., 1re conj., etc.
ci-joint . . adj. comp. employé adv., modifie *envoie*.

207. La lettre *ci-jointe* vous dira tous les contre-temps que
    nous avons essuyés. La copie du contrat *ci-incluse* vous
    fera connaître approximativement quels seront les reve-
    nants-bons de cette affaire.

Ci-jointe . adj. comp., au fém. sing., à cause de *lettre* qu'il
      qualifie.
ci-incluse . adj. comp., au fém. sing., à cause de *copie* qu'il
      qualifie.

208. Cette circonstance supposée, à quoi vous décidez-vous?
    (Après) ses amis exceptés, *tout le monde* (expres. pron.
    indéf.) l'a abandonné.

(Avec) . . . prép. qui fait rapp. *circonstance* à *décidez*.
circonstance. nom com fém. sing , c. ind. de *décidez*

209. *Vu* son indisposition, elle a passé **trois** semaines sans sortir, *excepté* les dimanches. Excepté quelques livres, il a vendu tous ses meubles, *y compris* même ses habillements

Vu p. *à cause de* . prép. qui fait rapp. *indisposition* à *a passé.*
excepté p. *hormis* . prep. qui fait rapp. *dimanches* à *a passé.*
y compris p. *avec* . loc. prép. qui fait rapp. *habillements* à *a vendu.*
même   . adv. modifie *a vendu.*

210. Il a osé nous insulter, mais je *vous* l'ai traité comme il le méritait. *Allons!* prenez-*moi* une contenance ferme et assurée et répondez hardiment.

Vous . . . pron. pers. de la 2e pers. du masc. pl., mot explétif.
allons! . . interj. qui sert à encourager.
moi . . . pron. pers., à la 1re pers. du m. s., mot explétif.

211. L'homme commence *à* souffrir dès qu'il commence *à* vivre. *Voici* les personnes *que* j'ai désiré *de* voir.

A . . . . prép. euphonique.
voici . . . (tu vois ici), etc.
que . . pron. conj., etc., c. d. de *voir.*
de . . . prép. euphonique.

212. *Voilà* les difficultés *que* je me suis proposé *de* vous soumettre. Le Sauveur nous a appris *à* prier.

Voilà . . (tu vois là), etc.
que . . . pron. conj., etc., c. d. de *soumettre.*
de . . . . prép. euphonique.
à . . . . prép. euphonique.

§ V. ANALYSES EN RÉCAPITULATION. ANALYSE DE QUELQUES PARTICIPES (*).

213. Voici l'énorme baleine qui s'avance (*en*) dormant sur l'Océan, *comme* (conj.) une île flottante (s'avance). Déjà sur les bords de la cuve fumante s'élève en bouillonnant la vendange écumante.

(*) On pourra, si on le trouve bon, faire rendre raison de l'emploi du subjonctif et de ses temps. (Voyez la note des Ex. Orth., à la suite des phrases à analyser.)

214. Il n'a dormi que trois *heures*, et encore je ne crois pas qu'il *les* ait dormi tout entières. La guerre a duré dix ans ; mais je doute qu'elle les eût duré, si elle avait été poussée plus vigoureusement.

Heures . . . nom com. fém. pl., c. ind. de *a dormi*, à cause de la prép. *pendant*, sous-ent.

les . . . . pron. pers., etc., c. ind de *ait dormi*, à cause de la prép. *pendant*, sous-ent.

ait dormi . v. n., etc. Le part. *dormi*, étant conj. avec *avoir*, reste inv. parce qu'il n'a point de comp. direct.

215. Il *a été perdu* deux *anneaux* précieux que *l'*on n'a point encore retrouvés, *quelque diligence* que l'on ait faite. Il s'*est glissé* dans cet ouvrage diverses erreurs dont on ne s'est point encore aperçu, *quelque* graves qu'elles soient.

A été perdu. v. unipers., etc. Le part. *perdu*, étant conj. avec *être*, reste inv parce que son suj. app. *il* est m. s.

anneaux . . nom com masc. pl., suj. réel de *a été perdu*.

l' . . . . . lettre euphonique.

quelque . . adj. ind., au fém. sing., à cause de *diligence* qu'il dét.

diligence . nom com. fém. sing., c. d. de *supposez*, sous-ent.

est glissé . v. unipers., etc. Le part. *glissé* étant conj. avec *être*, mis pour *avoir*, reste inv. parce que son c. d. *se* pour *il* est masc. sing.

erreurs . . nom com. fém. pl., suj. réel de *est glissé*

quelque . . adv. modifie *graves*.

216. Les mauvais temps *qu'il a fait* nous ont empêché d'aller (pour) vous voir. On a apaisé la sédition *qu'il y a eu* (dans) les jours passés en ordonnant que la force armée se saisît des principaux boute-feu.

Qu' p. *que* . pron. conj., à la 3e pers. du masc. pl., à cause de son ant. *temps*. Ce pronom est employé par gall.

a fait . . . v. unipers., etc. Le part. *fait*, étant conj. avec *avoir*, reste inv. parce qu'il n'a point de c. d. ; *qu'il a fait* est employé, par gallicisme, pour *qui ont existé*.

qu' p. *que* . pron. conj., etc. Ce pronom est employé par gall.

y . . . . . adv. modifie *a eu*.

a eu . . . v. unipers., etc. Le part. *eu*, étant conj. avec *avoir*, reste inv. parce qu'il n'a point de c. d. ; *qu'il y a eu* est employé, par gallicisme, pour *qui a existé*.

217. Ces dames sont les plus habiles (dames) *que j'aie* jamais *entendues chanter* ; aussi leur a-t-on prodigué les plus grands éloges qu'on puisse imaginer.

Que . . . . pr. conj., etc., c. dir. de *aie entendues*.

aie entendues . **v.** act., etc. Le part. *entendues*, étant conjugué avec *avoir*, s'acc. avec son c. d. *que* pour *dames*, parce qu'il en est précédé.

chanter . . v. act. pris neutr., etc. attr. de *que*.

218. Louis XI fit taire ceux *qu'il avait fait* si bien *parler*. Ce sont mes sentiments qu'il vous a fait entendre.

qu' p. *que* . pron. conj., etc., comp. dir. de *avait fait parler*.

avait fait . v. act., etc. Le part. *fait*, étant suivi d'un inf., reste inv., parce que le c. d. *que* appartient aux deux verbes réunis *avait fait parler*.

parler . . v. neut., etc., comp. dir. de *avait fait*.

219. Je doute que ces enfants se fussent appliqués à leurs devoirs, si je ne les avais pas surveillés. Je craignais qu'ils ne vinssent pas, je *les ai envoyé chercher*.

Les . . . pron. pers., etc., comp. dir. de *chercher*.

ai envoyé . v. act. pris neutr., etc. Le part. *envoyé*, étant conj. avec *avoir* reste inv., parce qu'il n'a pas de comp. direct exprimé.

chercher. . v. act., etc., comp. ind. de *ai envoyé* (*j'ai envoyé quelqu'un pour les chercher*).

220. Il *est possible* que les démarches *qu'*on vous a con-seillé de faire, réussissent. Il *serait* bon que vous eussiez déjà pris les mesures qu'on vous a proposé de prendre.

Est . . . v. unipers., etc., son suj. réel est la prop. *que les démarches réussissent*.

possible . . adj. qual., au masc. sing., à cause de *il* qu'il qual.

qu' p. *que* . pron. conj., etc., comp. dir. de *faire*.

a conseillé . v. act., etc. Le part. *conseillé*, étant conj. avec *avoir*, reste inv., parce qu'il est suivi de son c. d. *faire*.

de . . . . prép. euphonique.

serait . . v. unipers., etc., son suj. réel est la prop. *que vous eussiez déjà pris les mesures*.

221. S'il nous en avait priés, nous lui aurions rendu tous les services *qu'il aurait voulu*. Mes parents m'ont donné toute l'éducation que leur fortune leur a permis (de me donner).

Qu' p. *que* . pron. conj., etc., comp. direct de *rendissions*, sous-ent.

aurait voulu . v. act., etc. Le part. *voulu*, étant conj. avec *avoir*, reste inv., parce qu'il a pour c. d. la prop. sous-ent. *que nous lui rendissions*.

222. Ce sont des secrets *que j'avais craint* que vous n'eussiez
déjà révélés. Voici la réponse que vous auriez désiré que
e vous eusse envoyée (dans) la semaine passée.

Que . . . . pron. conj., etc., comp. dir. de *eussiez révélés*.
avais craint. v. act., etc. Le part. *craint*, conj. avec *avoir* et
    placé entre deux *que*, reste inv., parce qu'il est
    suivi de son c. d. la prop. *que vous n'eussiez déjà*
    révélés que p. *lesquels*.

223. L'armée russe combattit mieux que le Czar ne *l'avait*
espéré. La famine arriva comme Joseph l'avait prédit.

L' p. *cela* . pron. pers., de la 3e pers. du masc. sing., c. d. de
    avait espéré.
avait espéré. v. act., etc. Le part. *espéré* reste inv., parce qu'il
    a pour c. d. *l'* pour *cela*, lequel, dans ce cas, est
    toujours masc. sing

224. Le peu de vaisseaux que Mazarin avait laissés pourrir
dans les ports ont été réparés. Je ne parlerai pas du peu
de capacité que j'ai acquise dans les combats.

225. Je fus révolté du peu de confiance qu'elle avait eu en
mon amitié. Ne pas *écrire* correctement, c'est *dévoiler* le
peu d'instruction que l'on a reçu.

Écrire . . v. act. pris neut., etc., suj. de *est*.
c' p. *ce* . . pron. dém., etc., suj. de *est* rép. par pléonasme.
dévoiler . . v. act., etc., attr. de *ce*.

226. Pensez-vous que ces enfants justifient les espérances
que nous *en avons conçues*? Croyez-vous qu'ils répondent
à l'idée que nous nous en sommes formée?

Que . . . pron. conj., 3e p. du fém. pl., etc., c. d. de *avons*
    conçues.
en . . . . pron. pers., etc., c. ind. de *avons conçues*.
avons conçues . v. act., etc. Le part. *conçues* étant conj. avec
    avoir, s'acc. avec son c. d. *que* pour *espérances*,
    parce qu'il en est précédé.

227. J'ai cueilli des fruits et *j'en ai mangé*. Il m'a fait de
belles promesses, mais il n'en a point tenu.

En p. *de cela* . pron. pers. de la 3e pers. du masc. sing., c. ind.
    de *partie*, sous-ent.

ai mangé . v. act. pris neut., etc. Le part. *mangé*, étant conj.
avec *avoir*, reste inv., parce que son *c. d. une partie*
est sous-ent.

228. Que d'honneurs lui *ont valus* ses beaux habits ! Que de
peines ce malheureux enfant a coûtées à sa pauvre mère !

Ont valus . v. neutr. pris act., etc. Le part. *valus*, étant conj.
avec *avoir* et signifiant *procurés*, s'acc. avec s. c. d.
syllep. *honneurs*, parce qu'il en est précédé.

229. Les mille *francs que m'a coûté* ce cheval, il ne *les a*
jamais *valu*. Je n'ai pas encore payé les dix mille francs
que m'a coûté cette maison.

Francs . . nom com. masc. pl., c. ind. de *a valu*.
que . . . pron. conj., etc., c. ind. de *a coûté*.
a coûté . . v. neutr., etc. Le part. *coûté*, étant conj. avec *avoir*
et pris dans sa signification propre, reste inv., parce
qu'il n'a point de c. d.
les . . . pron. pers., etc., c. ind. de *a valu*, rép. par pléon.
a valu . . v. neutre, etc. Le part. *valu*, étant conj. avec *avoir*
et pris dans sa signification propre, reste invariable,
parce qu'il n'a point de c. d.

230. C'est plus le général qu'on a blâmé, (que ce ne sont)
les officiers (qu'on a blâmés). C'est moins le père (qu'on
a désapprouvé) que (ce ne sont) les enfans qu'on a désapprouvés.

231. Quels que soient vos talents, quelques grandes richesses
que vous ayez acquises, quelque élevés que vous vous
trouviez, gardez toujours la modération. Un meurtre, quel
qu'*en* soit le prétexte ou (quel qu'en soit) l'objet, pour
les cœurs vertueux est toujours un forfait.

En . . . pron. pers., etc., comp. ind. de *prétexte*.

232. L'eau est plus dense (parvenue) à quatre degrés *au-
dessus de* zéro qu' (elle n'est, prise) à *toute* autre température. Ce tableau fait un meilleur effet dans cette position
qu' (il ne ferait) dans toute autre (position).

Au-dessus de . loc. prép., qui fait rapp. *zéro* a *degrés*.
toute . . . . adj. ind., au fém. sing., à cause de *température*
qu'il dét.

233. Quelle étrange disproportion le *plus* ou le *moins* de *pièces* de monnaie met entre les hommes ! Ou ton sang ou le mien lavera cette injure.

Plus . . .	adv. de quantité, pris subst., suj. de *met*, sous-ent.
moins . .	adv., etc. suj. de *met*.
pièces . .	nom com. fém. pl., comp. ind. de *plus* et de *moins*.

234. C'est la vertu qui ennoblit, et non (ce ne sont pas) les rois (qui ennoblissent). C'est sa gloire qu'il a ambitionnée, plutôt que (ce n'est) le bonheur de la nation (qu'il a ambitionné).

235. (Ceci est) la *description* d'un volcan. (Cette lettre est adressée à) *monsieur Hachette* (qui est) libraire de l'université, (et qui demeure dans la) *rue* Pierre-Sarrazin, (au) *numéro* 12 (p. 12ᵉ) (à) *Paris*. (Ici demeure) Firmin-Didot, *imprimeur-libraire*.

Description .	nom com., etc., attr. de *ceci*.
monsieur .	nom com., etc., c. ind. de *est adressée*.
Hachette . .	nom prop. d'homme, attr. de *monsieur* (*qui est appelé Hachette*).
rue, numero, Paris .	comp. indirects de *demeure*.
imprimeur-libraire .	nom comp., etc., attr. de *Firmin-Didot* (*qui est imprimeur-libraire*).

236. (Ce livre est le) tome premier (de la) dixième édition (de la) Grammaire des grammaires. (Cet ouvrage se vend à) Paris (chez) Cotelle, libraire-éditeur, (qui demeure dans la) rue Saint-Honoré, au nᵒ 140 (pour 140ᵉ) ; (il a été imprimé en l'année) 1842 (pour 1842ᵉ).

237. (Dans cette fable figurent) l'écureuil, le chien et le renard. Un gentil écureuil était le camarade, le tendre ami d'un beau *danois*. (Dans) un *jour qu'*ils voyageaient comme Oreste et Pylade (voyageaient), la nuit les surprit dans un bois.

Danois . .	nom prop. de chien, masc. sing., c. ind. de *camarade* et *d'amis*.
jour . . .	nom com. masc. sing., c. ind. de *surprit*.
qu' p. *que*	pron. conj., etc., comp. ind. de *voyageaient*, à cause de la prep. *pendant*, sous-ent.

238. En ce *lieu* (*il n'y avait*) *point* d'auberge; ils eurent de la peine à trouver (un lieu) où (ils pussent) se bien coucher. Enfin le chien se mit dans le creux d'un vieux chêne, et l'écureuil plus haut grimpa pour se nicher.

Lieu . . . n. c. m. s., c. ind. de *y avait*.
y . . . . . adv., modifie *avait*.
avait . . . v. unipers., etc.; *y avait* est employé, par gallicisme, pour *existait*.
de. . . . prép. prise dans un sens partitif.
auberge . . nom com. fém. sing., suj. réel de *y avait*.

239. Vers *minuit*, c'est l'heure des crimes, *longtemps après que* nos amis, en se disant bon soir, se furent endormis, voici (tu *vois* ici) qu'un vieux renard, affamé de victimes, arrive au pied de l'arbre; et, (en) levant le museau, (il) voit l'écureuil sur un rameau.

Minuit . . nom com. fém. sing., c. ind. de *arrive*.
longtemps . adv., modifie *arrive*.
après que . loc. conj. qui unit 2 prop.
vois . . . v. act., etc., son compl. direct est la proposition *un vieux renard*, etc., *arrive*, etc.

240. Il le mange des yeux, (il) humecte de sa langue ses lèvres qui de sang brûlent de s'abreuver; mais *jusqu'à* l'écureuil il ne peut arriver. Il faut donc par une *harangue* l'*engager* à descendre, et voici (tu vois ici) son discours:

Jusqu'à . . loc. prép. qui fait rapp. *écureuil* à *arriver*.
harangue . nom com. fém. sing., c. ind. de *engager*.
engager . . v. act., etc., suj. réel de *faut*.

241. *Ami*, pardonnez, je vous prie, si de votre sommeil j'ose troubler le cours; mais le pieux transport dont mon âme est remplie, ne peut se contenir; je suis votre cousin *germain;* votre mère était sœur de *feu* mon digne père.

Ami . . . nom com. masc. sing., mis en apostrophe.
germain. . adj. qual., au m. s., à cause de *cousin* qu'il qualifie.
feu . . . adj. qual., au masc. sing, à cause de *père* qu'il qual.

242. Cet honnête homme, *hélas!* à son *heure* dernière m'a tant recommandé de chercher son neveu, pour lui donner (la) moitié du peu (de bien) *qu'il* m'a laissé! Venez donc, mon cher frère, venez par un embrassement combler le doux plaisir que mon âme ressent. Si je pouvais monter jusqu'aux lieux où vous êtes (placé), *oh!* j'y serais déjà (arrivé), soyez-en bien certain.

Hélas! . . interj. qui exprime la douleur.
heure. . . nom com. fém. sing., c. ind. *de a recommandé.*
qu' p. *que* . pron. conj., à la 3ᵉ pers. du masc. sing., à cause de son ant. *bien,* c. d. de *a laissé.*
oh! . . . interj. qui exprime le désir.

243. Les écureuils ne sont pas bêtes, et le mien était fort malin. Il reconnaît le patelin, et (il) *répond* d'un ton doux : Je meurs d'impatience de vous embrasser, mon *cousin.*

Répond . . v. act., etc., son c. d. est la prop. *je meurs* etc.
cousin . . nom com. masc. sing., mis en apostrophe.

244. Je descends ; mais, pour mieux lier la connaissance, je veux vous présenter mon plus fidèle ami, un *parent* qui prit soin de nourrir mon enfance. Il dort dans ce trou-*là :* frappez un peu, je *pense* que vous serez charmé de le connaître aussi.

Parent . . adj. pris subst., etc., c. d. de *présenter,* sous-ent.
là. . . . adv. de lieu modifie *dort.*
pense. . . v. act., etc., son c. d. est la prop. *vous serez charmé,* etc.

245. Aussitôt maître renard frappe (en) croyant en manger deux (écureuils) ; mais le fidèle chien s'élance de l'arbre, (il) le happe et (il) *vous* l'étrangle *bel et bien.*

Vous. . . pron. pers., etc., mot explétif.
bel et bien . loc. adv. modifie *étrangle.*

246. Ceci prouve deux points : (ceci prouve) *d'abord* qu'il est utile dans la douce amitié de *placer* son bonheur ; puis (ceci prouve) qu'avec de l'esprit il est souvent facile au piége qu'il nous tend de *surprendre* un trompeur.

D'abord . . loc. adv. modifie *prouve.*
placer . . v. act., etc., sujet réel de *est.*
surprendre . v. act., etc., sujet réel de *est.*

247. En vain la fortune couronne
Du pécheur les moindres désirs ;
Le remords cruel empoisonne
Les plus vantés (plaisirs) de ses plaisirs.

248. *O !* bienheureux *mille fois*
      (est) l'enfant que le Seigneur aime ;
      Qui *de bonne heure* entend sa voix ,
      · Et que ce Dieu daigne instruire lui-même.

O ! . . . interj. qui sert à l'exclamation.
mille fois . loc. adv., modifie *bienheureux.*
de bonne heure . loc. adv., modifie *entend.*
lui-même . pron. pers., etc., sujet de *daigne* répété par pléon.

249. De Marie (je désire)   Qu'on l'honore ,
   Qu'on publie   Qu'on l'implore ,
     Et la gloire et les grandeurs,   Qu'elle règne sur nos cœurs.

250. *Oh ! que* tes œuvres sont belles !
     Grand Dieu, quels (bienfaits) sont tes bienfaits
     Que ceux qui te sont fidèles
     Sous ton joug trouvent *d'*attraits !

Oh ! . . . interj. qui exprime l'admiration .
que p. *combien* . adv. modifie *sont.*
que p. *combien* . adv. modifie *trouvent.*
de. . . . . prép. prise dans un sens partitif.

FIN

www.ingramcontent.com/pod-product-compliance
Ingram Content Group UK Ltd.
Pitfield, Milton Keynes, MK11 3LW, UK
UKHW022329090726
13658UKWH00001B/171